人地协调的土地整治
从理论到实践

杨朝现　陈荣蓉　信桂新　著

科学出版社
北京

内 容 简 介

本书围绕重庆市土地整治实践，从宏观上分析了重庆市的人地关系格局，基于不同的人地关系类型区提出了土地整治的愿景、目标取向、路径选择、潜力来源以及相应的评价指标体系，为寻求人地协调的土地整治理论找到了途径。同时，以典型土地整治项目为案例，从微观上分析了土地整治工程所导致的局地土地利用变化和对景观格局的影响，阐明了土地利用、农业生物多样化与地块异质性间的联系，提出了人地协调的土地整治乡村景观建设集成技术，通过理论、技术与实践的结合为实施人地协调的土地整治调控提供了科学参考。

本书可供土地资源管理、土地整治工程、农田水利、资源环境与城乡规划管理、农业资源与环境保护、景观生态等专业的学生学习和参考，也可供地理学者和土地科技工作者参阅。

图书在版编目(CIP)数据

人地协调的土地整治：从理论到实践 / 杨朝现，陈荣蓉，信桂新著. —北京：科学出版社，2016.1
　ISBN 978-7-03-046070-7

Ⅰ.①人… Ⅱ.①杨… ②陈… ③信… Ⅲ.①土地整理-研究-重庆市
Ⅳ.①F321.1

中国版本图书馆 CIP 数据核字(2015)第 249511 号

责任编辑：周　杰 / 责任校对：彭　涛
责任印制：徐晓晨 / 封面设计：铭轩堂

科 学 出 版 社 出版
北京东黄城根北街 16 号
邮政编码：100717
http://www.sciencep.com

北京中石油彩色印刷有限责任公司 印刷
科学出版社发行　各地新华书店经销

*

2016 年 1 月第 一 版　　开本：720×1000　B5
2021 年 1 月第二次印刷　　印张：20 3/4
字数：420 000
定价：148.00 元
(如有印装质量问题，我社负责调换)

序

    阻碍我国经济社会可持续发展的因素主要来自两个方面：一是日益严重的资源环境约束；二是旧的、不适宜的体制障碍。在资源环境约束方面，土地资源紧约束就是突出表现。伴随着我国工业化进程持续、城镇化进程加速、农业现代化进程起步，经济社会发展对土地的需求结构已发生变化，但需求总量仍然居高不下。由于非农建设、生态保护、结构调整和自然灾害损毁，我国优质土地资源尤其是耕地仍处于快速减少的状态；与此相对应，全国性的闲置、废弃、低效利用土地的大量存在，导致我国土地资源紧约束进一步加剧。在体制方面，二元的城乡关系就是其主要障碍之一。目前，城乡二元结构主导的工农、城乡关系虽有松动，但未从根本上破除，反而更为深刻地制约着城乡建设用地供需矛盾的缓解、用地布局的优化以及利用水平的提高。在资源约束趋紧、环境污染加重、生态系统退化的严峻形势下，缓解人地矛盾、疏导城乡关系、探索人地协调的土地利用调控途径已成为土地科学研究需担负的一项艰巨而紧迫的任务。

    重庆市地势起伏大、地貌类型多样，华蓥山–巴岳山以西为丘陵地貌，华蓥山–方斗山之间为平行岭谷区，北部为大巴山山区，东部、东南部和南部则分属巫山、武陵山、大娄山山区，其间喀斯特地貌广泛发育。这种复杂的地形地貌环境和城乡地理空间相对隔绝的区位环境，造就了重庆市地域分异较强、社会经济发展地区差异性大、区域人地矛盾差别明显，大城市、大农村、大山区、大库区集于一体的显著特征，因此城乡统筹发展任务十分艰巨。设立统筹城乡综合配套改革试验区以来，随着重点领域和关键环节的先行先试，重庆市在土地整治创新方面开展了一系列富有成效的探索，对西南地区乃至全国缓解土地资源约束、统筹城乡发展都有较好的参考、借鉴和启示意义。

    《人地协调的土地整治：从理论到实践》一书基于人地关系协调的视角，对重庆市不同人地关系类型区土地整治实践进行了总结与评价，提出了人地协调的土地整治实现途径与技术，为土地整治调控人地关系提供了理论与技术参考。该书结构上层次分明、逻辑清晰，内容上循序渐进，每一章节既相对完整又前后关联，系统性很强，其研究结果对丰富土地整治理论研究和实践创新具有较大的参考意义，是一部学术思想明确、内容丰富的学术专著。

    土地整治对转变经济发展方式、严格保护耕地和建设高标准基本农田、实施生态文明战略和城乡统筹发展战略具有重要作用，我希望土地整治研究更加注重理论与实践的结合，不拘一格，更上一层楼。

2015 年 12 月 22 日

前　言

人地矛盾恶化、城乡关系扭曲，是中国近代以来的基本国情。半殖民地半封建的中国社会，沉重的阶级剥削和阶级压迫，加之天灾和兵祸，导致人地关系处于严重失调状态。新中国成立后，人地关系逐渐步入正常化。改革开放以来，受快速工业化、城镇化进程的驱动，非农建设对土地资源的需求旺盛，大量优质耕地被占用；同时，由于对工农业生产及居民生活排放的污染物处理不当，导致水土环境恶化，从而对食品安全和人类健康造成严重威胁。在耕地持续减少、生态环境持续恶化的双重压力下，中国高度紧张而又敏感的人地关系前景堪忧。然而，在城乡对立的二元结构下，一方面农村居民点用地并未伴随大量农村人口非农化转移而减少，反而呈现"人减地增""外扩内空"的用地态势；另一方面，耕地并未有效摆脱小农式的分散土地经营模式，响应农业现代化发展要求，推行适度规模经营，反而呈现弃耕、撂荒和粗放经营加剧的用地态势。这种扭曲的城乡关系，不仅未能给日益恶化的人地关系提供疏解的途径，反而令人地矛盾的破解更为复杂和艰巨。

围绕传统农村改造以及新型城乡关系构建，为实现城乡一体化发展和人地协调，地理学者和土地科技工作者提出了以土地整治为重要抓手和空间支撑平台来调解、调控人地关系的基本方略。依据经济地理学、乡村地理学、景观生态学以及资源优化配置理论、人地关系地域系统理论等，形成了土地整治生态景观建设理论、乡村空间重构理论、空心村"三整合"理论、乡村土地流转与整治联动的资源整合理论等创新性理论成果，不仅填补了转型期中国农村土地整治学术研究理论建设上的诸多空白，也为深化土地整治科学决策和规划实践研究提供了重要的理论参考。

推动土地整治向更高阶段发展，需要持续创新土地整治理论与实践。在现代意义上中国大规模地开展土地整治始自 2000 年，至今仅有十几年，现阶段土地整治仍处于起步和探索阶段，在发展过程中盲目性、过度工具化和行为短期化等问题造成的社会经济和生态环境负面效应依然严重。为推进土地整治事业可持续发展，进一步丰富土地整治的理论与实践，基于人地协调理念，本书在已有理论成果的基础上，立足于长期的科学研究和实践，以重庆市为研究区，以典型土地整治项目为案例，从宏观上探讨了人地协调的土地整治理论，从微观上分析了人地协调的土地整治乡村景观建设技术，以求通过理论与实践的结合形成土地整治调控人地关系的科学路径。

全书分为 10 章。第 1 章主要阐述基于人地协调的土地整治途径、框架及内容；第 2 章主要阐述人地关系调控与土地整治及景观过程相关的基础理论和研究进展；第3章～第6章主要以重庆市为研究区，系统地阐述了人地协调的土地整治理论，阐明不同人地关系格局下土地整治的愿景、目标取向、路径选择、潜力来源以及相应的评价指标体系等；第7章和第8章主要以典型土地整治项目为案例，系统地分析了人地协调的土地整治乡村景观建设技术，阐明土地利用、农业生物多样化与地块异质性间的联系及其适用技术；第9章主要以典型项目区为研究区，评估微观尺度上土地整治调控人地关系的效应；第10章主要从理论和技术上总结全书的内容，为人地协调的土地整治指明方向。

本书得到了国家科技支撑计划课题"乡村土地流转与资源整合关键技术与示范（2013BAJ11B02）"的资助。同时，也得到重庆市及相关区县国土资源和房屋管理局、重庆市农村土地整治中心领导和同行，以及西南大学农业部西南耕地保育重点实验室、重庆市蓝德国土资源研究开发中心老师和学生的大力支持。特此致谢。

由于作者理论水平和实践工作经验有限，书中难免存在不足或理解上的差异，恳请同行和广大读者批评指正。

作　者
2015年8月

目　　录

第1章 绪 论

1.1 人地关系历史考察

1.1.1 人地关系历史变迁

在漫长的封建统治时期,中国人口的增长速度十分缓慢,由于社会动荡,经济停滞,曾几经萎缩和锐减。清康熙五十一年(1712 年)实行"滋生人丁,永不加赋"政策,到1723 年雍正又推行"摊丁入亩"(又称"地丁合一")政策之后,秦汉以来的人头税改为田亩税。受此激励,人口开始急剧膨胀,年均增速达到25‰。至乾隆二十七年(1762 年)突破 2 亿人,乾隆五十五年(1790 年)突破 3 亿人,至鸦片战争前(1834 年)又突破 4 亿人(何博传,1989;胡果文,1984;谢忠梁,1979)。这时,马尔萨斯《人口原理》的第二版已出版 30 多年,而生产力落后、阶级矛盾激化以及环境恶化、生态失衡的近代中国,似乎成了马尔萨斯观点的最佳注解。

太平天国运动期间,清朝人口减少 1 亿多人,但刺激人口增殖的小农经济体系始终没有动摇。随着政治与生产关系的调整,人口又迅速与生产力发展一起加倍地膨胀起来。特别是 1949 年之后,我国人口进入了指数发展时期。据统计,1949 ~ 1981年中国每隔 6.4 年即增加 1 亿人;1980 ~ 1990 年,平均每年净增 1500 万人;1990 ~ 2000 年,平均每年净增 1200 万人;2000 ~ 2005 年,平均每年净增仍有 800 万人,至 2010 年我国人口总数已达到 13.41 亿人(中华人民共和国国家统计局,1984,2011),占世界人口总数的 19.41%。2010 年,我国国内生产总值居世界第 2 位,但人均国民收入仅排在第 127 位。

巨大的人口压力导致了尖锐的人地矛盾。人均耕地是衡量人地关系的重要标志之一(崔功豪等,2006),但由于历代亩①制换算不详,目前尚不能历史地、科学地、准确地描绘这样一条变化曲线。不过,借助于众多学者对中国历代耕地变化情况的考证,以及 1915 年以来耕地变化的统计,仍能粗线条地反映人地关系变化的

---

① 1 亩 ≈ 666.7m²。

历史过程(图1-1):清雍正以前,我国人均占有耕地量虽有起伏变化,但由于人口基数较少,人地关系处于一种比较宽松的状态;清雍正以后,由于人口膨胀,人均占有耕地量快速下降,人地关系日趋紧张,至2010年我国耕地总量约为18.26亿亩,人均拥有耕地量仅为0.09hm²(1.36亩),不及世界人均耕地的40%。

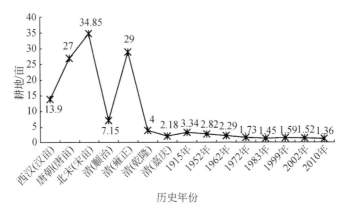

图1-1　西汉以来中国人均耕地占有量演变

高度紧张的人地关系,使我国农业长时期处于人多地少的"过密"状态(黄宗智,1992),不仅未能实现农业的有效发展,反而加强了人口增殖,导致边际报酬进一步递减,以至于农业的总产出在增长,而劳动生产率和人均收入却无明显变化。在过密化的基础上,糊口的小农生产持续,并伴随着商品化、农作密集化和家庭工业化变得更为复杂。如此的变迁,不是小农生产让位于大规模生产,而是在人口压力下继续推动小农生产向低成本劳动过密化的方向发展,以致严重阻碍了资本化生产对小农生产的替代。这一情景,既是对我国传统小农经济面貌的一种理性写照,也是造成我国农业仅够维持生存线的生产地位、农村长期贫困和不发达的基本原因(黄宗智,2006a;黄宗智和彭玉生,2007;贺雪峰,2008)。

"过密化"的农业不仅没有缓解高度紧张的人地关系,反而成为发展的"陷阱",导致我国的人地矛盾长期紧张、尖锐。对照新中国成立以前的6个世纪和新中国成立后的情况,不难发现:一方面农业产出的扩展赶上了人口的急剧增长(黄宗智,2000);另一方面却使高度紧张的人地关系恶化,生态环境遭到破坏和退化。例如,赵冈(1996)利用翔实的中国历史资料,基于生态学视角,分析了一定历史时期人口增长、迁移、各类垦殖对生态环境的影响,认为人口增长加剧了山林垦伐和农用地垦殖,导致了生态环境恶化,破坏了自然景观,并指出人口迁移与生态环境互为因果关系。王乃昂等(2000)通过文献资料和多学科的交叉研究认为,人口猛增和大规模土地开发是生态环境恶化的主导因素。马强(2002)从森林植被的变迁、重要野生动物减少灭绝等方面研究了汉中盆地全新世以来生态资源的重大变迁,认为自唐代以来汉水上游大规模的人类过度垦伐活动是造成汉中盆地生态环境恶化、生态资源大量减少的主要原因。徐海亮(1988)通过对历史时期河南省天然森林的变迁规律及变化特征的研究,认为气候转冷和人类破坏是导致河南省天然林自北向南、自东向西缩减乃至消亡的重要原因。林汀水(2002)研究了明清时期福建省人口激增,植被遭到破坏,进而出现水土流失的现象。姚兆余(2003)认为,明清时期西北地区农业开发对生态环境造成了巨大的破坏作用,大规模移民造成了人地关系恶化。蓝勇(1993)用文献和实地考察资料分析了清代康乾嘉时期(1661～1820年)四川省人口膨胀和不合理垦殖对清后期四川省农业生态和社会生活的影响。

1.1.2 20世纪50年代以来持续紧张的人地关系

新中国成立后,我国开展了大规模的工业化建设。在这一过程中人们认识到,工业化虽能够改善人们的生存条件,但不能缓解紧张的人地关系。尤其是改革开放以来,我国经济社会发展驶入快车道,土地资源开发利用发生重大转变,城镇居住、交通道路、工矿企业等用地比重迅速上升,土地非农化严重,耕地急剧减少。1985年,我国耕地减少量高达100万 hm^2,至1995年全国耕地面积只能维持在20世纪60年代中期的水平,约为1.30亿 hm^2(封志明等,2005)。

工业化、城镇化所引起的土地资源开发利用模式的变化,是我国人地关系演进并胁迫至资源环境"瓶颈"的根本原因。2008年与1952年相比,单位国土面积人口和经济生产总量(GDP)分别增长了2.3倍和442倍,同时每年因自然灾害所造成的损失也呈上升趋势(国家统计局,2009)。据统计,20世纪50年代中国洪涝灾害的直接经济损失为200亿元,到90年代初期增至600亿元,1998年长江及嫩江流域洪灾的损失高达2600亿元,2004年由于环境污染造成的直接经济损失是1997年的4.35倍。

由于工业化、城镇化占用,以及自然灾害损毁,新中国成立以来我国耕地持续减少,人地关系呈现持续紧张的状态。为保障粮食安全,抑制建设对耕地的占用,国家采取了一系列措施来遏制耕地减少,主要表现为1986年成立国家土地管理局,建立了以耕地保护为核心的土地利用规划管理制度;1998年成立国土资源部,设立了耕地保护和土地利用等职能部门,集中农用地转用、建设用地审批、土地征用和基本农田保护、土地开发整理复垦等相关职权,统一协调管理耕地保护利用问题;同年颁布新修订的《土地管理法》,以法律形式明确了"十分珍惜、合理利用土地和切实保护耕地是我国的基本国策",确立了耕地总量动态平衡、占补平衡、用途管制、集中统一管理和加强执法监察等的法律依据;在新《土地管理法》的指导下,国土资源部进一步建立起耕地数量、质量、生态全面管护的制度体系,包括基本农田保护制度、用地审批制度、耕地占补平衡制度、征地管理制度、耕地保护目标责任制度、耕地质量管理制度、农村土地整治制度、土地复垦制度,以及基本农田保护经济激励机制。

　　事实证明,这些举措在一定程度上遏制了耕地减少,但在快速的工业化、城镇化进程中,人地关系持续紧张的态势难以得到有效缓解,人地矛盾的焦点——耕地的保护形势仍不容乐观。据统计,2010年全国耕地面积为1.22亿hm²,相比1995年减少0.08亿hm²。更为严峻的是,2011年我国可开发为耕地的土地后备资源极为有限,不足0.05亿hm²,且质量差、分布零星偏远、开发成本高。如果考虑环境保护制约,耕地后备资源已近极限。到2020年,要实现城市化率60%、工业化率70%的目标,需要增加0.1亿hm²(1.5亿亩)建设用地(吕苑鹃,2009)。但与2010年全国实有耕地面积和守住1.20亿hm²(18亿亩)耕地红线相比,不足0.02亿hm²的耕地可供建设占用。对此,许多专家学者深感形势的严峻,以至于有的专家已经声称中国耕地面积几年后将跌破18亿亩的底线(高向军,2003)。因此,如何在建设用地需求持续增长的背景下确保不突破耕地红线,不仅事关国家粮食安全和社会稳定大局,也关系到人地关系能否协调发展。

1.2　土地整治调控人地关系

　　快速的经济增长和非农建设,不仅给土地利用带来巨大的压力,同时也引起土地利用方式的变化。当原有的土地利用条件和环境不能满足土地利用方式的转变时,就造成了人地关系的持续紧张。因此,为寻求人地关系协调发展,必然需要对土地利用条件和环境施以控制和改善,而这些控制和改善的手段和过程就集中体现在土地整治上(郝晋珉,2013)。立足于对人地关系的价值关怀,土地整治围绕优化各类土地利用空间、提升各类土地利用类型的质量和利用效率而展开(赵之枫,2014),被视为解决当前人地关系诸多矛盾的最佳手段(洪舒蔓等,2013)。

　　新中国成立后,土地整治的地位得到不断提升。新中国成立至改革开放前,全国持续开展了以山、水、田、林、路综合治理为中心的农田水利基本建设。至1980年,全国有效灌溉面积达到0.49亿hm²(7.35亿亩),人均粮食为327kg,从根本上扭转了历史上"南粮北调"的局面。改革开放后,以田、水、路、林、村综合整治为中心的土地整治逐步向全国推开。1997年中央11号文件《中共中央、国务院关于进一步加强土地管理切实保护耕地的通知》中提出,"积极从事土地整治,搞好土地建设""大力总结和推广土地整治经验,按照土地利用总体规划的要求,通过对田、水、路、林、村进行综合整治,搞好土地建设,提高耕地质量,增加有效耕地面积,改善农业生产条件和环境"。1998年,土地整治被写入于1999年1月1日起实施的新的《土地管理法》中,从而明确和巩固了土地整治的法律地位,确立了资金渠道,土地整治成为各级国土资源管理部门的一项重要职能。

2008年10月12日,中国共产党第十七届中央委员会第三次全体会议通过的《中共中央关于推进农村改革发展若干重大问题的决定》中指出,尽管我国农村正在发生新的变革,我国农业参与国际合作和竞争正面临新的局面,但农业发展方式依然粗放,农业基础设施和技术装备落后,耕地大量减少,人口资源环境约束增强,气候变化影响加剧,自然灾害频发,国际粮食供求矛盾突出,保障国家粮食安全和主要农产品供求平衡压力增大。解决经济发展、生态保护、粮食安全之间的矛盾,客观上要求加大土地整治力度,通过土地整治补充建设占用、生态退耕等造成的耕地流失。

土地整治是解决我国土地利用问题的必然选择,是我国补充耕地、改善农业生产条件、促进生态保护最重要的途径。纵观十余年来土地整治的发展历程与实践经验,其对人地关系调控的作用和意义可归纳为以下几个方面。

(1) 增加有效耕地面积,缓解人多地少的矛盾

我国人地关系高度紧张,人均耕地面积仅有1.4亩,约合0.09 hm^2,相当于世界平均水平的40%。随着工业化、城镇化进程的加快,土地资源供需矛盾更为突出。如何缓解人地矛盾,成为经济社会可持续发展的难题。为增加有效耕地面积,我国从1999年开始大力推进土地整理复垦开发工作,十余年来共计新增耕地276.10万 hm^2(约4142万亩),超过同期建设占用和自然灾害损毁耕地面积,保证了全国耕地面积基本稳定,有力地拓展了土地利用空间。实践证明,通过对低效利用、不合理利用、未利用,以及生产建设活动和自然灾害损毁的土地进行整治,能够显著增加有效耕地面积;土地整治已经成为当前和未来缓解人多地少矛盾不可或缺的手段。从区域来看,1999年以来在中央投资项目的带动下,全国30个省(区、市)和新疆维吾尔自治区生产建设兵团开展了大规模的土地整治活动。其中,地处东部沿海、人口密集的江苏省,通过土地整治,全省补充有效耕地面积27.20万 hm^2(408万亩);在东北地区,粮食总产和商品粮总量在全国均列首位的黑龙江省,通过土地整治实现新增有效耕地面积10.47万 hm^2(约157万亩);地处中部地区的山西和陕西两省,通过土地整治分别新增有效耕地面积2.89万 hm^2(约43万亩)和7.17万 hm^2(约108万亩);而地处西北地区、自然条件较为恶劣的青海省,通过土地整治新增有效耕地面积1.00万 hm^2(15万亩),解决了15万人的生计问题;在西南地区,丘陵山地广布的重庆市和四川省,通过土地整治分别新增有效耕地面积19.46万 hm^2(约292万亩)和6.17万 hm^2(约93万亩)。

(2) 完善农业生产条件,提高土地生产率

日本、韩国及我国台湾地区同样存在高度紧张的人地关系,而其人地矛盾却得到了有效缓解。宏观上来看,其经济发展和农业现代化建设上的成功是至关重要的。

不过,从内部情况分析,完善的农业基础设施带来的土地生产率大幅提升更具有关键意义。相对而言,农业基础设施薄弱却一直是我国农业现代化的短板。受此影响,我国的人地矛盾较这些地区更加尖锐。数据显示,我国主灌区骨干工程完好率不足40%,农田有效灌溉面积不足全部耕地的50%,加之装备落后、科技水平不高,以及耕地质量差,农业生产总体上还处在"靠天吃饭"的境地。在这种农业生产条件下,自然灾害频发、受灾面广量大、成灾损失严重等问题成为农业稳产高产的严重障碍。据统计,2001～2010年全国因灾损毁耕地年均高达57万亩。围绕改善农业生产条件、增强抗御灾害风险的能力、改变农业基础设施的落后局面,实施并加强土地整治成为一道关键环节(吴海洋,2012)。

经过十余年的土地整治,我国人地关系的紧张局面得到了一定程度的控制和缓解。《全国土地整治规划(2011～2015年)》数据显示,2001年以来通过土地整治建成高产稳产基本农田达0.13亿 hm²(约2亿亩),其中"十一五"期间建成0.11亿hm²(约1.6亿亩),新修建排灌沟渠493万 km,建成田间道路460万 km,经整理过的耕地平均亩产提高10%～20%,新增粮食产量超过130亿斤①,农田机械化耕作水平、排灌能力和抵御自然灾害能力明显提高,农业生产条件明显改善,并在一定程度上为受高度紧张的人地关系束缚的农业规模化、产业化经营创造了便利条件。

(3) 重构乡村景观格局,改良人居环境

人地关系中,人类活动和地理环境的相互作用错综复杂。而人居环境是人类生产和生活的主要场所,是人地关系矛盾最集中和突出的地方,可以说人居环境是人地关系最基本的联结点(祁新华等,2007)。人居环境质量问题是人地关系协调与可持续与否的重要表征(刘立涛等,2012)。当前,不论是发达国家还是发展中国家,人居环境在人口迅速增长的压力下不断恶化。但这种恶化在城镇人居环境和乡村人居环境中各有不同的表现。就乡村人居环境而言,主要表现为农宅乱建乱占、各行其是,牲畜棚圈乱搭乱砌、挤占公用活动场地,建新不拆旧、"空心村"造成大量土地浪费,"老三堆"(土堆、柴堆、粪堆)和"新三堆"(生活垃圾、建筑垃圾、工业垃圾)造成垃圾围村、村容不整、环境恶化。

土地整治是涉及田、水、路、林、村、房的综合整治,无疑它的实施有助于更新农村面貌,改善乡村人居环境,加快农村生态文明建设。从一般意义上来看,土地整治通过一系列工程技术措施,对原有景观格局进行人为干扰,改变景观类型斑块、廊道和基质的形状、大小、数目以及空间分布与配置,使区域斑块(农田)、廊道(田间道路、农田水利工程)、村落景观得到空间优化,进而提升生境质量和景观协调性、增加景观美学元素、维持景观多样性,最终达到提高生态系统景观功能的效果。与之相比,村

---

① 1斤 = 500g。

庄整治的效果更为显著。经验证明,村庄整治不仅改善了农村散、乱、差的面貌,使农民居住条件、农村基础设施和公共服务设施大为改善,还推进了农民居住集中,减少了生活污水和生活垃圾排放,增强了污染物处理能力,保护了生态环境,使得乡村整体面貌焕然一新。例如,结合农村土地整治建设的新农村示范点,不仅引导农户实现了相对集中居住,还普遍实施了改路、改水、改厕、改环境,使农民生活质量和农村环境得以明显提高(黄绍宏和李杰,2013)。

1.3 人地协调的土地整治

1.3.1 寻求土地整治综合途径

人地关系视野中,土地利用变化是研究的一个核心领域(樊杰和吕昕,2002)。而与土地利用变化密切联系的是相关的环境效应,如农用地面积扩展造成土地退化、优质土地的集约化利用间接促使生态脆弱地区环境改善、农用地利用粗放化和弃耕促使环境和生态恢复、土地非农化导致生境丧失和灭绝。这些环境效应与土地利用变化结合起来,反映了人类活动与自然环境之间的相互作用,是对人地关系的具体刻画。不论传统小农经济体系下的人口变化与农业增长,还是工业化进程中的产业结构演替和城乡聚落结构变化,两者均涉及土地利用变化的两个方面:一是面积变化或称为用途转移;二是集约度变化(李秀彬,2002,2008)。同时,在土地利用变化的两个方面中,上述两者又共同关注一个核心 —— 耕地。粮食产量的空间分异在一定程度上决定着人地关系的空间结构,而粮食生产和粮食产量又与土地的供需密切相关。如果说土地的供给与需求是人地关系的集中反映(崔功豪等,2006),那么耕地就是人地矛盾的焦点。

土地整治与土地利用变化尤其是耕地问题密切相关,展现出人地关系协调的愿景。实践证明,土地整治在增加有效耕地面积,提高土地利用率,提高农用地质量和生产能力,改善生态环境和农村生产、生活条件等方面均有显著成效,有利于实现土地资源可持续利用,促进人地关系的协调发展。我国自1997年提出实施土地整治以来,土地整治无论在理论研究、制度建设,还是在实践活动等方面都取得了显著的成就,产生了一批有代表性的成果(严金明,1998;高向军,2003;朱志刚,2005;杨庆媛等,2006),促进和指导了土地整治的健康发展。随着土地整治工作的不断推进和开展,人们对土地整治的认识也在不断深入。而已有的研究主要围绕土地整治潜力、土地整治工程的规划设计、土地整治效益及生态环境效应等几个方面展开(杨子生和刘彦随,2007;刘彦随和杨子生,2008)。面对新时期新农村建设、现代农业发展、生态文明建设等这样综合性、复杂性的问题,土地整治如何与这些社会经济发展的重大命题相结合成为新的研究需求。在实践中,以土地整治为载体,结合区域现代农业生产、城乡统筹发展、新农村建设、生态环境治理与恢复的综合化土地整治越来越受到关注和重视。适应土地整治综合化的发展趋势,需要寻求综合的研究视角和途径。为此,本书基于人地系统的认识框架,结合土地利用变化及其相关的环境效应命题,对土地整治进行综合考察,建立基于人地关系协调的土地整治过程综合分析框架,拟以此树立新的综合研究视角,并据此以地域分异较强、社会经济发展地区差异性大、区域人地矛盾差别明显的重庆市为研究区域,探讨不同人地关系格局下土地整治的愿景、目标取向、路径设置、潜力来源、过程及评价指标体系构建和应用等问题,寻求土地整治研究新的综合途径。

1.3.2 集成乡村土地整治技术

人地关系是人类生存与发展的基本关系,土地支撑着人类社会的可持续发展。"2008 欧洲土地会议"的专家警告,全球耕地面积正在迅速减少,必须引起足够重视。会议指出,目前世界人口数量以年均 8500 万人的速度增长,因此需要更多的土地种植粮食来满足新增人口的需要。随着全球人口的不断增长,气候的不断变暖,能源和水资源的日益枯竭,粮食问题已经成为世界需要面对的难题,"地球究竟能够养活多少人"成为科学报道热议的话题。

耕地是粮食生产的基础,关系到我国十几亿人口的吃饭问题。随着工业化、城镇化和生态文明建设的推进,耕地减少不可避免。为了遏制耕地的过快减少,确保粮食安全,中国政府实行了最严格的耕地保护制度和最严格的节约用地制度,坚守 18 亿亩耕地红线不动摇。同时,大力推进节约集约用地,不断加大耕地的补充力度。1997 ~ 2009 年为平衡被建设占用和灾毁的耕地,我国通过土地整治复垦开发累计补充耕地 335 万 hm^2。但是,从长远来看,我国耕地后备资源严重不足,补充耕地的潜力极为有限。而且,粮食安全的关键是保障粮食生产能力,不仅取决于耕地数量,还取决于耕地质量和生态环境条件(鹿心社,2002;林奇胜等,2003)。目前,我国耕地质量总体较差,2009 年中低产田土约占耕地总量的 67%,严重制约着农业优良品种和高产栽培技术的推广。而农村的生态环境也不容乐观。新中国成立后为尽快建立我国现代工业体系,政府长期推行"以农补工"的战略举措,导致城乡二元结构根深蒂固(温铁军,2004)。农村发展环境长期得不到改善,只能维持温饱的小农生产(黄宗智和李怀印,1992)。20 世纪 80 年代以来,数量庞大的农村青壮年劳动力进城务工,使得农村发展环境呈加剧恶化的趋势(黄宗智和彭玉生,2007;阎建忠等,2004)。在这样的历史过程中,与中国快速的工业化、城镇化及创造"世界经济增长奇迹"伴生的是一系列农村土地利用及生态环境问题:大量的空心村、闲置房屋,大量的土地撂荒及利用率低下,基础设施差,面源污染严重,乡村景观受损,人居环境恶劣(郧文聚和宇振荣,2011c)。这些问题是我国农村发展困境的直观写照,并对我国的耕地保护、粮食安全和食品安全及农产品质量构成了潜在威胁。

为破解农村发展难题,中央政府从国家层面做出了一系列战略决策、政策安排和行动计划。退耕还林、农村土地整治、农业基础设施建设、农业综合开发、新农村建设、统筹城乡发展等的相继实施,对缩小城乡差距、促进农村发展起到了重要作用,并取得了巨大效益。全国各地结合自身实际也做出了积极探索,总结出大量成功经验和重要认识。例如,四川省的"金土地工程"、浙江省的"千村示范万村整治工程"、江苏省的"万顷良田建设工程"、湖北省的"高产农田示范工程"、江西省的"造地增粮富民工程"等,全国各地将农村土地整治作为新农村建设、城乡统筹发展的有效手段和重要途径。在具体做法上,一些地方将土地整治纳入新农村建设进程,将土地整理和宅基地整理相结合,如在安徽省合肥市官亭镇,通过土地和宅基地整理,村庄占地率由10.60% 降至2.80%,1400 多户村民住进楼房,且由于平整、复垦耕地使用权仍归农户,农户通过集中转包,交由农业企业推进规模化、产业化种植,增加了收入。又如,在湖北省,针对农田水利设施年久失修,特别是田间水利设施不配套的问题,土地整治中重点做好斗渠(沟)、农渠(沟)的疏浚、硬化,新建与修复小型泵站、水坝(闸)、塘堰等。2001 年以来,土地整理项目区建成沟渠近12 万km,新建、修复排灌泵站9300 余座,修建水闸(坝)58 500 余座,已建成的项目区灌溉保证率达到85% 以上,排涝标准达到了20 年一遇,实现了"旱能灌、涝能排",农业生产抵御自然灾害能力明显增强。同时,以土地整治为平台,通过土地平整,建设标准化格田,为发展订单农业、特色农业、高效农业创造条件,大力推动优势农产品基地建设,如老河口市建成的3 万亩高产农田项目区,种植"珞优8 号"水稻新品种,水稻亩均增产200 斤以上;宜昌市在低丘岗地实施改造项目,配套完善农业基础设施后,引导龙头企业通过柑橘产业合作组织,联片建设高效生态柑橘园,亩均收入从2008 年的600 元左右达到2010 年的3000 ~ 5000 元。此外,湖北省还将土地整治作为改善农村生产生活条件的民生工程来做。结合城乡建设用地增减挂钩试点和村庄环境综合整治,实行迁村腾地和中心村建设。新建农民小区住宅统一规划、整齐美观,实现了水、电、路等设施配套齐全,为推进新农村建设提供了重要平台。至2011 年,已整治零散村庄800 多个,涉及7000 余户农民,出现了仙洪试验区、钟祥市彭墩村、天门市双口村等新农村建设典型。

这些政策举措和探索,成效卓著,是对"我国总体上已进入以工促农、以城带乡的发展阶段"这一科学判断的贯彻与检验,并为破解农村发展困境提供了新的认识和思路。不过,也有一部分学者不无担忧地阐明了一些看法。其中,就农村土地整治而言,长期以来,土地整治的重心主要是提高农业产出、确保粮食安全,追求集约化。在目标上偏重于新增耕地,完成"占补平衡"和"总量平衡"任务,其工程技术措施主要以新增耕地和解决土地破碎化为主要内容(魏秀菊等,2005;郧文聚和宇振荣,2011a)。问题在于,现有的目标和内容未充分与当地的地形、水系和生物等构成的生态系统结构和功能相协调,生硬地照搬照抄"田成方、路成网、渠相通、树成行"的建设标准,通过推土机式的力量对土地进行过分改造,而轻视循环、共生,致使大量需生态化的沟渠道路等景观廊道被过度硬化,多样化的小树林、水塘等景观斑块或被砍掉或被填埋,溪河被裁弯拉直,导致孕育地域文化的生物、生态和生活的乡土风貌严重受损,甚至不复存在。因此,应对全球气候变化、生态环境和粮食安全,以及国家和区域层面城乡统筹、一体化发展的战略需求,作为农村发展的重要手段 —— 农村土地整治,在技术需求上应如何响应,在工程措施上应如何适应,这些工程技术措施又将造成什么样的生态景观效应,尤其在小尺度上对生境质量、景观多样性、土地产能、生态景观服务功能及水文生态过程等将产生怎样的影响,这些问题的回答,仍然需要立足于对现有土地整治工作的考察。有必要通过农村土地整治工程及其景观效应的综合研究,阐明小尺度上工程技术措施治理土地破碎化的过程,土地利用、农业生物多样化与地块异质性间的联系,以及土地整治工程对景观格局及生态学过程的影响。为此,本书基于重庆市"一圈两翼"①的区域发展格局,选取5个国土整治整村推进示范村项目为样点,综合土地利用变化理论、农村土地整治理论和景观生态学理论,试图解释土地破碎化格局下,农村土地整治在项目尺度上所导致的局地土地利用变化及其对景观格局影响。同时,依据土地利用、农业生物多样化与地块异质性间的联系,借以评估乡村景观建设的技术需求,以及土地整治工程措施的适应性,以此为土地整治理论和技术创新提供科学支撑,并探索基于土地整治的乡村景观建设集成技术。

1.4　人地协调的土地整治研究框架构建与内容设计

1.4.1　框架构建

基于人地系统的认识框架和"人地关系背景 — 人地关系调控 — 土地整治 — 景观效应"的认识过程,结合土地利用变化及其相关的环境效应命题,对土地整治进行综合考察。

---

① "一圈两翼"是重庆市2006年11月所提出的发展战略,即以主城为核心、以大约1h通勤距离为半径范围的城市经济区("一圈"),建设以万州区为中心的三峡库区城镇群(渝东北翼)和以黔江区为中心的渝东南城镇群(渝东南翼)。

首先，在宏观上，建立人地关系协调与土地整治过程的综合分析框架，并以地域分异较强、社会经济发展地区差异性大、区域人地矛盾差别明显的重庆市为研究区域，提出不同人地关系格局下土地整治的愿景、目标取向、路径设置、潜力来源，以及相应的评价指标体系，以此寻求土地整治研究新的综合途径。

其次，在微观上，综合土地利用变化理论、农村土地整治理论和景观生态学理论，构建"农村土地整治 — 土地利用变化 — 景观效应及生态学过程"分析框架，并基于重庆市"一圈两翼"的区域发展格局，选取5个国土整治整村推进示范村项目为样点，揭示土地破碎化格局下小尺度上土地整治工程所导致的局地土地利用变化和对景观格局的影响，阐明土地利用、农业生物多样化与地块异质性间的联系，提出基于农村土地整治的乡村景观建设集成技术。技术框架如图1-2所示。

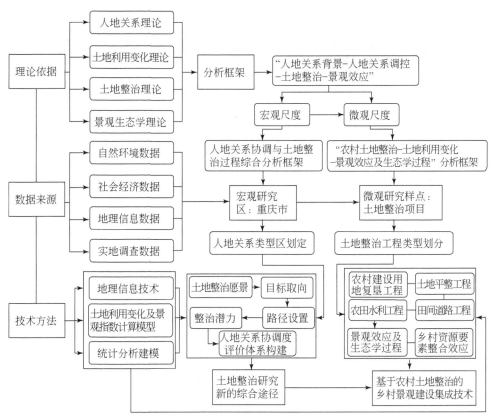

图1-2 技术框架

1.4.2　内容设计

(1) 区域人地关系格局及类型划分

以研究区基本的地貌格局为基础,借助1997～2010年的土地利用变化分析及相关环境效应反映重庆市十余年来的人地关系背景。在此基础上,采用聚类分析方法划分人地关系类型,并结合研究区的农业发展规划、社会经济发展战略、土地利用战略规划,将重庆市划分为都市人地关系高压区、环都市人地关系紧张区、渝东北人地关系敏感区和渝东南人地关系脆弱区4种不同的类型区。

(2) 区域产业、土地利用战略与土地整治路径

在人地关系类型划分的基础上,构建基于人地关系协调视角的土地整治过程综合分析框架。基于对各人地关系类型区未来情景分析,进行差别化的土地整治愿景设计;适应区域功能定位的差异和土地利用需求的不同,确定区域土地整治的目标取向;根据不同区域土地利用系统的组成、土地利用战略和功能战略转移定位,设置与土地整治目标相匹配的土地整治路径。从人地关系协调的视角,依据不同人地关系类型区土地整治潜力的主要来源,测算各类型区的土地整治潜力;围绕土地整治规划、土地整治类型区划分、实施规模及新增耕地、投资强度、项目空间配置、取得的成效和存在的问题,以及农业产业化发展等方面,对现行土地整治进行分析,从宏观尺度和实践层面揭示土地整治对区域人地关系的调控。

(3) 区域土地整治的人地关系协调效应

从土地整治导致土地利用条件变化,土地整治的环境、灾害、生态效应,土地整治的资源、经济、社会效应3个方面,构建土地整治的人地关系协调效应评价指标体系。采用层次分析法(AHP),依据不同人地关系类型区的土地整治愿景,以及土地整理的目标取向和路径设置、潜力来源及潜力规模,分别对构建的评价指标体系按重要性进行排序,对每个区的指标赋权。从4个不同的人地关系类型区选取20个具有代表性的典型土地整理项目,运用AHP与模糊综合评判的方法进行实证评价应用,并对各人地关系类型区土地整治的人地关系协调效应进行分析。

(4) 土地整治工程特性及其景观效应

在微观尺度上,构建"农村土地整治 — 土地利用变化 — 景观效应及生态学过程"分析框架,并基于重庆市"一圈两翼"的区域发展格局,选取5个国土整治整村推进示范村项目为样点,分别对农村建设用地复垦工程、土地平整工程、田间道路工程、农田水利工程各自的工程特性及景观效应进行分析,具体包括以下内容。

1) 农村建设用地复垦工程及其景观效应。受复杂的地形地貌等条件限制,西南丘陵山区居民点布局分散,用地粗放、废弃闲置低效利用现象普遍,公共基础设施配套薄弱。利用农村居民点分布指数、面积指数、分散度等指标,在分析5个样点村农村居民点利用现状的基础上,根据农村居民点复垦的工程技术措施,揭示样点村居民点复垦的工程技术特点;分别从类型水平和景观水平两个维度,利用景观指数研究农村居民点复垦在不同区域对土地利用及景观格局的影响。

2) 土地平整工程及其景观效应。土地平整工程可直接改变整理区域的地形地貌条件。依据土地平整的工程技术措施,分析样点村的土地利用状况及土地平整的工程技术特点;基于景观指数分别从类型水平和景观水平两个维度,研究土地平整示范区的土地利用及景观格局变化。

3) 田间道路工程及其景观效应。田间道路工程主要指直接为农业生产服务的田间道路和生产路的建设。依据田间道路的工程技术措施,分析样点村的道路网络特征差异,探讨不同区域农村道路体系的空间规律,揭示田间道路工程的技术特点;从类型水平和景观水平两个维度,对比分析样点村农村道路体系构建过程中对土地利用及景观格局的影响,分析农村道路体系构建的景观效应。

4) 农田水利工程及其景观效应。农田水利工程是对水土资源、排灌渠系统及其水工建筑物等的改造或建设。依据农田水利的工程技术措施,分析样点村的农田水利网络体系特征差异,探讨不同区域农田水利体系的空间规律,揭示农田水利工程的技术特点;从类型水平和景观水平两个维度,对比分析样点村农田水利网络体系构建对土地利用及景观格局的影响,分析农田水利体系构建的景观效应。

(5) 土地整治对土地利用景观的影响及其生态学过程

综合5个样点村农村土地整治工程所导致的局地土地利用变化和对景观格局的影响,运用地理信息系统(GIS)手段和景观指数模型,分析评估不同土地整治区域的景观格局及其生态效应;基于生态学过程,研究描述不同区域土地整治工程技术措施对地表的作用过程及与土地生态环境的关系,借以解释不同区域土地利用、农业生物多样化与地块异质性间的联系,以获取对“土地整治—土地利用/景观变化—生态效应”的过程性认识;在此基础上,分析乡村生态景观建设的技术需求,评估现有农村土地整治工程系统的适应性,提出项目尺度上西南丘陵山区农村土地整治建设乡村生态景观的工程技术策略。

(6) 土地整治对乡村主要资源要素的整合效应

选取土地整治模式多样、整治效果明显、对农村各类资源整合利用影响较大的、能够较好地代表丘陵区土地整治的重庆市荣昌县作为研究区域,并依据典型性、代表性等原则,在对荣昌县多个土地整治项目考察和具体分析的基础上,将对农村各类资源整合利用影响较为显著的仁义镇三星村土地整治项目作为具体研究案例。采用定性与定量相结合、理论与实践相结合、实证对比分析的方法对土地整治中农村资源利用变化进行分析研究,并通过设置评价指标体系、构建熵权物元可拓模型进行农村资源整合效应评价,以揭示土地整治对农村各类资源整合利用的作用机制,为在微观尺度上开展土地整治调控人地关系效应评估提供新思路。

第 2 章　　人地关系调控与土地整治及景观过程

2.1　人地关系调控理论剖析与挖掘

2.1.1　人地关系理论

人地关系理论探讨的是人类活动与地理环境之间的相互关系。其形成和发展与人类社会的进步和人的认识提升密切相关。不同的人类社会发展阶段和不同的时代背景,有不同的人地关系思想,即使同一阶段也存在很多不同甚至截然相反的思想学说,如天命论、地理环境决定论、二元论等。历史唯物主义和辩证唯物主义认为,每一种理论或学说都是人的意识对客观世界的反映,既有其存在的时代合理性,又有其历史局限性。这些理论或学说为新型人地关系理论的产生与发展提供了借鉴、奠定了基础。梳理近20年来的理论探索,可从3个方面对新型人地关系理论做一简述。

(1) 人地关系危机论

由于人类意识和社会经济行为与其生存环境的潜在利用方向、承载力之间存在巨大的相悖和失衡(张复明,1993),加之现代社会生产力发展导致的资源问题、环境问题、人口问题等,人地矛盾日趋严重,已威胁到人类生存和发展,人们对人地关系的持续和协调产生了强烈的危机感。在这种危机感中,逐渐形成了人地关系危机论,较具代表性的学说包括冲突论、异化论、错位论3种。

1) 人地关系冲突论。在"双向异化"过程中,人与自然及地理环境之间表现出一种不相容的对立与冲突,这就是人地关系冲突论。该学说认为,人类活动与地球环境是构成人地复合系统的对立因子,它们的相互依存性和制约性决定着系统的运行过程和演进方向,任何一方的不正常"扰动"和非弹性"越轨"都会影响人地复合结构的进化和功能的良好发挥,最终影响系统组织和自身发展,甚至导致衰退(李铁锋,1996)。长期以来,人类活动的方式、速率、规模与强度和自然系统的运行规律及演化趋势严重背离,超越了地球环境的"生态阈值",使人类的社会意识、文化价值观念、发展战略和经济活动与地球环境的可利用方向、承载能力之间矛盾、冲突不断,其实质就是人地统一体中"人"、"地"两种存在体系的矛盾与对立(王爱民和缪磊磊,2000)。伴随着人类活动范围的不断扩大和活动强度的不断提高,由各种人地冲突导致的人类生存危机日趋综合化、全球化、深层化。为此,协调人地关系必须以缓解人地冲突、解决人地矛盾为基本出发点。

2) 人地关系异化论。参照马克思主义的观点,异化作为社会现象同阶级一起产生,是人的物质生产与精神生产及其产品变成异己力量,反过来统治人的一种社会现象。现代社会实质性的异化在于权力、资本、媒体和机器彻底控制了人,使人不仅要充分发挥生产力,变成高速运转的生产机器,还必须形成"消费力",变成高速运转的消费机器。在人地关系演变过程中,以工具的使用、农业文明的出现、文明社会的产生和工业革命为标志,人地关系发生了 4 次异化过程(方修琦和张兰生,1996),形成了由自然环境、人类环境、社会环境和人类共同组成的、为人类所特有的人地系统(杨士军,2000)。每一次异化都改变了人地系统的本质,随之而来的资源环境问题也在人类社会的进化过程中,从无到有、从小到大、从局部到全局,从区域性到全球性地发生变化,尤其是技术的不断进步导致了人地关系的不断异化。这是人的危机,也是可持续发展的危机,造成这种危机的直接原因是人的自我中心化(叶岱夫,2001)。

3) 人地关系错位论。在人地关系困顿时期,人与自然、地理环境的关系,是人以利用现存自然的生存方式和通过自然宗教崇拜的精神体悟方式达成的人类与其赖以生存的地理环境之间原始共生的朴素统一关系。但在中世纪及之后,受宗教意识影响,扭曲了的社会关系幻化为上天的神力(上帝),导致人类在处理人与自然关系时出现了一种主客颠倒(夏湘远,1999)。从此,一神教取代了多神教,超自然的上帝取代了自然神,神力取代了自然力,《圣经》被认为是自然知识的唯一来源。一神论赋予人格化的神以超自然的力量,将人和自然统一于神力,上帝的意志高于一切。对上帝的崇拜实质上是对人本质的崇拜,自然被拒斥于人类认识的视域以外。这种人地关系错位的观念,助长了人类对自然不负责的态度,是现代生态危机产生的一个不容忽视的思想根源。

(2) 人地关系调控论

由于人类的不合理活动,在人类社会与地理环境之间、地理环境各构成要素之间、人类活动各组成部分之间,出现了不平衡发展和不调和趋势。因此,协调人地关系,首先要谋求人和地两个系统各组成要素之间在结构和功能联系上保持相对平衡;其次要限制约束人类活动于地理环境容忍度的范围内(吴传钧,2008)。而保持这种相对平衡和维持这种容忍度,就需要对人地关系进行干预和调控(焦宝玉,2011)。目前,在人地关系调控的相关学说中,较具代表性的包括地域系统论、优化论、耦合论 3 种。

1) 人地关系地域系统论。吴传钧院士 1979 年提出了人地关系地域系统论,指出"人地关系地域系统是以地球表层为基础的人地关系系统","人"和"地"这两方面的要素按照一定的规律相互交织在一起,交错构成了在空间上具有一定地域范围、内部具有一定结构和功能机制的复杂的开放的巨系统。该理论认为,地理学人地关系研究应具体落实到地域,同时强调任何区域开发、区域规划和区域管理,都必须以改善区域人地相互作用结构、开发人地相互作用潜力和加快人地相互作用在人地关系地域系统中的良性循环为目标,为有效进行区域开发和区域管理提供理论依据。依据人地关系地域系统论,方创琳(2003) 提出,区域人地系统的优化调控是现代地理学的重要任务,也是市场经济条件下中国实施可持续发展战略的理论基石。其调控对象应从 PRED 系统改进为 PDRDEDEDEDSD 系统,即人口、资源、环境、生态、经济、社会六大要素相互作用、相互联动、相互协调组成的PREEES 系统和六大要素共同得以发展而形成的发展系统,这两大系统之间存在高度耦合。据此,人地关系优化调控的切入点与重点应坚持"以人为本",调控的重中之重应是人的意识建设,优化调控的目标点是追求和谐发展。

2) 人地关系优化论。可持续发展理论为人地关系注入了新的内容。调控人地关系,本质是协调人口(P)、资源(R)、环境(E) 和发展(D) 四大问题(王铮,1995)。基于可持续发展的人地关系,应当在协调好人与自然关系的前提下,提高人类的生活质量、缓解人与自然的矛盾冲突;在满足当代人需要的同时,保证不危及后代人满足其需要的能力;人地关系的可持续性,即包括自然的持续性、经济的持续性和社会的持续性。基于可持续发展理论,蔡运龙(1995) 认为,可持续发展的人地关系本质上是优化人与自然的关系和人与人的关系。环境对人类需求的支持能力有一个自然极限,在极限范围内,人类文化调节可实现人类生态系统的持续性,即人地关系的协调。对此,可用生产力、稳定性、恢复力、公平性、自立性和协调性等系统特性和原理来衡量人类生态系统的持续性。为此,人地关系优化调控的途径是把人类需求控制在系统承载力之内,使自然资源的再生产社会化,以市场机制协调资源的供需矛盾,同时兼顾政府干预与公众参与。

3) 人地关系耦合论。该理论运用了中国传统文化理念分析当今的人地关系,认为现在的人地关系是一种太极图式的耦合关系(吴攀升和贾文毓,2002),即所谓"太极既分,两仪立矣。八卦相错,然后万物生焉",也即《易经》所谓从"无极""太极""两仪"到"四象""八卦""万物"。这一学说为人们认识和处理人地关系提供了有益的启发。

(3) 人地关系方法论

人地关系被一系列学科所涉及。人类学、社会学、历史学、建筑学、园林设计、城市规划等,都或多或少地包含人地关系的内容,但人地关系不是这些学科研究的主旨。哲学是关于自然界和人类社会最一般规律的科学,人地关系虽是其重要组成部分,但哲学只能概括,而不能取代具体的自然和社会科学。地理学将人地关系作为研究核心,在关于自然和社会相互关系的地理学理论和大量实践工作探索中,形成了以马克思主义哲学为指导的人地关系方法论。其中,较具代表性的是协同论、构型论、耗散结构理论和分形论4种。

1) 人地关系协同论。在系统辨证论思想的指导下,依据"人地协调论"、"人地共生论"等理论,结合现代系统科学,特别是动力系统理论,李后强和艾南山(1996)提出了"人地协同论"。该理论集自然科学、工程技术与人文科学的交叉与渗透,着重探讨人地复杂系统健康发展的内在机制及路线方针,揭示人类与自然之间和谐共存、反馈与制约、利用与合作、发展与协调等关系及规律,目的是将人地关系模型化、定理化,以便更深入地研究人地系统中各种复杂作用与制约机制,从而提出调控对策。

2) 人地关系构型论。该理论依据系统论观点,提出人地关系系统是对人与地相互作用所涉及的诸因素固有的系统特性进行模拟分析的概念模式,并将利用一定的方式(文字、图示、数学模型等)对客观事物进行的抽象过程称为人地关系系统的构型(构造模型)。基于这种认识,王黎明(1998)提出了PRED人地关系系统构型理论,指出PRED构型具有针对性、综合性、地域性、动态性和可调控性等特征,同时分析了PRED构型的基本方法与工作步骤,提出了集成化、变结构、多层次、多区域化的PRED模型系统设计思想,并探讨了PRED协调模式的主要内容及划分PRED协调区的构想。

3) 人地关系耗散结构理论。该理论认为,人地系统是一个开放的非平衡的自组织系统,各要素间有非线性相互作用的动态涨落系统。人地关系地域系统耗散结构的形成和演变过程正是靠开放而不断向其内输入低熵能量物质和信息,产生负熵流而得以维持(刘继生和陈涛,1997)。人地系统自我强化的正反馈关系和自我调节维持稳定的负反馈关系之间的相互耦合决定着人地关系的行为。

4) 人地关系分形论。该理论认为,地球表层系统中的人文分形景观乃是由人地非线性关系的混沌作用所致,其非线性特征反映在人地相关作用模式与过程上。这种过程具有多分维性质,其间隐藏着一些简单的自然法则,根据这些法则设计优化的分形结构,可有效地调控人地关系(刘继生和陈涛,1997)。

除上述理论外,较具代表性的人地关系理论还有阶段论。人地关系在历史进程中不断演化,在不同的历史阶段呈现不同的特征。香宝和银山(2000)认为,人地系统的演化取决于人类这个主体以及其周围环境这个客体的质和量的对比关系,并将人地关系演化分为混沌、原始协调(共生)、改造索取、改造征服和协调共生五大阶段。郭跃和王佐成(2001)基于文明史前、农业文明、工业革命、信息革命4个阶段的人地关系表现形式及其社会技术背景,指出科学技术手段促使人与地的相互关系发生4次异化,并历经顺应自然——认识改造自然——掠夺自然——可持续利用自然4个阶段,提出当前信息革命时期的人地关系应当是以知识经济为前提、以可持续发展理论为基础的人地协调发展阶段。王长征和刘毅(2004)将人地关系演化阶段分为混沌、原始共生、人类对环境的顺应、大规模改造和人地协调共生5个阶段,并根据区域间人地系统要素空间流的性质和方向,认为区际人地关系可分为封闭式、掠夺式、转嫁式和互补式4种类型。

2.1.2　土地利用理论

传统的地理学研究中,通常以土地利用空间格局来解释人与自然的关系,甚至解释人与人的社会关系(Harvcy,1985)。近年来,作为全球环境变化的重要影响因素,土地利用变化研究成为该领域的核心科学问题(李秀彬,1996)。相应地,土地利用的理论建设也活跃起来(蔡运龙,2001;李秀彬,2002;张同升和甘国辉,2005)。基于土地自身特性的变化、土地使用者个体经济行为分析及社会群体土地管理行为分析,构成了土地利用变化的基本理论框架。其中,竞租曲线、转移边际点以及打破土地利用空间均衡的条件分析,是土地利用变化经济分析的理论基础;"土地利用——环境效应——体制响应"反馈环的作用机制,构成了社会群体土地管理行为分析的理论框架;新古典经济学和地租理论构成了土地利用变化机理模型的基础。这种不同学科之间的相互交叉、渗透,成为多视角综合分析土地利用变化机理的有效途径。不过,从学科理论传统分类来看,土地利用变化理论可分为三大类:基于城市和区域经济学的理论、基于社会学的理论和人地关系理论。对人地关系理论前面已有相关内容,在此着重阐述基于城市和区域经济学的土地利用变化理论与基于社会学的土地利用变化理论。

(1) 农业地租理论

微观经济学理论对土地利用模式的分析深受杜能(J. F. von Thunen)1826年发表的《农业地租理论》的影响。该理论最基本的概念是地租,目的是确定一个市场区周围各种不同农作物土地利用的最佳分布模式。在杜能的公式中,使用者对某一特定土地用途支付的租金取决于该土地上产出产品的价值。单位产出最高的土地利用处于最高的地租梯度,距离市场中心最近。其他种类土地利用的地租梯度依次降低,最终的土地利用模式是一组围绕市场中心的同心圆。

农业地租理论虽然没有明确揭示土地利用变化的机制,但提供了一种静态理论。可以看出,若作物的相对价格发生变化,会改变土地使用者对某一区位竞标的相对能力,从而产生区位变化。后来,杜能及其追随者进一步放宽了理论假设,并将应用范围放到从全球到单个农场多种空间尺度，并包含了如居住和商业用地等的土地利用。

（2）城市土地市场理论

基于对杜能农业地租理论的改善和推广，阿朗索建立了城市土地市场理论。在该理论中，家庭为获得最大效用，在住房、距市中心距离以及所有其他物品这3种组成中分配其固定的预算。因不同的预算约束，各个土地使用者对同一区位的经济评估并不一致，并且随着与城市中心距离的递增，区位可达性递减，各种土地使用者的收益递减速率也不同。阿朗索用竞租曲线表示土地成本和区位成本间的均衡，不同曲线表示不同的土地利用，曲线上任一点表示一种区位选择的可能性。当土地市场供求数量相等，在一定的距离内，竞租曲线斜率最大的使用者因其竞争力强而获得市中心的土地，斜率次大的取得中心区域外围土地，以此类推直到城市边缘为止。

阿朗索的城市地租理论为城市土地利用（主要是居住用地）提供了一种静态的描述和解释，形成了城市土地利用和土地价格之间的简单一致性模型。竞价过程是把土地分配给多个竞争者的一个比较现实的方法。但其未考虑如城市多中心、外部性（如交通拥堵）、规模报酬递增、市场机制不健全、技术进步等许多相互关联的因素，故限制了其对土地利用变化的解释能力。

（3）宏观经济学理论

凯恩斯主义的宏观经济学理论找到了总体经济的外在表达方式及其相应的模型，接受这些理论的假设及其认识论立场，就可以为决定土地利用变化的宏观经济因素提供指导。该理论中的哈罗德－多玛模型、要素－出口模型、新古典主义的多区域增长分析等模型，主要关注较大尺度上从不同方面引起土地利用变化的社会经济变化。由于它们都忽略了空间因素，故不能被直接用以分析特定区域的土地利用变化。不过，这些理论为构建现代全球土地利用变化模型提供了基础。

（4）区域科学理论

区域科学是以经济学理论为基础的空间变化研究，但除经济学理论外，它还包含了很多其他方法。结合在土地利用变化研究中的应用，在此着重介绍社会物理学方法对涉及个体和群体之间土地利用过程的解释。

重力模型。借鉴牛顿引力定律，劳利（I. S. Lowry）于1961年建立了一种重力模型（劳利模型）。1967年威尔逊（A. G. Wilson）证明了空间分布的重力模型可通过统计力学中的熵最大化原理获得，从而为劳利模型提供了严格的理论基础，并使研究人员能够比较容易地引入具有行为解释力的复杂概念。如今劳利模型的改进形式已成为土地利用变化预测模型的核心,被大量应用。

熵模型。熵是对系统不确定性的度量。城市土地利用结构的形成,是城市土地在空间上功能分异的结果。利用熵模型,可以横向比较不同城市土地利用结构,分析城市各功能区的用地结构,刻画城市土地利用系统的有序程度,综合反映研究区域一定时段内各种土地利用类型的动态变化及其转换程度。熵模型和重力模型相结合,可以模拟城市居住区位选择和土地利用变化。

分形理论。分形理论适合于研究不规则的,但具有自相似特性的自然现象。土地利用是自然和人类双重作用的产物,具有不规则性、相对不稳定性和复杂性的特征。20 世纪 80 年代,分形理论被应用到土地利用变化分析中。不同时相间土地利用类型分维值的大小和变化趋势,分别揭示出土地利用变化的稳定性和形状的复杂性,以及土地利用类型的变化趋势。通过对土地利用图形数据的分维计算,土地利用动态变化可从分维值的变化得到反映,分维值增大,则土地利用类型扩张,反之则缩小。

(5) 人类生态学理论

人类行为、社会关系及社会文化的变化所引起的空间变化、政治变化、经济变化,是影响土地利用空间结构变化的重要因素。人类生态学是借鉴生态学领域的概念和思想研究社会问题的方法,经过帕克(R. Park)、伯吉斯(E. W. Burgess)、麦肯齐(R. McKenzie)、哈维(A. Hawley)、奎恩(J. Quinn)等学者的努力形成了系统化的理论。其中,最具代表性的是三大经典的城市土地利用模式:伯吉斯同心圆模式、霍伊特(H. Hoyt)扇形模式及哈里斯(C. D. Harris)和乌尔曼(E. L. Ullman)的多中心模式。这 3 种理论模型以城市居住用地为对象,对土地利用空间结构进行了静态描述。遗憾的是,这些理论未对土地利用模式变化的过程进行解释,不能回答社会经济变量与土地利用之间的相互关系。

(6) 行为地理学理论

行为地理学始于 20 世纪 60 年代。该理论认为,受价值观、知识水平和对信息掌握程度等的影响,人不可能是完全理性的。现实社会中,人们的土地利用行为和区位决策从未使自己的利益最大化。故应强调对人的研究,提倡把人的价值观、意识和能动性等因素纳入城市土地利用研究范畴,以城市社会系统代替市场作为土地利用区位决策的场所。该理论不是直接研究土地利用变化的理论,但其侧重考察人的决策行为及认知行为与土地利用的关系,可用于分析土地使用者个体行为对土地利用变化的影响。

(7) 结构主义理论

哈维(D. Harvey)、斯科特(A. J. Scott)等是结构主义理论的代表。该理论以相关政治经济学为基础，坚持马克思主义的意识立场，主张个人、公司、政府对土地利用的空间行为必须放置在特定的社会背景和政治经济结构中加以考察，并设定权力是区位行为的主要决定因素，土地利用变化很大程度上是具有不同权力及影响力的各个利益集团之间相互冲突、相互妥协的结果。

结构主义理论从政治制度因素角度，以一种抽象的方式分析了发达资本主义国家的城市土地利用变化。其主要的分析点不在土地本身，而在引起土地利用变化的作用力上。因此，该理论适用于较宽泛地讨论如城市化、郊区化等战略发展问题，但不能解释政治制度因素与其所引起的土地利用模式间的关系。

2.1.3　土地整治理论

土地整治是一项综合自然、经济和社会各个方面的因素，由多学科理论与方法来支撑和指导的人类社会经济活动。因此，土地整治的理论是相关学科理论体系在土地系统中集成、融合的结果，其涉及的基础理论范畴主要包括系统理论、不可逆过程理论、景观生态学理论、地域分异理论、土地资源可持续利用理论和生态经济理论。在此，对景观生态学理论外的其他基础理论进行简要概述。

(1) 系统理论

在系统理论和方法的指导下，可以把待整治的土地看成一个系统。土地整治的系统理论主要体现在结构 – 功能方面。土地利用系统是一个多层次结构的复合体。合理的土地利用结构，可以产生结构效应，促使土地利用系统功能效率的提高。结构决定功能，这是系统理论得出的普遍结论。土地整治正是这一原理的具体体现。通过土地整治改变现有的土地利用结构，以优化其功能。土地利用学研究土地利用的基本原理与规律的实质，在于揭示土地利用系统内部结构与系统功能的内在机制和联系。因此，这一理论在整个土地整治基础理论中居于支配和主导地位。

(2) 不可逆过程理论

在热力学上，系统从一种状态返回到原始状态时，系统内部和外界环境在性质上必定发生变化。这一过程，即所谓的不可逆过程。全部的土地过程，包括土地的形成和演化、土地开发整理和利用过程等，在热力学上都是不可逆的。土地整治过程中，土地系统因外界驱动越出非平衡线性区，远离平衡态的区域。尽管系统的总倾向是朝着无序、低级和简单的方向发展,但是在局部时空范围内,土地也可处在平衡态和近平衡态。例如,在一片废弃的、贫瘠的土地上进行土地整治,通过有意识地灌溉施肥,可以提高废弃土地的有序性,使其变为适宜耕种的肥沃土地。但是,它要求的自然条件组合比废弃的、贫瘠的土地要严格,而且必须随时加以照料,才能保持自然条件的有序性,否则总是趋于无序、趋于退化。当一种土地用途变更后,欲使新的土地用途返回到原有的土地用途,土地内部或环境在性质上必定发生变化,这种性质变化有时要付出很高的代价。土地的不可逆过程理论表明,在土地整治过程中,事先要认真调查研究,充分地进行可行性论证,以便作出科学、合理的决策。否则,由于不可逆过程的特性以及向近平衡态发展的趋势,将可能造成土地退化和生态破坏,并因此付出昂贵的代价。

(3) 地域分异理论

地域分异理论认为,地球各个圈层在地球表面交互作用的强度和主次地位存在着空间差异,因而在地表空间上存在着不均一性,使地表自然地理各要素及其组合出现地域分异的规律。而土地整治活动,作为人类生产活动的表现形式,与具体的地域有着必然的联系,也遵循着地域分异规律。因此,基于在自然条件地域差异的基础上形成的生产地域差异,区域土地整治必须按照因地制宜、地尽其用的原则来进行,也即必须在更广泛的地域结构对应变换分析的基础上来考虑土地整治的方案。

(4) 土地资源可持续利用理论

围绕自然环境的“持续能力”,国际研究的热点之一就是土地持续利用。土地数量有限性和土地需求增长性构成土地资源持续利用的特殊矛盾。随着社会经济的发展,土地资源的生产能力和景观环境必须满足人类生活水平不断提高的要求,这些正是土地整治的主要目的。协调土地供给和土地需求是土地资源持续利用的永恒主题,也是土地整治的重要内容。作为实现土地资源可持续利用的具体措施和手段,土地整治必须遵循可持续发展的基本原理,即立足于人类的持续生存这个核心基础之上,保证土地利用在生态阈限之内,坚持以不破坏土地生态经济系统为基本前提,在土地生态环境允许限度之内进行土地整理开发利用。

(5) 生态经济理论

生态经济平衡是生态经济学理论的核心概念,是以生态平衡为基础,与经济平衡有机结合而成的一种平衡形式。实际上,生态平衡与经济平衡是一对矛盾的统一体。从长远目标来看,生态目标和经济目标应该是统一的。生态经济平衡,经济发展与环境保护才能相互协调,才能实现经济社会最优化发展和可持续发展。

土地生态经济系统是由土地生态系统与土地经济系统在特定的地域空间耦合而成的生态经济复合系统。土地生态经济系统及其组分,以及与周围生态环境共同组成一个有机整体,其中任何一种因素的变化都会引起其他因素的相应变化,从而影响系统的整体功能。土地整治不仅是自然技术问题和社会经济问题,而且也是一个资源合理利用和环境保护的生态经济问题,同时承受着客观上存在的自然、经济和生态规律的制约。因此,依据生态经济理论,在进行土地整治时,必须要有一个整体观念、全局观念和系统观念,考虑到土地生态系统的内部和外部的各种相互关系,不能忽视土地的开发、整治和利用对系统内其他要素和周围生态环境的不利影响,也不能忽视整个地区和更大范围内土地资源的合理利用。

2.1.4　景观生态学理论

景观是一个区域不同地域单元的自然生物综合体。在景观生态学中,将景观视为以相似的形式在整体上重复出现的、由一系列相互作用的生态系统组成的异质性区域。每一个景观单元可以认为是由不同生态系统或景观组分组成的镶嵌体。因此,不同的景观具有显著差异,但又总是由斑块、廊道和基质等景观组分组成的。景观生态学特别关注空间异质性的发展与动态、异质性景观之间的相互作用和交换、空间异质性对生物和非生物过程的影响、空间异质性的管理(吴克宁等,2006)。

景观生态学的应用意义在于景观生态规划。景观生态规划是以多学科的知识为基础的,运用生态原理,在一定尺度上对景观资源的再分配。通过研究景观格局对生态过程的影响,在景观生态分析、综合及评价的基础上,提出景观资源的优化利用方案。从人地关系来看,通过景观生态规划能够协调和改善景观内部结构和生态过程,保护人类健康,增强自然生态协调的经济价值,正确处理资源开发与生态保护、发展生产与环境质量提升的关系,从而提高景观生态系统的抗干扰能力和稳定性,保护自然界的生态完整。

因此,景观生态学能够为土地整治提供理论基础,并用以评价和预测土地整治规划设计可能带来的生态学后果。近年来,土地整治活动中,在价值上更加强调人类与自然的协调性,在规划设计中越来越多地引入了景观生态学理念(严金明,2000;边振兴等,2004;罗为群等,2005)。可以说,景观生态学原理已是土地整治中景观生态规划与设计的理论依据。而与此相关的景观生态学原理可概括为以下几个层次(安晨等,2009):土地整治区景观结构单元的空间镶嵌性理论,即景观的

"斑块—廊道—基质"模式;土地整治区景观异质性理论,即整治过程中景观变化的时空异质性;土地整治区景观格局与生态过程关系理论,包括多尺度的生态效应、边缘效应与生态交错带理论;基于土地整治区生物保护的景观空间模式理论,主要包括岛屿生物地理学理论、复合种群理论、"集中—分散模式"理论,另外包括整治区景观安全格局的构建、连接度模型的应用等。

在此,对在土地整治中应用较多的景观异质性与异质共生理论、尺度效应与自然等级组织理论、景观连接度与渗透理论、岛屿生物地理学理论等景观生态学理论进行简要概述。

(1) 景观异质性与异质共生理论

异质性用来描述系统和系统属性在时空属性的动态变化。其中,系统和系统属性在时间维变化,即为动态变化。而生态学的异质性通常指的是空间异质性(spatial heterogeneity),即生态学过程和格局在空间分布上的不均匀性和复杂性。

景观异质性理论认为,景观组分和要素,如基质、镶块体、廊道、动物、植物、生物量、热能、水分、空气、矿质养分等,在景观中总是呈不均匀分布。由于生物不断进化,物质和能量不断流动,干扰不断,因此景观永远也达不到同质性的要求。而日本学者丸山孙郎从生物共生控制论角度提出了异质共生理论。该理论认为,增加异质性、负熵和信息的正反馈可以解释生物发展过程中的自组织原理。在自然界生存最久的并不是最强壮的生物,而是最能与其他生物共生,并能与环境协同进化的生物。因此,异质性和共生性是生态学和社会学整体论的基本原则。从功能来看,景观异质性决定着景观的整体生产力、承载力、抗干扰能力、恢复力和景观生物多样性。景观是由异质的景观要素以一定方式组合构成的系统,景观要素间通过物流、能流、信息流和交换保持着密切的联系,影响景观要素的相互作用,制约着景观的整体功能。景观的空间异质性可提高景观对干扰的扩散阻力,缓解某些灾害性干扰对景观稳定性的威胁。景观异质性的外在表现形式是景观空间格局,具体来说就是景观要素斑块和其他结构成分的类型、数目以及空间分布与配置模式。

(2) 尺度效应与自然等级组织理论

景观生态学尺度,在空间和时间上分别称为空间尺度(spatial scale,研究对象的空间规模和空间分辨率,一般用面积单位表示)和时间尺度(temporal scale,生态过程和现象持续的时间),涉及范围和分辨率。其中,范围是指研究对象在时间或空间上的持续;分辨率是指研究对象时间和空间特征的最小单元。尺度效应就是生态学系统的结构、功能及其动态变化在不同时空尺度上的不同表现,并产生不同的生态学效应。

尺度效应是一种客观存在而用尺度表示的限度效应。有些学者和文献将景观、系统和生态系统等概念简单混同起来,并且泛化到无穷大或无穷小而完全丧失尺度性,往往造成理论混乱。现代科学研究的一个关键环节就是尺度选择。在科学大综合时代,由于多元多层次的交叉综合,许多传统学科的边界模糊,因此尺度选择对许多学科的再界定具有重要意义。等级组织是一个尺度科学概念,因此自然等级组织理论有助于研究自然界的数量思维,对于景观生态学研究的尺度选择和景观生态分类具有重要意义。

(3) 景观连接度与渗透理论

景观连接度是对景观空间结构单元之间连续性的度量。

渗透理论最初用以描述胶体和玻璃类物质的物理特性,并逐渐成为研究流体在聚合材料媒介中运动的理论基础。渗透理论认为当媒介的密度达到某一临界值(critical density)时,渗透物能够突然从媒介的一端到达另一端。自然界广泛存在着由量变到质变的生态现象。当影响因子或环境条件逼近某一阈值(threshold)而发生的从一种状态过渡到另一种截然不同的状态的过程称为临界阈现象,如流行病的传播与感染率,景观连接度对于种群动态、水土保持和干扰蔓延等的影响,都是广义的临界阈现象。

基于渗透理论,景观渗透理论用以描述景观中不同斑块或要素间的交叉流动和相互渗透的现象。而景观临界阈值是景观中景观单元之间生态连接度的一个关键值。

(4) 岛屿生物地理学理论

Macarthur 和 Wilson(1967)在研究岛屿物种数量和岛屿面积时,证明岛屿上的物种数量是定居和灭绝的动态平衡。这个关于岛屿物种数量与岛屿的关系说明,灭绝的速率是岛屿面积大小的函数,以及岛屿上物种数量(大岛屿的物种数量少)的函数。由此看来,群落发育或生物多样性的增加是其不断定居与灭绝的函数,而且定居大于灭绝。在一个岛屿上,新物种的迁入速率随岛屿上物种数量的增加而下降,即在岛屿上由大陆迁入的物种数量越多,新物种迁入岛屿的可能性越小。灭绝速率同样随岛屿物种数量的增加而增加。另外,侵入的速率还是岛屿与大陆之间距离的函数,而灭绝的速率是岛屿大小的一个函数。可见,一个群落形成后新物种的侵入和定居必然受到群落自身的选择,受原有物种的控制,而不完全决定于侵入种本身。

虽然生物群落不是真正的岛屿,由大海包围的岛屿,但从原理上可比喻成岛屿,甚至整个地球上的大陆都可看作是"生态岛"。这个"岛屿"由一个特定的地理区域和一定的面积组成,周围由不同类型的介质或不同系统的"大海"所包围。而且,还可以进一步定义其面积,距离"大陆"的距离等。这个"岛屿"上的物种"侵移"和"灭绝"速率随"岛屿"面积大小或距"大陆"的距离而变化。同时,生物多样性也可以由这个侵移 — 灭绝过程的相对平衡所决定。

2.2　人地关系调控

2.2.1　人地关系内涵、研究途径及方法

(1) 人地关系内涵

人地关系是指人与地理环境之间的相互作用、相互联系。人地关系是一种客观的关系,属于人与自然关系的范畴。地理学将人地关系作为研究的核心,但其理论概念又不同于一般人与自然的概念。作为地理学的人地关系,"人"是指社会性的人,指在一定生产方式下从事各种生产活动或社会活动的人;"地"是指与人类活动密切相关的、无机与有机自然界诸要素有规律结合的地理环境,是在空间上存在着地域差异的地理环境,也是指在人类作用下,已经改变了的地理环境,即社会、经济、文化环境等。

人地关系是一个多学科的综合论题。在哲学上,其思想可远溯至古希腊思想家柏拉图对理想城邦适度人口问题的论述;在经济学上,人地关系又是一个经典命题,从重商主义时代的博泰罗(Giovanni Botero)到古典经济学派,都对人口与土地关系的相对演变进行了系统论述。然而,将人地关系作为一门学科的研究核心,恐怕只有地理学。在地理学上,不仅西方近代地理学开始关注地理环境演变、分布规律和人地关系的内在规律(阿·德芒戎,2007),而且还将"人地关系"和"地域系统"有机结合起来,作为地理学的研究核心 —— 人地关系地域系统(吴传钧,1991;陆大道和郭来喜,1998;潘玉君等,2002)。基于地理学的系统观和整体观(樊杰等,2003),众多地理学者进一步明确提出,人地关系有着丰富的内涵和意义,地理学不能研究它的所有方面和内容(陆大道和郭来喜,1998)。此外,人地关系也是土地科学的研究对象(陆红生和韩桐魁,2002),由于综合应用多种学科的理论、方法和技术,土地科学在研究人口增长、资源耗竭、环境恶化、经济发展受阻等人口、资源、环境问题和社会经济可持续发展问题时,显示出了独特的优越性。

在认识上，人地关系的研究对象普遍划分为三个层次(李振泉，1985；成岳冲，1994；王黎明，1998；陈印军，1995)：一是人与土地层面的人地关系；二是最为经典的人与自然环境层面的人地关系(乔家君和李永文，2000；叶岱夫，2001)；三是人与自然环境和社会环境层面的人地关系，这个层面上人地关系不仅包括人与土地、人与自然的关系，还包括人与人、人与社会的关系。其中，人与土地层面的人地关系是经济学讨论的一个焦点，经济学家通过理解人口增长与土地利用的关系揭示经济进步的条件，反映不同人地关系状态下的生态环境问题(朱国宏，1995)；从地域系统出发，有地理学者将人与自然环境和社会环境层面的人地关系作为一个由自然系统、经济系统和社会系统构成的有机体(任启平，1995；樊杰，2008)，对其结构加以研究；也有地理学者主张将人与自然环境和社会环境层面的人地关系，表征为不同空间尺度上的人地系统相互作用规律、尺度转换规律，并结合时间维度，通过平面的土地利用结构与变化、立体的综合景观形态与演替，反映人地复合系统的所有作用过程和结果，这种观点得到了大量研究的支持(王爱民等，1999；谢高地等，1999；王爱民等，2002；李秀彬，2009)。然而，在土地科学研究中，人与土地层面的人地关系综合了另外两个层次的认识，使其变得更为具体和深刻。从土地科学集中研究的问题来看，人地关系就是土地利用和土地占用产生的人与地、人与人之间关系的运动、发展规律及其协调问题，有两层含义：一是土地作为自然资源，人们根据土地利用的自然和经济规律，可以在利用中能动地协调人地关系，组织土地合理利用；二是在社会经济生活中土地作为资产，在特定的制度下，依据公平与效率原则，通过土地的合理分配，能动地协调土地占有中人与人之间的关系(朱德举，2001；陆红生和韩桐魁，2002)。

(2) 人地关系研究途径与方法

考察和评估人地关系的状况和演变，有许多途径(李秀彬，2009)。在生物学广阔的研究领域中，专家不断揭示人类通过森林砍伐、工业污染、农药施用等不合理的活动所导致的生态环境问题(Carson，2008)。而持批判态度的经济学家，则通常讨论人口过剩问题，并以此揭露传统的增长以及无限发展的观念，忽略了地球只有有限承载力的重要事实(Hardin，2005)。

不过，在人地关系研究的途径中，可能唯有地理学强调"综合性"和"区域性"，使得人地关系研究的地理学途径异常引人注目。综合相关研究，可从3个方面归纳人地关系研究的地理学途径及研究方法(表2-1)。

表 2-1　人地关系研究的地理学途径及研究方法

途径及其方法			内容
人地关系史研究	人地关系的历程	历史学与文化人类学方法	狩猎—采集社会的人地关系 农业社会的人地关系 工业社会的人地关系
	人地关系的展望	未来学方法	高级狩猎—采集社会 可持续发展的社会 高度发达的技术社会
	自然科学方法		主导能源、技术与资源利用方式、人口数量及其控制、生活(消费方式)、社会组织、环境影响、与自然的关系等
人地关系的哲学与伦理思辨	思维方法		科学与伦理和哲学问题 哲学、伦理在人地关系研究中的地位 人地关系哲学思想的演变
人地关系的其他途径	经验主义途径	人地关系的经验研究 人地关系的全球实证 人地关系的地域系统实证	—
	实证主义途径		—
	人本主义途径		强调增进认识和理解
	结构主义途径		强调研究现象背后的机制

资料来源:蔡运龙,2007。

2.2.2　人地关系类型划分

　　人地关系的类型存在两种划分途径,一是依据人类文明以来的经济发展过程(人地关系史),将人地关系划分为 4 个阶段类型,即文明史前阶段、农业文明阶段、工业革命阶段和信息革命(知识经济)阶段(香宝和银山,2000;郭跃和王佐成,2001);二是人地关系的地域类型划分,这是人地关系类型研究的重点。

　　由于人地关系存在明显的地域差异性,必须在正确认识不同地域的结构和矛盾的基础上,按照地域类型来协调不同的人地关系(吴传钧,2008)。例如,王爱民等(2000)在研究青藏高原东北缘及其毗邻地区的人地关系中,建立了较为完整的区域人地关系分类体系 —— 三元分类体系,即人地系统的分类考虑三个方面:一是区域自然环境类型结构的差异;二是社会经济类型、结构的差异,以主导经济类型来表征;三是以自然 — 人文综合作用的土地利用类型结构差异为依据(表 2-2)。

表2-2　区域人地系统三元分类体系

分类依据	差异表现	备注
区域自然环境类型结构差异	河谷盆地黄土低山丘陵石质高中山地青藏高原	河谷盆地海拔 ≤ 2000m
社会经济类型、结构差异	牧业经济	牧业产值占农业产值60% 以上
	林业经济	林产品、森林工业产值、森林旅游业占地域经济收入30% 以上
	农业经济	种植业收入占农业收入60% 以上
	城市工业经济	第二、第三产业产值占国内生产总值80% 以上
自然－人文综合作用的土地利用类型结构差异	牧业用地类	在已利用的土地中,牧业 ≥ 60%
	林业用地类	林业 ≥ 60%
	种植业用地类	种植业 ≥ 25%
	城镇用地类	—

资料来源：王爱民等,2000。

2.2.3　人地关系调控与土地利用

(1) 人地关系调控与可持续发展

进行人地关系调控最终是为了实现人地关系协调与可持续发展。但是,大量的研究事实表明,人们采取的人地关系调控措施往往存在两面性,需要与具体的环境效应相联系来分析其与可持续发展的关系。

扩张土地面积是应对人口压力的必然选择,以至于众多学者相信"人口膨胀 → 贫穷 → 农用地扩张 → 土地退化 → 贫穷"(Pender,1999；Templeton and Scherr,1997)的恶性循环论会使发展最终陷入不可持续的陷阱,特别是在农牧交错地区和山区,种植业的扩张是土地退化的主要原因之一。但是,随着耕作制度的变化和农业技术的进步,种植密度和劳动密集程度不断提高,土地的物质和劳动投入加大,单位面积土地的产出不断增长。这种土地利用的持续集约化,增加了供给,也使那些劣质土地失去了竞争力,出现粗放化或边际化(Macdonald et al.,2000；Burgi and Turner,2002)。由于降低了人类活动对自然的扰动,植被和生态环境整体得以恢复,生物多样性提高,人地关系向着良性方向发展,进而呈现可持续性增长。以至于一些学者认为,生态脆弱地区的治理,应该把"小面积上的集约生产养大面积上的生态自然恢复"作为一个策略(史培军等,2002)。

不过,上述情况并不是绝对的。扩展土地面积的同时,采取一些水土保持措施(如坡改梯)可以很好地抑制坡地退化;而土地利用的过度集约,则极易造成环境污染、资源消耗、生物多样性丧失(Malson et al.,1997;Tilman,1999;Foley et al.,2005)。因此,通过土地利用进行人地关系调控的关键在于寻求基于可持续发展的人地关系地域系统调控模式(王爱民等,2000;巴雅尔和敖登高娃,2006),并注重与当地的自然地理背景和人文社会环境相适应(张佩芳等,2001)。

(2) 土地利用对人地关系的调控

进行人地关系调控的途径有很多,但从根本上只有两条:一是对"人"自身的调控,如控制人口数量、提高人口素质(张春祥,2004);二是"人"对"地"的调控,即合理利用土地。地理学及相关的土地科学强调人地关系研究的中心目标是协调人地关系,寻求全球、全国或区域等不同尺度上人地关系系统的整体优化、综合平衡及有效调控的机理(樊杰等,2003),并将土地利用作为进行人地关系调控研究的重要切入点。

伴随着生产发展、人口增加及人类活动范围的扩大,土地资源经济供给的稀缺性与其社会需求增长之间的不协调,以及由于不合理的土地利用方式导致的生态环境恶化等问题,迫使区域人地矛盾不断加剧,由此导致人地关系的地域系统结构紊乱和功能退化,严重制约着整个社会经济的持续与协调发展。为此,从分析土地利用系统的构成要素、结构效应及功能分异特点、机制与规律入手,着眼于土地资源优化配置和可持续发展,开展人地关系调控研究具有重要的理论价值和现实意义(刘彦随,1999)。

通过土地利用进行人地关系调控存在两种根本途径:一是扩大土地面积;二是提高单位面积上的产出(李秀彬等,2008)。其中,存在很多具体形式,前者如后备荒地资源开发、废弃地复垦、控制非农建设占用耕地等;后者如开展适度规模化、集约化经营,土地利用条件改善(如坡改梯、兴修农田水利和田间道路等基础设施)、生产要素追加等。不过,还有一些举措是兼有二者的性质,具有综合性,如土地整理、荒漠半荒漠化土地改良、山区土地综合开发、小流域综合治理、城镇存量土地盘活等。另外,公共管理制度和政策也不容忽视,如土地产权关系、土地收益分配制度、土地管理政策等都会通过作用于土地利用而影响人地关系。

2.3　人地关系景观表征

2.3.1　景观与景观格局

(1) 景观

对于景观的定义,通常分为狭义和广义两种。狭义的景观是在几十千米至几百千米范围内,由不同类型生态系统组成的、具有重复性格局的异质性地理单元;广义的景观则包括出现在从微观到宏观不同尺度的、具有异质性的空间单元(区域)。考虑到表述景观的空间异质性、地域性、可辨识性、可重复性等特征,同时强调它的尺度性和多功能性,景观的概念可以定义为"是一个由不同单元镶嵌而成,具有明显视觉特征的地理实体;它处在生态系统,大地理区域之下的中间尺度,具有经济、生态和美学多重价值"(肖笃宁和李秀琴,1997)。

自 20 世纪 30 年代"景观生态"一词由德国著名的地植物学家 C. Troll 提出以来,景观的概念被引入生态学(肖笃宁,1991),将地理学家采用的表示空间的"水平"分析方法和生态学家使用的表示功能的"垂直"方法结合了起来,逐步发展出了研究景观结构、功能和动态的景观生态学,其研究核心强调空间格局、生态学过程和时空尺度在研究生态学格局和过程及其相互关系中的重要性(郑新奇等,2010)。

景观的绝对空间尺度随研究对象、方法和目的而变化,体现了生态系统中多尺度和等级结构的特征(邬建国,2000)。各景观要素在景观上的组合特征受到种种生态过程及资源格局的影响,而景观构型对景观中各种生态过程也有重要影响。同时,景观尺度上的不同过程,在形成景观结构时起着决定性作用(祝伟民,2008)。在景观生态学的发展历程中,核心内容始终围绕景观结构格局、景观功能以及景观动态 3 个方面进行。

(2) 景观格局

一般来说,景观格局主要是指其空间格局及大小形状各异的景观要素在空间上的排列组合,包括景观单元的类型、数目以及空间分布与配置。而景观结构包括了景观的空间特征(如景观要素的空间构型等)和非空间特征(如景观要素的类型、面积比率等)(李团胜和石玉琼,2009),不过,现阶段的许多景观生态学文献往往已不再区分景观格局和景观结构之间概念的差异(郑新奇等,2010)。

不同大小和性质的斑块、廊道、基质等景观要素按照一定的规律镶嵌在一起,构成了异质性的景观,它们在空间上有一定的分布规律,即一定的空间格局构型

(高凯,2010)。因此,可以说景观格局是景观异质性的具体体现(Turner,2005)。景观格局是由景观中异质性景观要素的种类、数量、规模、形状及其空间分布模式决定的,包括斑块、廊道、基质,以及要素的类型、数量构成、空间配置形式、多样性、破碎化、连通性和优势度等特征(周志翔,2007)。而景观格局又决定着资源和物理环境的分布形式和组分,并制约着各种景观生态过程(张会儒和蔡小虎,2008)。景观中生态客体的运动将直接导致景观格局的变化。而景观格局一旦形成,构成景观的景观要素的大小、形状、类型、数目及其他外貌特征对生态客体的运动特征将产生直接或间接的影响,从而影响景观的功能(刘茂松和张明娟,2004)。此外,景观格局反过来又可以有规律地影响干扰到扩散、生物种的运动和分布、营养成分的水平流动及净初级生产力的形成等。景观单元间的空间组合对通过其中的生态流有重要的影响,如不同的景观单元对营养成分的滞留和转化有不同的作用。对于景观空间格局的研究,主要集中在其格局的形成、动态以及与生态学过程(如种群动态、动物行为、生物多样性、生态生理和生态系统过程等) 的相互关系(邬建国,2000)。

景观格局分析和景观动态分析是景观生态学研究的重要方法。其中,景观格局分析可以量化分析景观要素的结构特征及其相互间的空间分布关系,为进一步研究景观功能和动态提供基础(傅伯杰等,2001;Musacchio et al.,2005)。其研究的目的主要是在无序的斑块镶嵌体的景观中,发现潜在的、有意义的规律性,了解景观格局特征与各种生态过程之间的相互联系,从而了解景观结构发生和发展的内在机制,进而更好地解释各种景观现象(李哈滨和 Franklin,1988),提出景观格局优化途径。

斑块(patch)— 廊道(corridor)— 基质(matrix) 模式是最常见、最简单的景观空间格局构型,是景观功能、格局和过程随时间发生变化的主要决定因素。景观中任何一点都属于斑块、廊道或者基质,它们是构成景观的基本空间单元。而不同大小和性质的斑块、廊道、基质等景观要素按照一定的规律镶嵌在一起,构成了异质性的景观,它们在空间上形成了不同的空间格局构型。对于其分类,学术界有不同的结果,如分为均匀分布格局、聚集型分布格局、线状分布格局、平行格局、特定组合或空间联结等类型(Forman and Gdorn,1986),也有分为镶嵌格局(mosaic)、带状格局(zonation)、交替格局(alternation)、交叉格局或称指状格局(interdigited)、散斑格局(patch scattered)、散点斑块(dot)、点阵格局(do- grid) 和网状格局(network) 等类型(Zonneveld,2003;肖笃宁等,2005)。而景观格局的研究方法则可大致分为格局指数法和空间统计分析法。空间格局指数分析主要是分析空间上的非连续数据,描述整个景观或某一类景观要素特征和多样性、镶嵌度、破碎化等景观异质性特征,用以比较不同景观结构、功能和过程的异同,定量地描述其景观空间格局(陈刚,2011)。空间统计分析法则主要分析空间上的连续数据,用来比较景观空间结构中空间数据与统计分布概率的关系，如确定空间相似性、合作和邻聚的关系、空间差异和分维分析等（李哈滨和伍业钢，1992）。

景观指数是分析景观格局的重要研究方法与度量手段（Felix et al.，2001；陈文波等，2002；陈利顶等，2008）。它能够高度浓缩景观格局信息，有效建立景观格局与生态过程间的联系，被广泛运用于各类景观格局分析中。现阶段景观指数的分类方法可被归纳为主观分类和客观分类两种分类方法（余新晓等，2006），主观分类的代表有 Forman（1995）、Huslshoff（1995）、Turner 和 Ruscher（1988）等。Forman 把景观指数分成了斑块形状描述指数（如形状指数）和斑块镶嵌描述指数（如相对丰富度、优势度等）；Huslshoff 则将景观指数分为如斑块类型、数量及形状指数的景观格局指数以及如斑块数目变化率等的变化指数；而 Turner 认为景观指数可分为斑块数目与大小、斑块分维数、景观要素之间的边缘数和多样性、优势度与蔓延度。客观分类的代表，如 Riitters 等（1995）对 85 幅土地利用图的 55 个景观指数进行了计算，并用因子分析法对 55 个景观指数进行了维数压缩，最后将 55 个景观指数分成描述斑块平均压缩度、景观总体质地、斑块形状、斑块类型及斑块周长面积比例 5 组。近年来，景观生态学家在景观元素的基本特征参数的基础上，提出了许多描述景观格局的参数，主要集中在景观元素组合、边形特征指数（如景观边形指数、景观分维指数）、景观碎裂化指数（如生境类型碎裂化指数、景观整体碎裂化指数）、景观异质性指数（如信息熵指数、孔隙度指数等）以及连接度类指数（如景观连接度、景观蔓延度、景观隔离度）五大类。此外，还有基于特殊研究需要提出的，如主要用于进行斑块内部生境研究的内源比指数和用于景观网络研究的环度指数等，都大大丰富了景观结构描述和分析的途径（王月荣，2010）。同时，模糊信息处理、神经网络等研究方法也被大量应用于空间分布格局研究（李双成等，2005；张睿等，2007），拓宽了研究的思路。加上计算机技术的发展，促进了基于地理信息系统的各种具有特色的景观指数软件包，如 SPAN 软件包、Fragstats 软件包等的开发，已经可根据研究的需要从斑块水平指数、类型水平指数和景观水平指数 3 个层次选择不同的指数，组合分析。

景观指数虽然较多，但是许多景观指数间存在相关性，不满足指数间相互独立的特性，如果任意选择指数可能存在所选指数相关性较强的现象，致使出现指数冗余而不能全面解释景观格局的情况。因此，选择合适的景观指数对研究区景观格局的分析较为重要。为此，O'Neill 等（1999）专门对指数间的相关性做了研究，认为平均斑块周长面积比、蔓延度、相对斑块面积、分维数、斑块类型这 5 个景观指数既相互独立又能比较全面地描述景观格局的各个方面；布仁仓等（2005）以辽宁省土地影像数据为研究对象，研究结果表明景观指数间的相关系数与景观格局本身、空间尺度、分类系统、计算公式及其参数、计算单元和生态学意义关系密切，指数间影响因子的相同之处越多，它们之间存在显著相关关系的概率越大；龚建周和夏北成(2007)以广州市中心城区为研究区域,分析了景观格局指数间相关关系对植被覆盖度等级分类数的响应;齐伟等(2009)以德州市为研究区,筛选出适用于表征德州市土地利用特征的景观指数。

2.3.2　景观功能

景观功能研究是景观生态学的核心之一。景观生态分析是基于景观内容的功能分析,包括系统内部与外部关系及其间相互作用的解释,景观的功能需基于自身结构,而功能亦是结构的体现(龙绍双,2001)。由于景观结构具有组成复杂性等级、空间复杂性等级及关系优势性等级,所以在不同的等级尺度下,不同的景观空间格局皆有独特的关系网络并决定景观功能(张小飞等,2005a),每个结构单元皆有特殊的发生背景、存在价值、优势、威胁及必须处理的相互关系(Ehrlich and Wheye,1986)。景观功能的空间作用受自然、社会经济及景观格局的影响,故分析其空间差异时,需基于不同景观功能需要,考虑相关驱动与限制因子的空间分布,并结合功能随着距离衰减的空间特性进行量化(张小飞等,2005b)。其中,耗费距离模型(cost distance modeling)可落实景观功能与结构的联系而被较多采用(Michels et al.,2001)。耗费距离模型是对现实的一种抽象表达,指由于地理空间的变化而带来的"耗费"差异(牛振国等,2002),可为景观功能随着格局变化的空间连续过程提供分析依据。

景观功能受景观类型、空间结构及相对距离的影响,产生空间分布上的差异,传统的单纯构建廊道进行生态功能联系的方法,往往忽略了周边的景观特征,使得廊道构建的结果缺乏空间依据或无法有效提升景观功能联系。结合耗费距离模型的景观功能网络构建模式,可整合景观类型、生态系统服务功能、景观格局等参数,修正生态网络的联系廊道,可提供最小生态功能消耗的联系路径。目前的研究中,耗费距离模型主要应用于土地利用优化(牛振国等,2002)、政治中心的影响范围划分(Hare,2004)、道路路径选择(陈雪冬等,2002)以及利用物种在栖息地斑块中迁徙的可达性(Schadt et al.,2002),模拟生态功能连通性在空间的变化。

对于景观功能的研究通常更多是针对景观类型开展的,如针对农业景观(傅伯杰等,1999;舒波,2011)、湿地景观(王红娟等,2007;任丽燕,2009;黄桂林,2011)、森林景观(钱乐祥和陈去增,2000;杨国靖和肖笃宁,2004;Asako and Makoto,2008)、城市景观(宗跃光,1999;李贞等,2000)、农牧交错带景观(卢玲等,2001;唐丽娜等,2005;李文杰,2010)、自然保护区(陈利顶等,1999,2000)、干旱区景观(贾宝全和慈龙骏,2001;王根绪和程国栋,2000;程维明等,2003;周华荣,2005)、水陆交错带景观(尹澄清,1995)以及海岸带景观(胡春胜等,2000)等类型的景观功能与格局的研究。同时，不同的景观功能需要不同的景观类型支持，亦受其影响（Schrijnen ,2000;Jongman et al. ,2004）。例如，绿带与水体在空间上能相互支持，森林可保护土壤、涵养水源，河流亦可提供植物生长所需的水分和养分；但森林与水体的质量却会受到建成区的冲击，由于土地资源有限，建成区与道路开发所带来的车流与人流会降低植被覆盖程度，产生废弃物污染水面，故在景观功能上发生冲突（Kühn,2003;Wheater ,1999）。随着景观生态学研究的深入，以科学和实践问题为导向的学科交叉与融合不断加强，多功能景观研究就是其中一个发展较快的学科生长点（胡文英,2009）。对于多功能景观的研究，目前的主要研究者来自欧洲学派，如 Sarapatka 和 Sterba(1998)、Soini(2001)、Pottera 和 Bumeyb(2002) 在前人的基础上，对多功能景观的概念和应用作了全面的总结，提出了功能性的 3 种概念：生 态 系 统 （ecosystem）、 相 关 土 地 利 用 （landuse-related） 和 超 功 能 性（transcending functionality）。

2.3.3　景观动态

景观动态，即景观结构和功能随时间的变化。具体来讲，它包括景观结构单元的组成成分、多样性、形状和空间格局的变化以及由此导致的能量、物质和生物在分布与运动方面的差异（章家恩,2007）。景观动态研究涉及许多复杂的自然因素和人为因素的影响，是景观格局与景观过程之间相互作用的结果，格局直接影响景观的演化过程，而过程长期作用则会产生更加复杂的景观格局，从而导致景观功能变化。景观动态研究是景观生态学研究的核心内容之一，主要涵盖了景观演变的内容和基本过程、驱动机制和规律、景观要素之间的相互影响和制约关系、景观格局与生态过程相互作用的机理、景观动态模型的建立和景观动态变化趋势预测等方面。

景观动态过程研究方法大致可以分成两类，一类是基于不同时段景观整体结构的动态过程描述方法；另一类是基于景观动态变化机理的过程模拟方法。由于景观动态变化的约束条件非常复杂，两种方法在使用中均需要建立必要的前提假设条件。对于未来景观的动态变化研究，则通常采用景观空间模型方法，如马尔科夫模型、细胞自动机模型、景观机制模型、尺度推绎模型等。其中，最常用的是马尔科夫模型（Markov model），这种模型可以通过景观组分的转移矩阵，建立不同时段景观整体结构的动态联系（王仰麟,1996）。而另一种细胞自动机模型（cellular automata model） 近年来也受到了越来越多学者的关注（Clarke,1998;Li and Yeh,2004;Fragkias and Seto,2007;刘勇,2008），在特定的约束体系作用下，细胞自动机模型能较好地揭示景观组分的持续增长或减少过程、生物行为方式或生态干扰的扩散过程，能逼真地模拟起始年份已有城镇斑块的增长过程。然而，大多数细胞自动机模型较少探讨模型构建的原因和机理(Torrens and O'sullivan,2001),从而使该模型在辅助规划决策时缺乏现实依据。而格局与过程之间的关系使得细胞自动机模型具有内在缺陷,转换规则的改进仍难以解释隐含在过程中的复杂的空间行为(Cheng and Masser,2004)。

景观格局演变驱动力是导致景观发生变化的主要生物物理和社会经济因素。引起景观格局变化的驱动因子可归纳为自然与人为因子两类。自然驱动因子一般是指在景观发育过程中对景观形成起作用的自然因素,包括地貌形成、气候影响、生命定居、土壤发育以及自然干扰等。而人为驱动因子包括人口、技术、政经体制、政策和文化等(赵奕和李月辉,2001)。景观格局演变的驱动力系统存在着主导驱动力与非主导驱动力的区别,对其进行判别是总结景观格局演变驱动机制的基础。而目前对于引起景观变化的主导驱动力究竟是自然驱动因子,还是人为驱动因子,学术界并没有定论。大部分学者认为景观动态变化过程是自然因素和人为活动双重作用的结果,但人为干扰作用是景观动态变化的主要驱动因素,如经济发展过程中任何较大的政策性改变均对景观动态变化过程形成显著影响,因此通过对变化方向和速率的调控可实现景观的定向演变和可持续发展(张艳芳和任志远,2000;吕辉红等,2001;孔宁宁等,2002)。也有学者认为人为影响与自然环境因素一样,是景观动态变化的主要驱动力(Rapport et al. ,1998;Simpson et al. ,2001;程维明等,2001),甚至有学者认为,与其他景观形成因素相比,使人为因素形成特别效果的人类活动在景观结构和功能中有着更重要的作用,人为影响是最灵活的景观形成的动力、最快适应外部环境的一个因素。特别是与自然景观相对的景观类型的结构与功能,都是受长期的人类活动所驱动,如杜罗河谷的葡萄酒单种栽培,荷兰的郁金香,伦巴第的稻田,西班牙南部的"温室景观",以及阿尔卑斯山畜牧业的牛圈,大部分耕作区、公园以及广阔的大农场区域景观形成均属于这种类型。

可见,人为活动是景观动态结构和功能的重要成因,深入了解人为活动对景观格局和动态变化的驱动影响机制,有助于把握景观发生和发展中的关键问题,规范人为活动的类型和方式,为形成可持续景观奠定科学基础。而在有人为活动参与的景观中,是否准确把握人为活动对景观影响的范围、程度和特征,关键在于能否将自然因素控制的地区与人为活动控制的地区合理分割开来(汪永华,2005;张会儒,2006)。

2.3.4　土地利用对生态景观的干扰

(1) 土地利用变化是景观动态变化的主要驱动力

土地利用是异质景观形成的基质。人类对土地利用的目的与相应的土地管理措施构成土地利用方式;一定的土地利用方式与特定的土地利用单元相结合,形成土地利用系统;不同土地利用系统的空间镶嵌构成土地利用的景观或者区域(韩荡和王仰麟,1999)。又由于土地构成要素空间分布的不均衡性,导致土地用途具有分散性,进而形成不同的景观格局。

在景观动态变化中,干扰作为一种偶然发生的不可预知的事件,是推动景观结构和景观功能变化的重要力量。它破坏了生态系统的稳定,使生态系统处于一种过渡状态,造成其格局和过程发生变化(Turner,1987;张金纯等,2000;江洪等,2003)。按照来源不同,干扰大致可分为自然干扰和人为干扰。自然干扰,如火灾(Sturtevant et al.,2004)、火山爆发(Saccorotti et al.,2007)、风暴(Shibuya et al.,1997)、洪水泛滥(Heartsill-Scalley et al.,2007)等;而人为干扰,是指在人类有目的的行为指导下,对自然进行的改造或生态建设,人类活动直接或间接地影响环境及其内部生命体(Tarlow and Daniel,2007;Buij et al.,2007)。人类为了自身的生存和发展,通过对自然资源的开发、经营和利用,在获取大量产品、服务和财富的同时,也剧烈地改变了地球表层的景观结构(或土地利用方式)(唐华俊等,2009)。虽然人类社会所释放的能量与改变地貌等景观的地球内营力(构造运动、火山运动、地震)相比是微不足道的,但是人类活动与地球外在力相比,还是占有一席之地,甚至某些影响力超过了外营力。

随着全球人口的迅速增长和居住区的不断扩大,人类对自然生态系统的干扰日渐严重(Crist et al.,2000),其中最主要的干扰方式,就是土地利用行为。人类把地表天然土地覆盖格局改变为受他们支配的土地利用基体中植被的镶嵌体(钱乐祥等,2003),这成为影响景观发育、景观结构以及空间斑块化形成的重要因素和原因(Simpson and Cramer,2001;曾辉等,2001)。尤其是在短时间尺度内,人类的土地利用行为更是导致景观格局演变的主要驱动力(Liu et al.,2009),如农业种植、道路修建、森林砍伐、水库建设、矿产开发等土地利用行为均会导致区域景观格局的改变(Hobbs et al.,2003)。近年来,快速城市化进程中以人为主导的土地利用变化显著地影响了城市景观格局(Yeh and Huang,2009),并引发了一系列的研究(王新生等,2005;Xu et al.,2007;Yu and Ng,2007)。

在农村,引起干扰的土地利用活动包括耕作、放牧、造林等农业生产和土地整治等农业工程两大方面。一般认为,近代集约化的农业土地利用是导致生物多样性丧失和地表景观异质性丧失的主要原因,但最近也有研究表明,农用地并不完全意味着高的物种灭绝率,低集约化的农业景观相对自然景观能为物种生存提供更多的资源,甚至较自然生境或保护区能维持更多的物种。

(2) 主要土地利用活动对地表景观的影响

1) 耕作和园艺。人类对地表景观的改变始于锄耕,如作物栽培是最古老的、与景观变化有关的生产活动。为了给物种的生长提供空地和场所,人们一般需要进行土地翻耕、平整等。例如,坡地阻碍了耕作,人们开始降低坡度或者建立水平田块。通过等高耕作,缓坡景观区域逐渐减少。人类耕作活动改变了土壤的侵蚀度(坡度、土壤水、土壤水分管理和结构,地表粗糙度和覆盖度)以及水蚀率,特别是在有发育于黄土母质的可耕作的土壤上,直接形成了如梯田等景观和间接形成了如风蚀地貌等景观。

具体来看,地形是农田和园地景观主要的影响因素。人们一般在平地或者缓坡上种植作物,而在较陡的坡上做园艺(葡萄栽培和果树栽培),从而形成种植区不同坡度的不同景观。其中,最著名的人造景观当属梯田景观。它不仅改变了地表形态,还由于其对空气流动的阻碍,会有显著的小气候影响。梯田建设和维护技术展示了区域的特色,适应了当地自然资源、经济需求或作物需求。在匈牙利形成藤本植物种植的梯田景观,在地中海则多是葡萄园、梯田橄榄、柑橘和板栗种植园景观。同时,土壤类型也会影响农田景观的规模和生命期。人们很难在所有土地上进行耕作,特别是在低质量的土壤上,从而形成种植区不同土壤的不同景观。此外,气候类型也会影响农田景观的种类和分布。作物对热量和水分的需求决定了作物生产的空间扩展,也影响了耕作作物的空间分布。除了自然因素,农用地园地景观的空间扩张还受到社会需求和物理因素的助推。急速增长的人口使得耕作面积必须扩大。为了获取更多的土地,热带雨林被毁灭,在耕作中产生了沙漠和半沙漠地区。如今,近11%的陆地区域用于种植(可耕地、花园、葡萄园、果园)。即使不增加耕地面积,要么改善条件,要么通过先进技术改良。而从木犁到大容量的机器,技术革新了,不同的耕作方式和耕作技术不仅影响了作物产量,也影响了土壤的演化和地表景观,促进如大型田块或风蚀地形的景观产生(辛平等,2005;刘世平等,2006)。

2)采伐和造林。引起环境改变的人类活动中,采伐森林是其中最特殊的活动之一。伴随着交通的发展(船、手推车的出现),2000~3000年前,在地中海区的欧洲就开始毁坏森林。到20世纪,森林采伐扩展到了热带,如今热带雨林的毁坏率已经达到了难以想象的速度。雨林植被持水能力的降低是很严重的后果。强降水将砖红壤从基岩上洗刷掉,使得不能再进行作物种植。

由采伐森林带来的植被蓄水能力下降会造成很严重的后果。植被、苔藓、地衣以及一些附着植物拦截降水,并使其缓慢地流入土壤。相反,在森林殆尽的地区,雨水毫无阻力地流向地表,冲刷走土壤颗粒(侵蚀)。雨林的浅层土壤被侵蚀成凹地,变为了劣质土地。在森林采伐区,植被加速灭绝,不久大冰雹就会将发育于基岩的红壤完全洗刷殆尽,使得植物无法再生,最终形成荒漠化景观。

森林生态系统是地球上物种最丰富的环境,不仅有脊椎动物,还有无脊椎动物和微生物。密集的林地边缘或是封闭的森林天篷可以看作是物理意义上的屏障,影响物种的分散,可以阻止入侵的路径,保护生物多样性。而人为轻度干扰会改变生态系统的稳定性,许多生态位特化的物种首先面临威胁,景观破碎对生物多样性影响更大,生态位特化的物种首先消失,许多生境一旦沦为农用地、弃耕地,由于受传播机制的影响,种子无法到达或即便到达也无法定居。而这种破碎的景观通常是被牧草地、耕地或是居民用地包围,会给其他的干扰带来可能的机会(亢远飞,2008)。

造林是对受干扰林地进行恢复的一种手段。植被恢复的过程实质上就是通过植被 — 土壤复合生态系统间的相互作用来增加土壤有机物的输入,改善土壤结构,提高土壤的生态功能,达到改变区域的景观结构和生态环境的作用(姜涛,2008)。而植被在恢复过程中对土壤上层养分的影响大于下层(王国梁等,2002)。土壤有机质含量增加可能是植被正向演替系列上土壤变化的主要方面(张全发等,2004;张庆费等,2007)。

2.4　土地整治对人地关系的调控及其景观效应

2.4.1　土地整治调控人地关系辨识

人类对土地系统的干扰能否促进人地系统的良性演化和发展,需综合考虑人地系统各子系统间各要素的复杂关系。作为人类干扰土地子系统的行为,土地整治活动需要借助相应的工程技术措施和生物化学措施,需要涉及多学科领域知识的交叉和综合,加之土地整治又具有涉及面广、地域性和综合性强的特点,因此土地整治行为需要以多学科的理论和方法为基础和依据。只有在相关学科理论的综合指导下,土地整治活动对人地系统的干扰才能科学、合理,才能有效协调人地矛盾,促进人地系统良性循环,实现人地和谐共处、可持续发展的目标。

土地整治涉及区域自然、经济、社会、生态、景观等诸多子系统的各个方面,也就是说,区域的土地整治实际是一个复杂系统,整治活动涉及各子系统之间的物质、能量、价值和信息的输入输出转换。基于复杂系统理论的观点,要促使区域复合系统能长期、稳定、协调发展,即土地区域系统有良好的结构性能,具有动态调节性及其与环境的适应性,且各子系统之间具有高效的输入输出转换功能。也就是说,土地整治应在促进资源合理开发利用、生态环境保护、人类生活质量和社会福利提高、社会经济结构趋于优化、人地关系日渐和谐等方面发挥积极作用。

实践证明,土地整治通过改善土地利用环境及景观生态建设,消除土地利用中对社会经济发展起制约或限制作用的因素,促进土地利用的有序化和集约化,从而提高土地利用率,并不断提高土地质量,以满足社会经济可持续发展对土地资源利用的要求,实现土地开发和利用在生态安全阀的限度内进行。土地整治也不失为科学调控、优化配置土地资源的一种有效手段,它通过一系列工程措施和生物措施的组合,可实现土地资源利用条件的优化和生态环境质量的提高。例如,土地整治通过土地平整工程、田间道路工程、农田水利工程、农田防护工程以及沃土工程的实施,不但在优化土地利用结构、提高土地集约利用度、提高土地产出能力、实现土地规模化经营和管理、保护和改善土地利用生态环境等方面发挥了重大作用,而且也在为促进地方社会经济建设、提高人民生活质量等方面发挥了极为重要的推动作用。可以说,土地整治是土地资源优化配置理论的践行者,实现了土地资源利用的经济效益、社会效益和生态效益的统一。

2.4.2　土地整治调控人地关系过程

在认识和预测人类对陆地生态系统的影响方面,最根本的制约在于缺乏关于人地关系的综合理论(蔡运龙,2001)。将土地利用、土地覆被变化作为人地系统的综合呈现形式,表示人地关系系统,并与相关的环境效应结合,反映区域人地关系背景,可为人地关系类型划分提供依据。在不同的人地关系背景下,区域人地关系的格局动态具有空间分异性。在人地关系的胁迫下,这种分异特性又为从土地利用的角度进行人地关系调控提供了依据。

任何形式的土地利用活动都或多或少地对地表自然环境施加影响,后者也同时反作用于前者。这种反作用有时候以极端的形式出现,如洪水等自然灾害,使土地利用系统受到直接冲击。地表自然环境的变化往往表现为自然资源的衰竭(如耕地数量减少、质量下降)和环境的变化(土地盐碱化),当这些问题足够严重时就会引起公众的关注,就可能通过相应的法律、法规及政策等措施和环境管理手段来调控土地利用系统。土地整治活动属于人类生产活动作用于自然地理环境的土地子系统的行为,是人类土地利用活动的具体表现。在不同的人地系统格局下,土地整治也应呈现不同的区域特征和发展愿景。

现阶段,我国的土地整治不仅涵盖了以往国土开发与整治的概念范畴与工作内容,而且关注与土地整治相关的社会经济关系的调整(罗明和王军,2001),同时形成了项目、区域(包括省、市、县)、国家不同空间尺度上的内容和目标体系(高向军,2001a;高向军等,2001b)。然而,由于缺乏对不同区域自然资源、社会经济和土地利用状况等综合的认识,导致项目尺度的土地整治往往偏离区域尺度的土地整治目标,区域尺度的土地整治安排又偏离国家尺度的土地整治目标,致使土地整治效果不显著。以农用地整理为例,作为我国目前土地整治工作的重点内容,其内容和目标具有较强的综合性，主要内容应包括：调整农用地利用结构、归并零散畸形地块；平整土地，改良土壤；道路、沟渠等的综合建设；归并农村居民点、乡办企业和乡镇企业用地；复垦废弃土地；划定地界，确定权属；改善生态环境，维护生态平衡。但在实际运作过程中，许多土地整治项目注重追求新增耕地数量而忽视其他目标取向。一些地区将"新增耕地"作为开展土地整治工作的重心，而关于土地平整、农田水利、田间道路、农田防护、其他工程（如居民点复垦、生态景观工程）的规划布局和设计则只是实现"新增耕地"的手段，是否真正改善了项目区的农业生产条件和生态状况、优化了人文社会环境，没有进行客观评价，其整理后的综合效果值得怀疑（荀文会和刘友兆，2005；张慧和付梅臣，2005；贾丽等，2008；信桂新等，2009）。

新时期，当土地整治与一系列相关的重大社会经济命题相联系时，获取对区域综合的认识就显得更为迫切和必要。因此，有必要在一定的人地关系背景下，从土地利用的角度明确区域人地关系调控、优化的方向，指导土地整治实践，才能使土地整治真正展现出人地关系协调的愿景。

一个好的分析框架能够科学地表达研究人员的思想。随着系统论的发展，人们认识到"人"和"地"之间的关系不再是简单的决定或驱动关系，而是动态的反馈关系。借助于系统论解释人地关系的相互作用机制成为新的方向，并形成了许多分析框架，如"压力—状态—响应"模型"土地利用—环境效应—制度响应"反馈环"基于反馈的土地利用变化"等框架。本书在综合相关人地关系研究框架优点的基础上，基于人地关系协调视角，通过人地关系协调与土地整治基础理论的辨识，以及"人地关系背景—人地关系调控—土地整治—人地关系协调"的动态认识过程，构建了基于人地关系协调的土地整治过程分析框架（图2-1）。

基于人地关系协调视角的土地整治过程分析框架，有助于将宏观的人地关系背景、发展愿景诉求与微观的个体响应、土地利用调控联系起来，回答在社会经济发展的压力下，土地整治如何响应？如何加强土地整治的理论和方法创新，寻求提升土地资源综合生产能力的机理、模式与途径？即面对新的压力和经济机会，微观尺度的个体响应会改变土地利用行为，从而驱动土地利用变化；而在社会、经济及资源环境压力下，宏观尺度的公共政策响应也会提出一些新的社会经济命题，这些新命题通过与土地利用相联系、与微观个体相互作用，便形成人地关系调控的新途径。从土地整治着手，就是要科学设定土地整治愿景、目标、路径，并进行科学系统的综合评价，才能促进土地整治向实现人地关系协调的方向发展。

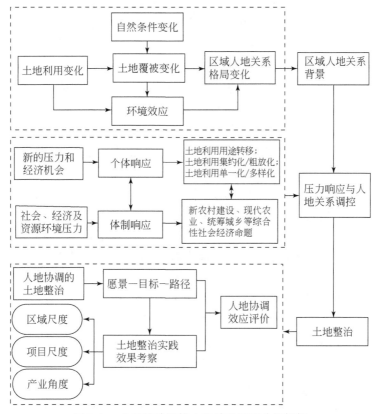

图 2-1　土地整治调控人地关系过程分析框架

2.4.3　土地整治的景观生态效应

土地整治是对土地资源及其利用方式的再组织和再优化过程,也是对土地权属的再调整,是一项复杂的系统工程(王军等,2002;Pašakarnis and Maliene,2010)。土地整治通过生物及工程措施改变了土地利用空间结构和土地覆被状况,必然会对景观的多样性、空间格局产生一系列影响,生态系统的类型、结构和功能也会随之发生变化(Bonfanti et al.,1997;王军等,2007)。

(1) 对景观格局的影响

土地整治对于土地最直观的干扰体现在其短期内能使原有景观格局发生剧烈变化。它不仅改变了各景观类型斑块、廊道和基质的形状、大小、数目以及空间分布与配置(杨晓艳等,2005;喻光明等,2006a),改善了农田田块布局,创造了农业机械化和现代化的基础设施条件,也提高了农田景观的协调性,增加了农田景观美学价值和生物多样性(贾芳芳等,2007),但在一定程度上也破坏了原有自然景观结构和功能,对景观类型及破碎度有显著影响(Bonfanti et al.,1997),尤其是不适当的整治方式和方法使耕地景观的分割、破碎程度加剧,孤立的嵌块体数量增加,影响了农田生态系统的自组织能力和稳定性(邓劲松等,2005;曹顺爱等,2006),导致农业生态环境系统过分依赖外界,农业生态系统的缓冲和补偿能力、抵御灾害能力及适应环境自身调节能力下降(何念鹏和周道玮,2001),甚至破坏了生物多样性,降低了土地的生产能力(孙一鸣,2008),从而对农田景观系统的可持续发展造成不利影响。

首先,土地整治会改变农村景观结构。景观生态学提出的"斑块 — 廊道 — 基质"理论,揭示了农村景观中田埂、防护林、田块、林地等具有重要的生态学意义的原因。我们通常所说的农田景观(farmland landscape),是耕地、林地、草地、水域、树篱、道路等的镶嵌体集合,表现为有机物种生存于其中的各类碎化栖地的空间网格(王仰麟和韩荡,2000)。像田块、水塘、小片林地等"斑块"具有重要的生态涵养功能;像防护林、道路和沟渠等"廊道"是连接斑块的线性要素,具有运输、生物迁移、美学等功能;而像农田或草地等"基质"是农村的优势景观类型。由于土地整治活动正是作用于这些"斑块"、"廊道"、"基质"上,所以土地整治对于农村景观结构的改变起着重要作用,景观格局优化也应是土地整治最重要的目标。

其次,土地整治可对农用地景观破碎化起到抑制作用。破碎化可视为农业特有的一种发展阶段,会对农业耕作造成不利影响(Niroula and Thapa,2005)。农田自然地形的限制,或者由人为活动引起的不连接的物理设施,如道路、铁路、水渠等的建设,都会造成破碎化。作为典型的线状人工廊道,道路叠加在原有自然生态系统之上,将人地系统进行了细微分割(Liu et al.,2008)。其廊道功效是双重的:一方面,道路可以促进景观间的物质能量交换,使生态系统更加开放,起着通道作用。最明显的表现就是它的运输功能。公路运输可以跨越一个或几个生态系统或自然地带,而且可在数小时或数天内完成,这样就大大增加了生态系统之间物质和能量交换的范围和频率。另一方面,四通八达的道路网将均质的景观单元分割成众多的斑块,在一定程度上影响景观的连通性,阻碍生态系统间物质和能量的交换,导致物质和能量的时空分异,增加景观异质性(杨馨越等,2011)。具体来看,在被道路贯通的区域,社区居民往往会有更大的扰动动作,进行道路两边较大范围的开发,使临近的景观斑块演变产生趋同态势。"点"和"条带"状开发或用途转换开始蔓延,以致"条带"周围又出现更多"点"状开发或者用途转换。而未有道路经过的区域,人为的可达性程度遭到"阻隔",临近的景观植被因少有人为扰动而保存相对较好(Agbenyega et al.,2009)。因此,道路网络的修建对于景观格局的一个最重要的改变就是造成生境破碎化。破碎的生境比连续生境有更多边缘效应(Tabarelli et al.,1999),因此被认为是一种更易于让非本地物种入侵(Lindenmayer and Mccarhty,2001)和本地物种流失(Tomimatsu and Ohara,2004;Spooner,2005)的状态。从生物多样性保护来看,道路网络可促进外来物种的入侵和种子的传播,同时也会阻断动物之间的交流,使得区域物种迁移和遗传多样性受损。而土地整治是一个解决空间问题的技术,它可以使田面集中,调整道路沟渠布局,因此可以被认为是解决破碎化的一种有效途径。

最后,土地整治对景观的改变也会影响土地可持续利用和人地和谐。从传统农业到现代农业的转变过程中,农田景观因受人类社会经济活动干扰而发生了巨大的改变(郭文华,2004)。在农田建设的初级阶段,农田景观格局明显表现出对自然环境的适应性特征,随着人类生产技术的进步,农田景观格局更多地体现在人与自然的和谐(付梅臣等,2005)。因此,人类开展适当的土地整治活动也可作为农田景观调整以达到土地可持续利用的手段之一。

(2) 对生态环境的影响

由于土地整治活动过程中需要借助一系列生物、工程措施对水、田、路、林、村进行综合整治,所以工程不可避免地会对整治区域的水资源、水环境、土壤、植被、大气、生物等环境要素及其生态过程产生诸多直接或间接(累积效应)、有利或有害的影响。

一方面,土地整治可以通过建造高标准农田、对废弃地复垦等,提高土地利用效率,优化生态环境。土地复垦采用工程、生物等措施,对在生产建设过程中因挖损、塌陷、占压造成破坏、废弃的土地和自然灾害造成破坏、废弃的土地进行整治,可以恢复土地利用。露天煤矿开采使原生地表、地形、地貌被破坏,排出的剥离物形成大量的废弃地,通过废弃地的土地整治、水分调控、土壤熟化、植被建设等工作重建生态系统。土地整治还会带来农用地增值效益:首先,它能增加农业生产用地面积,特别是耕地面积。其次,通过整治项目区内的未利用土地、河滩地、荒丘、低洼地,归并零散地块,整治空心村,改造旧村,减少原有田间道路、沟渠及弃之不用的土地,增加耕地面积。同时,通过治理低洼地、冷浸田,大大缓解易旱易涝的问题,提高农用地质量,增加农用地产出和农用地收益。

另一方面,土地整治也会扰乱原有的生态结构,可能引起水土流失和生物多样性丧失等。土地整治活动对整治区土地系统强烈干扰的后果不仅体现在景观格局方面的变化,还体现在对土壤理化性质的影响、动物生态行为的响应、对水土保持效益的影响、生态环境的变化等(张正峰和赵伟,2007b)。土地整治会改变区域水土流失的状况(Mihara,1996),对地表径流与洪涝灾害有一定的调节功能(Bronstert et al.,1995),对提高土地产出率和劳动生产率具有一定的效果(张信宝等,2002),但对土壤质量的影响表现为整理年限的累积效应(徐畅等,2009)。虽然实施坡改梯工程减少了地表径流的冲刷影响,改善了土壤物理性状,增加了土壤孔隙度,增强了土壤持水能力和土层厚度,增添了有机质含量,提高了土壤肥力(胡建民,2005;陈述文等,2008),但不适当的坡改梯方式、方法和技术措施容易造成土壤板结,破坏表土熟化层,从而影响土壤理化性状,影响土壤养分循环效益。

第3章 区域人地关系格局及类型划分

3.1 研究区域概况

3.1.1 自然地理条件

(1) 地理区位

重庆市(简称渝)(图3-1)位于中国内陆西南部、长江上游地区,青藏高原与长江中下游平原的过渡地带,地理位置为105°11′E ～ 110°11′E、28°11′N ～ 32°13′N,面积为8.24万 km²,辖38个区县①,是我国面积最大、人口最多、西部地区唯一的直辖市,是国家重要中心城市,长江上游地区经济中心,国家重要的现代制造业基地,西南地区综合交通枢纽,全国统筹城乡综合配套改革试验区。随着两江新区开发开放的全面推进,两路寸滩保税港区、西永综合保税区成为内陆重要口岸,以长江黄金水道、渝新欧国际铁路联运大通道等为支撑的"一江两翼三洋"国际贸易大通道骨架已基本形成,地理区位条件更趋优越。

(2) 地形地貌

重庆市地势从南北两端逐次向长江河谷降低,地质构造复杂,发生、发育规律差异性较大,塑造了重庆地势起伏大、地貌类型多、地区差异明显、喀斯特地貌景观广布的地貌形态。西北部和中部以丘陵、低山地貌为主,东南部、东北部沿大巴山、武陵山两大山脉,多为中低山地貌(图3-2)。全市山地(中山和低山)面积为6.25万 km²,占面积的75.94%;丘陵面积为1.50万 km²,占面积的18.23%;平坝、台(阶)地面积最少,仅占面积的5.83%,故有"山城"之称。

---

① 2011年12月26日,经国家民政部批准,重庆市成立綦江区和大足区。綦江区由原万盛区、綦江区合并而成,大足区由双桥区、大足区合并而成。本书以2010年为基础数据,故仍以40个区县为依据。

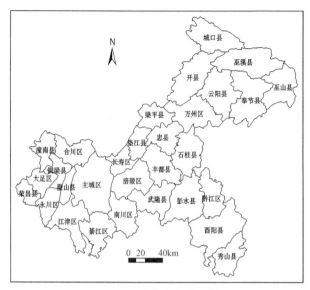

图 3-1　重庆市行政区划

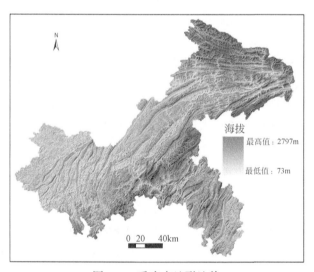

图 3-2　重庆市地形地貌

(3) 水文气候

重庆市属中亚热带季风性湿润气候,具有夏热冬暖、光热同季、无霜期长、雨量充沛、湿润多阴等特点,气候四季宜农,利于农业土地利用。境内水资源丰富,大部分地区年降水量为 1000 ~ 1200mm,年平均降水总量为 995.7 亿 m^3。主要河流有长江、嘉陵江、乌江、涪江、綦江、大宁河等众多入境河流,境内长江从西到东横穿市域全境,全长为 686km。

(4) 土壤类型

重庆市境内发育土壤主要有水稻土、紫色土、黄壤、石灰岩土、新积土、黄棕壤、棕壤、山地草甸土 8 个大类,16 个亚类,37 个土属,114 个土种。其中,紫色土是第一大类土壤,占土壤总面积的 33.22%,而黄壤和水稻土所占的比重也较大,分别占土壤总面积的 28.78% 和 15.27%。紫色土区是中国最早的农业开发区之一,具有优良的生产性能和很高的土壤生产率,是重庆市粮、油、果、桑、药及多种林木产品的主要生产基地。水稻土土层深厚,土质肥沃,所处部位光热条件好,是粮食生产,特别是稻谷生产的主要土壤类型。水稻土是重庆市主要的人工耕作土壤类型,占耕地总面积的 42.8%。而面积较大的黄壤区,由于黄壤淋溶强、盐基饱和度低、土壤酸度大等特点,造成迹地和疏林地比重比较大,水土流失严重,土性多显贫瘠。

3.1.2 土地利用条件

据 2010 年土地利用变更调查(图 3-3),重庆市土地总面积为 823.51 万 hm²,其中耕地面积为 244.29 万 hm²、园地为 27.56 万 hm²、林地为 378.84 万 hm²、牧草地为 33.16 万 hm²、城镇村及工矿用地为 51.83 万 hm²、交通运输用地为 10.84 万 hm²、水域及水利设施用地为 26.71 万 hm²、其他土地为 50.28 万 hm²,分别占土地总面积的 29.66%、3.35%、46.00%、4.03%、6.29%、1.32%、3.24% 和 6.11%。

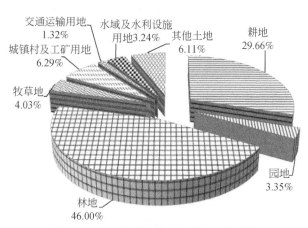

图 3-3　2010 年重庆市土地利用现状结构

土地利用以农用地为主,地理空间差异大。农用地以耕地和林地居多,共占农用地面积的 87.40%。建设地中主要以城乡建设用地为主,占建设用地面积的 85.20%,而农村建设用地面积又占城乡建设用地面积的 70.32%。受区域自然禀赋和社会经济条件的影响,土地利用水平地区差异大。全市 3/4 的城镇工矿用地、近 1/2 的交通用地和耕地主要分布在仅占全市总面积 1/3、以丘陵地貌为主的重庆中西部地区。这些地区土地利用强度大,但保护性利用措施少,导致地力呈下降趋势。而东部山地区,土地本底条件较差,加之人多地少,过度的土地开发利用导致水土流失严重,自然灾害频繁,生产性用地结构与生态性用地需求匹配错位。

土地资源总量少、质量差、后备资源缺乏、开发利用难度较大,人地矛盾突出。重庆市人多地少,全市人均土地面积为 $0.25hm^2$,仅为全国人均土地面积 $0.78hm^2$ 的 32%。受丘陵山地区地形地貌约束,重庆市属重危岩滑坡地区,山地灾害频繁,毁损面积大,水土流失和石漠化强度大、面积广,土地生态环境脆弱,导致全市耕地资源数量和质量不尽理想。人均耕地面积仅为 $0.07hm^2$,不及全国平均水平的 80%。同时,全市 $6° \sim 25°$ 的坡耕地面积为 148.91 万 hm^2,占耕地总面积的 60.96%,$25°$ 以上的耕地面积达 55.09 万 hm^2,占耕地总面积的 22.55%。农用地分等资料显示,优质耕地仅占全市耕地总面积的 3.82%,主要分布在渝西方山丘陵区、渝中平行岭谷低山丘陵区。可开垦为耕地的后备资源约为 5 万 hm^2,且多分布于自然条件恶劣、山高坡陡的秦巴山区和生态环境脆弱的三峡库区,开垦难度较大。

3.1.3　社会经济条件

直辖以来,重庆市经济社会发展成就显著。2010 年,重庆市户籍人口为 3303.45 万人,其中农业人口为 2196.45 万人,非农业人口为 1107.00 万人。全市常住人口为 2884.62 万人,其中城镇人口为 1529.55 万人,城镇化率为 53.0%。全市实现地区生产总值(GDP)7925.58 亿元,三次产业结构比为 3.2: 68.6: 28.2。固定资产投资总额为 6934.80 万元。城镇居民人均可支配收入为 19 100 元,农村居民人均纯收入为 5277 元。

受区域发展不平衡性的影响,重庆"一圈两翼"①社会经济发展存在较大的差异(图3-4)。2010 年,"一小时经济圈"面积为 2.87 万 km^2,人均耕地为 $0.06hm^2$,土地垦殖率为 39.90%,城镇化率为 64.35%,区域 GDP 为 6145.32 亿元(占全市 GDP 总量77.54%);"渝东北翼"面积为 3.39 万 km^2,人均耕地为 $0.10hm^2$,土地垦殖率为 24.54%,城镇化率为 36.94%,区域 GDP 为 1347.53 亿元(占全市 GDP 总量

---

　　① "一圈两翼"是重庆市 2006 年 11 月所提出的发展战略,即以主城为核心、以大约 1h 通勤距离为半径范围的城市经济区("一圈"),建设以万州区为中心的三峡库区城镇群(渝东北翼)和以黔江区为中心的渝东南城镇群(渝东南翼)。

的 17.00%）；"渝东南翼"面积为 1.98 万 km²，人均耕地为 0.16hm²，土地垦殖率为 23.60%，城镇化率仅为 29.96%，区域 GDP 为 432.73 亿元（占全市 GDP 总量的 5.46%）。

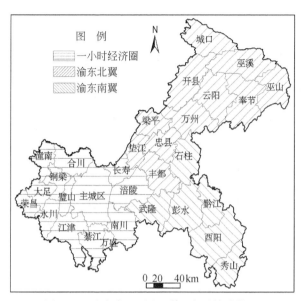

图 3-4　重庆市"一圈两翼"发展战略格局

3.2　区域人地关系表征

3.2.1　地貌格局类型

依据地貌分异特点，重庆市可划分为 4 个基本地貌格局，分别为西部方山丘陵区、中部平行岭谷低山丘陵区、东北部构造溶蚀层状中山区和东南部强岩溶化峡谷低中山区 4 个基本地貌格局（图 3-5）。

（1）西部方山丘陵区

西部方山丘陵区包括潼南、合川、铜梁、大足（含原双桥区）、荣昌 5 个区县，土地面积为 7745.67km²，占全市土地总面积的 9.42%。地貌类型以浅丘平坝为主。受人类活动的长期影响，原始生态景观已发生显著变化。该区土地利用以农作为主，高、中产田土分布集中，是重庆市耕地分布相对集中连片的区域。由于地形起伏不大、农业生产便利，区内农村居民点与农田相间分布，形成了大量小型聚居区，

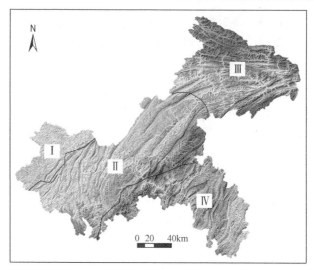

图 3-5　　重庆市地貌格局类型划分

Ⅰ渝西方山丘陵区；Ⅱ中部构造平行岭谷低山丘陵区；Ⅲ 东北构造溶蚀层状中山区；Ⅳ 东南强岩溶化峡谷低中山区

俗称"大院子"。在工业化、城镇化的驱动下,区位条件较好的农田、村落转为城镇建设用地,并呈面状向四周延展。随着工业化、城镇化进程的深入,区内人地关系还将发生显著变化。

(2) 中部平行岭谷低山丘陵区

中部平行岭谷低山丘陵区包括渝中、大渡口、江北、沙坪坝、九龙坡、南岸、北碚、长寿、巴南、綦江、渝北、江津、永川、璧山、涪陵、垫江、丰都、忠县、梁平、万州 20 个区县,土地面积为 29 594.23km²,占全市土地总面积的 35.97%。地貌以平行岭谷、低山、丘陵为主。人类活动剧烈地改变了区内原始生态景观,在都市发达经济区农田生态景观已被城市景观替代。村落的形态与西部方山丘陵区相似,多由农田和众多的居民点小型聚居区构成;受地形条件约束,区内城镇往往沿平行岭谷走向延展,在都市区密集的建筑物构成了一条城市景观长廊。工业化、城镇化进程中,都市区的人口和产业集聚效应异常显著。

(3) 东北部构造溶蚀层状中山区

东北部构造溶蚀层状中山区包括城口、开县、巫溪、云阳、奉节、巫山 6 个县,土地面积为 21 981.95km²,占全市土地总面积的 26.72%。地貌类型以中山、重丘为主。受地质地貌约束,区内不适宜传统经济活动的开展。但因受不合理的土地利用方式的长期影响,原始生态环境遭到了不同程度的破坏。区内土地利用以农作为主,但林地比重高,占 49.48%;农田以梯田景观为主,村落呈点状分布于山间槽谷两侧山脚或山坡以及河流的阶地上;城镇则呈带状沿交通干道或河流延伸。近年来,三峡工程移民迁建推动了区内城镇化的步伐,崛起了许多新的小城镇。然而,由于产业空虚,区内工业化进程缓慢,大量劳动力被迫外出务工。劳动力流失、农产品价格低迷等给库区传统的小农经济以严重冲击,向生态农业、特色农业要效益成为新的出路。

(4) 东南部强岩溶化峡谷低中山区

东南部强岩溶化峡谷低中山区包括南川、万盛、武隆、石柱、彭水、黔江、酉阳、秀山8个区县,土地面积为22 946.81km²,占全市土地总面积的27.89%。岩溶地貌广泛发育,以重丘、低中山为主。区内脆弱而恶劣的生态环境限制了人类活动,形成了许多颇具特色的原始生态景观。但受不合理的耕作方式长期作用,水土流失、石漠化等破坏着区内脆弱的生态系统,许多地方的居民正在沦为生态难民。区内土地利用仍以农作为主,其中林地比重最高,达到56.43%。区内城乡聚落形态与东北部构造溶蚀层状中山区相似,槽谷地区的村落分布相对集中,一些海拔较高的山区则较为分散;城镇往往沿河谷阶地或交通道路延伸,呈带状分布。该区集"老少边穷"于一体,经济落后,产业空虚,城镇化进程滞后,实施"生态移民"、"高山移民",发展山地特色农业和生态旅游是区域摆脱发展困境的有效途径。

3.2.2 不同地貌格局土地利用

(1) 土地利用描述模型

1) 信息熵值函数模型。土地利用系统本身是一个开放而复杂的系统,具有耗散结构的自然历史综合体,具有结构和功能的有序性特征。随着时间的推移,受人为或非人为"干扰",土地利用结构将不断进行演替和变化,表现出自发性和不可逆性的演化特征。信息熵能够反映系统结构的状态特征,度量系统的有序程度,判断系统的演化进程。因此,一定区域内土地利用类型分布的多样性与复杂性,土地利用类型结构变化特征的复杂性,可以通过Shannon的信息熵函数模型来进行描述和表征(陈彦光和刘继生,2001;谭永忠和吴次芳,2003;高永年和刘友兆,2004;童绍玉等,2006)。

区域土地利用结构的复杂性,利用Shannon的信息熵函数可表示为

$$H = - \sum_{i=1}^{n} P_i \log_2 P_i \tag{3-1}$$

式中,H为土地利用结构信息熵(简称为土地利用结构熵);P_i为区域各土地利用类型面积占区域土地总面积的百分比;i为土地利用类型数量;对数一般取2为底,单位为比特,但也可以取其他对数底,下同。H值的大小可反映土地利用类型均衡程度,H值越大表明土地利用类型越多,土地利用系统有序程度越低,反之,土地利

的类型就越少,有序度就越高。当各类型土地面积相等时,H 值最大,则土地利用类型达到均衡状态(赵晶等,2004)。为了更好地反映土地利用结构变化的速度,可定义土地利用结构熵变化率 V_t:

$$V_t = \frac{H_t - H_{t-1}}{H_{t-1}} \times 100\% \tag{3-2}$$

式中,V_t 为第 t 年的土地利用结构熵变化率;H_t、H_{t-1} 分别为第 t 年和 $t-1$ 年的土地利用结构熵。

基于信息熵函数,还可构建反映土地利用结构均衡程度强弱的均衡度 J 的表达式:

$$J = H/H_{max} = -\sum_{i=1}^{n} P_i \log_2 P_i / \log_2 n \tag{3-3}$$

式中,J 为均衡度,是实际熵值与最大熵值之比。显然,$H \leq H_{max}$,J 值在 $0 \sim 1$ 变化。J 值越大,表明土地利用结构的均衡性越强;J 值越小,表明土地利用结构的均衡性越弱。

与均衡度相对应的优势度 I 则可反映区域内一种或几种土地利用类型支配该区域土地利用类型的程度,它与 J 值所揭示的内涵正好相反,优势度 I 其表达式为

$$I = 1 - J \tag{3-4}$$

2)灰色关联模型。区域土地利用结构的变化,必然与区域社会经济发展存在一定的联系,即存在关联性。因此,借用关联分析模型来分析区域土地利用结构熵与社会经济发展的关系,不失为一种较好的方法。灰色关联分析是灰色系统分析的主要方法之一,其分析思路如下(邓聚龙,1985;陈荣蓉等,2008)。

第一步,确定分析序列,并对选取指标进行无量纲化处理。本书将区域土地利用结构熵序列组(x_i)作为参考序列,其社会经济序列组(y_j)作为比较序列。将所选不同量纲指标进行初值化处理,可得一无量纲的新数列。

第二步,确定关联系数。首先根据序列组(y_j)与序列组(x_i)数列差的绝对值,找出其最小值(Δ_{min})和最大值(Δ_{max})。然后,根据下式可求出不同时刻(k)序列组(y_i)对参考序列组(x_i)的关联系数 $\xi_{ij}(k)$:

$$\xi_{ij}(k) = \frac{\Delta_{min} + \rho\Delta_{max}}{\Delta + \rho\Delta_{max}} \tag{3-5}$$

式中,Δ 为 k 时刻两个序列的绝对差;ρ 为提高关联系数之间差异显著性的分辨系数,$\rho \in (0,1)$,通常取 0.5。

第三步,计算关联度。关联度 r_{ij} 的计算公式一般为

$$r_{ij} = \frac{1}{N}\sum_{k=1}^{N} \xi_{ij}(k) \tag{3-6}$$

式中,N 为序列长度,也就是数据个数。

（2）土地利用变化过程描述

受1997年以来直辖设市、西部大开发以及三峡工程建设等重大社会经济因素的驱动,重庆市经济社会快速发展。然而,伴随着工业化、城镇化以及农业结构调整进程的加快,各种社会驱动力也会促使土地利用结构、土地利用程度发生相应的改变,从而导致人地关系变化。但由于不同地貌格局下土地资源禀赋、社会经济发展状况、城镇化和工业化进程的差异,导致区内土地利用变化在变化速度和变化程度等方面也会有所不同。以基本地貌格局类型为分析单元,利用重庆市1997 ~ 2010年各年土地利用变更调查数据,可对全市土地利用变化程度加以描述分析,借以间接反映不同地貌格局单元人地关系变化的背景。

1）西部方山丘陵区。1997 ~ 2010年,区内土地利用结构熵由0.9655增至1.1225,净增0.1570,年均增加0.0121,总体呈持续增长态势。从土地利用结构变化过程看,1997 ~ 2001年土地利用结构熵增长较为缓慢,由0.9655增至0.9788,净增0.0133;2001 ~ 2005年土地利用结构熵增幅较大,由0.9788增至1.0969,净增0.1181;2005 ~ 2010年土地利用结构熵增幅趋缓,由1.0969增至1.1225,仅增加0.0256。与1997年的土地利用结构比较,期间区内土地利用的总体格局较为稳定,但土地利用系统的有序度总体呈现下降趋势,土地利用结构的均衡度逐步上升,优势度相对下降(表3-1)。

表3-1　1997 ~ 2010年西部方山丘陵区土地利用结构熵值变化

年份	农田	园地	林地	草地	居民点及工矿	交通运输用地	水体	未利用地	结构熵 H	熵变率 V_t	均衡度 J	优势度 I
1997	0.2218	0.0978	0.1915	—	0.2243	0.0243	0.0975	0.1082	0.9655	—	0.4643	0.5357
1998	0.2226	0.0983	0.1915	—	0.2248	0.0265	0.0975	0.1082	0.9695	0.4148	0.4662	0.5338
1999	0.2238	0.0962	0.1917	—	0.2266	0.0282	0.0986	0.1089	0.9740	0.4620	0.4684	0.5316
2000	0.2248	0.0962	0.1928	0.0009	0.2275	0.029	0.0986	0.1082	0.9780	0.4160	0.4703	0.5297
2001	0.2250	0.0965	0.1930	0.0009	0.2278	0.0295	0.0986	0.1077	0.9788	0.0838	0.4707	0.5293
2002	0.2293	0.1006	0.2001		0.2284	0.0295	0.0983	0.1072	0.9943	1.5815	0.4782	0.5218
2003	0.2472	0.1140	0.2309		0.2296	0.0307	0.0983	0.1032	1.0548	6.0876	0.5073	0.4927
2004	0.2550	0.1162	0.2427	0.0009	0.2325	0.0315	0.0983	0.1019	1.0790	2.2868	0.5189	0.4811
2005	0.2595	0.1201	0.2461	0.0009	0.2348	0.0359	0.0986	0.1009	1.0969	1.6581	0.5275	0.4725
2006	0.2608	0.1211	0.2479	0.0009	0.2354	0.0363	0.0996	0.0988	1.1008	0.3634	0.5294	0.4706
2007	0.2618	0.1215	0.2492	0.0009	0.2365	0.0367	0.0996	0.0970	1.1033	0.2204	0.5306	0.4694
2008	0.2626	0.1213	0.2494	0.0009	0.2384	0.0367	0.0996	0.0962	1.1052	0.1708	0.5315	0.4685

年份	农田	园地	林地	草地	居民点及工矿	交通运输用地	水体	未利用地	结构熵 H	熵变率 V_t	均衡度 J	优势度 I
2009	0.2732	0.1043	0.2824	0.0056	0.2355	0.0335	0.1007	0.0816	1.1167	1.0425	0.5370	0.4630
2010	0.2743	0.1039	0.2822	0.0056	0.2374	0.0372	0.1007	0.0812	1.1225	0.5224	0.5398	0.4602

通过分析区内土地利用结构熵的年际变化率,更为鲜明地揭示了土地利用结构变化的上述趋势。1997~2001年土地利用结构熵的变化较为平缓,仅1999年变化较大,达到0.4620;2002~2005年变化趋于剧烈,2003年达到变化峰值6.0876;2006年后变化趋于平稳,并逐年缩小,2009年变化率最高也仅有1.0425(表3-1、图3-6)。

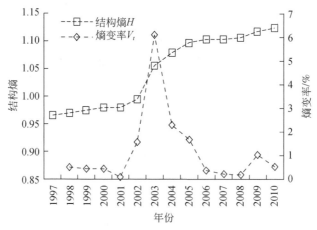

图 3-6　1997~2010年西部方山丘陵区土地利用结构熵值变化

2) 中部平行岭谷低山丘陵区。区内土地利用结构熵的变化趋势与西部方山丘陵区相似。1997~2010年,区内土地利用结构熵由1.2638增至1.3854,净增0.1216,年均增加0.0094,总体变化亦呈持续增长态势。其中,1997~2001年土地利用结构熵增长较为缓慢,由1.2638增至1.2785,净增0.0147,略高于西部方山丘陵区;2001~2006年土地利用结构熵增幅较大,由1.2785增至1.3585,净增0.0800,明显低于西部方山丘陵区;2006~2010年土地利用结构熵增幅趋缓,由1.3585增至1.3854,仅增加0.0269。与1997年的土地利用结构比较,期间区内土地利用的总体结构较为稳定,但土地利用系统的有序度总体呈下降趋势,土地利用结构的均衡度高且逐步上升,优势度相对下降(表3-2)。另外,通过分析区内土地利用结构熵的年际变化率,结果显示,1997~2001年土地利用结构熵的变化较为平缓,1999年、2000年变化较大,分别为0.4202、0.4914;2002年以后变化趋于剧烈,2002 年、2003 年、2004 年、2009 年变化均在 1.0 以上,2003 年达到峰值 2.4791(表 3-2、图 3-7)。

表 3-2　1997 ~ 2010 年中部平行岭谷低山丘陵区土地利用结构熵值变化

年份	农田	园地	林地	草地	居民点及工矿	交通运输用地	水体	未利用地	结构熵 H	熵变率 V_t	均衡度 J	优势度 I
1997	0.3209	0.0999	0.3430	0.0355	0.1968	0.0269	0.1029	0.1379	1.2638	—	0.6078	0.3922
1998	0.3211	0.0999	0.3429	0.0355	0.1977	0.0269	0.1029	0.1379	1.2649	0.0882	0.6083	0.3917
1999	0.3220	0.1004	0.3429	0.0355	0.2001	0.0290	0.1029	0.1374	1.2702	0.4202	0.6108	0.3892
2000	0.3229	0.1024	0.3428	0.0359	0.2013	0.0303	0.1032	0.1376	1.2765	0.4914	0.6138	0.3862
2001	0.3231	0.1032	0.3428	0.0359	0.2019	0.0311	0.1032	0.1372	1.2785	0.1556	0.6148	0.3852
2002	0.3276	0.1104	0.3464	0.0359	0.2031	0.0331	0.1032	0.1321	1.2918	1.0453	0.6212	0.3788
2003	0.3367	0.1252	0.3523	0.0359	0.2051	0.0343	0.1067	0.1276	1.3238	2.4791	0.6366	0.3634
2004	0.3404	0.1310	0.3542	0.0359	0.2085	0.0355	0.1094	0.1229	1.3378	1.0567	0.6434	0.3566
2005	0.3420	0.1359	0.3546	0.0359	0.2104	0.0371	0.1094	0.1213	1.3466	0.6574	0.6476	0.3524
2006	0.3443	0.1410	0.3555	0.0359	0.2127	0.039	0.1097	0.1204	1.3585	0.8812	0.6533	0.3467
2007	0.3450	0.1404	0.3556	0.0359	0.2153	0.0401	0.1099	0.1197	1.3619	0.2537	0.6550	0.3450
2008	0.3455	0.1398	0.3555	0.0359	0.2177	0.0409	0.1109	0.1187	1.3649	0.2166	0.6564	0.3436
2009	0.3587	0.1633	0.3651	0.0342	0.2265	0.0389	0.1185	0.0742	1.3794	1.0619	0.6633	0.3367
2010	0.3593	0.1623	0.3650	0.0340	0.2309	0.0420	0.1183	0.0736	1.3854	0.4373	0.6663	0.3337

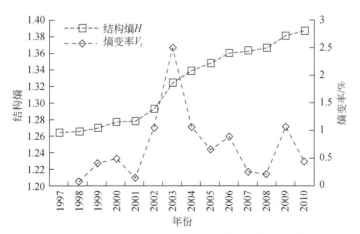

图 3-7　1997 ~ 2010 年中部平行岭谷低山丘陵区土地利用结构熵值变化

3）东北部构造溶蚀层状中山区。区内土地利用结构熵变化与上述两区存在明显差异。1997～2010年,区内土地利用结构熵由1.4363减少至1.1856,净减0.2507,年均减少0.0193,总体变化呈缓慢下降的态势。其中,1997～2001年土地利用结构熵呈缓慢增长的趋势,由1.4363增至1.4399,净增0.0036;2001～2004年土地利用结构熵跌落,由1.4399降至1.4298,净减0.0101;2004～2008年土地利用结构熵在波动中恢复增长,由1.4298增至1.4404,增加0.0106。与1997年的土地利用结构比较,期间区内土地利用的总体格局稳定,土地利用系统的有序度在波动中呈上升趋势,土地利用结构的均衡度和优势度相对变化较大(表3-3)。另外,通过分析区内土地利用结构熵的年际变化率,进一步显示,1997～2001年土地利用结构熵的变化相对平缓,虽1999年变化较大,但也仅有0.1159;2002～2010年变化剧烈,其中2002年、2003年、2004年、2006年、2009年呈负向变化,2009年达到负向谷底,为-17.7247,2008年正向变化最为明显,为0.6351（表3-3、图3-8）。

表3-3　1997～2010年东北部构造溶蚀层状中山土地利用结构熵值变化

年份	农田	园地	林地	草地	居民点及工矿	交通运输用地	水体	未利用地	结构熵 H	熵变率 V_t	均衡度 J	优势度 I
1997	0.3557	0.0646	0.3604	0.1860	0.1157	0.0135	0.0649	0.2755	1.4363	—	0.6907	0.3093
1998	0.3556	0.0643	0.3603	0.1860	0.1162	0.0135	0.0652	0.2756	1.4367	0.0271	0.6909	0.3091
1999	0.3555	0.0646	0.3605	0.1852	0.1171	0.0135	0.0652	0.2768	1.4383	0.1159	0.6917	0.3083
2000	0.3550	0.0652	0.3603	0.1858	0.1178	0.0140	0.0652	0.2762	1.4395	0.0836	0.6923	0.3077
2001	0.3547	0.0674	0.3599	0.1858	0.1180	0.0140	0.0652	0.2749	1.4399	0.0263	0.6924	0.3076
2002	0.3526	0.0702	0.3586	0.1858	0.1180	0.0140	0.0652	0.2744	1.4388	-0.0762	0.6919	0.3081
2003	0.3458	0.0735	0.3538	0.1855	0.1178	0.0140	0.0720	0.2695	1.4319	-0.4771	0.6886	0.3114
2004	0.3387	0.0777	0.3501	0.1853	0.1180	0.0140	0.0762	0.2698	1.4298	-0.1475	0.6876	0.3124
2005	0.3365	0.0848	0.3488	0.1853	0.1183	0.0150	0.0768	0.2669	1.4324	0.1793	0.6888	0.3112
2006	0.3356	0.0865	0.3480	0.1841	0.1180	0.0150	0.0785	0.2652	1.4310	-0.0973	0.6882	0.3118
2007	0.3356	0.0865	0.3480	0.1841	0.1180	0.0150	0.0788	0.2652	1.4313	0.0224	0.6883	0.3117
2008	0.3344	0.0840	0.3481	0.1841	0.1171	0.0150	0.0936	0.2641	1.4404	0.6351	0.6927	0.3073
2009	0.3356	0.0909	0.2986	0.0933	0.1080	0.0157	0.0912	0.1518	1.1851	-17.7247	0.5699	0.4301
2010	0.3357	0.0908	0.2987	0.0931	0.1086	0.0161	0.0912	0.1513	1.1856	0.0391	0.5701	0.4299

4）东南部强岩溶化峡谷低中山区。区内土地利用结构熵变化与东北部构造溶蚀层状中山区有相近之处,但富有其鲜明的特征。1997～2010年,区内土地利用结构熵由1.2213减至1.0980,净减0.1233,年均减少0.0095,总体呈减少态势。

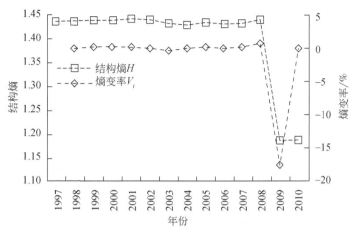

图 3-8　1997 ~ 2010 年东北部构造溶蚀层状中山区土地利用结构熵值变化

其中,1997 ~ 2001 年土地利用结构熵呈缓慢增长趋势,由 1.2213 增至 1.2249,净增 0.0036;2001 ~ 2004 年土地利用结构熵跌落,由 1.2249 降至 1.2032,净减 0.0217; 2004 ~ 2008 年土地利用结构熵恢复较为平稳的增长,由 1.2032 增至 1.2064,增加 0.0032。与 1997 年的土地利用结构比较,期间区内土地利用的总体格局稳定,土地利用系统的有序度得到提升,土地利用结构的均衡度下降,优势度提高(表 3-4)。另外,通过分析区内土地利用结构熵的年际变化率,进一步显示,1997 ~ 2001 年土地利用结构熵的变化相对平缓,1999 年变化较大,也仅有 0.1132;2002 ~ 2004 年变化剧烈,并呈负向变化,2003 年达到 - 1.4889;2005 ~ 2008 年后变化率趋向平稳,并转向正向增长,但 2009 年后又有明显变化,2009 年达到负向谷底,为 - 8.9759(表 3-4、图 3-9)。

表 3-4　1997 ~ 2010 年东南部强岩溶化峡谷低中山区土地利用结构熵值变化

年份	农田	园地	林地	草地	居民点及工矿	交通运输用地	水体	未利用地	结构熵 H	熵变率 V_t	均衡度 J	优势度 I
1997	0.3626	0.0527	0.3350	0.0988	0.093	0.0189	0.0668	0.1935	1.2213	—	0.5873	0.4127
1998	0.3625	0.0527	0.3350	0.0991	0.0933	0.0193	0.0671	0.1935	1.2225	0.1012	0.5879	0.4121
1999	0.3625	0.0527	0.3351	0.0991	0.0936	0.0198	0.0674	0.1938	1.2239	0.1132	0.5886	0.4114
2000	0.3624	0.0527	0.3350	0.0993	0.0941	0.0198	0.0674	0.1935	1.2243	0.0326	0.5888	0.4112
2001	0.3624	0.0527	0.3350	0.0993	0.0944	0.0203	0.0674	0.1933	1.2249	0.0451	0.5890	0.4110

续表

年份	农田	园地	林地	草地	居民点及工矿	交通运输用地	水体	未利用地	结构熵 H	熵变率 V_t	均衡度 J	优势度 I
2002	0.3613	0.0534	0.3330	0.0993	0.0944	0.0212	0.0674	0.1932	1.2231	− 0.1429	0.5882	0.4118
2003	0.3582	0.0565	0.3251	0.0996	0.0946	0.0221	0.0680	0.1808	1.2049	− 1.4889	0.5794	0.4206
2004	0.3577	0.0561	0.3241	0.0991	0.0954	0.0230	0.0680	0.1797	1.2032	− 0.1409	0.5786	0.4214
2005	0.3570	0.0568	0.3231	0.0991	0.0959	0.0243	0.0683	0.1787	1.2033	0.0091	0.5787	0.4213
2006	0.3567	0.0568	0.3227	0.1001	0.0962	0.0256	0.0690	0.1775	1.2046	0.1088	0.5793	0.4207
2007	0.3568	0.0568	0.3228	0.1001	0.0967	0.0269	0.0696	0.1765	1.2062	0.1304	0.5801	0.4199
2008	0.3569	0.0565	0.3229	0.1001	0.0978	0.0269	0.0702	0.1752	1.2064	0.0185	0.5802	0.4198
2009	0.3599	0.0589	0.3094	0.1110	0.1063	0.0220	0.0551	0.0756	1.0981	− 8.9759	0.5281	0.4719
2010	0.3600	0.0586	0.3096	0.1107	0.1074	0.0228	0.0551	0.0739	1.0980	− 0.0089	0.5280	0.4720

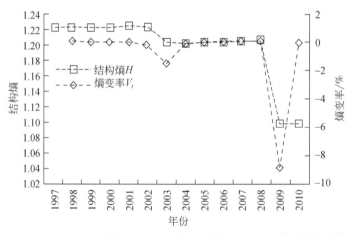

图 3-9　1997 ~ 2010 年东南部强岩溶化峡谷低中山区土地利用结构熵值变化

3.2.3　土地利用变化过程解释

　　1997 ~ 2010 年,重庆市土地利用变化主要来自社会因素的驱动而非自然因素,即源于对重庆市直辖以来社会经济发展的响应,其中主要包含了消费需求、经济利益和理智决策 3 个方面的驱动力。根据灰色关联分析方法的思路,利用所获得的统计资料,筛选出粮食产量(y_1)、油料和蔬菜产量(y_2)、水果产量(y_3)、城镇化率(y_4)作为表征消费需求的指标,筛选出工业增加值(y_5)、固定资产投资(y_6)作为表征经济利益的指标,分析了不同地貌类型区的土地利用结构熵与社会经济发展的关系(表3-5),并通过政策分析,对土地利用变化作出解释。

表3-5　不同地貌类型区土地利用结构熵与社会经济发展关联度

西部方山丘陵区		中部平行岭谷低山丘陵区		东北部构造溶蚀层状中山区		东南部强岩溶化峡谷低中山区	
y_1	0.9447	y_2	0.9242	y_1	0.9700	y_1	0.9666
y_2	0.9076	y_1	0.9238	y_2	0.9263	y_2	0.8696
y_4	0.8632	y_4	0.8630	y_4	0.8067	y_4	0.7998
y_3	0.7593	y_3	0.6869	y_3	0.7350	y_3	0.6955
y_6	0.6978	y_5	0.6451	y_6	0.6970	y_5	0.6488
y_5	0.6736	y_6	0.6434	y_5	0.6678	y_6	0.6455

注:0.1～0.3,低关联;0.3～0.7,中等关联;0.7～1.0,高关联。

(1) 土地利用变化响应食品消费结构转型

重庆市直辖以来经济持续发展,食品消费结构从以粮为主到粮、肉—鱼、菜—果兼具转型,农民积极响应这种转型,对土地利用变化产生了显著影响。关联分析结果表明,表征消费需求的指标关联强度明显高于表征经济利益的指标。临近重庆都市区的近郊区县主要分布于西部方山丘陵区和中部平行岭谷低山丘陵区,两区内土地利用结构熵与油料和蔬菜产量(y_2)的关联度接近或高于其与粮食产量(y_1)的关联度;与之相反,远郊区县分布的东北部构造溶蚀层状中山区和东南部强岩溶化峡谷低中山区,土地利用结构熵与粮食产量(y_1)的关联度均明显高于其与油料和蔬菜产量(y_2)的关联度;同时由于受立地条件的影响,土地利用结构熵与水果产量(y_3)的关联度表现为西部方山丘陵区 > 东北部构造溶蚀层状中山区 > 东南部强岩溶化峡谷低中山区 > 中部平行岭谷低山丘陵区。这种近似"杜能圈"的地理特征,反映了工业化、城镇化过程中重庆市的土地利用格局。土地利用结构熵与城镇化率(y_4)的关联度也显示,与大都市区连接紧密的西部方山丘陵区和中部平行岭谷低山丘陵区土地利用结构熵与城镇化率(y_4)的关联度最高,其次为东北部构造溶蚀层状中山区和东南部强岩溶化峡谷低中山区。

(2) 工业化、城镇化是土地利用变化的根源

工业化、城镇化创造了非农就业机会,为农村劳动力转移和城镇人口集聚创造了空间,有助于减轻土地的人口压力,提高土地集约利用水平。从重庆市常住人口密度来看,不同地貌类型区中仅有中部平行岭谷低山丘陵区常住人口密度由 2000 年的 545 人/km^2 升至 2010 年的 583 人/km^2,其余类型区均呈下降趋势。同时,不同类型区中城镇人口均有显著增加,其中增幅较慢的东南强岩溶化峡谷低中山区也由 2000 年的 67.67 万人增至 2010 年的 129.00 万人,增加 61.33 万人。伴随城镇人口增加的是产业集聚,继而又构成土地利用变化的驱动力,主要表现为投资增加和工业增加值增长。关联分析结果表明,不同地貌类型区土地利用结构熵与工业增加值(y_5)和固定资产投资(y_6)的关联度均达到 0.64 以上,已接近强关联。

(3) 政府决策显著影响土地利用变化

政府的作用至关重要,在退耕还林、工业化和城镇化过程中,通过政府行为影响土地利用变化。2002 年国家实施退耕还林工程,在政府提供的退耕还林补偿的条件下,2002 年后全市耕地数量减少幅度较快,而园地和林地则有大幅上升。补偿政策的实施,使农民的积极性得以调动,农民投入到植树建园中,发展多种经营。仅退耕还林这项举措直接导致 2003 年前后不同地貌类型区土地利用结构熵出现显著变化,其中西部方山丘陵区和中部平行岭谷低山丘陵区的熵呈现正向递增、熵变率呈正向起伏,东北部构造溶蚀层状中山区和东南部强岩溶化峡谷低中山区呈负向递减、熵变率呈负向起伏(图 3-6 ～ 图 3-9)。退耕还林的同时,(地方)政府响应重庆市直辖、西部大开发、三峡工程建设等大的政策机遇,不断加大工业化、城镇化力度,采取一系列措施促进工业化和城镇化,如"工业强县(区)"战略、户籍制度改革、基础设施建设等。而这与 2006 年前后发生的不同地貌类型区土地利用结构熵正向递增、熵变率正向变化相吻合。

3.2.4　土地利用变化的环境效应

工业化进程不仅对沿海平原、大中城市及其郊区的土地利用产生影响,随着市场经济影响的深入,这种影响也会从核心区延伸至边缘区。政策导入、现代农业要素投入、就业机会增加、农产品价格变化、产业结构调整、劳动力转移等都会引起相应的土地利用变化。这些土地利用变化带来了相应的环境效应,并存在一些相关的理论命题,学术界就将预测人口变化的马尔萨斯假说和解释人口与农业发展关系的博斯鲁普假说扩充为人地关系的理论。其实,在整个社会尺度上解释土地利用变化,就必须在人地关系的背景下把公共政策、市场机会等因素对环境问题的响应纳入系统中。为此,将土地利用变化的内容再还原到人地关系的层面上,以土地利用变化及其环境效应表达人地系统的动态格局、反映人地关系的状态就不失为一条有效途径。因此,依据不同地貌类型区的土地利用变化情况,分析所引致的环境效应问题,并以此表达不同地貌类型区的人地关系格局有着十分重要的意义。

西部方山丘陵区。1997～2010 年农田、未利用地分别下降 8.15% 和 2.48%,园地、林地、草地、居民点及工矿、交通运输用地、水体分别上升 0.24%、7.40%、1.56%、1.00%、0.31%、0.12%,农田是该区主要的土地利用类型,2010 年比重为 66.00%(表3-6)。2010 年全区常住人口密度达到 503 人/km^2,仅次于中部平行岭谷低山丘陵区,人地关系呈现紧张的态势。1997～2010 年,区内土地利用结构的均衡度由 0.4643 升至 0.5398,土地利用的多样化程度逐步提高。2000 年以后,农用地利用的集约化趋势促进了区域环境的改善。为了应对政策变化,适应劳动力转移和日益活跃的市场需求,在政府提供的退耕还林补偿条件下,粮食种植业逐步退出陡坡耕地,取而代之的是农民大规模的植树建园,发展多种经营。在此期间,林地中的有林地、灌木林地、未成林造林地,园地中的果园、茶园、桑园及其他园地大幅增长,水果的产量增加 $13.39×10^4t$,增幅达到 185.47%。耕地减少一方面加剧了人地矛盾,另一方面又促进了劳动相对密集的农业发展,2000～2010 年粮食产量下降 $18.66×10^4t$,降幅达到 7.88%,而同期油料和蔬菜产量增长 $158.16×10^4t$,增幅达到 109.83%。农民倾向于增加化肥的施用量以提高产量,降低农药的施用量以提高新产品质量,2000～2010 年化肥施用量增长 $1.91×10^4t$,增幅为 15.98%,而农药减少 158.18t,降幅为 5.56%。退耕还林还园和农用地集约化利用以及农民生产经营行为的变化,促使区内陡坡劣质耕地失去竞争力,促进了区域生态环境改善,进一步提高了生态环境质量,这在一定程度上表征了在人地关系紧张的背景下这一时期区内人地关系的动态格局特征。

表 3-6　1997～2010 年不同地貌类型区土地利用结构变化

地貌类型区	项目	1997 年		2010 年		比重变化
		数量/hm^2	比重/%	数量/hm^2	比重/%	1997～2010 年
西部方山丘陵区	总面积	774 566.50	100.00	777 893.80	100.00	—
	农田	574 295.87	74.14	513 315.44	65.99	-8.15
	园地	21 011.05	2.71	22 937.51	2.95	0.24
	林地	56 757.93	7.33	114 613.47	14.73	7.40
	草地	0.00	0.00	12 108.65	1.56	1.56
	居民点及工矿	74 007.85	9.56	82 161.24	10.56	1.01
	交通运输用地	3 514.26	0.45	5 943.86	0.76	0.31
	水体	20 940.79	2.70	21 952.18	2.82	0.12
	未利用地	24 038.75	3.10	4 861.45	0.62	-2.48

地貌类型区	项目	1997 年		2010 年		比重变化
		数量 /hm²	比重 /%	数量 /hm²	比重 /%	1997 ~ 2010 年
中部平行岭谷低山丘陵区	总面积	2 959 423.30	100.00	2 967 251.68	100.00	—
	农田	1 683 384.43	56.88	1 336 262.09	45.03	- 11.85
	园地	82 545.00	2.79	167 552.46	5.65	2.86
	林地	713 514.85	24.11	958 880.86	32.32	8.21
	草地	21 332.94	0.72	62 683.12	2.11	1.39
	居民点及工矿	226 571.53	7.66	298 107.30	10.05	2.39
	交通运输用地	15 094.16	0.51	26 407.81	0.89	0.38
	水体	86 204.26	2.91	105 118.04	3.54	0.63
	未利用地	130 776.13	4.42	12 240.00	0.41	- 4.01
东北部构造溶蚀层状中山区	总面积	2 198 194.68	100.00	2 196 049.76	100	—
	农田	609 955.93	27.75	494 370.56	22.51	- 5.24
	园地	34 042.30	1.55	53 784.85	2.45	0.90
	林地	977 451.32	44.47	1 351 823.62	61.56	17.09
	草地	153 676.76	6.99	154 911.00	7.06	0.07
	居民点及工矿	75 422.41	3.43	68 915.41	3.14	- 0.29
	交通运输用地	4 763.61	0.22	5 995.09	0.27	0.05
	水体	34 375.26	1.56	54 078.84	2.46	0.90
	未利用地	308 507.09	14.03	12 170.39	0.55	- 13.48
东南部强岩溶化峡谷低中山区	总面积	2 294 680.52	100.00	2 296 213.74	100.00	—
	农田	705 092.17	30.73	675 843.55	29.43	- 1.30
	园地	27 250.60	1.19	31 312.68	1.36	0.17
	林地	1 225 459.92	53.40	1 363 126.09	59.36	5.96
	草地	63 149.32	2.75	101 913.14	4.44	1.69
	居民点及工矿	58 055.50	2.53	70 898.79	3.09	0.56
	交通运输用地	7 657.41	0.33	9 536.39	0.42	0.09
	水体	37 150.73	1.62	28 921.78	1.26	- 0.36
	未利用地	170 864.87	7.45	14 661.34	0.64	- 6.81

注：二调数据与之前土地利用数据不一致，其中 1997 年全市土地利用变更调查数据显示全市总面积为 8 226 864.99hm²，而二调之后 2010 年的土地利用变更调查数据显示全市总面积为 8 237 408.98hm²。故 1997 年和 2010 年各地貌类型区总面积存在一定出入。

中部平行岭谷低山丘陵区。1997 ~ 2010 年农田、未利用地分别下降 11.85%和 4.01%，园地、林地、草地、居民点及工矿、交通运输用地、水体分别上升 2.86%、

8.21%、1.39%、2.39%、0.38%、0.63%,其中居民点及工矿和交通运输用地合计在 4 个地貌类型区中的增幅最大,农田和林地是区内主要的土地利用类型,2010 年两者比重分别为 45.03%、32.32%(表3-6)。2010 年全区常住人口密度达到 583 人/km^2,居 4 个地貌类型区之首,人地关系非常紧张。期间,区内土地利用结构的均衡度由 0.6078 升至 0.6663,土地利用的多样化程度有所提高。由于该区是重庆市主城区所在地,区内土地利用变化的环境效应更为复杂。受城市消费需求以及退耕还林还园和农用地利用集约化的影响,2000 ~ 2010 年区内粮食产量下降了 78.09 × 10^{4}t,降幅达到 12.77%;油料和蔬菜产量增长 257.29 × 10^{4}t,增幅达到 55.22%;水果产量增长 80.64 × 10^{4}t,增幅达到 156.43%。化肥和农药在这种劳动相对密集的农业中确保了产量的增长,2000 ~ 2010 年区内化肥施用量增长 9.99 × 10^{4}t,增幅达到 28.79%;农药施用量增长 722.39t,增幅达到 6.70%。在人地关系高度紧张的态势下,虽然退耕还林和农用地集约化利用有利于改善生态环境,但是剧烈的非农建设活动和化肥、农药等生产要素的追加也在导致环境退化。

东北部构造溶蚀层状中山区。1997 ~ 2010 年农田、居民点及工矿、未利用地分别下降 5.24%、0.29% 和 13.48%,园地、林地、草地、交通运输用地、水体分别上升 0.90%、17.09%、0.07%、0.05%、0.90%,其中林地在 4 个地貌类型区中的增幅最大(表3-6)。本区地处三峡库区腹心地带,山高坡陡,地质灾害频繁,生态环境高度敏感。区内农田和林地是主要的土地利用类型,2010 年两者比重分别为 22.51%、61.56%。区内人口密度较低,2010 年全区常住人口密度为 183 人/km^2。1997 ~ 2010 年,区内土地利用结构的均衡度由 0.6907 降至 0.5701,土地利用的多样化程度降低,集中度提高。2000 年后,退耕还林还园与农用地集约化利用相结合,对区域生态环境产生了显著影响。退耕还林还园使生产能力较低的坡耕地得以退出,这为遏制水土流失、防治土地退化奠定了基础;同时,在相对集中的优质农用地上实施小面积的集约化生产,发展生态农业,对于降低人类活动对敏感的生态环境的扰动发挥了积极作用。2000 ~ 2010 年,区内粮食产量维持稳定,仅下降了 0.86%;而油料和蔬菜增加 24.85 × 10^{4}t,增幅达到 23.57%;水果的产量大幅上升,增加 47.92 × 10^{4}t,增幅达到 257.57%,在 4 个地貌类型区增幅最大。与小面积的集约化生产相关的是化肥、农药投入的增加,2000 ~ 2010 年化肥、农药分别增加 2.36 万 t、665.10t,增幅分别为 18.20%、33.75%。

东南部强岩溶化峡谷低中山区。1997 ~ 2010 年农田、水体、未利用地分别下降 1.30%、0.36% 和 6.81%,园地、林地、草地、居民点及工矿、交通运输用地分别上升 0.17%、5.96%、1.69%、0.56%、0.09%。农田和林地是区内主要的土地利用类型,2010 年两者比重分别为 29.43%、59.36%(表3-6)。区内岩溶地貌广泛发育,是重庆市乃至全国石漠化发生较严重的地区之一。区内基岩裸露,表层土壤营养成分极易流失,生态环境极为脆弱。由于生存环境和生产条件恶劣,2010 年全区常住人口密度仅有158人/km², 低于其他3个地貌类型区。1997~2010年, 区内土地利用结构的均衡度由 0.5873 降至 0.5280, 土地利用的多样化程度呈降低趋势, 集中度上升。2000年后, 区内退耕还林还园和农用地利用的集约化所产生的相关环境效应, 与东北部构造溶蚀层状中山区具有一致性。2000~2010年, 区内粮食产量下降 3.86 万 t, 下降了 1.84%; 而油料和蔬菜增加 97.67 万 t, 增幅达到 97.03%, 在 4 个地貌类型区增幅最大; 水果的产量大幅上升, 增加 14.84 万 t, 增幅达到 344.73%。由于土地贫瘠, 在小面积的集约化生产中农民更加注重化肥、农药的投入, 2000~2010年化肥、农药分别增加 5.65 万 t、808.33t, 增幅分别为 44.42%、27.83%, 增幅在 4 个地貌类型区中居首位。此外, 由于区内社会经济落后, 城镇化进程滞后, 农业生产效益低下, 导致农村劳动力大量外流, 减少了人类活动对自然的扰动, 作为农用地利用集约化的逆过程, 粗放化和弃耕现象也比较明显, 而这推动了区内脆弱生态环境的改善。

3.3　人地关系类型划分

关于人地关系的类型, 从生产力、环境、文化等视角存在一些解释, 也产生了一些经验性的分类标准, 但始终没有建立一套统一的规范(王万茂, 1996)。若单以地貌格局为基础对人地关系类型进行划分是不科学的, 通常区域社会经济发展的地域分异性界线往往与地貌格局划分界线不相吻合, 且一定地貌格局下的人地关系背景和土地利用变化也只能粗线条的反映区域的人地关系背景, 脱离社会经济要素很难准确反映区域人地关系特征、呈现区域人地矛盾, 这无疑给土地利用针对性调控区域人地关系带来困境。因此, 结合地貌分区, 综合考虑区域资源禀赋、人口结构、社会经济发展、土地利用等因素, 科学划分人地关系类型, 才能客观呈现和准确刻画区域人地关系特征, 呈现人地关系矛盾, 为土地整治针对性实现人地关系有效调控奠定基础。

3.3.1　人地关系类型划分原则及指标选取

人地关系类型划分应遵循以下原则:①便于人地关系结构考察原则。人地关系反映人与地之间的相互作用关系, 根据区域资源结构、人口结构、社会经济结构进行人地关系综合考察和划分是评价指标选取首先必须明确的。②可比性和避免重复性原则。要求选取的指标含义明确, 评价单元间具有可比性, 另外也需注意减少指标间的相互干扰和重复, 指标选取尽量精简。③易于量化原则。④保证行政界线完整原则。一方面便于资料的收集、整理, 另一方面便于以评价单元为单位进行聚类划分。

按照人地关系类型划分遵循的原则,以区县为单元,从人地关系的资源结构、人口结构和社会经济结构3方面可构建由1个目标层、3个准则层和9个具体考量指标组成的重庆市人地关系类型划分的指标体系(表3-7)。

表3-7 人地关系类型划分指标体系

目标层	准则层	指标层
重庆市人地关系评价	资源结构	耕地比重
		林地比重
	人口结构	人口密度
		城镇人口比重
	社会经济结构	人均GDP
		第一产业产值比重
		第二产业产值比重
		第三产业产值比重
		农村居民人均纯收入

3.3.2 人地关系类型划分结果

利用重庆市各区县2010年土地利用、人口结构和社会经济结构统计资料,以区县为单元,根据人地关系类型划分构建的指标体系,可获得各评价单元赋值(表3-8)。然后运用SPSS13.0软件和Q型聚类分析的离差平方和法(ward method)对重庆市人地关系类型进行聚类,结果见表3-9。

表3-8 重庆市各评价单元不同人地关系评价指标数值

区县	耕地比重/%	林地比重/%	人口密度/(人/km²)	城镇人口比重/%	人均GDP/元	第一产业产值比重/%	第二产业产值比重/%	第三产业产值比重/%	农村居民人均纯收入/元
渝中区	0.00	0.00	27 114.02	100.00	87 768.12	0.00	5.18	94.82	
大渡口区	15.65	15.83	2 931.74	93.19	58 874.95	0.81	68.82	30.38	8 837.16
江北区	19.06	16.58	3 342.39	91.12	53 034.51	0.68	39.59	59.72	8 687.15
沙坪坝区	24.91	21.33	2 526.31	90.06	41 954.06	1.14	51.34	47.53	8 638.10
九龙坡区	24.21	14.26	2 517.28	86.62	54 369.66	1.21	49.60	49.18	8 648.26
南岸区	17.57	19.87	2 894.68	90.01	46 238.55	1.04	61.72	37.24	9 235.99
北碚区	32.57	30.06	905.32	73.75	34 152.35	4.08	63.29	32.63	7 204.93
渝北区	32.03	26.57	923.36	73.28	42 636.76	3.23	59.01	37.76	6 774.24

续表

区县	耕地比重/%	林地比重/%	人口密度/(人/km²)	城镇人口比重/%	人均GDP/元	第一产业产值比重/%	第二产业产值比重/%	第三产业产值比重/%	农村居民人均纯收入/元
巴南区	32.36	35.91	503.99	72.85	33 603.79	8.91	52.02	39.07	6 740.60
万盛区	26.20	51.25	455.71	72.48	19 262.98	9.84	55.23	34.93	5 917.55
双桥区	19.82	23.39	1 176.88	93.01	79 892.61	0.76	81.70	17.54	6 965.31
涪陵区	35.05	40.74	362.54	55.80	40 731.85	6.96	58.97	34.07	5 548.70
长寿区	40.09	20.08	541.71	53.03	29 693.73	9.41	54.62	35.97	6 410.24
江津区	35.73	30.68	383.21	55.65	24 571.96	15.17	56.57	28.26	7 074.06
合川区	51.52	14.63	551.60	55.80	18 908.89	15.40	45.09	39.51	6 929.38
永川区	42.87	17.96	649.14	56.88	29 280.59	9.72	54.93	35.36	7 058.56
南川区	27.06	55.03	206.33	47.73	26 866.27	15.91	50.78	33.30	5 943.82
綦江区	42.09	35.83	366.48	41.02	20 883.72	15.48	45.51	39.01	6 158.71
潼南县	60.87	9.47	403.96	38.61	18 248.16	23.24	36.37	40.38	5 889.44
铜梁县	49.46	19.47	447.68	41.49	25 026.60	14.19	55.30	30.52	7 019.24
大足县	54.96	16.62	482.61	40.02	21 604.10	15.79	49.57	34.65	6 612.76
荣昌县	54.93	14.04	614.18	41.01	24 187.37	16.35	56.52	27.12	6 754.79
璧山县	47.10	20.06	640.84	42.05	26 067.85	7.89	59.82	32.29	7 141.64
万州区	28.72	39.02	452.24	55.00	31 996.15	6.77	54.73	38.50	5 332.48
梁平县	43.79	34.11	363.99	34.30	16 160.96	17.53	40.98	41.49	5 527.86
城口县	7.19	77.07	58.68	25.39	12 956.68	16.58	49.12	34.31	3 681.27
丰都县	28.63	49.90	223.80	34.50	11 878.96	21.22	39.81	38.97	4 766.45
垫江县	54.43	20.70	464.62	34.27	16 163.31	18.13	46.96	34.91	5 662.30
忠县	40.57	27.24	344.24	32.93	14 560.97	19.03	41.30	39.68	5 396.69
开县	25.23	49.21	292.75	35.89	12 865.72	20.19	43.30	36.51	5 078.65
云阳县	25.76	47.23	251.05	32.16	9 394.64	26.60	30.32	43.08	4 418.05
奉节县	18.40	60.88	203.56	32.28	12 341.62	20.22	35.09	44.69	4 153.39
巫山县	17.41	60.43	167.61	30.01	10 160.78	22.67	37.17	40.16	3 925.37
巫溪县	12.87	75.52	103.03	25.38	9 079.01	23.31	34.94	41.75	3 647.43
黔江区	24.62	58.00	186.05	39.10	22 500.45	10.65	53.49	35.86	4 417.83
武隆县	23.65	64.17	121.48	32.99	20 631.2	14.82	36.86	48.32	4 604.33
石柱县	18.92	60.82	137.72	32.33	15 613.54	20.53	40.66	38.81	4 765.38
秀山县	26.36	55.94	204.45	30.02	15 133.17	14.64	51.36	34.00	4 088.15
酉阳县	21.41	61.63	111.88	23.80	10 060.82	23.96	39.11	36.93	3 654.88
彭水县	27.72	58.72	139.94	25.21	12 179.09	19.87	39.90	40.23	4 181.73

表3-9　重庆市人地关系类型聚类结果

人地关系类型	区县
第1类	渝中区
第2类	大渡口区、江北区、沙坪坝区、九龙坡区、南岸区、双桥区
第3类	北碚区、渝北区、巴南区、万盛区、涪陵区、长寿区、江津区、合川区、永川区、南川区、綦江区、潼南县、铜梁县、大足县、荣昌县、璧山县、万州区、梁平县、垫江县、忠县
第4类	城口县、丰都县、开县、云阳县、奉节县、巫山县、巫溪县、黔江区、武隆县、石柱县、秀山县、酉阳县、彭水县

　　基于重庆市基本地貌格局和人地关系类型划分的聚类分析结果,再综合考虑重庆市"一圈两翼"发展战略、农业生产发展布局、土地利用战略规划以及区域资源禀赋等因素,突出区域人地关系特点,实行统筹兼顾、优化调整,并在保持行政界线完整、人地关系类型分区连片的原则下,最终将重庆市人地关系类型划分为都市人地关系高压区、环都市人地关系紧张区、渝东北人地关系敏感区和渝东南人地关系脆弱区4种不同类型(图3-10、表3-10)。"高压"、"紧张"、"敏感"、"脆弱"是对重庆市不同人地关系区"人"与"地"之间客观状态的刻画。划分结果,为从土地利用角度进行区域人地关系调控提供了科学性和针对性。

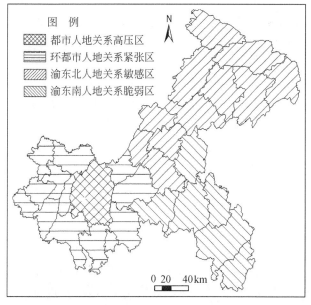

图 3-10　重庆市不同人地关系类型区划分

表3-10　重庆市不同人地关系类型区基本概况

人地关系类型区	土地总面积/10^4hm²	耕地比重/%	林地比重/%	土地利用率/%	总人口/10^4人	人口密度/(人/km²)	城市化率/%	GDP/10^8元	一二三次产业比	农村居民人均纯收入/元
都市人地关系高压区	54.67	29.42	27.77	95.40	611.94	1119	83.99	3596.71	3:47:50	7511.45
环都市人地关系紧张区	231.90	42.37	28.38	95.82	1236.83	533	49.98	2635.47	12:54:34	6553.84
渝东北人地关系敏感区	339.06	24.54	52.70	91.75	1089.00	321	36.94	1362.56	15:45:40	4833.03
渝东南人地关系脆弱区	198.11	23.60	60.16	94.89	365.68	185	29.96	437.81	17:45:38	4213.15

3.3.3　不同类型区人地关系特征

(1) 都市人地关系高压区

该区地处川东平行岭谷及相间丘陵,长江、嘉陵江交汇处的沿江地带。包括渝中、江北、沙坪坝、九龙坡、南岸、大渡口、北碚、渝北和巴南9个行政辖区,是重庆市的主城区,土地总面积为54.67万hm²,占全市面积的6.66%。该区以丘陵地貌为主,水热资源丰富,自然条件较好,工矿企业集中,商业繁荣,基础设施完备,是重庆市政治、经济、文化中心,也是长江上游经济中心的核心区。地理条件最为优越,经济最为发达,城市化率最高,人口密度最大,土地利用程度高,综合效益最好,但森林覆盖率低,人均耕地最少,耕地后备资源缺乏,建设需求量最大,人地关系呈高压状态是该区域人地关系的主要特征。

2010年该区地区生产总值(GDP)为3596.71亿元,占全市GDP的44.78%,一、二、三次产业结构比为3∶47∶50,人均GDP(按常住人口计算,下同)达48229元,农村居民人均纯收入为7511.45元。总人口(按户籍统计,下同)为611.94万人,其中非农业人口为425.78万人。常住人口达745.76万人,其中城镇人口为626.37万人,城市化率高达83.99%,人口密度为1119人/km²。该区的土地利用率达95.40%,建设用地总量占全市的19.50%,城镇用地总量占全市的46.49%,接近一半,地均GDP为65.79万元/hm²。该区林地比重仅为27.77%,林地面积不及全市林地面积的5%。耕地比重为29.42%,人均耕地面积只有0.03hm²,低于全市人均水平(0.07hm²),而该区土地后备资源总量不到16000hm²,且难开发的裸岩石砾地和限制或禁止开发的滩涂已占80%,故能开发成耕地的后备资源已无多大空间和潜力。根据《重庆土地利用总体规划(2006～2020年)》,到2020年该区规划建设用地较2005年新增48 024hm²,建设将新占耕地24 560hm²。因此,本区人地关系的高压态势将更为突出。

(2) 环都市人地关系紧张区

该区地处方山丘陵和川东平行岭谷地带。包括涪陵、万盛、双桥、江津、合川、永川、长寿、南川、綦江、潼南、铜梁、大足、荣昌、璧山14个区县,土地总面积为231.90万hm²,占全市面积的28.07%。区内地貌以丘陵分布为主,地势相对平坦,基础设施条件优越,水热条件较好,气候适宜,土层深厚,土壤肥沃,灾害较少,农垦历史悠久,适合综合农业发展,是重庆市的粮食主产区,也是重庆市主城区农副产品生产的重要基地。区位条件较好,社会经济较发达,人口密度大,土地利用率、垦殖率较高,综合效益优越,土地利用类型多样,优质耕地比重较大,但人均耕地较少,林地比重较小,水土流失较为严重,土地利用集约程度较低,耕地后备资源稀缺,耕地保护形势严峻,受主城拓展用地压力较大等是该区人地关系的主要特征。

2010年,该区GDP为2635.47亿元,占全市GDP的32.81%,一、二、三次产业结构比为12∶54∶34,人均GDP达25 870元,农村居民人均纯收入为6553.84元;总人口为1236.83万人,其中非农业人口为361.43万人。常住人口为1018.73万人,其中城镇人口为509.19万人,城市化率为49.98%,人口密度为533人/km²;该区耕地面积为98.25万hm²,占该区土地总面积的42.37%,占全市耕地总面积的40.22%,且大部分为优质耕地,人均耕地为0.08hm²。林地比重较低,仅为28.38%,土地利用率为95.82%,地均GDP为11.36万元/hm²。

(3) 渝东北人地关系敏感区

该区地处三峡库区腹心地带和大巴山区,境内以丘陵和中低山地貌为主。包括万州、梁平、城口、丰都、垫江、忠县、开县、云阳、奉节、巫山、巫溪11个区县,土地总面积为339.06万hm²,占全市面积的41.22%。该区区位优势良好,水热、生物、矿产、旅游等自然资源丰富。区内年均温度为15～19℃,年平均降水量为1200mm,过境客水丰富,水资源总量约为4000亿m³,水热资源丰富,开发潜力较大;生物品种丰富,林、果种植优势突出,仅经济植物就超过2000种,其中药用植物有1000余种。柑橘生产规模大,已形成长江三峡柑橘产业带。其他林特产品,如桐油、生漆、榨菜、山羊皮、蚕丝等驰名中外;旅游资源有闻名遐迩的长江三峡、原始森林等自然风光,也有白帝城、张飞庙、石宝寨、白鹤梁、丰都鬼城等人文景观。加之三峡工程的建成,还可开辟更多新的旅游景点。由于该区位于长江上游与中下游发生经济联系的枢纽地区,又是我国中部与西部的结合处,长江黄金水道贯穿全境,造就了该区良好的区位优势。但区内社会经济发展缓慢,且土地利用率、垦殖率较低,综合效益不佳,土地利用以林地、耕地两大类型为主,林地覆盖率较高,坡耕地比重较大,水土流失严重,耕地质量差,地质灾害发生频繁,生态环境敏感脆弱,生态保护压力较大,是重庆市发展生态农业、加强生态保护的重点区域。

2010 年,该区 GDP 为 1362.56 亿元,占全市 GDP 的 16.96%,一、二、三次产业结构比为 15:45:40,人均 GDP 达 16 288 元,农村居民人均纯收入为 4833.03 元;总人口为 1089.00 万人,其中非农业人口为 232.44 万人。常住人口为 836.54 万人,其中城镇人口为 309.03 万人,城市化率为 36.94%,人口密度为 321 人/km²;土地利用率为 91.75%,地均 GDP 为 4.02 万元/hm²。林地、耕地比重分别占该区土地总面积的 52.70% 和 24.54%,林地占全市林地总面积的 47.16%;该区耕地资源地块破碎,土层较薄,灌溉设施缺乏,且多分布在坡度较陡、水土流失较强、不易保水保肥的地方。

(4) 渝东南人地关系脆弱区

该区地处乌江流域和武陵山地区,境内以中低山地貌为主。包括黔江、石柱、秀山、酉阳、彭水、武隆 6 个区县(自治县),土地总面积为 198.11 万 hm²,占全市面积的 24.05%。该区是重庆市社会经济发展落后、贫困人口众多、喀斯特地貌发育较广、生态环境十分脆弱的地区。区内山地特色明显,资源优势突出,民族文化特色鲜明。电力、锰矿、绿色食品、烤烟、蚕桑、中药材等资源丰富,现已基本形成了该区的特色和支柱产业。重庆市 93% 左右的少数民族聚居于此,少数民族人口占该区总人口的 70% 以上,少数民族以土家族和苗族为主,特色的少数民族文化风情展示促进了当地旅游业的发展。农用地以林业用地为主导,占该区土地总面积的56.91%,但低效林地比重较大。人均耕地资源丰富(0.11hm²),在 4 个类型区中最高,但耕地质量差,产出低,坡耕地占 60% 以上。建设用地比重较小,仅占该区域面积的 3.26%。

2010 年,该区 GDP 为 437.81 亿元,仅占全市 GDP 的 5.45%,一、二、三次产业结构比为 17:45:39,人均 GDP 达 15 438 元,农村居民人均纯收入为 4213.15 元;总人口为 365.68 万人,其中非农业人口为 87.35 万人。常住人口为 283.59 万人,其中城镇人口为 84.96 万人,城市化率仅为 29.96%,人口密度为 185 人/km²;林地、耕地比重分别为 60.16% 和 23.60%,土地利用率 94.89%,地均 GDP 为 2.21 万元/hm²,土地综合利用效益较差。

第4章 区域产业发展、土地利用导向与土地整治途径选择

4.1 区域产业发展与土地利用导向

4.1.1 人地关系识别

目前,人类活动(干扰)所引起的土地利用/土地覆被变化(LUCC)已成为影响全球环境变化的主要驱动力,并且这一过程正以前所未有的速度加强和发展。一直以来,土地利用/土地覆被变化被视为一个连续的过程,但事实上,它总是按照土地系统功能的方向不间断层叠,且这一过程通常来源于人类社会的某种突变行为(Stophenne and Lambin,2001)。而造成这种突变行为的往往是由于政策导向、技术革新、人口流动(迁移)与生活模式改变和自然灾害的发生。正如 Eric 等(2001)所说,土地利用变化的主要潜在因素既不是人口也不是贫穷,而是人类对经济机遇的响应,因为市场或国家政策会为一种新的土地利用方式提供机遇,或者成为它的限制。从区域层面来看,土地利用变化的潜在因素表现为自然条件、人口增长、经济发展、城镇化、政策、技术进步、市场变化等多种因素的综合驱动(周忠学和任志远,2009)。特别是随着人类活动对中小尺度区域土地利用/土地覆被变化的主导作用日益突出,区域人地关系演进直观地表现为自然生态系统、社会经济系统相互作用、相互影响、协同发展的作用过程。因此,可以说,土地利用/土地覆被变化在很大程度上客观记录和刻画了人与自然相互作用的过程,并逐渐形成了具有典型特征的区域土地利用/土地覆被格局的空间模式;而具有典型特征的区域土地利用/土地覆被格局的空间模式,是区域人地系统的综合呈现形式,反映了不同类型的人地关系状态。

从人类活动来看,土地利用变化的主要驱动力来自人口增长、经济发展、城镇化、产业政策、技术进步等社会经济因素,而这些社会经济因素的源泉则是来自经济产业的发展和分化(刘平辉和郝晋珉,2005)。土地利用是人类按自身社会经济发展需求,依据土地资源的自然属性和社会经济属性对土地进行利用、开发与改造

的社会经济行为。随着生产力的发展和科学技术的进步，其所引起的经济产业发展和分化改变了人们的土地利用需求，使人们对土地利用的目标和方式发生转变，进而引起土地资源的重新配置以及土地利用类型和结构的变化。因此，区域产业发展及其结构的相对变化，必然使土地利用类型及其结构发生变化；而土地利用类型及其结构的变化则是产业结构变化的表现和必要条件。从某种意义上说，区域经济产业的发展和分化，不仅是土地利用变化的导向，更是其变化的源泉所在。

在区域产业发展与分化过程中，农业化、工业化与城镇化的影响广泛而深远。其中，农业化主要表现为农业结构调整及带来的生产能力发展；而自工业革命以来的城镇化又是以工业化为主要支撑的，因此土地利用变化的产业动因，又可归结为农业结构调整和城镇化。同时，为了让土地资源更好地服务于自身需求，人们围绕土地利用条件改善有目的地开展土地整治活动。作为识别人地关系情景的重要介质，城镇化、农业结构调整和土地整治，被认为是局地尺度响应和适应区域尺度、国家尺度乃至全球尺度人地系统的主要过程（Antrop，2005），其有助于自下而上地揭示土地利用变化和生态效应的机理和演变过程，从而更深入地理解环境变化问题（王成等，2006）。因此，在人地关系的情景识别中，三者既可以反映区域土地利用／土地覆被格局的空间模式，又能够说明人地关系的类型特征。

然而，城镇化、农业结构调整和土地整治在人地系统过程中并不是孤立的，而是相互影响、相互作用、相互适应，通过土地利用变化及其相关的环境效应来表达人地系统的特征的。城镇化是人类活动中发生频率最高的行为之一（Turner et al.，1990），是诱发区域甚至全球环境变化最重要的人类活动（Liu，2002；Liu et al.，2005）；农业产业结构调整与土地利用变化关系密切（黄贤金等，2002），如集约农区农业结构调整与土地利用变化间的关系具有典型性（孔祥斌等，2004；欧阳进良等，2004）。由于农业产业结构调整，会加速区域内土地利用结构调整、农户土地利用方式变化、农业生产经营管理模式改变，以及农用地内各地类间的用途转变，其结果自然也加快了由于人为因素造成的区域土地利用变化。目前，土地整治是各国有效调控区域土地利用问题，缓解建设占用与耕地保护的矛盾，促进区域生态恢复、建设与保护，最终实现协调区域人地关系可持续发展的重要途径与手段（彭群等，2003；张正峰和陈百明，2003）。其行为也是人类社会诱发区域土地利用变化的一个驱动因素。土地整治过程通过一系列工程、生物措施的实施，势必会引起区内土壤养分、水资源分布、生物多样性、农田小气候以及生物地球化学循环等自然现象和生态过程的变化（罗明和张惠远，2002）。土地整治作为人类在短时间内剧烈干扰区域局部土地利用的一种突变行为，所诱发或造成的区域局部土地利用、生态环境累积急变尤为深刻（张妍等，2005；高向军等，2001a；王军等，2003）。

4.1.2 不同类型区产业发展与土地利用

(1) 都市人地关系高压区

该区地貌以平坝浅丘为主,是长江上游经济中心功能集中体现的地区。作为重庆市经济的核心区,该区城镇化、工业化程度高、发展速度快,已初步具备领先我国西部地区并与东部地区基本同步发展的基础条件。未来围绕统筹城乡发展综合配套改革试验区、国家战略发展五大中心城市之一、2020 年 70% 的城镇化率目标,以及建成长江上游"三中心、两枢纽、一基地"①的发展定位和"五大功能区"②的战略布局,将促使该区城镇工矿和基础设施建设用地需求持续增加,城镇规模不断扩大,城镇居住人口持续增长,土地供需矛盾更加突出,人地关系更加紧张,高压的态势更加严重。随着人口、产业的不断集聚,建设用地空间将不可避免地扩张,从而加剧建设占用与耕地保护之间的矛盾。

不过,作为重庆市政治、经济、文化的核心所在,为保障该区各项建设目标的顺利推进和实现,先"保发展"、后"保红线"应是该区土地利用政策的首选。为此,该区未来土地利用战略应以支撑起重庆市的经济安全为重点,土地利用调控应立足于城镇建设,完善城市功能,加强城乡建设用地整理,优化城乡建设用地布局,提高土地利用效益,提高节约集约利用水平。加快土地利用方式转变,以城市土地整治为平台,实施城市建设用地挖潜、循环利用和优化整合,加快旧城区、废弃工矿和城中村改造,盘活存量土地,强化土地立体开发、高效利用。限制转移占地多、高污染、高能耗和劳动密集型产业用地,保障高新技术、循环经济和现代服务业等产业发展用地,促使产业结构调整升级和转型。

另外,农业生产在该区历史传统悠久,区内自然条件较好,耕地质量相对较高,土地耕作精细,农业粮食生产比重较小,蔬菜、花卉、苗木、水果等具有一定的生产规模,乳业、水产业近年来也有较快发展。但本区是城市化、工业化发展的前沿,随着各类建设不断推进,农业用地被建设用地进一步挤占,规模将进一步缩小。为此,受区位优势和发展功能定位的影响,该区农业生产宜逐步弱化粮食生产功能,转向其生态功能和社会功能的发挥。将农业生产转向附加值高的果蔬、花卉苗木、休闲观光产业方向发展,形成现代都市农业、观光休闲农业为主导功能的农

---

① "三中心、两枢纽、一基地"是指在长江上游形成商贸、金融、科教文化 3 个中心,建成辐射西南、汇接全国的交通、通信两大枢纽,中国西部以高新技术为基础的现代产业基地。

② "五大功能区"是在"一圈两翼"区域发展战略基础上,2013 年 9 月重庆市委四届三次审议通过的为推动大都市区的发展和建设,将重庆市划分为都市功能核心区、都市功能拓展区、城市发展新区、渝东北生态涵养发展区、渝东南生态保护发展区 5 个功能区域。

业产业区。农用地整治不再是仅围绕增加有效耕地面积和提高产能的耕地整理，而是结合农业产业结构调整和城市生态建设需求，引导农业产业向规模经营集中，土地向果蔬和花卉苗木等产业基地集中。同时，伴随着快速的城镇化进程及大量农村人口转移，闲置、散乱农村居民点的整治需求更加迫切，围绕新农村和居民社区建设，引导城郊农民向城镇集中，提高土地节约集约利用水平，也是未来土地整治的重要内容。

（2）环都市人地关系紧张区

该区以丘陵和平行岭谷地貌为主，是重庆市现代工农业发展的基地，将建设成为成渝经济区和渝黔经济走廊的连接区。作为重庆市粮食主要生产和未来城镇环带发展的重点区域，该区域具有承接和依托都市人地关系高压区加快经济发展和传递辐射周边区县的区位优势，同时也面临着都市人地关系高压区建设扩张给该区带来耕地保护及保障粮食安全生产的压力。因此，该区未来土地利用战略应服务于重庆市的经济与粮食安全。按照优化和统筹城乡用地结构与布局的要求，保障重点城镇群发展用地。合理安排城镇、工矿用地，重点保障资源加工业、装备制造业、商贸物流产业、旅游休闲产业用地，适度增加建设用地，特别是基础设施用地。积极推进社会主义新农村建设和农村建设用地整理，改善农村生产、生活、生态条件，通过城乡建设用地增减挂钩，集体建设用地流转、置换，拓展建设用地空间，缓解土地供需矛盾，促进城乡土地统筹发展。

区内农垦历史悠久，水热资源条件匹配较好，耕地比重大，耕作土壤比较肥沃，垦殖系数高，自然灾害相对较少，是农业土地利用程度和利用效益最高的地区，且在粮食、油料、蚕桑、水产品和畜牧等方面具备比较优势。耕地利用以粮食种植为主，但净耕地系数不高，田土坎、边角和零星畸形破碎地块较多，土地集约化、规模化生产程度不高；同时，该区的农村居民点有着小、多、散、乱和零散分布在耕地之中的特点，且占地量较大，加之农民外出打工数量多，房屋空置、闲置率较高，农村居民用地存在严重浪费现象；另外，以丘陵为主的地貌，地形起伏不大，由于长期以来的过度垦殖，生态环境破坏严重，水土流失现象普遍。为适应现代农业生产需要，巩固该区作为重庆市粮食主产区的核心地位，保证粮食安全生产，未来农用地整治应立足于耕地和基本农田保护和建设，提高土地的综合生产能力和集约利用效益，为发展现代农业和建成高标准基本农田区创造条件。同时，借助新农村建设和城乡统筹发展，做好新农村规划和迁村并点的新农村建设，对散、乱、小的农村居民点进行适度集中，消除"空心废弃村"和减少农村居民点浪费的现象，提高农村居民点用地的利用率，加快新农村建设步伐。

(3) 渝东北人地关系敏感区

区内以丘陵和中低山地貌为主,属三峡库区腹地。由于长江干支流深度下切,导致山高坡陡,地质灾害频繁,生态环境高度敏感。该区区位条件良好,是长江上游和中下游发生经济联系的纽带,也是重庆市发展生态农业和实施生态重点保护的地区。未来该区将以基础设施建设为先导,发展特色产业为基础,以生态建设和环境保护为保障,建设成为清洁能源和资源加工业的基地、物流黄金水道、高效生态农业走廊、全国淡水战略储备库和绿色生态屏障。因此,该区未来土地利用战略应服务于重庆市区域的生态安全和粮食安全。土地利用调控应立足长江上游生态屏障建设和耕地保护,正确处理生态保护与耕地保护的关系。合理增加建设用地,特别是交通和三峡库区生态保护基础设施建设用地;适度增加中心城镇建设用地供给,支持库区城镇移民生态园区建设,积极发展能源、矿产资源深加工和现代中药与生物医药等重点产业;重点保障地质灾害防治、生态移民和三峡工业迁建供地。

该区虽具备类似于环都市人地关系紧张区的丰富的水热资源条件,但由于区内地表切割深度较大,山高坡陡,水土流失广而严重,干旱、洪涝及山地灾害频繁发生,加之农业基础设施薄弱,耕地质量普遍较差,瘦薄坡瘠地、冷浸下湿田等多种类型中低产田土比重大,土地产出率低下。区内多年来受人多地少的压力和过度开发思想的影响,本应大力发展林、牧业的地区,林、牧用地的比重却逐步缩小,而耕地面积在不断增大。很多不适宜耕种的陡坡地被开发成耕地,形成一些"坡挂田",林地没有得到大力发展,且开发的耕地也因水土流失、产量低下,造成了生态环境恶化的后果。因此,该区土地整治应以营造良好、稳定的生态环境为首要任务,在巩固生态退耕还林成果、加强林防工程建设的基础上,本着安全整理原则,重点整治中低产田土、中低产园地和林地,挖掘中低产田土的潜力,实施田、水、路、林、村综合整治。借助坡改梯、田间道路、农田水利、移土培肥等工程措施,提高土地保水、培肥能力,改善土地生产条件和生态环境质量,不断提高并稳定中低产田的粮食生产能力。尤其是耕地整理应与农业结构调整、农用地规模化经营结合起来,发展其独具特色,如柑橘、烟叶等特色农业和生态农业,构建渝东北生态农业走廊,促进移民安稳致富,确保区内人地和谐发展。另外,对因三峡工程建设移民和其他原因导致闲置废弃的农村居民点,结合新农村建设和高山生态移民规划,本着"宜耕则耕,宜林则林"的原则实施统筹整治。

(4) 渝东南人地关系脆弱区

区内以中低山地貌为主,是重庆市特色产业生产基地和少数民族集聚区。土地垂直分布明显,是山地生态系统和岩溶生态系统的叠置区,具有脆弱生态环境的典型特征。该区作为重庆市资源型产业发展基地，未来将加快基础设施建设，改善生产生活条件，结合优势资源，发展生态体验和民族文化特色的旅游业，以电力、锰加工、烤烟、绿色食品加工和生物制药等为代表的特色工业，以优质生猪、草饲牲畜、中药种植、特色果蔬为主的山地特色农业，构建起渝东南特色经济走廊和武陵山区少数民族地区经济高地。因此，该区未来土地利用战略应以维护区域的生态和资源安全为导向，立足武陵山生态建设和耕地保护，适度增加建设用地，重点保障能源基础设施和资源产业发展用地；适当增加中心城镇建设用地供给，重点保证旅游业、特色资源加工业和食品医药工业用地；合理安排地质灾害防治和避让用地。

该区生态环境十分脆弱，未来农用地利用和土地整治的重点应以增加林地分布、恢复治理生态为主。巩固退耕还林成果，继续稳步推进对 25° 以上的陡坡耕地退耕还林、还草和天然林保护力度，改造、优化森林植被结构，强化植被的水土保持和水源涵养功能，加强石漠化综合治理，加快矿山生态环境恢复治理步伐，提高作为农业生产基地的耕地品质，加强农用地的保护利用和耕地质量建设，促进武陵山区少数民族脱贫致富。另外，区内江河流域灾毁地较多，灾毁严重地区农户返贫现象突出，应加大区内流域治理，多方接纳社会不同利益主体的介入，进行灾毁地的复垦，消除因灾毁致贫的现象。

4.2　人地关系协调下的土地整治愿景

4.2.1　人地关系胁迫下的土地整治

在人地关系的胁迫下，以往土地整治研究主要是围绕如何解决土地破碎问题而开展，主要内容涉及土地调整及田间道路、农田水利等生产辅助性设施建设（Coelho et al. ,1996；Van Dijk,2007；Binns,1950；King and Burton,1982；马克·布洛赫,2003）。但是，在工业化、城市化快速推进的背景下，人地关系演进中的资源环境"瓶颈"约束愈益增强，面对土地资源开发利用模式的重大变化，综合化成为国内外土地整治的基本发展趋势（Cay et al. ,2009；杨庆媛,2003）。

在国外，土地整治的内容已不仅仅局限于合并农田、改造河流，还涉及整治村庄和保护自然景观，并通过跨地区合作改善农业结构、发展基础设施和保护耕作区。同时，土地整治的目标也由提高农业生产力转向改善农民生产、生活条件和提高农业竞争力。

就我国而言，现阶段的土地整治虽主要是对田、水、路、林、村的综合整治，改变地块物理形态、调整产权结构和进行基础设施配套建设以及调整土地利用结构和改善土地利用方式,但为适应社会经济发展的新要求,土地整治正在与一系列相关的重大社会经济命题相联系,如与新农村建设、现代农业发展、高标准基本农田建设、生态环境保护等这样的综合性、复杂性问题相结合;同时,以土地整治为平台,大力发展现代农业,壮大农村新型集体经济,提高农业的综合生产能力和土地的产出率,有力推进城乡一体化和新农村建设进程,受到广泛关注(周明喜,2008)。

4.2.2　土地整治愿景设计

愿景(vision)是指一个主体对于自身想要实现目标的具体刻画。不同区域人地关系类型反映了不同人地关系背景,与土地利用相关的人地关系则是对不同的人地系统格局的具体刻画。基于重庆市不同人地关系类型区的人地关系背景、产业发展功能定位及其相应的生产经营内容和运作模式、土地利用战略导向,围绕农业产业发展,可进行不同人地关系类型区的土地整治愿景设计(表4-1)。

表4-1　不同人地系统类型区土地整治愿景

人地关系类型区	农业发展功能定位	农业生产经营内容	农业生产运作模式	土地整治愿景
都市人地关系高压区	现代都市农业	重点发展与主城特大城市需求密切相关的花卉、苗木、蔬菜和特色水果等特色农产品生产	发展观光农业、休闲渔业、采摘林果业等特色农业,推广设施农业、园区农业等新兴农业发展模式	实施旧城改造,提高城市土地集约利用水平;加强配套基础设施建设,改善都市区农业发展的基础条件;整治闲置或凌乱村落,改善农村居住生活环境,并为城市建设、农用地规模经营置换用地空间
环都市人地关系紧张区	粮食保障、经济安全	重点发展优质粮油、瘦肉型生猪、蔬菜水果、蚕桑竹笋等特色优质农产品	以龙头企业加工需求和市场消费需求为导向,实施规模化生产、集约化经营、标准化管理,建设现代农业示范基地和高标准基本农田	适应农业生产规模化经营管理需要,积极推进农村土地流转,实施田、水、路、林、村综合整治,尤其是耕地的集中连片整治;结合新村规划,实施迁村并点,改善农村居住生活环境,为承接都市区的经济梯度转移、支撑区域经济安全提供用地空间

人地关系类型区	农业发展功能定位	农业生产经营内容	农业生产运作模式	土地整治愿景
渝东北人地关系敏感区	粮食保障、生态保护	重点发展优质粮油、柑橘、优质生猪、草食牲畜、榨菜、中药材、甘薯、特色水产	促进优势产业集中布局，推动特色农业规模化发展，其中，依托垫江、梁平较优越的农耕条件，建设集中连片的大宗粮油基地；依托奉节、万州、云阳、开县、丰都、忠县的自然条件，发展优质柑橘等	借助坡改梯、田间道、水利设施等保水、培肥措施，完善农业基础设施，改造中低产田，将耕地整理和农业结构调整、农用地规模经营结合起来，发展区域特色农产品；结合生态移民、扶贫搬迁和高山移民，引导农村产业、居住相对集中，土地相对集约，公共服务设施相对集合，对闲置废弃地实施退宅还林/还园
渝东南人地关系脆弱区	生态保育、资源安全	重点发展以瘦肉猪、肉牛、肉羊等为重点的畜牧养殖，以烤烟、猕猴桃、茶叶、辣椒、高山反季节蔬菜等为主的绿色特优农产品，以金银花、青蒿、白术等为主的中药材，以及林木、干坚果等	利用武陵山区山地山貌和立体气候，依山就势发展现代山地生态农业，建设全市特色农业基地和高效生态农业示范区	适应土地适度规模经营需要，开展小流域综合治理，改造中低产田，完善农业基础设施条件；加强加大灾毁地和石漠化整治，注重草场建设和林园用地比重提高；结合生态移民、易地扶贫和高山移民，改善贫困地区生产生活条件

(1) 都市人地关系高压区

该区服务于重庆市经济安全，结合产业结构升级、调整，完善城市功能和结构，土地整治应加强建设用地内部挖潜，优化城乡建设用地布局，推进旧城改造，盘活存量，提高土地利用率或建筑物容积率；农业生产应充分依托土地整治平台，加强配套基础设施建设，改善土地生产条件，为稳定提高农产品保障能力，促进都市现代农业、特色农业的发展，使传统散户生产模式逐步向规模化、集约化生产经营管理模式转变创造有利条件。该区以粮食生产为主的种植结构通过土地整治平台逐步向高附加值的果蔬、花卉苗木等产业转移，耕地粮食生产的功能也将逐渐向生态功能、社会功能转变；借助农村人口向城市转移，推进农村宅基地流转，整治闲置或凌乱村落，加快新农村和新型社区建设。

(2) 环都市人地关系紧张区

该区服务于重庆市经济和粮食安全，土地整治应把耕地保护放在首位，注重加强农田基础设施和高标准基本农田建设,优化耕地和基本农田结构,提高土地综合生产能力,确保重庆市粮食安全,为现代农业生产、规模化、集约化、机械化经营管理创造条件;同时,土地整治也应结合区域优势产业发展,新农村建设规划等实施田、水、路、林、村集中和综合整治,改善农业生产基础条件,消除或减少农村居民点闲置和浪费现象,降低田土坎等对农业生产便利和集约化经营的限制,增加耕地有效面积和集中连片程度,提高土地生态环境质量,实现土地整治经济效益、社会效益和生态效益的最佳组合。

(3) 渝东北人地关系敏感区

该区服务于区域粮食和生态保护,根据区域地形地貌和水热资源条件的匹配情况,应将耕土地整治和农业结构调整、农用地规模经营结合起来,发展山区丘陵农业,培育区域特色农业和绿色农业,建设林果、药材产业基地;注重实施田、水、路、林、村综合整治,借助田间道路修建、灌排沟渠及水利设施优化完善、坡改梯和污染物拦截技术、移土培肥措施等,减少水土流失、土壤污染和地质灾害发生,改善农业生产条件和生态环境,不断提高中低产田土的生产能力,为促进生态农业发展营造良好环境;结合生态移民、高山移民,对部分闲置废弃的农村居民点实施退宅还林或退宅还园。

(4) 渝东南人地关系脆弱区

该区服务于区域生态和资源安全,土地整治应围绕生态建设和耕地保护,提高林园地比重,营造农田防护林网,打造优质水果、中药材、无公害蔬菜等特色农产品基地,改造中低产田土和改善生态环境质量,大力发展生态农业;加大灾毁地和石漠化整治力度,完善农业生产的基础设施条件,建立农户脱贫致富的长效机制;同时,容纳社会多方资金,加大区内流域灾毁地的综合治理,有效实现灾毁地的复垦。

4.3　区域土地整治目标取向和路径选择

不论是自然区划还是社会经济规划,均强调科学地确定区域的功能定位。不同的区域存在不同的功能定位;即使对同一个区域而言,不同的社会经济发展阶段,其区域的功能也会有所差异。对于土地利用而言,区域间的功能定位以及区域内不同发展阶段的功能差异会产生不同的土地利用需求。土地整治作为一项重要的土地利用组织活动,具有多种功能,其目标具有多样性(杨庆媛等,2006)。适应区域功能定位的差异和土地利用需求的不同,应科学合理地确定区域土地整治的目标取向。

土地整治目标的实现需要选择合适的路径。就土地整治而言,由于不同区域土地利用系统的组成、结构和功能的差异，人类土地利用中存在的主要问题不同，与土地整治目标相匹配的土地整治模式也需要科学合理的设置，要视区域功能的性质来选择合适的土地整治方式。将从不同角度概况出的土地整治模式构成一个模式体系，并与土地整治的区域目标结合，进行优化配置，形成区域目标下土地整治的科学路径。从一般分类上看，有以土地整治对象为依据的土地整治模式分类，有以土地整治中心功能为依据的土地整治模式分类，有以土地整治目标和内容为依据的土地整治模式分类，有以资金来源为依据的土地整治项目经营模式分类，而针对土地整治工作的不同环节，又可分为土地整治组织模式、土地整治投资模式、土地整治管理模式和土地整治运作模式等。但是，土地整治模式体系的建立是以土地整治系统的功能组合为基本层次结构，突出中心和重点功能。因此，围绕不同人地关系类型区土地整治的愿景和土地整治的中心功能定位，可确定不同人地关系类型区土地整治的目标取向和路径选择（表4-2）。

表4-2　不同人地关系类型区土地整治目标取向和路径选择

人地关系类型区	目标取向	路径选择
都市人地关系高压区	以经济增效为中心功能，为城镇建设和产业发展置换用地提供空间，并兼顾都市农业的发展和新农村建设	城市土地整治模式、开发区整治模式、废弃工矿地整治模式、农村居民点整治模式与农用地整治模式相匹配
环都市人地关系紧张区	以粮食增产稳收、经济增效为中心功能，为促进农业发展、粮食安全、改善人居环境创造条件，同时为承接都市人地关系高压区经济发展和建设用地扩张提供支撑	以农业生产为主的土地整治模式与以中心村和小城镇为中心的土地整治模式相匹配
渝东北人地关系敏感区	以维护和改善生态环境、提高土地生产能力为中心功能，为促进生态保护和农业发展提供保障	生态型土地整治模式、农业生产综合型土地整治模式与生态屏障建设型居民点整治模式相匹配
渝东南人地关系脆弱区	以生态恢复治理、重塑农业生态景观为中心功能，为生态恢复和重塑农业生态景观，促进贫困人口脱贫致富创造有利条件	合理保护未利用地的整治模式、灾害防治型土地整治模式、农业生态景观建设型土地整治模式与生态脱贫型农村居民点整治模式相匹配

4.3.1　都市人地关系高压区

都市人地关系高压区土地整治应以经济增效为中心功能，土地整治的目标取向应是与城市发展、城市土地配置及二三产业发展紧密联系，适当兼顾都市农业的发展和新农村建设，注重内部挖潜，优化布局，盘活存量，提高土地集约利用水平，为城镇建设和产业发展置换用地空间,有效缓解持续高压的人地关系发展态势得到。

基于该区土地整治目标取向,其土地整治的路径选择应是以城市土地整治模式(特别是旧城改造)、各类开发区整治模式、废弃工矿地整治模式、农村居民点整治模式与以农业产业结构调整为基础的农用地整理模式的匹配。其中,城市土地整治模式主要围绕城市产业用地结构、城市用地布局、城市环境和基础设施建设及"城中村"整治展开;各类开发区整理模式主要是针对开发区土地利用情况进行评价,根据开发区建设规划及相关政策,实施土地平整、基础设施建设及使用权转移等;废弃工矿地整治模式主要是对废弃的工矿、企业、园区用地进行复垦再利用,促进内涵挖潜、存量盘活和集约利用;农村居民点整治模式主要是对快速城市化和新农村建设背景下的农村居民区(点)整治,以促进农村宅基地快速流转和新村建设布局;农用地整治主要是以农业结构调整为基础,为都市农业、现代农业等发展打造平台和基础。

4.3.2　环都市人地关系紧张区

环都市人地关系紧张区土地整治应以粮食增产稳收、经济增效为中心功能,土地整治目标取向应是以农业生产发展和乡村建设紧密联系,注重农业基础条件改善,加强高标准基本农田建设,强调促进农业生产经营规模化和集约化,突出优势农业产业发展。同时也应结合乡村规划建设,促进土地集约节约有序利用,并为承接都市人地关系高压区经济发展、建设用地扩张提供支撑。

基于该区土地整治目标取向,其土地整治的路径选择应是以促进农业生产为主的土地整治模式与以中心村和小城镇为中心的土地整治模式的匹配。农业生产为主的土地整治模式主要是围绕农业生产条件改善,归并零散地块,完善配套设施,增强抵御自然灾害的能力,使农田逐步走向规模化、集约化经营和机械化作业,保证粮食稳产高产,减少农业生产成本的投入;以中心村和小城镇为中心的土地整治模式主要是结合新农村建设和城乡统筹规划,实施迁村并点,逐步使农民居住用地向中心村或小城镇有序集中,改善农村人居环境,减少农村居民点的闲置、浪费。同时,通过搬迁改造,使乡镇企业向工业园区集中布局。

4.3.3　渝东北人地关系敏感区

渝东北人地关系敏感区土地整治应以维护和保护生态环境、提高土地生产能力为中心功能,土地整治目标取向应是加强生态环境保护,提高生态环境质量,改善农业生产条件,提高耕地质量,改善农村居民的居住生活环境。

基于该区土地整治目标取向,其土地整治的路径选择应是以保护和改善生态环境为主的生态型土地整治模式、以改善农业基础条件和提高耕地质量的综合土地整治模式与基于生态屏障建设的居民点整治模式的匹配。其中,以保护和改善生态环境为主的生态型土地整治模式主要是针对区内具有改善和提高生态环境质量的,能减少水土流失、拦截污染物和净化空气的低效林园地以及三峡库区护岸林的综合整治;改善农业基础条件和提高耕地质量的综合土地整治模式主要是结合区域农业结构调整、农用地规模化经营,对适宜未利用土地开发、废弃地复垦以及坡耕地和零星地类的统筹整治。通过田、水、路、林、村的统一布局,借助坡改梯、田间道路、农田水利、移土培肥等工程措施,改善农业基础环境,提高土地质量,营造良好农田生态系统,充分发挥土地生态、生产功能;基于生态屏障建设的居民点整治应结合库区移民和生态移民迁建、新农村建设,实施对闲置、空闲的农村居民点复垦再利用,本着"宜耕则耕,宜林则林"原则进行整治。

4.3.4 渝东南人地关系脆弱区

渝东南人地关系脆弱区的土地整治应以生态恢复治理、重塑农业生态景观为中心功能,土地整治的目标取向应是注重小流域、灾毁地、石漠化的综合治理,促进山地农业生态景观建设和农用地适度规模经营,改善农村人居环境,建立长效扶贫脱困机制。

基于该区土地整治目标取向,其土地整治的路径选择应是以合理保护未利用地的整治模式、灾害防治型土地整治模式、农业生态景观建设型土地整治模式与生态脱贫型农村居民点整治模式的匹配。其中,合理保护未利用地的整治模式主要围绕天然林区的封山育林、荒地的植树造林、适宜农业用途的山地生态农业开发等进行;灾害防治型土地整治模式主要针对边坡治理、河道整治、灾毁地复垦等;农业生态景观建设型土地整治模式主要针对农业产业发展布局,农业基础条件的改善进行,如通过退耕还林、陡坡绿化、缓坡地平整及梯土化等改善土地利用的生态条件以及开展环境保育型或景观生态型的土地整治;生态脱贫型农村居民点整治模式主要是结合新村建设规划对高山移民迁建的农村居民点以及闲置、废弃的农村居民点实施整理。

4.4 不同人地关系类型区土地整治潜力考察

4.4.1 土地整治潜力来源

为满足用地需求的增长,人类通过不断扩大土地面积和提高单位面积上的产出两种途径改变着土地利用方式。相应地,土地利用潜力的实现也存在两种途径:一是通过用途转换增加有效土地利用面积;二是通过提高土地质量和经营管理水平,增加产出,提高土地利用的集约度。这两个方面反映一个区域土地整治的潜力或效果,不可或缺。不过,用途转换的途径易于量化,是目前土地整治潜力测算的主要内容。比较而言,集约度的途径还缺乏规范的理论和方法指导,不易操作,用以反映土地整治的潜力或效果往往不够理想。为此,本书侧重于通过用途转换反映土地整治的潜力,对集约度的途径暂不作讨论。

基于用途转换,土地整治(整理、复垦、开发)的总潜力主要由耕地整理、农村居民点整理、未利用地开发和废弃地复垦等单项潜力构成,潜力的方向主要为耕地、园地、林地等农用地。但是,由于自然地理条件、社会经济状况以及人地关系情景的差异,土地整治的潜力来源存在明显差异。基于重庆市不同人地关系类型区,以及相关的土地整治愿景和功能定位,分析认为,都市人地关系高压区土地整治的潜力主要来自农村居民点的整理、废弃地复垦,环都市人地关系紧张区土地整治的潜力主要来自耕地整理、农村居民点的整理、废弃地复垦,渝东北人地关系敏感区和渝东南人地关系脆弱区土地整治的潜力则主要来自耕地整理、农村居民点的整理、林园地整理、废弃地复垦和适宜未利用地开发。

4.4.2 基础数据和潜力模型

(1) 基础数据

目前,我国现阶段所开展的土地整治(整理、复垦、开发),主要包括耕地整理、农村居民点整理、未利用地开发和废弃地复垦这 4 种类型。因此,区域可进行整理的耕地、农村居民点,适宜开发的未利用地以及可复垦的废弃地规模(面积)便是测算土地整理潜力的基础。本书所需不同坡度级别可进行整理的耕地规模来自重庆市 2008 年各区县的土地统计台账;农村居民点整理规模利用 2008 年各区县的农村居民点规模,结合区域经济发展水平、城市化进程,并按重庆市丘陵山区农村居民人均用地的合理标准,测算到 2020 年各区县农村人口的规模和所需居民点面积进行确定;适宜开发的未利用地规模以各区县 2000 年西部大开发土地调查数据为基础,扣除 2000 ~ 2008 年各区县已实施开发的规模进行确定;可复垦废弃地规模来自重庆市各区县 2008 年的统计数据。本书所采用的研究数据均来自重庆市和各区县国土资源管理部门。

(2) 潜力测算模型

结合耕地整理、农村居民点整理、适宜未利用地开发和废弃地复垦的影响因素,依据用途转换的途径,将有关影响因素定量化处理,便可构建不同土地人地关系类型区土地整治潜力测算的相关数学模型。

耕地整理。以可进行整理的各坡度级的耕地面积为基础,根据第一次土地资源详查测算出不同坡度级的净耕地系数,再结合各评价单元在现行土地整治实践中不同坡度级耕地整理后所能达到的净耕地系数,由此测算各评价单元不同坡度级耕地整理后所能够增加耕地的理论潜力。其测算基本模型为

$$M = \sum (R_2 - R_1) A_i \tag{4-1}$$

式中,M 为评价单元各级坡度耕地整理增加耕地的理论潜力;R_1 为评价单元某一坡度级耕地整理前的净耕地系数;R_2 为评价单元某一坡度级耕地整理后应能达到的净耕地系数;A_i 为评价单元某一坡度级可进行整理的耕地规模。

农村居民点整理。农村居民点的整理潜力与经济发展水平、城镇化水平和一定时期农村人口的规模等存在紧密联系。因此,农村居民点整理规模需要结合工业化、城镇化的规律,考虑农村人口的迁移变化。同时,与区域资源禀赋相适应,确定农村居民人均用地规模来进行确定。基于此,综合考虑影响农村居民点整理规模确定的各类因素,认为重庆市农村居民点人均用地控制在 120m^2 比较合理,以 2008 年农村人口和农村居民点用地规模为基础,测算到 2020 年农村人口和所需农村居民点用地规模为目标,便可确定农村居民点整理规模。根据各评价单元农村居民点调查和整理实践经验,可确定农村居民点整理增加耕地的系数和增加林园地及其他农用地的系数,从而测算出农村居民点整理增加耕地和林园地及其他农用地的潜力。其基本测算模型为

$$S = S_{2008} - S_{2020} \tag{4-2}$$

式中,S 为评价单元可进行整理的农村居民点规模;S_{2008} 为评价单元 2008 年农村居民点规模;S_{2020} 为评价单元到 2020 年农村居民点测算规模。

$$M_{耕} = S \times R_{耕} \qquad M_{林园及其他} = S \times R_{林园及其他} \tag{4-3}$$

式中,$M_{耕}$ 为评价单元农村居民点整理可增加耕地的规模;$M_{林园及其他}$ 为评价单元农村居民点整理可增加林地、园地及其他农用地的规模;$R_{耕}$ 为评价单元农村居民点整理可增加耕地的系数;$R_{林园及其他}$ 为评价单元农村居民点整理可增加林地、园地及其他农用地的系数。

适宜未利用地开发。适宜未利用开发成耕地、林园地及其他农用地的潜力需要依据各评价单元适宜开发的土地规模、土地开发增加耕地系数和增加林园地系数确定。其基本测算模型为

$$M_{耕} = W \times R_{耕} \qquad M_{林园及其他} = W \times R_{林园及其他} \tag{4-4}$$

式中,W 为评价单元可适宜开发的未利用地规模;$M_{耕}$ 为评价单元可适宜开发的未利用地开发成耕地的规模;$M_{林园及其他}$ 为评价可适宜开发的未利用地开发成林地、园地及其他农用地的规模;$R_{耕}$ 为评价单元可适宜开发的未利用地开发成耕地的系数;$R_{林园及其他}$ 为评价单元可适宜开发的未利用地开发成林地、园地及其他农用地的

系数。

　　废弃地复垦。废弃地复垦成耕地、林园地及其他农用地的潜力需要依据各评价单元可复垦土地的规模、土地复垦可增加耕地系数和增加林园地系数确定。其基本测算模型为

$$M_{耕} = F \times R_{耕} \qquad M_{林园及其他} = F \times R_{林园及其他} \qquad (4\text{-}5)$$

式中，F 为评价单元可复垦的废弃地规模；$M_{耕}$ 为评价单元可复垦的废弃地复垦成耕地的规模；$M_{林园及其他}$ 为评价可复垦的废弃地复垦成林地、园地及其他农用地的规模；$R_{耕}$ 为评价单元可复垦的废弃地复垦成耕地的系数；$R_{林园及其他}$ 为评价单元可复垦的废弃地复垦成林地、园地及其他农用地的系数。

4.4.3　土地整治潜力测算

　　以区县为评价单元，根据重庆市各区县土地利用统计资料整理分析，2008 年重庆市可进行耕地整理的总规模为 1 902 660.29hm²(2°~6°) 耕地整理规模为 455 743.94hm²，6°~15° 为 825 294.43hm²，15°~25° 为 621 621.92hm²。其中，都市人地关系高压区为 165 788.29hm²，环都市人地关系紧张区为 850 189.65hm²，渝东北人地关系敏感区为 567 299.67hm²，渝东南人地关系脆弱区为 319 382.68hm²；经测算到 2020 年，可进行农村居民点整理的总规模为 157 765.06 hm²。其中，都市人地关系高压区为 24 558.09hm²，环都市人地关系紧张区为 68 816.68hm²，渝东北人地关系敏感区为 53 985.09hm²，渝东南人地关系脆弱区为 10 405.20hm²；适宜开发的未利用地为 52 969.16 hm²(荒草地为 36 884.04hm²，苇地为 33.84hm²，滩涂为 1900.01hm²，其他未利用地为 14 151.27hm²)。其中，都市人地关系高压区为 1332.58hm²，环都市人地关系紧张区为 5993.02hm²，渝东北人地关系敏感区为 34 447.45hm²，渝东南人地关系脆弱区为 11 196.11hm²；可复垦的废弃地为 3717.27 hm²(废弃压占破坏地为 948.47hm²，塌陷地为 41.76hm²，自然灾害损毁地为 2726.54hm²)。其中，都市人地关系高压区为 7.74hm²，环都市人地关系紧张区为 510.30hm²，渝东北人地关系敏感区为 1057.02hm²，渝东南人地关系脆弱区为 2142.21hm²。结合重庆市土地整治总体规划部署，都市人地关系高压区除北碚区、渝北区和巴南区外，本区其余区不作耕地整理和未利用地开发。因此，根据重庆市耕地整理、农村居民点整理、适宜未利用地开发和废弃地复垦的规模和测算潜力模型，可测算出重庆市不同人地系统类型区各项土地整理的单项潜力和总潜力(图 4-1，表 4-3~表 4-7)。

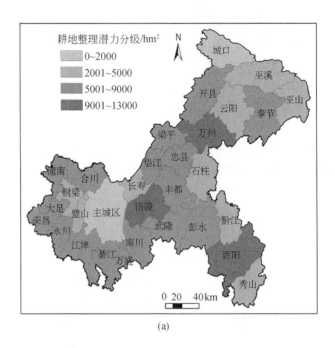

(a)

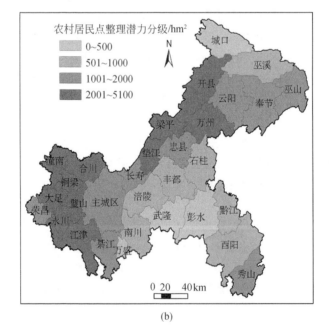

(b)

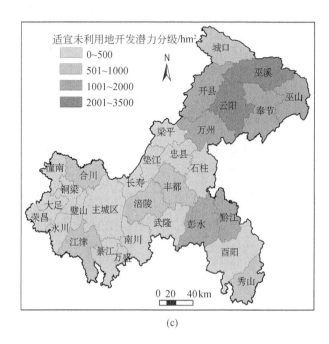

(c)

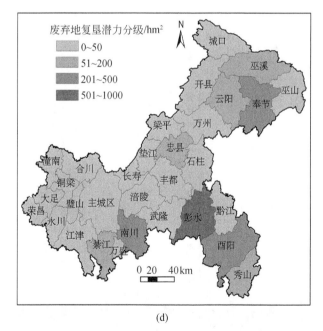

(d)

图 4-1　不同人地关系类型区主要类型土地整理新增耕地潜力分级

表4-3　2008年不同人地关系类型区的耕地整理潜力

人地关系类型区	区县	2°~6°				6°~15°				15°~25°				新增耕地潜力
		整理规模	整理前净耕地系数	整理后可达净耕地系数	整理新增耕地潜力	整理规模	整理前净耕地系数	整理后可达净耕地系数	整理新增耕地潜力	整理规模	整理前净耕地系数	整理后可达净耕地系数	整理新增耕地潜力	
都市人地关系高压区	渝中区	0.00	0.000	0.000	0.00	0.00	0.000	0.000	0.00	0.00	0.000	0.000	0.00	0.00
	大渡口区	599.43	0.813	0.813	0.00	766.55	0.782	0.782	0.00	614.50	0.713	0.713	0.00	0.00
	江北区	1 441.75	0.811	0.811	0.00	1 762.92	0.711	0.711	0.00	1 478.00	0.706	0.706	0.00	0.00
	沙坪坝区	7 689.72	0.817	0.817	0.00	2 721.86	0.782	0.782	0.00	1 757.72	0.71	0.710	0.00	0.00
	九龙坡区	4 090.78	0.821	0.821	0.00	7 656.52	0.765	0.765	0.00	1 906.43	0.713	0.713	0.00	0.00
	南岸区	2 859.25	0.809	0.809	0.00	155.63	0.748	0.748	0.00	1 230.51	0.692	0.692	0.00	0.00
	北碚区	3 505.46	0.805	0.865	210.33	9 031.71	0.745	0.825	722.53	10 474.13	0.678	0.758	1 256.90	2 189.76
	渝北区	19 133.24	0.806	0.866	1 148.00	5 517.61	0.730	0.825	524.17	8 586.62	0.673	0.768	1 073.32	2 745.49
	巴南区	8 101.01	0.804	0.864	486.06	63 257.71	0.735	0.825	5 693.19	1 449.23	0.684	0.774	165.21	6 344.46
	合计	47 420.64	—	—	1 844.39	90 870.51	—	—	6 939.89	27 497.14	—	—	2 495.43	11 279.71
环都市人地关系紧张区	綦江县	24 028.22	0.792	0.864	1 730.03	24 364.80	0.730	0.825	2 314.66	24 183.11	0.668	0.763	3 143.81	7 188.50
	璧山县	17 733.13	0.824	0.884	1 063.99	9 891.58	0.727	0.825	969.37	8 788.27	0.678	0.776	1 054.59	3 087.95
	江津区	42 493.33	0.807	0.867	2 549.60	40 131.86	0.730	0.825	3 812.53	19 070.18	0.674	0.769	2 364.70	8 726.83
	永川区	16 069.78	0.807	0.867	964.18	35 575.89	0.727	0.825	3 486.44	6 631.39	0.688	0.786	729.45	5 180.07
	涪陵区	15 497.70	0.794	0.864	1 084.84	41 279.92	0.731	0.825	3 880.32	55 629.71	0.668	0.762	7 231.86	12 197.02
	长寿区	9 338.77	0.799	0.864	607.02	24 052.52	0.735	0.825	2 164.73	14 832.01	0.673	0.763	1 854.01	4 625.76
	万盛区	1 234.53	0.804	0.864	74.07	7 082.07	0.735	0.825	637.39	6 505.82	0.682	0.772	754.67	1 466.13

续表

人地关系类型区	区县	2°~6°				6°~15°				15°~25°				新增耕地潜力
		整理规模	整理前净耕地系数	整理后可达净耕地系数	整理新增耕地潜力	整理规模	整理前净耕地系数	整理后可达净耕地系数	整理新增耕地潜力	整理规模	整理前净耕地系数	整理后可达净耕地系数	整理新增耕地潜力	
环都市人地关系紧张区	南川区	17 179.04	0.797	0.867	1 202.54	17 535.02	0.729	0.825	1 683.37	18 176.01	0.674	0.770	2 253.83	5 139.74
	双桥区	5.93	0.814	0.875	0.36	3.85	0.735	0.826	0.35	0.03	0.731	0.822	0.00	0.71
	合川区	42 109.37	0.806	0.866	2 526.57	47 211.74	0.730	0.825	4 485.12	15 645.50	0.673	0.768	1 955.69	8 967.38
	潼南县	18 404.57	0.814	0.874	1 104.28	32 685.87	0.727	0.825	3 203.21	17 943.05	0.672	0.770	2 260.82	6 568.31
	铜梁县	27 391.48	0.812	0.872	1 643.49	8 056.14	0.727	0.825	789.50	18 441.98	0.674	0.772	2 286.80	4 719.79
	大足县	30 658.74	0.824	0.884	1 839.52	22 510.71	0.727	0.825	2 206.05	17 705.32	0.689	0.787	1 929.88	5 975.45
	荣昌县	7 665.71	0.809	0.869	459.94	32 741.65	0.727	0.825	3 208.68	13 703.29	0.676	0.774	1 671.80	5 340.42
	合计	269 810.30	—	—	16 850.43	343 123.62	—	—	32 841.72	237 255.73	—	—	29 491.91	79 184.06
渝东南人地关系脆弱区	黔江区	825.01	0.810	0.870	49.50	15 799.10	0.723	0.825	1 611.51	17 130.41	0.663	0.765	2 312.61	3 973.62
	武隆县	1 134.10	0.805	0.855	56.71	30 660.30	0.729	0.825	2 943.39	29 960.63	0.661	0.757	4 104.61	7 104.71
	石柱县	6 831.92	0.822	0.872	341.60	19 159.33	0.729	0.825	1 839.30	19 208.64	0.668	0.764	2 497.13	4 678.03
	秀山县	4 913.34	0.794	0.864	343.94	10 472.57	0.723	0.833	1 153.96	13 956.95	0.664	0.774	1 870.23	3 368.13
	酉阳县	1 781.61	0.801	0.861	106.89	31 569.92	0.723	0.825	3 220.13	64 193.02	0.667	0.769	8 409.29	11 736.31
	彭水县	244.24	0.799	0.864	15.88	34 307.45	0.723	0.825	3 499.36	17 234.14	0.661	0.763	2 361.08	5 876.32
	合计	15 730.22	—	—	914.52	141 968.67	—	—	14 267.65	161 683.79	—	—	21 554.94	36 737.12

续表

人地关系类型区	区县	2°~6°				6°~15°				15°~25°				
		整理规模	整理前净耕地系数	整理后可达净耕地系数	整理新增耕地潜力	整理规模	整理前净耕地系数	整理后可达净耕地系数	整理新增耕地潜力	整理规模	整理前净耕地系数	整理后可达净耕地系数	整理新增耕地潜力	新增耕地潜力
渝东北人地关系敏感区	万州区	11 751.40	0.774	0.864	1 057.63	46 578.05	0.695	0.825	6 055.14	14 931.14	0.632	0.762	2 478.57	9 591.34
	梁平县	24 434.69	0.814	0.874	1 466.08	27 200.68	0.733	0.825	2 502.46	13 638.09	0.679	0.771	1 622.93	5 591.47
	丰都县	19 719.16	0.796	0.866	1 380.34	17 090.52	0.729	0.825	1 640.69	33 174.77	0.673	0.769	4 146.85	7 167.88
	垫江县	35 355.38	0.794	0.864	2 474.88	30 758.58	0.729	0.825	2 952.83	9 700.45	0.71	0.806	853.64	6 281.35
	忠县	9 104.71	0.816	0.866	455.23	18 826.14	0.73	0.825	1 788.49	38 773.35	0.675	0.770	4 769.12	7 012.84
	城口县	75.76	0.784	0.864	6.06	3 160.62	0.72	0.825	331.87	10 002.07	0.64	0.745	1 580.33	1 918.26
	开县	11 319.43	0.824	0.874	565.97	51 412.07	0.73	0.825	4 884.15	5 318.51	0.678	0.773	638.22	6 088.34
	云阳县	1 055.67	0.804	0.854	52.79	5 393.80	0.723	0.825	550.17	11 963.36	0.662	0.764	1 627.01	2 229.97
	奉节县	9 129.42	0.809	0.859	456.47	22 693.84	0.723	0.825	2 314.77	24 534.90	0.664	0.766	3 287.68	6 058.92
	巫山县	703.41	0.801	0.851	35.17	19 691.69	0.723	0.825	2 008.55	14 719.16	0.662	0.764	1 987.09	4 030.81
	巫溪县	133.75	0.806	0.856	6.69	6 525.64	0.723	0.825	665.62	18 429.46	0.661	0.763	2 524.84	3 197.15
	合计	122 782.78	—	—	7 957.31	249 331.63	—	—	25 694.74	195 185.26	—	—	25 516.26	59 168.33

注：整理前净耕地系数为各区县土地详查汇总的不同坡度级的净耕地系数；整理后可达净耕地系数是根据各区县已实施不同坡度级耕地整理实践经验，所确定的不同坡度级耕地整理后应能达到的平均净耕地系数。

"—"表示暂无数据。

表 4-4　不同人地关系类型区农村居民点整理潜力

人地关系类型区	区县	2008年农业人口/10⁴人	2008年农村居民点/hm²	2020年农业人口/10⁴人	2020年农村居民点/hm²	农村居民点整理规模/hm²	新增潜力/hm²	
							耕地	林园地及其他
都市人地关系高压区	渝中区	0.00	0.00	0.00	0.00	0.00	0.00	0.00
	大渡口区	4.50	563.67	0.5	60.00	503.67	201.47	302.20
	江北区	6.74	1 277.33	0.3	36.00	1 241.33	496.53	744.80
	沙坪坝区	18.00	2 535.00	1.7	204.00	2 331.00	932.40	1 398.60
	九龙坡区	21.04	3 241.11	2.3	276.00	2 965.11	1 186.05	1 779.07
	南岸区	9.96	1 820.50	0.7	84.00	1 736.50	694.60	1 041.90
	北碚区	33.16	4 449.44	12.3	1 476.00	2 973.44	1 189.37	1 784.07
	渝北区	51.42	9 659.81	23.7	2 844.00	6 815.81	2 726.33	4 089.49
	巴南区	58.35	9 843.23	32.1	3 852.00	5 991.23	2 396.49	3 594.73
	合计	203.17	33 390.09	73.60	8 832.00	24 558.09	9 823.24	14 734.86
环都市人地关系紧张区	綦江区	72.82	10 267.99	51	6 120.00	4 147.99	1 659.19	2 488.80
	璧山县	46.22	7 820.11	32.5	3 900.00	3 920.11	1 568.04	2 352.07
	江津区	108.63	21 162.00	70.7	8 484.00	12 678.00	5 071.20	7 606.80
	永川区	80.46	16 340.47	49.1	5 892.00	10 448.47	4 179.39	6 269.08
	涪陵区	80.76	8 246.07	47.9	5 748.00	2 498.07	999.22	1 498.84
	长寿区	68.41	9 074.85	48.9	5 868.00	3 206.85	1 282.74	1 924.11
	万盛区	13.59	1 886.53	8.6	1 032.00	854.53	341.81	512.71
	南川区	54.38	6 593.11	39	4 680.00	1 913.11	765.24	1 147.87
	双桥区	2.19	32.92	0.2	24.00	8.92	3.56	5.36
	合川区	121.85	17 062.55	75.4	9 048.00	8 014.55	3 205.82	4 808.73
	潼南县	81.27	12 752.03	62.5	7 500.00	5 252.03	2 100.81	3 151.21
	铜梁县	67.47	13 267.43	49.2	5 904.00	7 363.43	2 945.37	4 418.05
	大足县	77.30	12 307.01	59.7	7 164.00	5 143.01	2 057.21	3 085.80
	荣昌县	64.56	9 583.61	51.8	6 216.00	3 367.61	1 347.05	2 020.57
	合计	939.91	146 396.66	646.5	77 580.00	68 816.68	27 526.66	41 290.00
渝东南人地关系脆弱区	黔江区	41.81	6 007.15	35.1	4 212.00	1 795.15	718.06	1 077.08
	武隆县	35.09	3 799.41	24.2	2 904.00	895.41	358.17	537.25
	石柱县	44.51	6 218.21	40.8	4 896.00	1 322.21	528.88	793.33
	秀山县	55.73	9 306.60	47.2	5 664.00	3 642.60	1 457.04	2 185.56
	酉阳县	72.25	8 760.08	58.2	6 984.00	1 776.08	710.43	1 065.65
	彭水县	60.71	7 525.75	54.6	6 552.00	973.75	389.50	584.25
	合计	310.10	41 617.20	260.1	31 212.00	10 405.20	4 162.08	6 243.12

续表

人地关系类型区	区县	2008年农业人口/10⁴人	2008年农村居民点/hm²	2020年农业人口/10⁴人	2020年农村居民点/hm²	农村居民点整理规模/hm²	新增潜力/hm²	
							耕地	林园地及其他
渝东北人地关系敏感区	万州区	121.48	19 550.80	76.7	9 204.00	10 346.80	4 138.72	6 208.08
	梁平县	79.26	15 069.80	54.6	6 552.00	8 517.80	3 407.12	5 110.68
	丰都县	67.39	7 597.28	48.1	5 772.00	1 825.28	730.12	1 095.16
	垫江县	79.51	13 157.67	61.4	7 368.00	5 789.67	2 315.87	3 473.80
	忠县	83.21	11 858.81	66.6	7 992.00	3 866.81	1 546.72	2 320.09
	城口县	21.20	2 756.31	17.8	2 136.00	620.31	248.12	372.18
	开县	138.43	21 424.13	96.4	11 568.00	9 856.13	3 942.45	5 913.68
	云阳县	115.18	15 599.83	90.9	10 908.00	4 691.83	1 876.73	2 815.09
	奉节县	91.54	13 167.38	84.7	10 164.00	3 003.38	1 201.35	1 802.03
	巫山县	52.06	9 100.23	50.7	6 084.00	3 016.23	1 206.49	1 809.74
	巫溪县	47.23	7 226.85	39.8	4 776.00	2 450.85	980.34	1 470.51
	合计	896.49	136 509.09	687.7	82 524.00	53 985.09	21 594.03	32 391.04

注：表中农村居民整理新耕地和林园地及其他农用地的潜力，是根据重庆市农村居民点整理实践经验，将新增耕地和林园地及其他农用地的系数分别确定为0.4和0.6。

表4-5　不同人地关系类型区适宜开发未利用地潜力

人地关系类型区	区县	适宜开发未利用地/hm²	其中				新增耕地系数	新增耕地/hm²	新增林、园地及其他系数	新增林、园地及其他/hm²
			荒草地/hm²	苇地/hm²	滩涂/hm²	其他未利用地/hm²				
都市人地关系高压区	渝中区	0.00	0.00	0.00	0.00	0.00	0.00	0.00	0.00	0.00
	大渡口区	0.00	0.00	0.00	0.00	0.00	0.00	0.00	0.00	0.00
	江北区	0.00	0.00	0.00	0.00	0.00	0.00	0.00	0.00	0.00
	沙坪坝区	0.00	0.00	0.00	0.00	0.00	0.00	0.00	0.00	0.00
	九龙坡区	0.00	0.00	0.00	0.00	0.00	0.00	0.00	0.00	0.00
	南岸区	0.00	0.00	0.00	0.00	0.00	0.00	0.00	0.00	0.00
	北碚区	194.22	155.70	0.00	16.28	22.24	0.45	87.40	0.55	106.82
	渝北区	407.00	191.51	0.00	63.73	151.76	0.35	142.45	0.65	264.55
	巴南区	731.36	176.80	0.00	309.81	244.75	0.49	358.37	0.51	372.99
	合计	1 332.58	524.01	0.00	389.82	418.75	—	588.22	—	744.36
环都市人地关系紧张区	綦江区	535.56	362.56	26.61	13.44	132.95	0.26	139.25	0.74	396.31
	璧山县	79.53	79.53	0.00	0.00	0.00	0.47	37.38	0.53	42.15
	江津区	741.83	380.93	0.00	151.81	209.09	0.68	504.45	0.32	237.38

续表

人地关系类型区	区县	适宜开发未利用地/hm²	其中				新增耕地系数	新增耕地/hm²	新增林、园地及其他系数	新增林、园地及其他/hm²
			荒草地/hm²	苇地/hm²	滩涂/hm²	其他未利用地/hm²				
环都市人地关系紧张区	永川区	203.24	194.33	0.00	3.17	5.74	0.38	77.23	0.62	126.01
	涪陵区	1 693.50	1 163.60	0.00	119.80	410.10	0.35	592.72	0.65	1 100.78
	长寿区	362.66	204.40	0.00	78.92	79.34	0.48	174.08	0.52	188.58
	万盛区	182.07	172.91	0.00	0.00	9.16	0.41	74.65	0.59	107.42
	南川区	363.67	338.58	7.23	0.05	17.81	0.35	127.08	0.65	236.39
	双桥区	0.00	0.00	0.00	0.00	0.00	0.00	0.00	0.00	0.00
	合川区	795.52	378.06	0.00	230.06	187.40	0.71	564.82	0.29	230.70
	潼南县	557.80	190.85	0.00	197.14	169.81	0.41	228.70	0.59	329.10
	铜梁县	197.78	167.48	0.00	3.54	26.76	0.49	96.91	0.51	100.87
	大足县	166.14	137.17	0.00	1.58	27.39	0.58	96.36	0.42	69.78
	荣昌县	113.72	60.82	0.00	16.98	35.92	0.45	51.18	0.55	62.54
	合计	5 993.02	3 831.22	33.84	816.49	1 311.47	—	2 764.81	—	3 228.01
渝东南人地关系脆弱区	黔江区	3 387.95	2 553.91	0.00	18.27	815.77	0.38	1 287.42	0.62	2 100.53
	武隆县	643.99	442.77	0.00	43.86	157.36	0.35	225.40	0.65	418.59
	石柱县	229.09	167.60	0.00	8.22	53.27	0.43	98.51	0.57	130.58
	秀山县	1 729.26	1 278.97	0.00	39.24	411.05	0.42	726.29	0.58	1 002.97
	西阳县	1 140.99	720.39	0.00	6.18	414.42	0.40	456.40	0.60	684.59
	彭水县	4 064.83	2 949.18	0.00	76.28	1 039.37	0.33	1 341.40	0.67	2 723.43
	合计	11 196.11	8 112.82	0.00	192.05	2 891.24	—	4 135.42	—	7 060.69
渝东北人地关系敏感区	万州区	3 062.91	2 226.41	0.00	35.07	801.43	0.43	1 317.05	0.57	1 745.86
	梁平县	488.94	449.98	0.00	6.29	32.67	0.72	352.04	0.28	136.90
	丰都县	1 498.40	717.27	0.00	237.73	543.40	0.46	689.27	0.54	809.13
	垫江县	336.81	293.80	0.00	10.47	32.54	0.48	161.67	0.52	175.14
	忠县	282.16	282.16	0.00	0.00	0.00	0.28	79.01	0.72	203.15
	城口县	2 561.90	633.43	0.00	0.00	1 928.47	0.38	973.52	0.62	1 588.38
	开县	3 629.12	2 348.26	0.00	92.76	1 188.10	0.52	1 887.14	0.48	1 741.98
	云阳县	6 175.23	5 150.00	0.00	46.22	979.01	0.42	2 593.60	0.58	3 581.63
	奉节县	4 875.27	3 627.07	0.00	21.25	1 226.95	0.24	1 170.07	0.76	3 705.20
	巫山县	4 094.80	3 174.17	0.00	51.86	868.77	0.43	1 760.76	0.57	2 334.04
	巫溪县	7 441.91	5 513.44	0.00	0.00	1 928.47	0.35	2 435.49	0.65	4 523.05
	合计	34 447.45	24 415.99	0.00	501.65	9 529.81	—	13.419.62	—	20 544.46

表4-6 不同人地关系类型区废弃地复垦潜力

人地关系类型区	区县	可复垦土地/hm²	其中			新增耕地系数	增加耕地/hm²	新增园、林地及其他系数	增加园、林地及其他/hm²
			废弃压占破坏地/hm²	塌陷地/hm²	自然灾害损毁地/hm²				
都市人地关系高压区	渝中区	0.00	0.00	0.00	0.00	0.00	0.00	0.00	0.00
	大渡口区	0.00	0.00	0.00	0.00	0.00	0.00	0.00	0.00
	江北区	0.00	0.00	0.00	0.00	0.00	0.00	0.00	0.00
	沙坪坝区	7.74	4.50	0.47	2.77	0.77	5.96	0.23	1.78
	九龙坡区	0.00	0.00	0.00	0.00	0.00	0.00	0.00	0.00
	南岸区	0.00	0.00	0.00	0.00	0.00	0.00	0.00	0.00
	北碚区	0.00	0.00	0.00	0.00	0.00	0.00	0.00	0.00
	渝北区	0.00	0.00	0.00	0.00	0.00	0.00	0.00	0.00
	巴南区	0.00	0.00	0.00	0.00	0.00	0.00	0.00	0.00
	合计	7.74	4.50	0.47	2.77	—	5.96	—	1.78
环都市人地关系紧张区	綦江区	66.84	32.83	25.64	8.37	0.80	53.48	0.20	13.37
	璧山县	2.53	1.42	0.00	1.11	0.87	2.20	0.13	0.33
	江津区	26.36	6.41	5.90	14.05	0.87	22.94	0.13	3.43
	永川区	6.40	6.40	0.00	0.00	0.87	5.57	0.13	0.83
	涪陵区	0.00	0.00	0.00	0.00	0.00	0.00	0.00	0.00
	长寿区	13.16	11.39	0.00	1.77	0.77	10.14	0.23	3.03
	万盛区	0.00	0.00	0.00	0.00	0.00	0.00	0.00	0.00
	南川区	273.00	177.67	0.00	95.33	0.90	245.70	0.10	27.30
	双桥区	0.00	0.00	0.00	0.00	0.00	0.00	0.00	0.00
	合川区	42.61	21.29	1.45	19.87	0.87	37.07	0.13	5.54
	潼南县	0.00	0.00	0.00	0.00	0.00	0.00	0.00	0.00
	铜梁县	0.00	0.00	0.00	0.00	0.00	0.00	0.00	0.00
	大足县	45.00	38.80	0.67	5.53	0.87	39.15	0.13	5.85
	荣昌县	34.40	34.40	0.00	0.00	0.87	29.93	0.13	4.47
	合计	510.30	330.61	33.66	146.03	—	446.18	—	64.15
渝东南人地关系脆弱区	黔江区	20.58	2.54	0.00	18.04	0.20	4.12	0.80	16.46
	武隆县	0.00	0.00	0.00	0.00	0.00	0.00	0.00	0.00
	石柱县	4.26	0.00	0.00	4.26	0.14	0.60	0.86	3.66
	秀山县	598.63	5.05	0.00	593.58	0.20	119.73	0.80	478.90
	酉阳县	567.01	184.53	0.85	381.63	0.87	493.29	0.13	73.71
	彭水县	951.73	398.15	0.00	553.58	0.82	780.42	0.18	171.31
	合计	2142.21	590.27	0.85	1551.09	—	1398.16	—	744.04

续表

人地关系类型区	区县	可复垦土地/hm²	其中			新增耕地系数	增加耕地/hm²	新增园、林地及其他系数	增加园、林地及其他/hm²
			废弃压占破坏地/hm²	塌陷地/hm²	自然灾害损毁地/hm²				
渝东北人地关系敏感区	万州区	64.93	2.27	0.00	62.66	0.65	42.20	0.35	22.73
	梁平县	0.00	0.00	0.00	0.00	0.00	0.00	0.00	0.00
	丰都县	13.98	2.75	0.00	11.23	0.82	11.46	0.18	2.52
	垫江县	0.00	0.00	0.00	0.00	0.00	0.00	0.00	0.00
	忠县	208.43	11.37	6.78	190.28	0.30	62.53	0.70	145.90
	城口县								
	开县	0.00	0.00	0.00	0.00	0.00	0.00	0.00	0.00
	云阳县	227.31	3.49	0.00	223.82	0.78	177.30	0.22	50.01
	奉节县	465.33	0.00	0.00	465.33	0.86	400.18	0.14	65.15
	巫山县	0.00	0.00	0.00	0.00	0.00	0.00	0.00	0.00
	巫溪县	77.04	3.71	0.00	73.33	0.82	63.17	0.18	13.87
	合计	1057.02	23.59	6.78	1026.65	—	756.84	—	300.18

表 4-7　不同人地关系类型区土地整理总潜力

人地关系类型区	区县	耕地整理新增耕地潜力	农村居民点整理潜力		适宜未利用地开发潜力		废弃地复垦潜力		土地整理总潜力	
			新增耕地	新增园、林地及其他	新增耕地	新增园、林地及其他	新增耕地	新增林地、园地及其他	新增耕地	新增园、林地及其他
都市人地关系高压区	渝中区	0.00	0.00	0.00	0.00	0.00	0.00	0.00	0.00	0.00
	大渡口区	0.00	201.47	302.20	0.00	0.00	0.00	0.00	201.47	302.2
	江北区	0.00	496.53	744.80	0.00	0.00	0.00	0.00	496.53	744.8
	沙坪坝区	0.00	932.40	1 398.60	0.00	0.00	5.96	1.78	938.36	1 400.38
	九龙坡区	0.00	1 186.05	1 779.07	0.00	0.00	0.00	0.00	1 186.05	1 779.07
	南岸区	0.00	694.60	1 041.90	0.00	0.00	0.00	0.00	694.6	1 041.9
	北碚区	2 189.76	1 189.37	1 784.07	87.40	106.82	0.00	0.00	3 466.53	1 890.89
	渝北区	2 745.49	2 726.33	4 089.49	142.45	264.55	0.00	0.00	5 614.27	4 354.04
	巴南区	6 344.46	2 396.49	3 594.73	358.37	372.99	0.00	0.00	9 099.32	3 967.72
	合计	11 279.71	9 823.24	14 734.86	588.22	744.36	5.96	1.78	21 697.13	15 481.00

续表

人地关系类型区	区县	耕地整理新增耕地潜力	农村居民点整理潜力		适宜未利用地开发潜力		废弃地复垦潜力		土地整理总潜力	
			新增耕地	新增园、林地及其他	新增耕地	新增园、林地及其他	新增耕地	新增林、园地及其他	新增耕地	新增园、林地及其他
环都市人地关系紧张区	綦江区	7 188.50	1 659.19	2 488.80	139.25	396.31	53.48	13.37	9 040.42	2 898.48
	璧山县	3 087.95	1 568.04	2 352.07	37.38	42.15	2.20	0.33	4 695.57	2 394.55
	江津区	8 726.83	5 071.20	7 606.80	504.45	237.38	22.94	3.43	14 325.42	7 847.61
	永川区	5 180.07	4 179.39	6 269.08	77.23	126.01	5.57	0.83	9 442.26	6 395.92
	涪陵区	12 197.02	999.22	1 498.84	592.72	1 100.78	0.00	0.00	13 788.96	2 599.62
	长寿区	4 625.76	1 282.74	1 924.11	174.08	188.58	10.14	3.03	6 092.72	2 115.72
	万盛区	1 466.13	341.81	512.71	74.65	107.42	0.00	0.00	1 882.59	620.13
	南川区	5 139.74	765.24	1 147.87	127.08	236.39	245.70	27.30	6 277.76	1 411.56
	双桥区	0.71	3.56	5.36	0.00	0.00	0.00	0.00	4.27	5.36
	合川区	8 967.38	3 205.82	4 808.73	564.82	230.70	37.07	5.54	12 775.09	5 044.97
	潼南县	6 568.31	2 100.81	3 151.21	228.70	329.10	0.00	0.00	8 897.82	3 480.31
	铜梁县	4 719.79	2 945.37	4 418.05	96.91	100.87	0.00	0.00	7 762.07	4 518.92
	大足县	5 975.45	2 057.21	3 085.80	96.36	69.78	39.15	5.85	8 168.17	3 161.43
	荣昌县	5 340.42	1 347.05	2 020.57	51.18	62.54	29.93	4.47	6 768.58	2 087.58
	合计	79 184.06	27 526.65	41 290.00	2 764.81	3 228.01	446.18	64.15	109 921.70	44 582.16
渝东南人地关系脆弱区	黔江区	3 973.62	718.06	1 077.08	1 287.42	2 100.53	4.12	16.46	5 983.22	3 194.07
	武隆县	7 104.71	358.17	537.25	225.40	418.59	0.00	0.00	7 688.28	955.84
	石柱县	4 678.03	528.88	793.33	98.51	130.58	0.60	3.66	5 306.02	927.57
	秀山县	3 368.13	1 457.04	2 185.56	726.29	1 002.97	119.73	478.90	5 671.19	3 667.43
	酉阳县	11 736.31	710.43	1 065.65	456.40	684.59	493.29	73.71	13 396.43	1 823.95
	彭水县	5 876.32	389.50	584.25	1 341.40	2 723.43	780.42	171.31	8 387.64	3 478.99
	合计	36 737.12	4 162.08	6 243.12	4 135.42	7 060.69	1 398.16	744.04	46 432.78	14 047.85

续表

人地关系类型区	区县	耕地整理新增耕地潜力	农村居民点整理潜力		适宜未利用地开发潜力		废弃地复垦潜力		土地整理总潜力	
			新增耕地	新增园地、林地及其他	新增耕地	新增园地、林地及其他	新增耕地	新增林、园地及其他	新增耕地	新增林、园地及其他
渝东南人地关系敏感区	万州区	9 591.34	4 138.72	6 208.08	1 317.05	1 745.86	42.20	22.73	15 089.31	7 976.67
	梁平县	5 591.47	3 407.12	5 110.68	352.04	136.90	0.00	0.00	9 350.63	5 247.58
	丰都县	7 167.88	730.12	1 095.16	689.27	809.13	11.46	2.52	8 598.73	1 906.81
	垫江县	6 281.35	2 315.87	3 473.80	161.67	175.14	0.00	0.00	8 758.89	3 648.94
	忠县	7 012.84	1 546.72	2 320.09	79.01	203.15	62.53	145.90	8 701.1	2 669.14
	城口县	1 918.26	248.12	372.18	973.52	1 588.38	0.00	0.00	3 139.9	1 960.56
	开县	6 088.34	3 942.45	5 913.68	1 887.14	1 741.98	0.00	0.00	11 917.93	7 655.66
	云阳县	2 229.97	1 876.73	2 815.09	2 593.60	3 581.63	177.30	50.01	6 877.6	6 446.73
	奉节县	6 058.92	1 201.35	1 802.03	1 170.07	3 705.20	400.18	65.15	8 830.52	5 572.38
	巫山县	4 030.81	1 206.49	1 809.74	1 760.76	2 334.04	0.00	0.00	6 998.06	4 143.78
	巫溪县	3 197.15	980.34	1 470.51	2 435.49	4 523.05	63.17	13.87	6 676.15	6 007.43
	合计	59 168.33	21 594.03	32 391.04	13 419.62	20 544.46	756.84	300.18	94 938.82	53 235.68

土地整治潜力测算结果表明,重庆市通过适宜条件的耕地、农村居民点、未利用地和废弃地整理,新增耕地总潜力可达 272 990.43 hm², 新增园地、林地及其他农用地的总潜力达 127 346.69 hm²。但在不同人地系统类型区土地整治新增耕地和新增园地、林地及其他农用地的潜力对全市总潜力的贡献存在较大差异。新增耕地潜力表现为:环都市人地关系紧张区 > 渝东北敏感区 > 渝东南人地关系脆弱区 > 都市人地关系高压区;新增园地、林地及其他农用地的潜力表现为:渝东北人地关系敏感区 > 环都市人地关系紧张区 > 都市人地关系高压区 > 渝东南人地关系脆弱区。同时,耕地、农村居民点、未利用地和废弃地整理新增耕地和新增园地、林地及其他农用地的潜力在不同人地系统类型区之间也存在较大的差异。具体表现为:① 耕地整理新增耕地潜力为:环都市人地关系紧张区 > 渝东北人地关系敏感区 > 渝东南人地关系脆弱区 > 都市人地关系高压区,与各类型区新增耕地潜力对其总潜力贡献表现一致,这说明不同类型区耕地整理是新增耕地潜力来源的主要贡献者;② 农村居民点整理新增耕地潜力和新增园地、林地及其他农用地的潜力

表现为:环都市人地关系紧张区 > 渝东北人地关系敏感区 > 都市人地关系高压区 > 渝东南人地关系脆弱区;③适宜未利用地开发新增耕地潜力和新增园地、林地及其他农用地的潜力表现为:渝东北人地关系敏感区 > 渝东南人地关系脆弱区 > 环都市人地关系紧张区 > 都市人地关系高压区,这与各类型区未利用地资源空间分布相吻合;④废弃地复垦新增耕地潜力和新增园地、林地及其他农用地的潜力表现为:渝东南人地关系脆弱区 > 渝东北人地关系敏感区 > 环都市人地关系紧张区 > 都市人地关系高压区,与各类型区自然灾害发生空间分布相一致。另外,在不同人地系统类型区内部不同类型土地整治在新增耕地和新增园地、林地及其他农用地的潜力上也存在较大的空间差异。

(1) 都市人地关系高压区

该区各类土地整治可新增耕地总潜力为 21 697.13hm²,新增园地、林地及其他用地的总潜力为 15 481.00hm²。其中,耕地整理新增耕地潜力为 11 279.71hm²,6°~15°的坡耕地占区内耕地整理新增耕地潜力的 61.53%,在各人地关系类型区中该区新增耕地的潜力最小。耕地整理集中在渝北、北碚和巴南 3 个区内;农村居民点整理的潜力为 24 558.10hm²,其中,新增耕地的潜力为 9823.24hm²,新增园地、林地及其他用地的潜力为 14 734.86hm²,高于渝东南人地关系脆弱区。农村居民点整理除渝中区外,其余区均有不同程度的整理潜力,潜力最大的为渝北区(6851.82 hm²)。由于该类型区经济条件最为发达,城市化进程最快,实现农村居民点整理的潜力该区较其他 3 个区更有条件和优势;适宜开发的未利用地面积为 1332.58hm²,其中新增耕地潜力为 588.22hm²,新增园地、林地及其他用地的潜力为 744.36hm²。适宜开发的未利用地主要集中在巴南区和渝北区;可复垦的废弃地和灾毁地仅 7.74hm²,复垦后可新增耕地 5.96hm²,新增园地、林地及其他用地的潜力为 1.78hm²。可复垦的废弃地和灾毁地集中分布在沙坪坝区。从土地整理类型来看,该区的土地整理主要是居民点整理和耕地整理,适宜未利用地开发和废弃地复垦基本没有太大空间。

(2) 环都市人地关系紧张区

该区各类土地整治可新增耕地总潜力为 109 921.70hm²,新增园地、林地及其他用地的总潜力为 44 582.16hm²。其中,耕地整理新增耕地潜力总计为 79 184.06hm²,在各类型人地关系区中该区新增耕地的潜力最大,并主要集中在坡度为 6°~15°和 15°~25°的耕地上,分别占区内耕地整理新增耕地潜力的 41.48% 和 37.24%。耕地整理新增耕地潜力最大的是涪陵区(12 197.02hm²),其次是合川区、江津区和綦江区;农村居民点整理的潜力为 68 816.65hm²,其中,新增耕地的潜力为 27 526.65hm²,新增园地、林地及其他用地的潜力为 41 290.00hm²,

高于其他各类型区。农村居民点整理潜力最大的是江津区(12 678.00hm^2),其次是永川区和合川区,最少的是双桥区(8.92hm^2);适宜开发的未利用地面积为5992.82hm^2,其中新增耕地潜力为2764.81hm^2,新增园地、林地及其他用地的潜力为3228.01hm^2。涪陵区适宜开发的未利用地面积最大(1693.5hm^2),主要是可开垦的荒草地,其次是合川区和江津区,双桥区无适宜开发的未利用地;可复垦的废弃平地和灾毁地面积为510.33hm^2,复垦后可新增耕地446.18hm^2,新增园地、林地及其他用地的潜力为64.15hm^2。可复垦的废弃地和灾毁地主要分布在南川、綦江、大足和合川等区县。

(3) 渝东南人地关系脆弱区

该区各类土地整治可新增耕地总潜力为46 432.78hm^2,新增园地、林地及其他用地的总潜力为14 047.85hm^2。其中,耕地整理新增耕地潜力总计为36 737.12hm^2,主要集中在坡度为15°～25°的耕地上,占区内耕地整理新增耕地潜力的58.67%。该区耕地整理新增耕地潜力各区县都较大,最大的酉阳县新增耕地潜力达11 736.31hm^2,相对最小的秀山县也有3368.13hm^2;农村居民点整理的潜力为10 405.20hm^2,其中,新增耕地的潜力为4162.08hm^2,新增园地、林地及其他用地的潜力为6243.12hm^2。该区农村居民点整理潜力最大的是秀山县,其次是黔江区、酉阳县和石柱县,最后是彭水县和武隆县;适宜开发的未利用地面积为11 196.11hm^2,其中新增耕地潜力为4135.42hm^2,新增园地、林地及其他用地的潜力为7060.69hm^2。适宜开发的未利用地资源较丰富的是彭水县和黔江区,其次是秀山县、酉阳县和武隆县,石柱县则相对较少;可复垦的废弃地和灾毁地面积为2142.20hm^2,在各类型区中面积最大,复垦后可新增耕地1398.16hm^2,新增园地、林地的潜力为744.04hm^2。可复垦的废弃地和灾毁地主要集中在彭水、秀山和酉阳三个县。

(4) 渝东北人地关系敏感区

该区各类土地整治可新增耕地总潜力为94 938.82hm^2,新增园地、林地及其他用地的总潜力为53 235.68hm^2。其中,耕地整理新增耕地潜力总计为59 168.33hm^2,主要集中在坡度为6°～15°、15°～25°的耕地上,分别占区内耕地整理新增耕地潜力的43.42%、43.12%。耕地整理新增耕地潜力最大的是万州区,其次是丰都县和忠县;农村居民点整理的潜力为53 985.07hm^2,其中,新增耕地的潜力为21 594.03hm^2,新增园地、林地及其他用地的潜力为32 391.04hm^2。农村居民点整理潜力最大的是万州区,其次是开县和梁平县,最少的为城口县;适宜开发的未利用地面积为33 964.08hm^2,在各类型区中面积最大,其中新增耕地潜力为13 419.62hm^2,新增园地、林地及其他用地的潜力为20 544.46hm^2。适宜开发的未利用地资源最丰富的是巫溪县,其次是奉节县和云阳县,忠县最少;可复垦的废弃地和灾毁地面积为 1057.02hm^2,复垦后可新增耕地 756.84hm^2,新增园地、林地及其他用地的潜力为 300.18hm^2。可复垦的废弃地和灾毁地潜力主要集中在该区的奉节、云阳和忠县 3 个县,其余区县则很少。

第5章 人地协调视角下的土地整治实践

5.1 人地协调视角下的土地整治成效与问题

土地整治作为一项系统工程,其实践涉及资源、工程、经济、政策等各个方面。在不同人地关系背景下,土地利用问题往往存在较大差异,土地整治在目标设置、模式选择及效果评价等方面应有所不同。基于此,本章从土地整治项目实施情况、分布特征、实践成效及存在问题等多个角度,对重庆市不同人地关系类型区土地整治实践进行分析,以期为全面认识土地整治实践过程、科学评价土地整治协调人地关系的效果提供参考。

5.1.1 研究资料来源

研究资料包括图文资料和实地调查数据两类。图文资料主要包括《重庆市土地开发整理规划(2000~2010年)》《重庆市土地开发整理工程建设标准(试行)》、土地整治项目统计资料(涉及项目级别、实施规模、投资规模、新增耕地、开发整理复垦比重等)、项目资料(涉及规划设计、实施方案、竣工验收的文字、图件及照片等)、项目区社会经济统计资料等。这些资料主要来自重庆市国土资源和房屋管理局、重庆市国土资源和房屋勘测规划院以及项目所在区县国土资源管理部门。

实地调查数据主要包括环都市人地关系紧张区綦江石城土地整理项目和渝东北人地关系敏感区丰都社坛土地整理项目的土地平整、田间道路、农田水利以及其他工程实践的数量和效果,渝东北人地关系敏感区丰都社坛土地整理项目实践后对改善和保护生态环境的效果,环都市人地关系紧张区永川宝峰土地整理项目和渝东南人地关系脆弱区武隆双河土地整理项目实践后农民的收益情况,以及其他项目实施情况的相关调查。

土地整治改善和保护生态环境的效果、增加农民收益情况均采用问卷调查形式。土地整治改善和保护生态环境的问卷设计内容包括土地整治减缓水土流失、土壤侵蚀,拦截污染源效果,抵御干旱、洪涝等自然灾害影响,增加植被覆盖率,治理农村生活生态环境等。该调查共获得 96 份问卷,有效问卷 87 份。涉及村社干部 13 人、普通群众 74 人,男性 47 人、女性 40 人,初中文化程度以上 52 人、小学文化程度 35 人。农民收益情况问卷设计内容包括整治前后农户的种植结构、人均耕地面积、人均年纯收入等。共调查 137 户(其中永川宝峰土地整理项目 57 户,武隆双河土地整理项目 80 户),获得有效问卷 125 户(其中永川宝峰土地整理项目 53 户,武隆双河土地整理项目 72 户)。

各人地关系类型区土地整治规模、投资规模、新增耕地及调查问卷等的数据统计和处理均采用 Excel 软件完成。

5.1.2　土地整治实践

重庆市作为长江上游地区的经济中心和生态屏障、西部地区的重要经济增长极、国家重要的现代制造业基地、西南地区的综合交通枢纽和城乡统筹发展的特大型城市,直辖至今,借助直辖、西部大开发、三峡工程等历史性发展机遇,经济社会得到了快速发展。同时也带来了建设用地迅猛增长和耕地及其他农用地快速减少的突出问题。面对"大城市、大农村、大山区、大库区"并存,城乡二元结构矛盾突出,地域分异性强,生态环境脆弱的现实背景,重庆市在加快工业化、城镇化发展步伐的同时,还必须做好耕地及其他农业用地的利用与保护,解决好"吃饭与建设"的矛盾,处理好"保增长"与"保红线"的关系。因此,作为能够增加有效耕地面积、缓解非农建设压力、提高农业综合生产能力、优化农用地利用结构、保障粮食和生态安全、惠民利民的土地整治,应受到高度重视。

(1) 土地开发整理规划

重庆市土地整治具有重要战略地位。依据《全国土地开发整理规划(2000 ~ 2010 年)》(简称《全国规划》),重庆市不仅属于全国规划的 10 个土地整理重点区域之一的四川盆地及秦巴山地区和 11 个土地复垦重点区域之一的川滇黔渝有色金属钢铁化工基地,也属于三峡库区移民安置土地开发整理工程和西部生态建设地区农田整治工程的 7 个土地开发整理重大工程之一。

在《全国规划》的科学指导下,结合重庆市不同区域的自然禀赋和社会经济发展差异,在综合 38 个区县(渝中区和大渡口区除外)编制的土地整理规划基础上,重庆市编制了《重庆市土地开发整理规划(2001 ~ 2010 年)》(简称《规划》)。《规划》显示,通过田、水、路、村综合整治,废弃工矿地和自然灾毁地复垦以及适宜未利用地的开发,2001 ~ 2010 年全市预计可新增耕地 5.75 万 hm^2 (图 5-1)。其中,都市人地关系高压区预计新增耕地 0.16 万 hm^2 ,环都市人地关系紧张区新增耕地 1.49 万 hm^2 ,渝东北人地关系敏感区新增耕地 2.48 万 hm^2 ,渝东南人地关系脆弱区新增耕地 1.62 万 hm²。另外,从投资情况来看,规划期内要实现新增耕地 5.75 万 hm² 的目标,需投入 46.69 亿元,平均每公顷新增耕地需投入8.12 万元(图 5-2)。

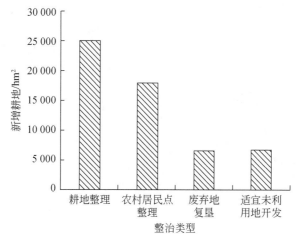

图 5-1 土地开发整理规划预计新增耕地面积

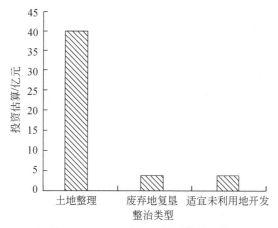

图 5-2 土地开发整理规划估算投资

依据土地整理潜力、地域条件以及经济基础条件等要素,《规划》将重庆市土地整治划分为 5 个重点区域,即渝西土地整理区、渝西南综合土地开发整理区、渝东南综合土地开发整理区、渝东北综合土地开发整理区、长江沿岸综合土地开发整理区(图 5-3)。重点区域涉及重庆市 23 个区县,整理总规模(包括中低产田的改造)为 34.25 万 hm²,占全市总规模的 73.97%,预计可新增耕地 4.43 万 hm²,占全市新增耕地总量的 76.96%。

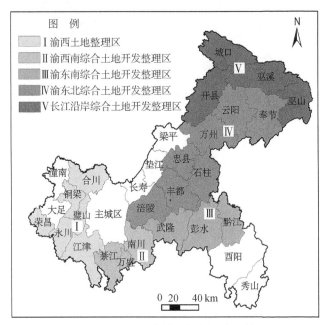

图 5-3　土地开发整理规划重点区域

　　基于不同地域土地整理工程效应和生态环境整体效应的不同,《规划》又划分出渝西农村居民点整理、渝西耕地整理、三峡库区移民安置土地开发整理和交通沿线土地复垦 4 种不同类型的重点工程类型区,并为其设置了相应的土地整理目标和方向。在综合潜力等级、投资规模、资金来源渠道、地域分异特点以及兼顾地区贫富差异的基础上,重点工程类型区安排重点项目,共规划重点项目 141 个,涉及全市 32 个区县。其中,国家级土地整理项目 68 个,市级项目 73 个。

(2) 土地整治工程类型区划分

　　以地形地貌、地质、土壤为主导因素,在《重庆市土地开发整理工程建设标准(试行)》中,将重庆市土地整治区划分成渝西丘陵低山区和渝东中低山两大工程类型区(图 5-4)。其中,渝西丘陵低山类型区包括潼南县、铜梁县、合川区、璧山县、大足县、荣昌县、双桥区、永川区、江津区、北碚区、渝北区、沙坪坝区、江北区、南岸区、九龙坡区、大渡口区、巴南区、长寿区、涪陵区、垫江县、丰都县北部、梁平县、忠县、开县西南部、万州区北部、云阳县西部等地区,其划分界线基本沿观面山南麓、方斗山、金佛山西北麓至綦江以西部分。该区地处四川盆地东缘,仍属四川盆地盆底部分,海拔多为小于 600m 的丘陵区,地形起伏较缓,土壤以紫色土和水稻土为主。渝东中低山类型区包括綦江区、万盛区、南川区、武隆县、丰都县南部、石柱县、彭水县、黔江区、酉阳县、秀山县、万州区东南部、开县北部、云阳县东部、城口县、巫溪县、奉节县、巫山县,除渝西丘陵低山类型区以外的区域。该区多为 800～1400m 的中低山区,地形较破碎,起伏变化大,垂直气候明显,土壤以黄壤和石灰土为主。

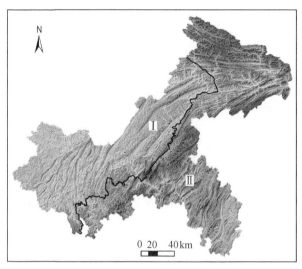

图 5-4　重庆市土地整理工程类型区

Ⅰ渝西丘陵低山类型区;Ⅱ渝东中低山类型区

　　在一级工程类型区划分主导因素的基础上,再根据微地形地貌的差异,地质岩性等特点,在两大工程类型区内再划出 6 个二级工程类型区(表 5-1)。其中,渝西丘陵低山类型区再划为渝西缓丘平坝、渝西丘陵和渝西低山槽谷 3 个工程类型区;渝东中低山类型区再划为渝东河谷平坝、渝东中低山坡地和渝东中低山岩溶坡地 3 个工程类型区。

表 5-1　重庆市土地整理工程类型区划分

一级区	二级区	主要分布区域
渝西丘陵低山类型区(Ⅰ)	渝西缓丘平坝工程类型区(Ⅰ₁)	Ⅰ区中的缓丘平坝区
	渝西丘陵工程类型区(Ⅰ₂)	Ⅰ区中的丘陵区,多在Ⅰ₁区的周边区域
	渝西低山槽谷工程类型区(Ⅰ₃)	Ⅰ区中的丘陵低山地区的岩溶地区
渝东中低山类型区(Ⅱ)	渝东河谷平坝工程类型区(Ⅱ₁)	Ⅱ区中的河谷平坝区
	渝东中低山坡地工程类型区(Ⅱ₂)	Ⅱ区中的丘陵、山地的非岩溶坡地地区
	渝东中低山岩溶坡地工程类型区(Ⅱ₃)	Ⅱ区中的丘陵、山地的岩溶坡地地区

资料来源:《重庆市土地开发整理工程建设标准(征求意见稿)》。

(3) 土地整治项目实施情况

通过各级财力、物力、人力的大量投入和有效管理，重庆市土地整治在不同人地关系类型区都取得了较为显著的成效。重庆市国土资源和房屋管理局、重庆市国土资源和房屋勘测规划院的统计资料显示，2000～2008年，重庆市共实施完成各级土地整治项目1034个，实施总规模14.73万 hm²，累计新增耕地41 556.08hm²，完成总投资29.34亿元。其中，国家级土地整理项目55个，整理实施总规模3.06万 hm²，累计新增耕地4782.80hm²，完成投资总额5.72亿元；市级土地整理项目9个，整理实施总规模0.17万 hm²，累计新增耕地871.82hm²，完成投资总额0.71亿元；区县级土地整理项目970个，整理实施总规模11.50万 hm²，累计新增耕地35 901.46hm²，完成投资总额22.91亿元。各级投资土地整理项目在不同人地关系类型区实践的基本情况见表5-2～表5-4。

表5-2　不同人地关系类型区国家级投资土地整理项目
实施情况(2000～2008 年)

人地关系类型区	区县名称	项目数量/个	实施规模/hm²	新增耕地/hm²	完成投资/万元
都市人地关系高压区	渝北区	1	100.00	19.33	100.00
	北碚区	2	520.13	66.98	1 128.00
小计		3	620.13	86.31	1 228.00
环都市人地关系紧张区	万盛区	1	516.76	113.72	939.50
	永川区	4	2 107.40	251.50	3 779.92
	江津区	4	2 566.00	315.80	5 231.00
	南川区	2	1 515.33	151.50	2 329.00
	璧山县	1	545.10	50.98	1 051.00
	荣昌县	1	675.70	69.10	1 069.00
	大足县	1	297.70	69.30	675.00
	铜梁县	1	840.73	98.13	1 662.00
	潼南县	1	324.00	237.50	1 007.00

续表

人地关系 类型区	区县名称	项目数量 /个	实施规模 /hm²	新增耕地 /hm²	完成投资 /万元
环都市人地关 系紧张区	綦江区	3	2 482.32	284.16	5 156.00
	涪陵区	3	1 847.14	286.15	3 619.90
	长寿区	3	1 606.53	237.60	2 924.00
小计		25	15 324.71	2 165.44	29 443.32
渝东北人地关 系敏感区	奉节县	2	945.95	101.84	1 824.00
	万州区	1	863.80	101.21	1 475.50
	梁平县	1	109.96	73.60	1 343.00
	丰都县	2	1 462.60	154.40	2 745.00
	垫江县	1	791.30	101.30	1 427.00
	忠县	1	544.20	73.10	1 020.00
	开县	1	366.00	220.00	1 068.00
	云阳县	2	556.40	60.10	649.00
	巫山县	1	901.47	93.70	1 281.46
	巫溪县	3	1 592.23	213.23	2 633.32
	城口县	1	318.11	34.67	687.18
小计		16	8 452.02	1 227.15	16 153.46
渝东南人地关 系脆弱区	石柱县	2	1 235.26	332.48	1 888.00
	武隆县	2	1 397.40	408.82	2 887.34
	黔江区	2	1 493.60	195.50	2 316.00
	彭水县	2	450.79	58.06	594.00
	酉阳县	1	110.04	100.04	508.00
	秀山县	2	1 520.37	209.00	2 220.52
小计		11	6 207.46	1 303.90	10 413.86
总计		55	30 604.32	4 782.80	57 238.64

表5-3　不同人地关系类型区市级投资土地整理项目实施情况（2004～2008 年）

人地关系类型区	区县名称	项目数量/个	实施规模/hm²				新增耕地/hm²				完成投资/万元
			小计	开发	整理	复垦	小计	开发	整理	复垦	
环都市人地关系紧张区	万盛区	1	250.62	87.72	162.90	0.00	48.15	37.56	10.59	0.00	401.00
	长寿区	1	200.64	142.41	58.23	0.00	112.80	108.63	4.17	0.00	1 012.00
小计		2	451.26	230.13	221.13	0.00	160.95	146.19	14.76	0.00	1 413.00
渝东北人地关系北敏感区	万州区	3	517.80	0.00	517.80	0.00	139.69	0.00	139.69	0.00	1 422.39
	开县	1	153.97	0.00	18.49	135.48	129.06	0.00	0.00	129.06	1 228.28
	城口县	1	308.67	0.00	0.00	308.67	267.09	0.00	0.00	267.09	1 645.60
小计		5	980.44	536.29	444.15		535.84	0.00	139.69	396.15	4 296.27
渝东南人地关系脆弱区	石柱县	2	238.02	203.22	34.80	0.00	175.03	171.34	3.69	0.00	1 395.58
小计		2	238.02	203.22	34.80	0.00	175.03	171.34	3.69	0.00	1 395.58
总计		9	1 669.72	433.35	792.22	444.15	871.82	317.53	158.14	396.15	7 104.85

表5-4　不同人地关系类型区区县级投资土地整理项目实施情况（2000～2008 年）

人地关系类型区	区县名称	项目数量/个	实施规模/hm²				新增耕地/hm²				完成投资/万元
			小计	开发	整理	复垦	小计	开发	整理	复垦	
都市人地关系高压区	大渡口	2	14.00	14.00	0.00	0.00	11.20	11.20	0.00	0.00	55.20
	沙坪坝	8	484.92	168.21	316.71	0.00	178.72	131.21	47.51	0.00	1 070.78
	江北区	3	27.00	12.44	14.56	0.00	11.70	9.82	1.88	0.00	142.30
	九龙坡	21	418.84	216.86	174.87	27.11	221.85	177.69	22.95	21.21	1 331.79
	北碚区	11	1 108.63	231.83	867.19	9.61	312.88	181.38	122.77	8.73	1 952.28
	巴南区	4	196.48	78.19	111.12	7.17	81.57	59.17	16.67	5.73	453.21
	渝北区	40	5 531.26	276.10	5 120.96	134.20	1 046.12	219.68	721.45	104.99	6 495.96
小计		89	7 781.13	997.63	6 605.41	178.09	1 864.04	790.15	933.23	140.66	11 501.52

续表

人地关系类型区	区县名称	项目数量/个	实施规模/hm²				新增耕地/hm²				完成投资/万元
			小计	开发	整理	复垦	小计	开发	整理	复垦	
环都市人地关系紧张区	万盛区	32	3 233.51	1 589.37	1 600.25	43.89	1 518.12	1 318.56	158.08	41.48	5 546.89
	双桥区	1	5.76	5.76	0.00	0.00	4.55	4.55	0.00	0.00	23.87
	永川区	51	6 977.08	586.87	6 373.62	16.59	1 288.93	480.02	795.93	12.98	7 956.34
	江津区	46	3 441.53	534.46	2 702.16	204.91	1 069.56	364.18	503.59	201.79	21 454.60
	合川区	23	5 011.15	253.43	4 757.72	0.00	943.07	213.78	729.29	0.00	5 166.65
	南川区	34	1 391.99	1 017.31	372.50	2.18	891.39	834.51	55.18	1.70	3 965.12
	璧山县	13	2 301.25	191.83	2 109.42	0.00	424.10	158.57	265.53	0.00	3 134.36
	荣昌县	24	6 859.69	387.56	6 472.13	0.00	1 222.33	247.59	974.74	0.00	9 378.06
	大足县	20	1 930.55	387.15	1 543.40	0.00	517.25	313.86	203.39	0.00	2 947.00
	铜梁县	16	3 165.28	555.11	2 601.93	8.24	765.04	459.57	298.85	6.62	4 935.97
	潼南县	11	1 130.92	442.38	364.18	324.36	710.34	367.24	53.55	289.55	8 649.74
	綦江区	49	6 848.89	1 118.83	5 720.70	9.36	1 694.01	905.54	781.08	7.39	8 804.98
	涪陵区	18	1 312.90	939.34	373.56	0.00	805.15	758.44	46.71	0.00	4 246.97
	长寿区	37	2 709.10	1 778.96	879.99	50.15	1 501.33	1 304.20	158.63	38.50	6 638.06
小计		375	46 319.60	9 788.36	35 871.56	659.68	13 355.17	7 730.61	5 024.55	600.01	92 848.61
渝东北人地关系敏感区	奉节县	20	1 893.94	702.47	1 191.47	0.00	724.35	539.36	184.99	0.00	4 796.88
	万州区	67	4 578.35	1 072.86	3 245.63	259.86	1 677.71	872.63	607.58	197.50	11 333.89
	梁平县	37	5 907.19	710.37	5 129.67	67.15	1 094.32	597.62	434.87	61.83	6 369.16
	丰都县	25	4 823.71	1 365.68	3 456.43	1.60	1 482.62	1 058.55	422.79	1.28	9 139.28
	垫江县	37	7 130.63	354.13	6 776.50	0.00	1 265.24	288.79	976.45	0.00	6 568.65
	忠县	33	5 947.18	421.90	5 525.28	0.00	1 342.61	348.55	994.06	0.00	6 565.78
	开县	50	1 390.03	715.52	558.12	116.39	793.05	600.37	93.98	98.70	4 499.59
	云阳县	18	855.56	518.01	74.59	262.96	615.73	339.20	79.31	197.22	3 638.98
	巫山县	22	1 145.00	700.28	383.20	61.52	695.97	604.56	42.32	49.09	5 662.42
	巫溪县	23	2 298.10	1 124.14	837.78	336.18	1 325.33	926.87	129.80	268.66	5 864.13
	城口县	18	4 385.41	748.97	3 395.04	241.40	1 498.33	634.38	669.60	194.35	10 340.32
小计		350	40 355.10	8 434.33	30 573.71	1 347.06	12 515.26	6 810.88	4 635.75	1 068.63	74 779.08

续表

人地关系类型区	区县名称	项目数量/个	实施规模/hm²				新增耕地/hm²				完成投资/万元
			小计	开发	整理	复垦	小计	开发	整理	复垦	
渝东南人地关系脆弱区	石柱县	29	6 658.11	1 839.84	4 732.75	85.52	2 304.76	1 319.38	918.17	67.21	14 419.16
	武隆县	36	2 892.03	1 409.88	1 328.89	153.26	1 428.39	1 152.66	135.51	140.22	8 525.22
	黔江区	27	3 813.74	1 075.05	2 618.52	120.17	1 264.97	757.90	406.72	100.35	8 649.04
	彭水县	24	3 244.95	1 228.06	2 012.89	4.00	1 323.04	1 047.31	272.53	3.20	7 098.52
	酉阳县	18	1 302.32	1 117.19	185.13	0.00	995.43	982.58	12.85	0.00	5 716.05
	秀山县	22	2 641.20	563.57	2 075.54	2.09	850.40	453.75	394.72	1.93	5 550.72
小计		156	20 552.35	7 233.59	12 953.72	365.04	8 166.99	5 713.58	2 140.50	312.91	49 958.71
总计		970	115 008.18	26 453.91	86 004.40	2 549.87	35 901.46	21 045.22	12 734.03	2 122.21	229 087.92

(4)土地整治项目特征分析

1)项目特性。从实施规模、新增耕地率及投资规模分析不同级别的土地整治项目的差异,不难发现,平均单个国家级项目的实施规模为556.44hm²,新增耕地率为15.63%,实施规模每公顷投资为1.87万元,新增耕地每公顷投资为11.97万元;平均单个市级项目实施规模为185.52hm²,新增耕地率为52.22%,实施规模每公顷投资为4.26万元,新增耕地每公顷投资为8.15万元;平均单个区县级项目实施规模为118.56hm²,新增耕地率为31.24%,实施规模每公顷投资为1.99万元,新增耕地每公顷投资为6.38万元(表5-5)。结果表明,在实施规模和新增耕地每公顷投资方面,均表现为国家级项目>市级项目>区县级项目,反映了项目投资级别越高,项目建设规模和投资规模就越大;同时也可看出,项目实施级别越高,每新增一公顷耕地需要的投入会更大。在新增耕地率和实施规模每公顷投入方面,表现为市级项目>区县级项目>国家级项目。这种结果,一方面是因为在市级和区县级的土地整理项目中开发、复垦占有较大的比重,通常复垦和开发较纯粹的耕地整理在新增有效耕地方面空间更大;另一方面,也反映出各级土地整理项目在追求新增耕地的目标和动机上存在着较大差异。例如,从实施的市级土地整理项目总体情况分析(表5-3),在实施总规模中,整理部分比重还不足50%,仅占47.45%,平均新增耕地率为19.96%,而开发、复垦部分比重则达25.95%和26.60%,平均新增耕地率分别达到73.27%和89.19%。同样,实施完成的区县级项目(表5-4),虽然开发和复垦的比重只有25.22%,但其新增耕地的比重却占了总新增耕地总量的64.49%。而实施完成的国家级土地整理项目(表5-2),整理部分比重一般都在

90%以上,开发、复垦所占比重较小,新增耕地率自然较市级、区县级项目就低得多。

表 5-5　平均单个土地整理项目实施规模、新增耕地及投资情况

项目级别	实施规模/ hm²	新增耕地/ hm²	新增耕地率/%	投资规模/万元	实施规模每公顷投资/万元	新增耕地每公顷投资/万元
国家	556.44	86.96	15.63	1040.70	1.87	11.97
市级	185.52	96.87	52.22	789.43	4.26	8.15
区县级	118.56	37.04	31.24	236.17	1.99	6.38

在不同人地关系类型区,土地整治实施规模和新增耕地情况表明,2000~2008年,都市人地关系高压区共完成土地整治实施总规模为 8401.26hm²,新增耕地为 1950.35hm²,平均新增耕地率为 23.22%;环都市人地关系紧张区实施总规模为 62 095.57hm²,新增耕地为 15 681.56hm²,平均新增耕地率为 25.25%;渝东北人地关系敏感区实施总规模为 49 787.56hm²,新增耕地为 14 278.25hm²,平均新增耕地率为 28.68%;渝东南人地关系脆弱区实施总规模为 26 997.83hm²,新增耕地为 9 645.92hm²,平均新增耕地率为 35.73%(表 5-6),实施总规模表现为环都市人地关系紧张区>渝东北人地关系敏感区>渝东南人地关系脆弱区>都市人地关系高压区,新增耕地率表现为渝东南人地关系脆弱区>渝东北人地关系敏感区>环都市人地关系紧张区>都市人地关系高压区。新增耕地率客观地反映了在不同人地关系类型区内耕地整理、后备资源开发的潜力和空间分布情况。都市人地关系高压区和环都市人地关系紧张区内可开发、复垦为耕地的后备资源相对较少,土地整治基本以耕地整理为主,况且这两区的耕地系数又较渝东北人地关系敏感区和渝东南人地关系脆弱区高,自然新增耕地数量的潜力相对也较其他两区小一些;而对于渝东北人地关系敏感区和渝东南人地关系脆弱区而言,可进行开发、复垦的耕地后备资源(如荒草地)相对来说比较丰富,加之耕地系数又较小,通过整治新增耕地数量也比其他两区更有空间和潜力。

表 5-6　不同人地关系类型区土地整理项目实施规模、新增耕地及投资情况统计(2000~2008 年)

人地关系类型区	实施总规模/ hm²	新增总耕地/ hm²	平均新增耕地率/%	总投资/万元	实施规模每公顷投资/万元	新增耕地每公顷投资/万元
都市人地关系高压区	8 401.26	1 950.35	23.22	12 729.52	1.52	6.53

续表

人 地 关 系 类 型 区	实施总规模 / hm²	新增总耕地 / hm²	平均新增 耕地率/%	总投资 /万元	实施规模每 公顷投资/万元	新增耕地每 公顷投资/万元
环都市人地关 系紧张区	62 095.57	15 681.56	25.25	123 704.93	1.99	7.89
渝东北人地关 系敏感区	49 787.56	14 278.25	28.68	95 228.81	1.91	6.67
渝东南人地关 系脆弱区	26 997.83	9 645.92	35.73	61 768.15	2.29	6.40

　　土地整治投资情况表明,2000~2008年,都市人地关系高压区土地整治完成总投资为12 729.52万元,实施规模每公顷投资为1.52万元,新增耕地每公顷投资为6.53万元;环都市人地关系紧张区完成总投资为123 704.93万元,实施规模每公顷投资为1.99万元,新增耕地每公顷投资为7.89万元;渝东北人地关系敏感区完成总投资为95 228.81万元,实施规模每公顷投资为1.91万元,新增耕地每公顷投资为6.67万元;渝东南人地关系脆弱区完成总投资为61 768.15万元,实施规模每公顷投资为2.29万元,新增耕地每公顷投资为6.40万元(表5-6)。土地整治完成总投资表现为环都市人地关系紧张区>渝东北人地关系敏感区>渝东南人地关系脆弱区>都市人地关系高压区;实施规模每公顷投资表现为渝东南人地关系脆弱区>环都市人地关系紧张区>渝东北人地关系敏感区>都市人地关系高压区。这种结果反映出在渝东南人地关系脆弱区开展一公顷的土地整治比其他区需要更大的投入,这主要是由该区域的资源禀赋现状和地形地貌特征决定的。环都市人地关系紧张区投资相对也较高,主要是该区土地整治与高标准的基本农田建设密切相关。都市人地关系高压区投资最少,反映出该区在土地整治上的投资不足或未受到充分重视。新增耕地每公顷投资表现为环都市人地关系紧张区>渝东北人地关系敏感区>都市人地关系高压区>渝东南人地关系脆弱区。新增耕地每公顷投资结果反映了不同人地关系类型区在实施土地整治时,项目规模中耕地整理、适宜未利用地开发、废弃地复垦所占的比重大小存在差异。在都市人地关系高压区和环都市人地关系紧张区,开发、复垦在整治总规模中所占比重较其他两类型区小,整治主要以耕地整理为主,特别是作为重庆市粮食主产区的环都市人地关系紧张区,土地整治对象多为基本农田。通常情况下,在丘陵山地区,通过开发、复垦新增一亩耕地较耕地整理投资相对要少一些。

　　2)项目空间分布。在不同人地关系类型区,项目的空间配置情况表明,2000~2008年重庆市完成的1034个土地整治项目中,都市人地关系高压区有92个,占总数的 8.90%,每个区平均有 10.22 个;环都市人地关系紧张区有 402 个,占总数的 38.88%,每个区县平均 28.71 个;渝东北人地关系敏感区有 371 个,占总数的 35.88%,每个区县平均 33.73 个;渝东南人地关系脆弱区 169 个,占总数的 16.34%,平均每个区县 28.17 个。可见,重庆市土地整治项目主要配置在环都市人地关系紧张区、渝东北人地关系敏感区和渝东南人地关系脆弱区,而都市人地关系高压区较少。项目密度(每个区县项目平均数)表现为渝东北人地关系敏感区>环都市人地关系紧张区>渝东南人地关系脆弱区>都市人地关系高压区。这种结果反映了地区经济落后的区域比经济发达的区域更重视土地整治,更渴望将土地整治作为平台来发展地方经济,改善区域生产生活生态环境。而环都市人地关系紧张区土地整治项目配置较多,主要是因为该区是重庆市粮食的主产区和基本农田建设较集中的区域,无论从保障粮食生产还是从高标准农田建设的要求出发,都需加强土地整治。

对国家级土地整理项目而言,实施完成的 55 个项目,涉及 4 个人地系统类型区的 31 个区县。其中,都市人地关系高压区 3 个,渝北区 1 个,北碚区 2 个;环都市人地关系紧张区 25 个,除双桥区和合川区无项目外,其余区县均有项目分布,江津区、永川区最多,各有 4 个,其次是涪陵区、长寿区和綦江区各有 3 个,再次是南川区,有 2 个,剩余的区县各 1 个;渝东北人地关系敏感区 16 个,在 11 个区县均有分布,最多的巫溪县有 3 个,其次是奉节县、丰都县、云阳县各有 2 个,剩下的区县各有 1 个;渝东南人地关系脆弱区 11 个,除酉阳县只有 1 个项目外,其余县均有 2 个项目。

对市级土地整理项目而言,重庆市实施完成的个数相对较少,仅有 9 个。其中,都市人地关系高压区没有项目;环都市人地关系紧张区的万盛、长寿区各有 1 个项目;渝东北人地关系敏感区有 5 个,分布在万州有 3 个、开县 1 个和城口县 1 个;渝东南人地关系脆弱区的 2 个项目均位于石柱县。

与国家级、市级土地整理项目相比,区县级土地整理项目实施完成的个数最多,分布范围最广,是重庆市土地整治的主要组成部分。2000~2008 年全市共完成 970 个项目,涉及重庆市的 38 个区县。其中,都市人地关系高压区实施完成 89 个,除在无耕地的渝中区和未开展土地整治的南岸区无分布外,其余 7 个区均实施了土地整治,最多的渝北区有 40 个,最少的大渡口区也有 2 个;环都市人地关系紧张区有 375 个,14 个区县均有分布,除双桥区只有 1 个项目外,其余区县都实施完成了 10 个以上的项目,最多的是永川区达 51 个;渝东北人地关系敏感区有 350 个项目,11 个区县均有分布,最少的是云阳、城口两县各完成 18 个项目,最多的是万州区高达 67 个;渝东南人地关系脆弱区共实施 156 个项目,6 个区县均有分布,各区县项目数相差不大,最少的酉阳县也有 18 个,最多的武隆县有 36 个。

5.1.3 土地整治成效

(1) 确保耕地占补平衡

自 1997 年重庆市直辖到 2008 年,重庆市耕地面积由 254.13 万 hm^2 减少到 223.59 万 hm^2,期间净减少 30.54 万 hm^2,年均减少耕地 2.54 万 hm^2。生态退耕、建设占用、农业结构调整等是重庆市耕地减少的主要原因。生态退耕、农业结构调整导致耕地减少属农用地内部的用途转换,这种用途转换的结果不会降低原有耕地作为农用地的生产能力,但耕地一旦转换成建设用地,却很难再转换为农用地,恢复其原有的生产能力。因此,为有效遏制耕地非农化导致的总量减少,确保区域耕地占补平衡,重庆市高度重视土地整治,发挥其在耕地补充方面的功效。

1997~2008 年重庆市通过土地整治增加有效耕地面积 5.39 万 hm^2,期间建设用地由 49.25 万 hm^2 增加到 59.32 万 hm^2,净增 10.07 万 hm^2。如果按建设占用耕地 0.5 的系数折算,期间新增建设用地占用耕地 5.04 万 hm^2(不含三峡工程建设占用耕地)。从土地整治增加和建设占用减少的耕地数量比较,土地整治有效地补充了建设占用耕地,且略有节余,保证了重庆市耕地总量的动态平衡。以 2006~2008 年为例,3 年间重庆市建设占用耕地 14 980.15hm^2,土地整理补充耕地 17 205.31hm^2,建设占用与补充耕地比较,耕地不但实现了当年占补平衡,而且实现了连年占补平衡,且余 2225.16hm^2(表 5-7)。

表 5-7　重庆市建设占用与土地整治补充耕地对照(2006~2008 年)

年份	新增建设用地占用耕地/ hm^2	土地整治补充耕地/ hm^2
2006	5 008.25	5 135.07
2007	4 880.84	5 089.43
2008	5 091.06	6 980.81
合计	14 980.15	17 205.31

(2) 改善农业基础设施

土地整治通过土地平整、田间道路和农田水利工程的实施,大大改善了项目区农业基础条件,促进了农业生产的发展。土地平整通过适宜的降坡处理,合理分配土方,修筑坎埂,能达到田面平整规则、坎埂稳固、土层深厚、便于耕作,有利于增强土壤保水、保土、保肥的效果。同时,土地平整通过对零畸、不规整的地块进行整理归并,还可实现有效耕地面积的增加,提高土地利用率和耕地产出率。例如,渝东北人地关系敏感区丰都社坛土地整理项目,土地平整工程采取坡改梯治理坡地技术,将项目区6°以下的旱地通过土地平整修成水平梯田,对6°以上的旱地及零星荒草地通过土地平整使坡度降低3°,并对局部土层较薄的部位实行爆破改土,增厚土层;田坎修筑采取了土坎与石坎相结合的方式,其中修筑了土坎328.02km,石坎82.00km。经土地平整后项目区土层平均厚度达到了40~50cm,田面长达到了200~300m,宽达到了7~25m。通过实地调查,项目的实施,改善了土地利用条件,提高了土地的产出能力,为农业规模化、集约化生产创造了有利的条件。

土地整治通过田间道、生产路的兴建和维修,可明显改善项目区内路网条件,提高道路通达能力,这不仅为生产物资的运输、农户生产管理与出行等提供了便利,而且也为农业机械化生产和降低劳动强度奠定了基础。同时,通过合理配置农田灌排系统,完善农田水利配套设施工程,可形成较为完整的灌溉渠网和排水沟网,使耕地灌溉水源得到有力保障,排水排涝合理通畅,从而增强农田抵御自然灾害(如干旱、洪涝)的能力,为实现农业稳产、增产提供有力的保障。例如,环都市人地关系紧张区的綦江石城土地整理项目,兴建田间道15.87km,生产路23.75km;修建了蓄水池29口,灌溉渠611.16km,排水沟44.58km,拦山堰9.56km,农涵173个,沉沙凼1650个。经调查,项目实施后,当地老百姓的生产条件和收入得到明显改善。因交通条件的改善,不少农户新购置了农业机械和运输工具,如小型耕田机、播种机、收割机以及农用三轮车和农用小汽车等,大大提高了农业机械化作业程度,降低了劳动强度,用当地老百姓的话说:"有了水泥路,开车干活路,以前一周才能干完的活,现在一两天就干完了,而且人还不累。"因农田水利设施、灌排系统的改善,种植结构也发生了变化,以前靠天种植玉米、小麦、红薯、油菜的种植结构,现在有了水源灌溉保证,老百姓开始转向种植高附加值的农作物,如蔬菜、烟叶、辣椒、木瓜等经济作物,农民收入得到了提高。

(3)促进生态环境治理

土地整治借助适宜的工程、生物措施对田、水、路、林、村进行综合整治,有助于项目区生态环境的改善和保护。土地平整工程的实施能有效降低土地的台面坡度,改良土壤,改善土壤结构,减缓水土流失。梯田工程的科学设计,不但可以提高灌排保证率,促使水资源平衡利用,而且梯田可切断坡面径流,减小坡面汇水面积和径流量,有效控制水土流失;山坪塘、蓄水池、沉沙凼、灌溉渠、排水沟、拦山堰等农田水利设施和灌排系统的完善和兴建,一方面可以合理利用项目区水资源,提高对农田的输排水效率和灌排保证,同时也增强了土地对洪涝、干旱自然灾害的抵抗能力。另一方面,灌排沟渠的合理布局和修建,可以有效拦截含化肥、农药等的污染源进入周边水体污染水质,尤其在三峡库区土地整治拦截技术的合理设计和应用尤显重要;土地整治道路边坡生态措施及防护林工程的建设在涵养水源、防风固土、净化空气、增加森林覆盖率、减少地表径流量、防止土壤侵蚀、减少水土流失等方面也具有十分显著的作用；同时,土地整理通过对废弃地、适宜未利用地的复垦和开发,采取宜林则林,宜农则农的措施,可有效地修复、改善和保护农田生态系统,促进土地资源可持续性利用;另外,土地整治通过植树造林、路网、排水系统等工程的建设,也使农村的村容、村貌得到了改变,改善了农村生活生态环境,促进了新农村建设。

在渝东北人地关系敏感区丰都社坛土地整理项目受调查的 87 人(村社干部13 人,普通群众 74 人)中,村社干部和当地群众对土地整治在治理水土流失,减缓土壤侵蚀,拦截污染源,增加植被覆盖率,防干旱、防洪涝等方面的效果给予了充分认可(表 5-8)。有 62 人(71.26%)认为土地整治在减缓水土流失和土壤侵蚀方面有较大的作用;土地整治工程在污染源拦截效果方面,有 63 人(72.42%)认为取得了比较大和很大的效果,只有 24 人(27.58%)认为有一点和没有效果;在防干旱、防洪涝等抗御自然灾害能力提高方面,受访人都持肯定的观点,72 人(82.76%)认为有较大和很大的提高,不到 20%(17.24%)的人认为只有一点提高,没有人认为没有提高;通过土地整治有 60 人(66.67%)认为植被覆盖率有比较大的增加,7 人(8.05%)认为有很大的增加,20 人(22.99%)认为有一点增加,没有人认为不会增加;土地整治在促进村容、村貌改变方面,没有人认为没有改变,有 50 人(57.47%)认为有比较大的改变,7 人(8.05%)认为有很大的改变,30 人(22.99%)认为有一点改变;土地整治在生态环境治理方面的成效,只有 1 人(1.15%)认为没有有效的治理,27 人(31.03%)认为少部分得到了治理,56 人(64.37%)认为大部分得到了治理,另有 3 人(3.45%)认为全部得到了治理。

表 5-8 丰都社坛土地整理项目对当地生态环境保护和改善效果调查

措施	效果			
水土流失、土壤侵蚀减缓	没有减缓	有一点减缓	有比较大的减缓	有很大的减缓
	7 人 (8.05%)	18 人 (20.69%)	50 人 (57.47%)	12 人 (13.79%)
污染源拦截效果	没有效果	有一点效果	有比较大的效果	有很大的效果
	3 人 (3.45%)	21 人 (24.14%)	58 人 (66.67%)	5 人 (5.75%)
防干旱、防洪涝提高	没有提高	有一点提高	有比较大的提高	有很大的提高
	0 人 (0.00%)	15 人 (17.24%)	54 人 (62.07%)	18 人 (20.69%)
植被覆盖率增加	没有增加	有一点增加	有比较大的增加	有很大的增加
	0 人 (0.00%)	20 人 (22.99%)	60 人 (68.97%)	7 人 (8.05%)

措施	效果			
农村生态环境改变	没有改变	有一点改变	有比较大的改变	有很大的改变
	0 人 (0.00%)	30 人 (34.48%)	50 人 (57.47%)	7 人 (8.05%)
生态环境治理	没有治理	少部分治理	大部分治理	全部治理
	1 人 (1.15%)	27 人 (31.03%)	56 人 (64.37%)	3 人 (3.45%)

(4) 助推农民增收

土地整治增加了有效耕地面积,提高了土地质量,改善了农业基础条件和生态环境,为粮食增产稳收,土地规模化、集约化利用,机械化、专业化生产和经营,农业产业结构调整,新农村建设,农业科技推广等奠定了基础。同时,也为更新项目区农民生产经营观念,提高农业科学文化知识,增强生产经营管理能力和市场意识,增加农民收益,促进农民致富、脱贫,助推农村发展和农民就业创造了有利条件。

在对重庆市环都市人地关系紧张区永川宝峰土地整理项目和渝东南人地关系脆弱区武隆双河土地整理项目整理前后增加农民收益情况的调查结果显示,土地整治可有效增加农民收益(表5-9)。但土地整治促使农民收益增加的幅度与土地整治后农业的种植结构是否发生改变有很大的关系。例如,永川宝峰土地整理项目,通过项目区53户农户有效问卷调查统计,整理后项目区农民人均年纯收入较整理前增加了505元,平均增幅为20.87%。其中,有84.91%(45户)的农户土地整理后与整理前的种植结构基本没有发生改变,仍然以种植传统的玉米、小麦、水稻、油菜等粮食作物为主,该45户通过粮食增产实现人均年纯收入增长平均只有392元,较土地整理项目实施前只增长16.20%。另外15.09%(8户)的农户土地整治实施后积极调整种植结构,主要实施梨树、蔬菜、花木和粮食作物套种或轮种,这些适当调整或改变种植结构的农户人均年纯收入增长较整治前增加1140元,增长47.11%。又如,渝东南人地系统脆弱区武隆双河土地整理项目,通过回收项目区72户农户有效问卷调查统计,整治后项目区农民人均年纯收入较整治前增加了3359元,平均增幅高达201.14%,是整治前的2倍多。调查发现,项目实施前当地老百姓主要靠种植玉米、水稻、马铃薯等粮食作物为生,加之自然环境气候恶劣,收成甚少,生活贫困自然难免。项目实施后为农业产业结构的调整创造了条件,根据当地自然地理气候特点,通过专业合作社的成立,实现了高山反季节蔬菜大规模的发展。如今,蔬菜种植生产已成了当地的支柱产业,蔬菜种植收入一年可为当地农户带来上万元的收入,项目区老百姓早已摆脱了贫困,过上了富裕的生活。同时,土地整治对项目区土地利用条件的改善，不仅吸引了众多种植大户和农业招商项目在此落户，而且为当地农业观光旅游的发展、农民本地就业提供了良好的机遇。

表 5-9　土地整治增加农民收益调查

调查样点	整治前			整治后			整治后人均年纯收入增加/元
	主要种植结构	人均耕地/hm²	人均年纯收入/元	主要种植结构	人均耕地/hm²	人均年纯收入/元	
永川宝峰土地整理项目	玉米、小麦、水稻、油菜	0.063	2420	玉米、小麦、水稻、油菜	0.067	2925	505
武隆双河土地整理项目	玉米、水稻、马铃薯、红薯、蔬菜	0.094	1670	蔬菜、水稻	0.107	5029	3359

5.1.4　土地整治存在的问题

(1) 目标单一，模式雷同

广义的土地整治应是对项目区的田、水、路、林、村的综合整治。根据重庆市不同人地关系类型区所实施的土地整理项目调查总结发现，目前的土地整理项目基本未对项目区内低效的林地、园地和农村居民点等实施综合整治，注重的仅是能实现耕地数量增加的适宜未利用地的开发，废弃地复垦和耕地整理。受重庆市地形条件和资源基础的限制，适宜开发成耕地的荒草地、滩涂等未利用地资源较少，废弃地复垦数量又不大，于是实施耕地整理就成了目前土地整治的主导。也就是说，目前重庆市的土地整治基本上还处在一种以增加耕地为目标的耕地整理阶段，还未达到广义上所说的综合性的土地整治。例如，一些地方在土地整理项目选择时，首先关注的是该项目实施能增加多少耕地，投资需要多少。因而导致了在项目实施选择方面决策者往往首先对那些投资少、见效快、耕地增加潜力较大的荒草地、滩涂等未利用地进行开发，其次是选择投资周期长、涉及范围广、新增耕地数量小的已利用的农用地，特别是耕地进行整理，最后才选择投资金额大，工程技术相对复杂的灾毁地、废弃工矿和砖瓦窑复垦。这种做法，往往未充分论证和综合评估土地整治实施后将对区域内的土壤环境、水文地质环境、生态环境等方面带来正面的还是负面的影响。有的土地整理项目因选址或工程措施的不当，不但没有很好地改善土地利用和区域生态环境，反而加剧了土壤的贫瘠化，水土流失程度比整治前更为严重。也有一些荒草地开发项目因选址在坡度较大、距离居民点较远、交通生产条件不便的地方，结果导致开发后无人耕种，再次成为荒地。

由于在重庆市不同人地关系类型区的自然资源禀赋、产业发展基础、社会经济条件、文化背景等存在较大的差异性,客观上要求不同区域的土地整治应具有不同的路径取向和整理模式。不同的农业产业结构,要求土地整治应立足于不同的种植结构、种植条件、经营管理方式,采取不同的整理模式,设计不同的内容,以适应不同的生产环境和建设标准。例如,在三峡库区柑橘生产基地建设的土地整理项目,应按果园的建设标准进行道路体系、灌排网络等工程的建设。对于无公害蔬菜、花木基地建设的土地整理项目,应在田块规则、土层厚度、灌溉保证、路网通达性方面进行重点规划设计。对于基本农田建设的土地整理项目,应按基本农田建设的标准,在有利于促进粮食高产、稳产等方面进行土地整理工程内容的规划设计和重点投资。但通过不同人地关系类型区土地整理项目的调查,土地整理工程模式无论是土地平整工程,还是农田水利、田间道路工程等在规划设计和实施效果方面均是大同小异,各类型区工程投资比例结构也基本相同,没有体现出各区域土地整理工程的特殊性。例如,在对渝东北人地关系敏感区和渝东南人地关系脆弱区土地整理项目的调查中,有利于促进生态环境保护和生态系统恢复与重建的植被恢复、水土保持、土地面源污染治理、污染源拦截等工程和生物技术本应在土地整治规划和施工中受到充分重视,但调查发现,几乎没有土地整理项目涉及植被恢复、面源污染治理等工程设计的专项内容和投资。

(2)缺乏生态型土地整治的实践

现代意义上的土地整治应该是生态景观型的土地整治。它要求通过区内的土地整治,不仅要实现提高区域土地质量、改善农业生产条件、调整农业产业结构、降低生产成本和提高农民收入方面的目标,而且还要在保证区内生物多样性、维护生态平衡、改善生态环境方面做出贡献。然而,从目前重庆市土地整理项目实施的调查结果来看,大多数的土地整理项目距离生态型土地整治还有相当大的差距。究其原因主要在于:首先,参与土地整治者思想认识不到位。无论是地方干部群众,还是项目规划设计和实施者,在土地整理项目选址、规划设计以及实施的过程中,往往带着尽最大限度增加耕地数量目标来看待土地整理,而对整理设计或施工措施不当,可能对区域的生态环境带来消极的影响并未做正面的、过多的审视。其次,工程设计措施不够生态。调查发现有一些项目的农田水利、田间道路在设计过程中过多考虑经济性和耐用性,而未注重生态性。为达到灌排体系整齐划一、布局网络化的目的,人为的对一些原有沟渠裁弯取直,改变水流方向,打破原有的生态平衡。在建筑用材方面,无论是路面还是沟渠都过分地依赖混凝土,而且有些沟渠甚至采用三面都是混凝土的设计,也未曾在一定距离处设置供生物通过的专用通道。这种设计无疑会阻碍农田物种扩散,使生物间多样性和种内异质性减少,最终将会导致区域土地生态系统结构简化,适应能力下降,生产风险性增加,农田生态环境持续发展受到严重的影响。最后，土地平整是有效降低地面坡度、实现田块规模化的重要的工程措施。通过土地平整还会改变原有的地貌形态、植被覆盖、坡面水系，从而也会对区内野生动植物的栖息地以及区域小气候等造成影响。如果土地平整工程措施不当，也会打破整理区内原有生物的多样性，造成生物种群趋于单调，农业生态系统结构不稳定，甚至不可逆转。

在实施的土地整理项目的调查中，发现有些土层较薄的地区，特别是石灰岩地区的土地整理需通过爆破改土、客土等工程来增加土层的厚度，这样才能满足作物生长的基本需要，可有的项目设计根本无客土工程措施和相应的投资预算，有的即便有，但客土工程量也根本不够。这类项目实施后，在项目区地势平坦或低洼处土层厚度能达几十厘米，但坡地的土层一般只有几厘米至十几厘米，有的甚至还是没有土壤覆盖的裸露基岩，植物根本无法生长。同时也造成了资金、资源浪费，甚至挫伤农民通过土地整治改善生产、生活、生态条件的积极性。

由于重庆市地处丘陵地区，地势起伏变化较大，多数土地整治项目在实施土地平整工程时，一般无法进行机械作业，通常采用人工挖填全铲法将高出设计部分的土层填移向低处。在土层移动的过程中，如果缺乏表土剥离处理等相应处理措施，土地平整就会出现生土上移、熟土下沉的结果。表土熟化层的破坏，生土层的上移，易造成土壤板结，土壤养分循环受阻，地力下降，土地的产出水平当然就低。调查结果显示，确实有个别土地整理项目经土地平整后的产出能力较土地平整前差，究其原因主要就是在实施土地平整过程中未注重土壤剖面的构建。因此，采用科学合理的土地平整工艺，才能构建一个适宜土壤剖面发育和适合植株生长的土壤剖面层次、土壤介质和土壤物理化学环境。

(3) 项目实施后评判机制缺位

为缓解我国人地关系紧张的矛盾，提高土地生产能力，改善农业生产条件和生态环境，促进农民增收，推进城乡统筹发展，促进社会主义新农村建设，国家和地方投入大量的财力、人力、物力实施土地整治。土地整理的效果如何，是否达到了预期的目标，都应该在项目实施完成后进行评价，即实施项目后评价。实施项目后评价有利用于总结经验教训，明确责任，提高决策水平，降低风险，促进土地整治事业健康有序发展。通过重庆市已竣工的项目调查总结，实施项目后评价缺乏有效的机制和方法体系，同时也缺乏执行的专业机构。致使大多数项目完成后没有进行正规的评价，通常是由相关部门根据土地整理工程实施情况出具一个综合意见或验收结果，特别是在土地质量提高和生态环境改善程度方面无法给出客观的评价。调查也发现，有的土地整理项目竣工验收完成后缺乏有效管护，致使项目建设最终还是没有达到预期的目的和发挥应有的社会效果。例如，蓄水池因未及时蓄水而出现渗漏，因人为或自然灾害损毁的农田水利和田间道路工程未得到及时修复，甚至刚开垦出不久的耕地因无人耕种而撂荒。

5.2 人地协调视角下的土地整治与农业产业化

土地整治和农业产业化与农村发展、农业增效、农民增收直接相关,对于建设新农村和统筹城乡发展均有重要意义。随着社会经济发展,新农村建设、现代农业发展、城乡统筹、生态环境保护等一系列综合性社会经济命题逐步展开,同土地整治相结合,通过土地整治创建发展平台,已成为这些宏观战略决策实现的现实途径之一。但是,以往的土地整治实践主要是以农户地块为单元对田、水、路、林、村进行综合整治,改变地块物理形态、调整产权结构和进行基础设施配套建设,与农业产业结合较差,且"目标单一、模式雷同",远不能满足和适应上述综合性社会经济命题的要求。随着土地整理转向土地(综合)整治,作为农业产业化、现代农业建设的支撑,土地整治已成为新农村建设和城乡统筹发展的一个新平台。一般认为,通过土地整治,改善农业生产条件,有助于促进土地流转,加快农业转型升级,完成农业结构调整,实现产业化、规模化。由于种种局限,土地整治与农业产业发展尚未实现有机结合,两者相结合的实践也处在探索之中。在此,选取重庆市荣昌县2个土地整治项目为研究对象,分析人地协调视角下局地尺度土地整治对农业产业发展的影响,借以讨论并揭示区域尺度土地整治与农业产业发展的作用机制,为实现土地整治与农村产业发展的有机结合提供参考。

5.2.1 研究区概况

荣昌县位于重庆市西部,地处四川、重庆两地接壤处,东经为105°17′~105°44′,北纬为29°15′~29°41′,距重庆市区为89km。全境南北长为44.3km,东西宽为39.1km,面积为1076km²。研究区地跨川中平缓褶皱区和川东条形褶皱区两个地质构造区,地质构造简单。境内以丘陵低山地貌为主,地势南北高、中间低。属典型亚热带湿润季风气候区,气候温和,雨量充沛,雨热同季,无霜期长,年均温为17.7℃,多年平均降水量为1118mm,大小溪河有148条,径流总量达3.25亿m³。研究区境内土壤属中亚热带四川东北部盆地山地黄壤区,耕作历史悠久,土壤肥沃,适宜多种作物生长。

荣昌县农业以传统粮食作物生产和畜禽养殖业为主,农业生物资源丰富,耕地资源禀赋较好,是重庆市粮食生产的重要区域,是国家基本农田建设示范县和中国畜牧科技城。2010年,全县辖21个镇(街道),总人口为83.3万人(其中农业人口为63.8万人,非农业人口为19.5万人),全县GDP总量为129.98亿元,一、二、三产业比为16:57:27。2010年,全县完成粮食播种面积达53 413.33 hm²、油菜种植面积达 8 720 hm²、蔬菜种植面积达 13 800 hm²，产量分别达到 31.84 万 t、1.99 万 t、35.67 万 t，被授予"全国粮食生产先进县"称号，畜牧业肉类产量、禽蛋产量和牛奶产量分别为 67 129t、8579t 和 2043t。

荣昌县土地整治效果明显，其丘陵区的土地整治在重庆地区具有典型性和代表性。近年来，荣昌县在重庆市土地整治工程的整体布局下，结合区域高标准基本农田和新农村建设、城乡统筹发展、农业产业结构调整、乡村景观建设等开展了形式多样的土地整治项目。2000～2010 年，全县已开展各类土地整治项目 175 个（其中，土地开发整理项目 90 个，农村建设用地复垦项目 85 个）。土地整治实施规模为 28 915.16hm²（其中，土地开发整理规模为 28 710.06hm²，农村建设用地复垦规模为 205.10hm²），补充有效耕地为 4011.73hm²。土地整治项目的实施，对全县农村各类资源的利用产生了深远的影响，农村土地资源集约利用水平提升，农村劳动力就业机会增加，农民居住生活条件改善，农业产业化水平提高，乡村生态景观得到优化。

为更好地揭示农村土地整治对农业产业化和农村土地利用的影响，诠释土地整治与农业产业化的作用机制，依据综合性、差异性、典型性等原则，选取了荣昌县已实施的、处在不同经济发展水平的两个土地整治项目为研究样点，一个是农村经济和产业基础较好的盘龙镇土地整理项目（样点 1），另一个是农村经济和产业基础相对薄弱的直升镇土地整理项目（样点 2）（图 5-5）。

图 5-5　研究样点位置示意图

(1)自然地理条件

样点 1 位于荣昌县盘龙镇东南部、龙集镇西北部,东经为 105°21′51″ ~ 105°25′28″,北纬为 29°27′35″ ~ 29°30′05″,涉及盘龙镇三合村、昌州村、长岭村、桂花村和龙集镇老店子村 5 个行政村部分土地,共计 852.67hm²。项目区属于川中平缓褶皱区,以浅丘宽谷地貌为主,间有缓丘带坝,地势南北高、中间低,海拔为 382 ~ 408m,相对高差为 20m。气候属亚热带季风气候区,气候温和,热量丰富,雨量充沛,四季分明,春季回暖早,夏季温高多伏旱、洪涝,秋季气温下降快,常有连阴雨,冬季暖和,大多年份无霜,年平均气温为 17.6℃,年平均降水量为 1151.4mm,年平均日照时数为 1134h。土壤以侏罗系沙溪庙组发育起来的紫色水稻土和紫色土为主,土层深厚,土质比较肥沃,自然肥力高,宜种植多种农作物。

样点 2 位于荣昌县直升镇南部、双河街道东北部,东经为 105°37′43″ ~ 105°41′24″,北纬为 29°20′56″ ~ 29°22′31″,涉及直升镇黄泥村、鹅颈村、燕儿村 3 个行政村部分土地,共计 1017.28 hm²。项目区属于川中丘陵区和川东平行岭谷区接触地带,以浅丘地貌为主,间有缓丘带坝,地势起伏变化不大,呈东西低、中间高,海拔高度为 325 ~ 452m,相对高差为 127m。气候属亚热带湿润东南季风气候区,气候温和、降水充沛,四季分明,冬暖、春早、夏热,气温、地温变化不大,年平均气温为 17.7℃,年平均降水量为 1111.8mm,年平均日照时数为 1282h。土壤以侏罗系沙溪庙组发育起来的紫色水稻土和紫泥土为主,其中紫泥土多分布在浅缓丘陵区,从丘顶至丘脚土层由薄变厚,其他地区土层均较深厚,土质比较肥沃,适宜种植各种农作物。

(2)社会经济条件

样点 1 总人口为 5836 人,劳动力为 2842 人,其中从事农业生产的劳动力有 1247 人、从事第二产业的有 650 人、从事第三产业的有 945 人。农民人均年收入为 6700 元,主要来自外出务工,传统种植、养殖业等占总收入比重相对较低。少部分务农农户选择经济效益较高的生姜进行种植,其种植规模为 82.59hm²,但由于资金条件限制及缺乏专业技术人员的指导,生姜仍以农户为单元的小规模生产为主。

样点 2 总人口为 6222 人,劳动力为 3775 人,其中从事农业生产的劳动力有 1721 人、从事第二产业的有 823 人、从事第三产业的有 1231 人。农户人均年收入为 5800 元,主要来自二、三产业,而从事第一产业所获收入占总收入比重较低。少部分农户选择经济效益相对较好的茶叶和高粱,其种植规模分别为 45.11hm²、19.58hm²,但受各种限制因素影响,农业产业仍以传统农业生产为主。

(3) 土地资源条件

2007 年两研究样点土地资源利用结构见表 5-10。样点 1 土地总面积为 852.67hm²，其中，农用地为 743.07hm²、建设用地为 109.25hm²、未利用地为 0.35hm²，分别占土地总面积的 87.15%、12.81%、0.04%。农用地以耕地为主，耕地面积为 609.77hm²，其中水田为 383.48hm²、旱地为 226.29hm²，分别占耕地面积的 62.89% 和 37.11%。样点 2 土地总面积为 1017.28hm²，其中，农用地为 936.83hm²、建设用地为 77.11hm²、未利用地为 3.34hm²，分别占土地总面积的 92.09%、7.58%、0.33%。农用地仍以耕地为主，耕地面积为 653.33hm²，其中水田为 416.75hm²、旱地为 236.58hm²，分别占耕地总面积的 63.79% 和 36.21%。

表 5-10　两样点土地利用结构

一级地类	二级地类	样点 1		样点 2	
		面积/hm²	百分比/%	面积/hm²	百分比/%
农用地	耕地	609.77	71.51	653.33	64.22
	园地	41.51	4.87	45.11	4.43
	林地	4.53	0.53	39.24	3.86
	其他农用地	87.26	10.23	199.15	19.58
	小计	743.07	87.15	936.83	92.09
建设用地	住宅用地	93.48	10.96	61.61	6.06
	工矿仓储用地	4.23	0.50	0.00	0.00
	特殊用地	0.46	0.05	0.39	0.04
	交通运输用地	3.07	0.36	1.01	0.10
	水利设施用地	8.01	0.94	14.10	1.39
	小计	109.25	12.81	77.11	7.58
未利用地	未利用土地	0.35	0.04	3.34	0.33
	小计	0.35	0.04	3.34	0.33
合计		852.67	100.00	1 017.28	100.00

分别将耕地按照 5 个坡度级划分，样点 1 位于 2° 以下的水田为 0，旱地为 23.45hm²；2°~6° 的水田为 237.62hm²，旱地为 27.77hm²；6°~15° 的水田为 122.86hm²，旱地为 144.29hm²；15°~25° 的水田为 23.00hm²，旱地为 30.78hm²；25° 以上的坡耕地不存在。样点 2 位于 2° 以下的水田 105.90hm²，旱地为 36.75hm²；2°~6° 的水田为 156.35hm²，旱地为 24.50hm²；6°~15° 的水田为 106.19hm²，旱地为 131.53hm²；15°~25° 的水田为 48.31hm²，旱地为 48.80hm²；25° 以上的坡耕地不存在。

5.2.2　数据来源和研究方法

(1)数据来源及处理

研究样点的自然地理条件主要通过查询《荣昌县农业区划报告》获取地形地貌、土壤、气候等相关信息。基础图件是在荣昌县国土资源和房屋管理局的协助下,获取了两样点区 1∶2000 土地利用现状图、1∶2000 土地利用竣工图及相关规划文本及统计台账。涉及两样点的产业发展、基础设施、土地流转状况等一系列资料,主要来自乡镇政府和对样点区农户的实地调查。

建立数字高程模型(DEM)。从土地利用现状图中提取等高线及高程点,将其保存为 *.dxf 文件,利用 MapGIS 中的转换功能将其转换为 *.shp 文件,然后对等高线及高程点的高程属性进行修正。之后,应用 ArcGIS 9.2 软件 3D Analyst 模块中的 Create TIN From Features 命令,把已经有高程属性的等高线和高程点生成 TIN 模型(不规则三角网),再用 3D 模块中的 Convert TIN to Raster 命令将 TIN 模型转换为数字高程模型(DEM)。由于选取的研究区为大比例尺图件,为了使模型更加精确,在设置栅格大小时选择 1.0m×1.0m 的精度。同时,为了使模型更加具有立体效果,应用 3D 模块中的 Surface Analysis—Hillshade 命令生成阴影文件,将其与数字高程模型进行叠加,生成立体效果明显的栅格图件。

坡度提取。首先,将生成的数字高程模型利用 ArcGIS 9.2 软件 Spatial Analyst 模块中的 Slope 命令生成坡度图,再选择"属性"中的 symbology 选项卡,将坡度级划分为 5 级,分别设置为小于 2°、2°～6°、6°～15°、15°～25°、25°以上;其次,利用 Spatial Analyst 模块中的 convert—Raster to Features 命令,将栅格化的坡度图转化为矢量坡度图;最后,利用 Analysis Tools 模块中的 Overlay—Spatial Join 命令,将现状图或整治后图件与其叠加。

耕地斑块提取。按照景观生态学的原理,斑块是将四周有廊道(道路、较大田埂和沟渠等)或明显边界(如与其他斑块的边界)所围成的地块作为一个斑块。为分析土地整治后耕地经营规模的变化情况,故以耕作田块作为研究的最小单元(斑块)。由于土地利用现状图中有水田田坎,故田坎围成的范围作为水田斑块;而旱地在现状图中没有反映出土坎,根据实地调查,旱地地块间的高差普遍在 1.0m 以内,同一地块在同一坡度级内,故按照以上原则构建现状旱地斑块。土地整治后,由于开展了一系列降坡和田土块归并措施,其中水田的整治措施为田坎归并,旱地则对 6°以下进行土坎归并,6°以上采用降坡技术,加之农业结构调整对耕作田块的重构,使斑块面积及形状等发生了较大变化,故将研究区规划设计报告与实地调查相结合,对耕作田块进行合并和修正。

现状及竣工图件处理。在 AutoCAD 2007 中,将各地类图斑分别提取出来,将

其保存为不同的 ∗.dxf 文件,然后利用 CAD 软件"图案填充编辑"对话框中的"重新创建边界"命令创建图斑的边界线,再用 MapGIS 中的转换功能将其转换为 ∗.shp文件。在 ArcGIS 9.2 软件中,利用拓扑查错和拓扑编辑功能修正拓扑错误,最后生成面状图斑。对于线状地物的提取,首先将不同功能和等级的地物分开,然后通过 MapGIS 中的转换功能直接转换成 ∗.shp 文件即可。最后,分别将土地利用现状图及竣工图的地类图斑和线状地物叠加在一起,即生成所需的土地利用现状图及竣工图。

基础设施数据统计。利用生成的土地利用现状图及竣工图,分别打开田间道路设施和农田水利设施图层的属性表,然后根据调查情况按照不同规格、材质统计出基础设施的相关信息。

调查问卷统计。将调查所得的问卷进行整理,剔除无效的问卷,然后利用 Excel2003 对有效问卷进行整理统计。

(2)研究方法

野外调查法。根据荣昌县国土资源和房屋管理局提供的资料,选取整治后效果差异较大的样点区作为研究对象,然后在样点所在乡镇国土资源管理所的协助下,得到相关村社的工作支持。在向村社领导讲清调查目的及意义后,选取样点区内具有代表性的农户填写调查问卷,开展实地走访调查,以保证问卷的有效性及数据的准确性、完整性。经统计,两样点共收集问卷 165 份,有效问卷为 158 份(其中,样点 1 为 82 份,样点 2 为 76 份),有效率为95.76%。

空间分析方法。以 ArcGIS 9.2 作为工具,首先将 CAD 图形文件转换为能够被其识别的文件格式,然后利用空间分析功能,对选取样点区的地形地貌、坡度进行分析。

对比分析法。基于两样点土地整治后呈现的发展差异,利用收集到的相关资料,对整治前后农业产业化及土地经营状况的变化进行对比分析,使其能够鲜明地展示土地整治与农业产业化的关系。

5.2.3　土地整治对农业产业化的影响

(1)农业发展基础

1)田间道路设施。根据田间道路的统计结果(表 5-11),两样点路网等级可分为 3 级,分别为公路、田间道、生产路 3 种类型;路面材质可分为土质路面、石板路面、碎石路面、水泥路面、沥青路面 5 类。样点 1 公路总长度为 6.026km(宽8.0m、宽16.0m),田间道为 17.01km,生产路为 37.861km,分别占田间道路总长的 9.90%、27.93%、62.17%。田间道(含公路)以碎石路面为主,水泥、沥青路面次之,土质路面最少,分别占田间道(含公路)总长的 47.65%、21.01%、17.20%、14.14%;生产路以土质路面为主,石板路面次之,分别占生产路总长的 73.81%、26.19%。样点 2 公路总长度为 2.507km(宽 4.0m),田间道为 27.996km,生产路为 49.962km,分别占田间道路总长的 3.12%、34.79%、62.09%。田间道(含公路)以土质路面为主,碎石路面次之,沥青路面最少,分别占田间道(含公路)总长的 53.18%、28.06%、18.76%;生产路以土质路面为主,石板路面次之,分别占生产路总长的 66.30%、33.70%。

表 5-11　土地整治前两样点田间道路现状调查　　　　(单位:m)

样点	田间道及公路						生产路			
	宽度	长度合计	路面材质				宽度	长度合计	路面材质	
			土路	碎石路	沥青路	水泥路			土路	石板路
样点 1	2.6	164	164	0	0	0	0.5	11 744	10 464	1 280
	2.8	6 591	1 523	2 293	2 775	0				
	3.0	2 096	51	2 045	0	0	0.6	9 118	7 401	1 717
	3.5	6 708	1 519	5 189	0	0				
	4.0	683	0	683	0	0	0.8	11 026	5 931	5 095
	6.0	768	0	768	0	0				
	8.0	4 839	0	0	0	4 839	1.0	5 973	4 148	1 825
	16.0	1 187	0	0	1 187	0				
小计		23 036	3 257	10 978	3 962	4 839	—	37 861	27 944	9 917
样点 2	2.6	1 122	515	607	0	0	0.5	6 580	6 159	421
	2.8	6 233	3 899	2 334	0	0				
	3.0	1 301	1 301	0	0	0	0.6	5 806	5 551	255
	3.5	4 748	4 097	651	0	0	0.8	22 500	12 973	9 527
	4.0	17 099	6 409	4 968	5 722	0	1.0	15 076	8 444	6 632
小计		30 503	16 221	8 560	5 722	0	—	49 962	33 127	16 835

从道路布局来看,样点 1 田间道由一条贯穿项目区南北的镇级公路连通,均匀分布于整个样点区,形成了以该公路为核心横向发散的道路布局模式。这种布局模式虽在一定程度上便于大部分居民出行,但由于田间道间的连通度、环通度较低,机械化生产难以大规模开展。生产路布局南北差异明显,北部生产路从数量及密度方面明显低于南部,且分布不均匀,断头路居多,集中分布在主要农村居民点附近,而集中连片的耕地附近分布较少。样点 2 田间道集中分布于东西两侧,中部地区分布相对较少,但由于中部地区有一条贯穿南北的公路,居民物资运输相对容易,而东西地区间无贯穿东西的公路或田间道,使东西地区间物资运输较南北地区

困难。同时,田间道存在分支较多的情况,其支路连通了部分居民点,一定程度上有利于居民间的物资运输和出行。生产路分布相对均匀,主要位于耕作条件较好或居民点较集中的区域,但其布局未能与田间道有效协调,致使部分生产路利用效率较低。

从道路质量来看,样点1、样点2田间道路面状况普遍较差,损毁严重,不利于中小型车辆通行,且缺乏有效的管护措施。生产路不仅道路路面较窄,土质路面居多,稳定性较差,遇暴雨季节存在一定的垮塌现象,致使当地居民生产、出行极为不便。

2)农田水利设施。农田水利设施主要包括排灌设施及蓄水设施等。根据调查(表5-12),两样点农田水利设施涉及排洪沟、排水沟、灌溉渠、山坪塘、水库、提灌站6类。样点1排水沟总长为2.301km,密度为0.003km/hm²,灌溉渠总长为5.601km,密度为0.007km/hm²,山坪塘119口,密度为0.14个/hm²,水库(双河水库和观音桥水库)为2座,其有效库容分别为38.96万m³、83.39万m³,提灌站为2座。样点2排水沟总长为6.173km,密度为0.006km/hm²,灌溉渠总长为2.251km,密度为0.002km/hm²,山坪塘71口,密度为0.07个/hm²,水库(燕儿坝水库、观音塘水库)为2座,其有效库容分别为26.27万m³、150.20万m³,提灌站2座。

表5-12　土地整治前两样点区灌排渠现状调查

样点	类型	长度/m	宽度/m	深度/m	条数/条	材质
样点1	灌溉渠	3150	0.4	0.5	3	条石
		2451	0.3	0.4	5	土
	排水沟	645	0.4	0.6	3	土
		1656	0.5	0.5	3	土
样点2	灌溉渠	2158	0.5	0.5	1	土
		93	0.3	0.4	1	土
	排水沟	894	0.6	0.5	4	土
		2701	0.7	0.8	4	土
		2578	1.2	0.9	2	土

从布局来看,样点1灌排沟渠零散分布于地势低洼处,数量较少,主要集中于南北部,中部地区较缺乏,未能形成有效贯通的排灌系统,这种布局结果只能解决项目区局部灌排水问题;在样点区山坪塘虽在空间上分布较均匀,但山坪塘容积普遍较小,且长期缺乏有效管护,蓄水能力差;位于样点区中部及南部内两座水库,其蓄水量总量基本能满足样点区用水需求,但由于配套渠系空间分布不均、数量较少、质量较差,致使其在样点区的有效灌溉面积极为有限。样点2灌排沟渠主要分布于西部地区,东部地区相对较少。灌排沟渠以排水沟为主,且多

为雨水长期冲刷而形成的天然冲沟,灌溉渠相对较少;山坪塘零星分布于样点区,容积普遍较小,其蓄水深度均在 2.0m 以下,部分塘坎存在渗漏问题,总体蓄水能力较差;位于样点区南部及西南部水库,虽有一定的蓄水能力,但由于提灌设施的不配套,致使水库水资源利用效果较差。

样点 1、样点 2 农田水利设施总体质量较差。灌排系统多以土质沟渠为主,部分沟渠两侧垮塌、堵塞、渗漏现象严重;山坪塘塘坎多以土坎为主,塘坎垮塌、渗漏严重,部分山坪塘塘底淤泥堆积现象突出,蓄水深度较浅,蓄水能力低下。

3) 农业产业。样点 1 所在的盘龙镇经济作物主要以发展生姜、西瓜、花生为主,生姜种植规模较大。经统计,从事生姜种植的农户达 11 000 户,种植规模为533.33hm² (8000 余亩),生姜每年平均为每个农户创收 5090 元。样点 1 是盘龙镇重点发展的生姜种植区,2007 年生姜种植规模约占耕地总面积的 20%。但长期以来,由于农民思想意识不到位,加之受农业基础设施薄弱的制约,造成生姜主要以家庭为单位进行小规模生产,产量和品质不高。

样点 2 所在的直升镇农业主要以红高粱、杜仲、茶叶为主导产业。据统计,2008 年全镇红高粱种植面积达到 400hm² (6000 亩)、杜仲面积达到 266.67hm²(4000 亩)、茶叶达到 133.33hm² (2000 亩)。由于直升镇白酒生产对红高粱的需求较大,在三大农业种植产业中,红高粱种植规模最大。在镇域产业导向下,样点 2农业产业以茶叶为主、高粱为辅,其面积分别为 45.11hm²、19.58hm²。茶叶在一段时间内为茶叶种植户带来了可观的经济效益。但随着市场竞争加剧,茶叶品质要求越来越高,传统经营方式面对新的市场环境困难重重,农户收益逐年减少,种茶意愿逐渐弱化。而高粱受场镇酒厂规模扩大的影响,加之在"高粱专业合作社"的带动下,其种植规模呈逐年扩大的趋势。

(2) 农业产业发展能力变化

农业产业发展能力关系农村可持续发展,其能力大小取决于人们对农业的有效投入。目前,普遍认为依靠土地整治来促进农业产业发展是最为有效的方式之一,主要表现为基础设施改善、优势产业得到发展、农业机械化程度提高、土地利用格局得到优化。

1) 田间道路。依据《重庆市土地开发整理工程建设标准(试行)》,田间道路可分为田间道、生产大路、生产路 3 种类型。田间道是居民点到田间的通道,主要为货物运输,作为机械向田间转移及为机械加水、加油生产服务的道路,宽度一般为4.0m(为了方便描述,将公路纳入田间道范畴);生产大路是连接居民点到田间、田间道与田间的通道,主要为生产物资、货物运输,作为小型机械通向田间的道路,宽度为 1.5 ~ 2.5m;生产路是联系田块之间,通往田间的道路,主要为人工田间作业和收获农产品服务,宽度为 0.6 ~ 1.5m。

　　根据土地整治后样点竣工图和结合现场调查统计,实施土地整治后,样点田间道路无论在质量提升、空间布局还是在通达能力等方面都有较大的改善。依托土地整治,样点区新建生产路、生产大路采用现浇混凝土路面,布局主要是按农户意愿沿原有田土埂进行修建,尽量缩短起点与终点的曲线距离,对宽度不够的田土埂进行加宽以满足生产生活要求;新建、维修田间道采用泥结碎石路面,其布局主要是对连通度较低及路面损坏严重、宽度较窄的地区进行新建、维修。

　　从表5-13可以看出,经土地整治后两样点区道路数量在原有基础上均有大幅度增加,道路总体质量及等级也有提高。样点1经土地整治后生产路长度较整治前的37.861km增加28.848km,增幅达76.19%,且都是混凝土路面,方便了农户日常出行;生产大路由无到有,增加10.363km,大大方便了小型农业机械驶往田间,降低了劳动强度;田间道较整治前的23.036km增加3.645km,增幅为15.82%,主要是连通断头田间道,方便小型货车通往田间。样点2整治后生产路长度较整治前的49.962km增加43.231km,增幅达86.53%;田间道较整治前的30.503km增加0.533km,增幅为1.75%。

表5-13　土地整治后两样点田间道路统计　　　　　(单位:m)

样点	新建生产路			新建生产大路	新建田间道	维修田间道
	0.6m 宽	1.0m 宽	1.2m 宽	1.5m 宽	4.0m 宽	4.0m 宽
样点 1	—	26 399	2 449	10 363	3 645	9 296
样点 2	23 149	20 082	—	—	533	17 660

　　农村道路网络体系的完善程度,可选取道路线(边或弧)数目和道路交点(顶点)数目两个基础性指标实施评判。参照相关研究(赵莉等,2008;吴凤华等,2010),为量化反映土地整治前后田间道路网络体系的完善情况,本书选取了道路的硬化率、密度、环通度、连通度、线点率等指标(表5-14)。

表5-14　田间道路评价指标

指标	计算公式	指标含义	备注
硬化率	$Y=l_{硬}/l$	指样点区道路修建成(水泥路面、沥青路面)总长度与样点区道路总长度的比值	$l_{硬}$表示道路硬化长度,l表示样区道路总长度
密度	$D=l/S$	用来描述样点区内道路疏密程度	l表示道路总长度,S表示样区总面积
环通度	$\alpha=H/H_{max}$	用来描述道路网络中回路出现的程度,α值的变化范围为0~1,当$\alpha=0$时,表示道路网络无回路;当$\alpha=1$时,表示道路网络具有最大可能的回路数	H为道路网络中的实际环路数;H_{max}为道路网络中最大可能的环路数。设定L为道路数,V为节点数,当$L\leqslant V-1$时,$H=0$;当$L>V-1$时,$H=L-V+1$,$H_{max}=2V-5$

续表

指标	计算公式	指标含义	备注
连通度	$\gamma = L/L_{max} = L/3(V-2)$	用来描述道路网络中所有节点被连接的程度,衡量道路网络连通性、复杂度且道路有无断开。γ 指数的变化范围为 0~1,当 $\gamma = 0$ 时,表示没有节点相连;当 $\gamma = 1$ 时,表示每个节点都彼此相连	L 为道路数;V 为节点数;L_{max} 为最大可能的连接道路数
线点率	$\beta = L/V$	指道路网络中每个节点的平均连线数。当 $\beta < 1$ 时,表示形成树状格局,当 $\beta = 1$ 时,表示形成单一回路;$\beta > 1$ 时,表示有更复杂的连接度水平	L 为道路数,V 为节点数

　　根据对选取各项指标的理解,结合土地利用竣工图,可获取各项指标值(表5-15)。其结果表明,土地整治使田间道路网络的各项指标有明显提高,对改善整治区域道路设施作用明显。但由于整治强度及重点的不同,又使区域内及区域间各项指标提高幅度差异较大。

表5-15　土地整治前后两样点田间道路指标变化对比

样点		整治前					整治后				
		硬化率/%	密度/(km/hm²)	环通度	连通度	线点率	硬化率/%	密度/(km/hm²)	环通度	连通度	线点率
样点1	生产路及大路	0.00	0.044	0.1023	0.4023	1.2010	50.88	0.090	0.2218	0.4816	1.4405
	田间道	38.21	0.027	0.2290	0.4899	1.4265	32.99	0.031	0.2908	0.5305	1.5479
	田间道路	14.45	0.071	0.2442	0.4967	1.4836	46.28	0.122	0.3661	0.5777	1.7283
样点2	生产路	0.00	0.049	0.1484	0.4330	1.2919	46.39	0.092	0.2046	0.4702	1.4027
	田间道	18.76	0.030	0.2491	0.5012	1.4825	18.44	0.031	0.2583	0.5074	1.5000
	田间道路	7.11	0.079	0.2618	0.5084	1.5185	39.41	0.122	0.3316	0.5547	1.6594

　　样点1生产路硬化率较整治前提高了50.88%,密度提高了0.046km/hm²,环通度提高了0.1195,连通度提高了0.0793,线点率提高了0.2396;田间道由于整治后新建田间道均为碎石路面,故硬化率较整治前降低了5.22%,而密度、环通度、连通度、线点率则均较整治前分别提高了0.004km/hm²、0.0618、0.0406、0.1215。总体而言,样点1各项指标提高的幅度生产路明显高于田间道,田间道路总体硬化率、密度、环

通度、连通度、线点率均较整治前分别提高了 31.83%、0.051km/hm²、0.1219、0.0810、0.2447。

样点 2 生产路硬化率较整治前提高了 46.39%，密度提高了 0.043km/hm²，环通度提高了 0.0562，连通度提高了 0.0372，线点率提高了 0.1108；田间道由于也是碎石路面，故硬化率较整治前降低了 0.32%，而密度、环通度、连通度、线点率均较整治前分别提高了 0.001km/hm²、0.0092、0.0062、0.0175。总体而言，样点 2 各项指标提高幅度仍然是生产路明显高于田间道，田间道路总体硬化率、密度、环通度、连通度、线点率均较整治前分别提高了 32.30%、0.043km/hm²、0.0698、0.0463、0.1409。

2）农田水利。依据《重庆市土地开发整理工程建设标准（试行）》，农田水利是对蓄水、灌溉、排水等人工设施的总称，可概括为蓄水设施、灌溉设施、排水设施 3 种类型。蓄水设施包括用于点灌的蓄水池，以及作为引水灌溉水源的山坪塘、水库等；灌溉设施指干旱季节为保证农作物正常生长，用于引水灌溉的渠道；排水设施是指为防止暴雨等涝灾对农业的损害而修建的排水渠道。

针对样点区农业生产用水、排水普遍较困难的问题，依托土地整治，对样点区的灌排、蓄水设施从空间上进行了优化布局，从质量上进行了提升。经土地整治后，两样点区内的农田水利设施得到了较大的改善。

从整治后农田水利设施布局可见，样点 1 加强了对中部和南部地区农田水利设施的投入，其沟渠布局密度明显高于北部地区，原因在于北部以水田为主，连片程度较高，水田可利用串灌串排的方式解决灌排水问题，旱地可以利用原有分布较密集的山坪塘解决用水问题。而中部、南部地区地形起伏较北部稍大，且水田旱地间隔分布，依靠山坪塘、蓄水设施采用提灌、点灌方式可以解决农业生产用水的问题。

受自然地形条件的影响，经整治后，样点 2 农田水利设施分布相对较均匀，为平衡区域用水问题，土地整治规划时特别加强了蓄水设施及提水设施的重点建设。土地整治新建了 100m³ 蓄水池 55 口，新建了 2 座提灌站，新建了 4.274km 提水管道，维修了 2 座提灌站和 6 口山坪塘。新建蓄水池弥补了样点区山坪塘数量有限、布局不均的缺陷；新建提水设施使样点区内水库的水源得到了有效利用，并实现了"东水西调"，协调了东西部区域用水问题。

从表 5-16 可以看出，土地整治后两样点农田水利设施条件均得到了明显改善。样点 1 共新建沟渠 18.787km，其中新建灌溉渠占新建沟渠总长的 6.27%，新建排水沟占 23.67%，新建排灌沟占 70.06%，以排灌沟比重最大；维修灌溉渠占原有灌溉渠总长的 74.15%。整治后沟渠密度达到 0.036km/hm²，较整治前的 0.009km/hm² 增加 0.027km/hm²。其中，灌溉渠（含排灌沟）密度达到 0.023km/hm²，较整治前的 0.007km/hm² 增加 0.016km/hm²，排水沟（含排灌沟）密度达到 0.023km/hm²，较整治前的 0.003km/hm² 增加 0.020km/hm²。新建沟渠使得渠系密度增加,改善了中部、南部地区排灌设施缺乏、农田引水排水困难的状况;维修灌溉渠使以往损坏严重、难以利用的设施恢复了灌溉功能。样点 2共新建沟渠 27.643km,其中新建灌溉渠占新建沟渠总长的 66.32%,新建排水沟占 17.05%,新建排灌沟占 13.13%,新建排洪沟占 3.50%,以灌溉渠比重最大;维修灌溉渠占原有灌溉渠总长的 83.52%,维修排洪沟占原有排洪沟总长的37.08%。整治后沟渠密度达到 0.035km/hm²,较整治前的 0.008km/hm²增加0.27km/hm²。其中,灌溉渠(含排灌沟)密度达到 0.024km/hm²,较整治前的0.002km/hm²增加 0.022km/hm²;排水沟(含排灌沟)密度达到 0.008km/hm²,较整治前的 0.000km/hm²增加 0.008km/hm²;排洪沟密度达到 0.007km/hm²,较整治前的 0.006km/hm²增加 0.001km/hm²。沟渠密度的增加极大地提高了整个样区的排灌能力,解决了局部引水困难。

表 5-16　土地整治后两样点灌排渠建设统计

类型	样点 1				样点 2			
	长度/m	宽度/m	深度/m	材质	长度/m	宽度/m	深度/m	材质
新建灌溉渠	1 178	0.50	0.50	砖	5 079	0.50	0.50	条石
					13 254	0.30	0.40	砖
新建排水沟	3 015	0.30	0.40	砖	4 713	0.30	0.30	砖
	1 432	0.40	0.50	条石				
新建排灌沟	13 162	0.40	0.50	条石	3 629	0.60	0.80	条石
新建排洪沟	—				968	1.20	0.90	条石
维修灌溉渠	4 153	0.40	0.50	条石	1 880	0.50	0.50	条石
维修排洪沟	—				2 289	1.20	0.90	条石

3)产业发展。土地整治为农业生产基础设施的改善、壮大农业产业发展创造了良好的环境。在盘龙镇政府的支持下和样点 1 项目区村干部的带领下,依靠土地整治后打造的农业基础设施条件,积极培育并壮大生姜种植产业。2008 年,依托先后成立的"盘龙长岭仔姜专业合作社"和"生姜协会",项目区吸纳生姜种植农户 464 名,划定了以长岭、石田、三合、桂花、昌州、拱桥 6 个自然村作为荣昌县万亩无公害生姜基地,初步形成了"合作社+协会+基地+农户"的发展模式。在合作社的引领下,在样点 1 项目区实现了生产资料的统一购买,产品的统一销售,使农户能及时了解到市场供求信息,增强了农户在市场上的竞争能力,保障了农户的正常收益。为了扩大生姜种植规模,提高农户种姜技术水平,生姜协会对种姜农户进行了技术培训宣传,使大多农户都掌握了生姜的品种选择、种子处理、选地整地、做埂、栽植、覆膜、田间管理、病虫害防治、休耕养土 9 个环节的操作规程。截至 2011年,在样点 1 项目区合作社共吸纳生姜种植农户 1452 名,生姜种植规模达到了

174.80hm²,较整治前的82.59hm²,增加了92.21hm²,增幅达111.65%。由于生姜种植存在风险大、价格不稳定等负面因素,为了增强农户抵御风险的能力,扩宽农户收益渠道,样点区在壮大生姜产业的同时,也积极引导产业向多元化方向发展,主动引进蔬菜公司、苗木公司投资和培育种养大户。经调查(表5-17),整治后样点苗圃种植面积达到40.58hm²,蔬菜种植面积达到64.84hm²,水产养殖面积达到25.37hm²,生姜、水稻、玉米、红薯、苗圃、蔬菜、水产之间的产业结构比由整治前的16:42:12:25:0:3:2转变为28:25:8:17:7:11:4,初步实现了产业结构升级。从产量角度来看,样点整治后生姜产量由整治前的33 750kg/hm²提高到48 000kg/hm²;水稻产量由整治前的4500kg/hm²提高到5025kg/hm²;玉米产量由整治前的9300kg/hm²提高到9900kg/hm²;红薯产量由整治前的57 000kg/hm²提高到67 500kg/hm²;蔬菜平均产量由整治前的22 500kg/hm²提高到58 500kg/hm²;水产平均产量由整治前的22 950kg/hm²提高到47 250kg/hm²。

表5-17　土地整治前后样点1种养业结构调整统计

产业	整治前				整治后			
	水田/hm²	比例/%	旱地/hm²	比例/%	水田/hm²	比例/%	旱地/hm²	比例/%
生姜	38.78	10.44	43.81	20.63	108.21	28.49	66.59	28.71
水稻	314.62	84.69	0.00	0.00	190.35	50.11	0.00	0.00
玉米	0.00	0.00	51.46	24.23	0.00	0.00	36.19	15.61
红薯	0.00	0.00	106.98	50.37	0.00	0.00	79.62	34.33
苗圃	0.00	0.00	0.00	0.00	19.43	5.12	21.15	9.12
蔬菜	6.52	1.76	9.34	4.40	39.17	10.31	25.67	11.07
水产	11.56	3.11	0.78	0.37	22.68	5.97	2.69	1.16
合计	371.48	100.00	212.37	100.00	379.84	100.00	231.91	100.00

样点2针对土地整治带来的良好发展机遇,也采取了一系列积极发展壮大产业的措施,主要表现为以扩大茶叶和高粱种植规模为目的的产业结构调整,但实施效果并不理想。根据实地调查发现(表5-18),整治后茶叶规模由整治前的45.11hm²上升至66.08hm²,增幅为46.49%;高粱规模由整治前的19.58hm²上升至30.53hm²,增幅为55.92%,但两产业均未形成规模效应,仍以分散种植为主。从规模扩大的原因分析:①茶叶。土地整治后,由于基础设施改善,管理成本降低,市场需求增加,部分农户为了追求高收益而在短时间内自发将部分耕地发展为茶园,但随着市场对产品要求提高,销售受阻,农户又不能应对突如其来市场的冲击,使其种植规模不能持续扩大。②高粱。2007年在酒厂的带动下,样点2以酒厂经营者为主导成立了"高粱专业合作社",初步建立了农户与酒厂之间的供求机制。整治后,受酒厂发展的影响,高粱的供应仍然小于需求,农户

为获取较高收益,在基础设施较好的地区扩大了种植面积。但随着酒厂对高粱的需求逐渐达到饱和状态,剩余高粱外销又困难,农户种植规模受到限制。基于以上限制因素,两大产业均难以实现规模效益。从整治前后种植结构也可以看出,茶叶、杜仲、水稻、玉米、红薯、高粱、小麦、蔬菜、水产之间的产业结构比由9∶3∶48∶7∶16∶4∶9∶3∶1变为13∶3∶45∶7∶13∶6∶8∶4∶1,各产业比重变化不大,茶叶与高粱的比重仍处于较低的水平。由此说明,样点区未能成功将茶叶和高粱培育成为主导产业。由于主导产业未能形成,产业发展吸引社会资金投资较困难,致使杜仲、蔬菜、水产等附属产业也受到影响,其规模的扩大只能依靠个别农业大户或农户本身的努力。从产量的角度来看,整治后茶叶产量由整治前的 315kg/hm² 提高到 375kg/hm²;水稻产量由整治前的 4800kg/hm² 提高到 5475kg/hm²;玉米产量由整治前的 9225kg/hm² 提高到 9675kg/hm²;红薯产量由整治前的 59 250kg/hm² 提高到 69 750kg/hm²;高粱产量由整治前的 3375kg/hm² 提高到 3600kg/hm²;小麦产量由整治前的 5775kg/hm² 提高到 6225kg/hm²;蔬菜平均产量由整治前的 18 450kg/hm² 提高到 21 750kg/hm²;水产平均产量由整治前的 20 700kg/hm² 提高到 22 950kg/hm²。

表 5-18　土地整治前后样点 2 种养业结构调整统计

产业	整治前				整治后			
	水田/hm²	比例/%	旱地/hm²	比例/%	水田/hm²	比例/%	旱地/hm²	比例/%
茶叶	0.00	0.00	45.11	19.23	7.21	1.76	58.87	24.15
杜仲	4.51	1.13	9.79	4.17	5.11	1.25	13.82	5.67
水稻	381.45	95.21	0.00	0.00	371.22	90.59	0.00	0.00
玉米	0.00	0.00	32.45	13.83	0.00	0.00	32.25	13.23
红薯	0.00	0.00	75.31	32.1	0.00	0.00	62.22	25.53
高粱	0.00	0.00	19.58	8.34	5.41	1.32	25.12	10.31
小麦	0.00	0.00	42.35	18.05	0.00	0.00	39.56	16.23
蔬菜	8.81	2.20	9.56	4.07	12.32	3.01	10.75	4.41
水产	5.87	1.47	0.49	0.21	8.51	2.08	1.14	0.47
合计	400.64	100.00	234.64	100.00	409.78	100.00	243.73	100.00

4)农业机械化程度。农业机械化程度体现了农业生产中资本对劳动的替代效果,资本对劳动的替代程度越高,农业机械水平越高,农业生产率就越高(洪鹭,2008)。在现代农业生产中,农业机械水平是衡量农业现代化水平的重要标尺,是农业先进生产力的重要组成部分(陈建强,2011)。因此,分析两样点农业机械化程度有助于了解区域农业现代化发展程度和潜力。

土地整治前,两样点农业机械水平均较低,农户为了从土地获取生活资料主要依靠投入大量的劳动力,采用人力、畜力、手工工具相结合的方式从事劳动密集型生产,农业机械设备投入相对较少。土地整治后,农村田间道路等基础设施条件的改善和农户家庭收入的提高,为大量机械设备投入农业生产创造了一定条件,农户为降低劳动强度和减少劳动力投入,增强了对农业机械的购买。根据对选取农户拥有农机数量的调查统计(表5-19),样点1在土地整治后脱粒机数量由整治前的26辆增加到48辆,小货车数量由整治前的0增加为1辆,三轮车数量由整治前的0增加到6辆,旋耕机数量由整治前的5辆增加到12辆,鸡公车①数量由整治前的21辆增加到76辆。样点2整治后脱粒机数量由整治前的29辆增加到44辆,三轮车数量较整治前的0增加为2辆,旋耕机数量由整治前的3辆增加到6辆,鸡公车数量较整治前的31辆增加到62辆。

表5-19　土地整治前后两样点农机装备变化统计

农机装备	样点1				样点2			
	整治前/辆	比例/%	整治后/辆	比例/%	整治前/辆	比例/%	整治后/辆	比例/%
脱粒机	26	31.71	48	58.54	29	38.16	44	57.89
小货车	0	0.00	1	1.22	0	0.00	0	0.00
三轮车	0	0.00	6	7.32	0	0.00	2	2.63
旋耕机	5	6.10	12	14.63	3	3.95	6	7.89
鸡公车	21	25.61	76	92.68	31	40.79	62	81.58

综合两样点农业机械增加变化情况发现,在农机装备增加幅度方面,鸡公车>脱粒机>旋耕机>三轮车>小货车,以小货车的增加幅度最小,鸡公车的增加幅度最大。主要原因是,鸡公车售价较低,农户对价格的承受力强。在农机装备动力方面,农户购买的农机动力均偏小,普遍集中在2~25kW,主要适合家庭作业背景下的小规模农业生产,难以适应较大规模的农业生产。从农机装备类型来看,农机装备投入较偏向于产中投入,对于产前、产后投入较少。但总体而言,两样点区农机装备数量呈上升趋势,对于推动传统农业向现代农业发展有促进作用。随着两样点农业装备数量的增加,农户获取农机装备使用权的渠道也相应增加,其可以通过租赁或借用的形式获取使用权。例如,旋耕机的使用就主要以租赁的形式参与农业生产。同时,由于农村道路通达性的提高,农作物收割季节也吸引了部分外来大型农机装备参与到农业生产中,主要是大型水稻收割机。在被调查的农户中,样点1有78.95%租用外来收割机收割水稻,有96.05%使用旋耕机翻耕农用地;样点2有28.05%租用外来收割机收割水稻,有32.93%使用旋耕机翻耕农用地。

———————

　　① 鸡公车:又称独轮车,是一种手推车,广泛运用于农村地区运输货物,其不受道路宽窄的影响。

对比农机装备变化情况可知,尽管两样点整治前农机装备水平均较低,但经过整治后样点1农业机械水平高于样点2,其主要原因是样点1在产业发展的驱动下农户家庭收入相对较高,购买能力相对较强。

5.2.4 农业产业化对土地整治的响应

(1) 农户意愿变化

农户作为农用地的使用者,其从事农业生产的目的是在满足自身生活需要的前提下增加家庭收益。据调查,农户对农用地的利用意愿主要体现在土地流转意愿、土地利用转型意愿和传统经营意愿3个方面(表5-20)。

表5-20 农户意愿类型及其含义

意愿类型	含义
土地流转意愿	农户作为土地流转的主体,对土地流转与否有绝对的决定权,其流转意愿受内部因素及外部因素的共同影响。内部因素主要包括家庭从事农业劳动力人数、农业劳动力年龄结构、户主受教育程度、农业收入占家庭总收入比重;外部因素主要包括流转收益、农用地流转政策等
土地利用转型意愿	土地利用转型主要是因为现有利用方式不能为农户带来较高的经济收益,在外部环境利好和内部农业生产条件改善的前提下,农户极易产生转变土地利用方式的思想(即以种植经济型作物为主)。通常情况下,农户要实现土地利用转型是有一定困难的,主要原因是农户经济实力有限、农业技术缺乏。但是,如果农户所在区域有一定的产业基础,在产业化的大环境下,以家庭为单位实现土地利用转型是极有可能的
传统经营意愿	相对于机械化经营、规模化经营等现代经营方式,土地整治后,农户仍保持旧式的传统经营方式的思想。主要原因是受老龄化和文化水平影响,农业劳动力在认识和接受新的生产经营方式上存在困难,加之风险的不确定性,使之更愿意维系原有的经营方式

农户意愿的变化往往不以自我意志为转移,而是更多依赖于农业技术经济条件的变化。土地整治前,农户主要依靠种植传统农作物来满足自身需求,但由于农业基础设施条件落后,农户迫切希望政府能够改善现有生产条件,以使其降低劳动强度,而对如何改进农业发展方式以提高收入考虑较少。因此,这一时期,农户意

愿主要是在维持传统经营模式的基础上,改善生产条件。土地整治后,农业基础设施得到极大的改善,吸引了大量社会资金进村,农业大户、农业企业参与到农业生产中,这要求农业大户、农业企业与农户就农用地使用权问题进行协调。因此,这一时期,农户意愿主要是在土地流转、土地利用转型或者传统经营之间选择。

从图 5-6 可以看出,整治前后样点 1、样点 2 持有土地流转意愿、土地利用转型意愿和传统经营意愿农户的比例均发生了明显的变化,土地整治前传统经营意愿占主导地位,整治后土地流转意愿占主导地位。说明土地整治对农户意愿有较大影响。虽然两样点农户意愿总体变化趋势大致相同,但从局部来看也存在一定差异。从土地流转意愿来看,土地整治前样点 1、样点 2 有流转意愿的户数均较少,分别为 14.63%、17.11%,整治后有流转意愿的农户数增加显著,分别达到 50.00%、65.79%。随着整治后土地流转租金的提高,农户不用参加劳动即可获得一定收益。从土地利用转型意愿来看,整治前样点 1 有土地利用转型意愿的户数占总户数的 21.95%,明显高于样点 2(9.21%),整治后样点 1 有土地利用转型意愿的户数占总户数的比例(39.02%)仍然高于样点 2(14.47%),甚至是样点 2 的两倍,且接近本样点土地流转比例(50.00%)。原因是,样点 1 土地整治前有一定规模的生姜产业,在村干部的带领下,农户对生姜产业的发展前景持乐观的态度,加之部分农户初步掌握了一定的生姜种植技术,农户较易实现土地利用转型;整治后在"生姜专业合作社"的引导及推动下,农户依托较好的基础设施条件,更加愿意转变土地利用方式以获取更高收益。而样点 2 虽然整治前有茶叶和高粱作为优势产业基础,但由于政府扶持力度不够及合作社仅服务于酒厂,大多农户对产业的发展前景缺乏认识;整治后由于缺少产业发展骨干力量的带动与引导,以及农业产业发展宣传缺位,大部分农户不愿进行农业结构调整和土地利用方式转型。从传统经营意愿来看,经过土地整治,样点 1、样点 2 愿意继续从事传统农业生产的比例明显减少,更多的农户愿意将土地流转或进行农业结构调整。

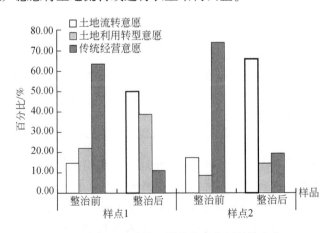

图 5-6　土地整治前后样点农户意愿结构变化

(2) 土地流转变化

　　根据对农户的调查发现,土地整治前两样点流转对象、形式均较单一,主要是农户为从事非农产业和防止承包地撂荒,以无偿或实物补偿的形式转包给有经营意愿的亲戚朋友。在这种流转背景下,接包农户只能获取较零碎的土地,且其经营年限完全由转包方主观意愿所决定(图 5-7)。

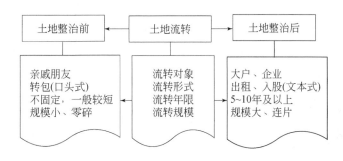

图 5-7　土地整治前后两样点土地流转情况对比

　　土地整治后,样点 1 依靠政府扶持及自身努力,以生姜产业为支撑,吸引了大量社会资金投入到农业生产上。据统计,农业大户从土地整治前的 4 户增加到 15 户,农业企业由土地整治前的 0 个增加到 2 个(重庆市双全园林有限责任公司、重庆市原生农业综合开发有限公司)。农业大户与企业介入农业生产,引起了对基础条件较好、连片程度高的耕地的需求,使符合条件的大部分耕地从亲戚朋友那里收回转而租赁或转包给农业大户、企业。

　　样点 2 虽然大部分农户有流转意愿,但由于政府扶持力度不够和合作社的局限性,社会资金投入较少,农户依靠自身力量发展优势产业较困难,土地整治后仅发展有 3 户农业大户,故农户仍只有将大部分无力耕种的承包地流转给亲戚朋友。

　　从表 5-21 可以看出,截至 2011 年,整治后样点 1 共流转耕地 153.42hm²(其中,水田流转面积为 93.60hm²,旱地流转面积为 59.82hm²),流转给农户与农业大户或企业的面积分别为 43.62hm²、109.80hm²。与整治前相比,样点 1 流转给农户的耕地面积减少了 65.40hm²,减幅为 59.99%,流转给农业大户或企业的耕地面积增加了 101.11hm²。样点 2 共流转耕地 155.90hm²(其中,水田流转面积为 87.77hm²,旱地流转面积为 68.13hm²),流转给农户与农业大户或企业的面积分别为 117.62hm²、38.28hm²。与整治前相比,样点 2 流转给农户的耕地面积减少了 9.45hm²,流转给农业大户或企业的耕地面积增加 38.28hm²。由此来看,样点 2 土地流转面积远低于样点 1。

表 5-21　土地整治前后两样点土地流转变化

年份	样点 1						样点 2					
	水田/hm²			旱地/hm²			水田/hm²			旱地/hm²		
	小计	农户	农业大户或企业	小计	农户	农业大户或企业	小计	农户	农业大户或企业	小计	农户	农业大户或企业
2007	73.04	65.63	7.41	44.67	43.39	1.28	73.39	73.39	0.00	53.68	53.68	0.00
2008	66.75	51.82	14.93	40.96	36.47	4.49	76.55	76.55	0.00	57.23	57.23	0.00
2009	63.13	34.24	28.89	51.59	32.34	19.25	83.56	73.11	10.45	59.24	54.26	4.98
2010	74.79	28.41	46.38	54.10	27.49	26.61	85.54	71.83	13.71	64.64	52.31	12.33
2011	93.60	25.13	68.47	59.82	18.49	41.33	87.77	68.45	19.32	68.13	49.17	18.96

(3) 土地利用变化

土地利用变化的原因可以分为内生性变化、外生性变化、技术性变化 3 个方面（杨梅等，2011），其引起的结果主要表现为土地用途变化、土地利用集约度变化，二者共同构成土地利用变化的基本类型（李秀彬，2002）。因此，为了分析两样点整治前后土地利用变化情况，从土地用途变化及集约度变化两方面入手分析。

1）土地用途变化。土地用途变化是不同用途对同一块土地竞争的结果，竞争主体的多样性导致土地用途的多样性，其实质是不同地类之间的转换过程，这也是大多学者分析土地用途变化的基础。结合研究区域实际情况及研究目的，从产业发展的角度出发，分析土地整治前后为发展产业而使耕地转换为其他地类的变化情况。为了准确体现变化情况，按照《全国土地分类（试行）》标准，可将相应地类细化至 3 级（表 5-22）。

表 5-22　土地整治前后两样点耕地用途变化统计

样点区	转换前地类	转换后地类	合计/hm²	比例/%	整治前		整治后	
					面积/hm²	比例/%	面积/hm²	比例/%
样点 1	水田	旱地	147.38	77.78	45.30	79.67	102.08	76.97
		苗圃	19.43	10.25	0.00	0.00	19.43	14.65
		养殖水面	22.68	11.97	11.56	20.33	11.12	8.38
	小计		189.49	100.00	56.86	100.00	132.63	100.00
	旱地	苗圃	21.15	88.72	0.00	0.00	21.15	91.72
		养殖水面	2.69	11.28	0.78	100.00	1.91	8.28
	小计		23.84	100.00	0.78	100.00	23.06	100.00

续表

样点区	转换前地类	转换后地类	合计/hm²	比例/%	整治前		整治后	
					面积/hm²	比例/%	面积/hm²	比例/%
样点 2	水田	旱地	17.73	45.98	8.81	45.91	8.92	46.05
		其他园地	5.11	13.25	4.51	23.50	0.60	3.10
		茶园	7.21	18.70	0.00	0.00	7.21	37.22
		养殖水面	8.51	22.07	5.87	30.59	2.64	13.63
	小计		38.56	100.00	19.19	100.00	19.37	100.00
	旱地	其他园地	13.82	18.72	9.79	17.67	4.03	21.85
		茶园	58.87	79.74	45.11	81.44	13.76	74.62
		养殖水面	1.14	1.54	0.49	0.88	0.65	3.52
	小计		73.83	100.00	55.39	100.00	18.44	100.00

从表 5-22 可以看出,土地整治后两样点均对区域内的耕地利用作了调整,目的都是为了提高经营收益,但调整的方向及幅度有很大的差别。从地类转化方向来看,样点 1 耕地向苗圃、养殖水面转化,耕地内部水田向旱地转化,且以水田向旱地转化为主。其原因是,样点 1 发展的生姜、苗木、蔬菜产业适宜在旱地区生长。样点 2 耕地向其他园地、茶园、养殖水面转化,耕地内部水田也向旱地转化,仍以水田向旱地转化为主。其原因是,茶叶、杜仲、蔬菜等产业仍为旱地作物。

两样点地类转化方向的不同,主要受样点区地形地貌、土壤、基础产业和业主投资产业发展导向等的影响,其中业主投资方向起决定性的作用。由地类转化方向可以看出,传统农业生产已不能为农户带来较高的经济收益,根据市场需求发展优质高价的经济作物成了农民致富的首选。从转化幅度来看,整治后样点 1 水田转化为其他地类的面积为 189.49hm²,较整治前的 56.86hm² 增加 132.63hm²,增幅为 233.26%;旱地转化为其他地类的面积为 23.84hm²,较整治前的 0.78hm² 增加 23.06hm²,增幅为 295.64%。样点 2 水田转化为其他地类的面积为 38.56hm²,较整治前的 19.19hm² 增加 19.37hm²,增幅为 100.94%;旱地转化为其他地类的面积为 73.83hm²,较整治前的 55.39hm² 增加 18.44hm²,增幅为 33.29%。从两样点地类转化幅度可以看出,样点 1 转化的幅度明显大于样点 2,其原因在于样点 1 充分利用了土地整治后带来的契机,大力发展主导产业和辅助产业,积极引进业主投资。而相对样点 1 而言,样点 2 主导产业未能成形,产业带动力度较弱,发展滞后。

2)土地利用集约度变化。土地集约利用是相对粗放利用而言的,是在单位面积土地上投入较多的资金、物质、劳动和技术以提高集约度的土地经营方式,其最佳效果是边际收益恰好等于边际成本，实质是资本、劳动、技术对土地的替代（李秀彬等，2008）。由于现实中很难使边际收益恰好等于边际成本，大多是介于二者之间，但为了能对土地利用集约程度进行量化，通过选取多项指标获取土地利用集约度仍是最常用的方法。参照以往集约度评价研究成果和相关评价指标选取原则及权重确定方法（张军和李晓东，2009；郑华伟，2010），本书从投入强度、利用强度、产出效果、持续状况4个方面入手选取适合的评价指标，构建对样点1、样点2土地利用集约度的评价指标体系（表5-23）。通过层次分析法对各指标进行了权重的确定，权重确定结果通过了一致性检验（CR<0.10），具有一定的可靠性。

表 5-23　土地利用集约度评价指标体系及其权重确定

目标层	准则层（权重）	指标层（权重）	指标解释
土地利用集约度	投入强度（0.3813）	动力投入（0.2722）	农业机械总动力/农作物总面积 /（kW/hm²）
		技术人员投入（0.1948）	技术人员数/种植业总人口 /%
		化肥投入（0.1656）	化肥投入总量/耕地总面积 /（t/hm²）
		劳动力投入（0.0721）	种植业总人口/耕地总面积 /（人/hm²）
		农机投入（0.2952）	购买农机量/耕地总面积 /（台/hm²）
	利用强度（0.1673）	复种指数（0.6667）	农作物播种总面积/耕地总面积 /%
		灌溉指数（0.3333）	有效灌溉面积/耕地总面积 /%
	产出效果（0.3445）	劳均产值（0.5000）	种植业总产值/种植业总人口 /（万元/人）
		地均产值（0.5000）	种植业总产值/耕地总面积 /（万元/hm²）
	持续状况（0.1069）	非农指数（0.3333）	非农人口总数/人口总数 /%
		人均耕地（0.6667）	耕地总面积/人口总数 /（hm²/人）

利用样点调查数据，可获得整治前后各项指标值。为了统一各指标量纲与缩小指标间的数量级差异，需对指标值数据进行标准化处理，利用式（5-1）得到标准化后的数据（表5-24）。

$$U_i(u_j) = \begin{cases} \dfrac{x_i - a_j}{a_j - b_j} & U_i(u_i)\text{ 具有正功效时；} \\[2mm] \dfrac{b_j - x_j}{b_j - a_j} & U_i(u_i)\text{ 具有负功效时。} \end{cases} \tag{5-1}$$

式中，$u_j(j=1,2,\cdots,m)$ 为各评价指标标准化处理后的值；a_j，b_j 分别为土地集约利用评价指标的最大值和最小值；x_j 为评价指标。

表5-24 两样点土地利用集约度评价指标值

指标		样点1		样点2		备注
		整治前	整治后	整治前	整治后	
投入强度	动力投入/(kW/hm²)	2.31	11.68	1.65	6.17	正效应
	技术人员投入/%	9.94	46.85	11.80	18.98	正效应
	化肥投入/(t/hm²)	0.367	0.562	0.321	0.411	正效应
	劳动力投入/(人/hm²)	5.25	5.50	5.42	5.15	负效应
	农机投入/(台/hm²)	0.97	3.35	0.93	3.32	正效应
利用强度	复种指数/%	124.21	168.34	126.27	136.17	正效应
	灌溉指数/%	45.31	86.45	46.23	82.12	正效应
产出效果	劳均产值/(万元/人)	0.67	1.55	0.58	0.80	正效应
	地均产值/(万元/hm²)	1.61	9.93	1.32	2.43	正效应
持续状况	非农指数/%	54.23	50.77	56.14	57.30	正效应
	人均耕地/(hm²/人)	0.08	0.12	0.11	0.13	正效应

资料来源:2011年样点区实地调查和农经报表。

　　然后,根据表5-23确定的指标权重(W_j)和表5-24各指标值计算结果,利用式(5-2)可计算出样点区土地利用集约度。

$$F_i = \sum W_j \cdot U_i(u_j) \tag{5-2}$$

　　经计算,样点1整治前后土地利用集约度分别为0.07、0.95;样点2整治前后土地利用集约度分别为0.10、0.45。不难发现,土地整治后,基于基础设施条件的改善,以较少的劳动就能获取较大的收益,使两样点的农户开始愿意增加投入。随着投入的增加,样点集约化程度较整治前有了大幅度的提升,但由于两样点产业发展程度及农户对农业技术的掌握程度不同,使得样点1的集约度更高。

5.2.5 土地整治与农业产业化联结机制

　　基于两个样点农村土地整治前后农业产业发展能力和农村土地经营状况的变化,沿着"农村土地整治—农业产业发展能力变化—农业产业发育程度变化"的认识思路,从农业产业模式的视角总结两个样点在这一过程中的差异,揭示农村土地整治与农业产业发展的相互作用机制。

(1)土地整治对农业产业发展的影响

　　1)样点1。土地整治前,样点1农业基础设施薄弱,难以有效利用已有基础设施减少劳动投入量,为此农户必须投入大量的劳动力。在田间道路方面,田间道路面材质虽以碎石为主，占田间道总长的 47.66%，但部分路面损坏严重，加之整个田间道环通度、连通度较低，分别为 0.2290、0.4899，极大限制了中小型车辆的通行；生产路以土质路面为主，占生产路总长的 73.81%，宽度较窄，集中分布在 0.5~1.0m，其环通度、连通度也较低，分别为 0.1023、0.4023，限制了小型农用机械通往田间。由于田间道路的缺陷，农户所购买的化肥、农药、种子等生产资料多数需要依靠传统的肩挑背扛方式才能到达居住地或耕作区。同时，用于农业生产的机械也只能以轻便型的脱粒机、鸡公车为主，少有小货车、三轮车。在农田水利方面，灌溉渠数量较少，密度仅为 0.007km/hm²，长度只有 56.24% 为条石材质，其余均为土渠，因年久失修，多数已垮塌，淤积严重，有效利用率低，用水只能通过人工点灌或远距离多次提灌才能基本满足灌区用水需求；排水沟数量也较少，密度仅为 0.003km/hm²，材质均为土质，同样也由于垮塌严重，淤泥堆积，在洪水季节或雨季田间积水排走困难，影响了农作物的正常生长。另外，受道路、沟渠和承包地间人为修筑田土坎共同作用的分割，耕地地块破碎、形状极不规则，难以适应规模经营和机械化作业。

土地整治后，农业基础设施条件得到了切实改善，土地利用格局得到了优化，为农业生产带来了便利，农户的劳动强度相对减弱。在田间道路方面，为了保障中小型车辆的日常通行，方便小型农用机械驶往田间，对田间道路路面状况及宽度进行了整治，田间道路的通达程度、路面宽度和质量都得到了有效提高。主要用于生产物资运输的田间道将土质路面改造成了以泥结碎石路面为主，其宽度拓宽至 4.0m 以上。主要用于生产、生活出行的道路改造成以混凝土路面为主，宽度大多设计为 0.6~1.2m。整治后碎石路面田间道占田间道总长的 70.51%，经路面硬化的生产路占生产路总长度的 43.24%。同时，为优化道路网络结构，提高道路通达性和连通性，增强中小型车辆及农用机械的通行能力，在充分利用原有道路网络的基础上，对样点道路优化，充分连接断头路，土地整治时新建田间道 3.645km、生产路 28.848km，新建硬化生产大路 10.363km。经土地整治后样点区田间道密度、环通度、连通度分别达到了 0.031km/hm²、0.2908 和 0.5305，生产路（含生产大路）密度、环通度、连通度分别达到了 0.090km/hm²、0.2218 和 0.4816。受道路路网条件改善的影响，农户增加了对农用机械的使用和购买，特别是旋耕机、三轮车，分别增加至 12 辆、6 辆，使运输农业生产资料、耕作农用地的方式转为以机械为主，人工为辅。针对样点区灌排沟渠、蓄水设施数量少、质量差、空间分布不均等农田水利基础设施问题，土地整治对原有 4.153km 的灌溉渠进行了改造整修，将部分土渠改造成了砖渠或条石渠，通过新建 1.178km 灌溉渠、13.162km 排灌沟对灌溉系统实施了优化，经整治后灌溉渠密度在样点区提升到了 0.023km/hm²；而对排水沟缺乏、受雨水冲蚀严重地区，则采用砖作为材质，新建排水沟 4.447km，使排水（含排灌沟）系统的密度达到 0.023km/hm²。为改变耕地破碎化严重、形状不规则等不利现代农业生产的条件,通过土地平整措施,对样点区部分畸形、零散田块进行了归并,消除了部分布局不合理、利用率较低或废弃的道路和沟渠。

通过土地整治对各项限制农业生产因素的削弱,为农业产业发展创造了良好的硬件环境,增强了农业抵抗自然灾害的能力,提高了农户参与农业生产的信心。在政府的推动下,样点区村干部和老百姓意识到通过农业结构调整、转变土地利用方式和农业发展方式,实现农民增收、农业增效的时机已经到来,他们开始积极寻找支撑经济发展的产业,探索实现农民增收、农业增效的途径。结合已有产业,村社干部对市场进行了深入分析,认为生姜产业存在潜在优势,初步确定以培育生姜产业为主导的发展模式。但鉴于原有生姜产业种植规模较小且分散,仅仅依靠农户自身努力难以实现农业产业结构升级,样点区在政府推动、村社干部的努力下,划定了生姜种植发展范围,成立了为生姜种植、销售提供技术和市场服务的"仔姜专业合作社"。在生产阶段,到了耕作季节,专业合作社则会主动联系运输车辆,根据每户农户的种植规模,统一购买生产资料,并将其送至生姜种植农户所在地或耕作区,力求降低生产成本和农户劳动强度。在技术层面上,合作社定期聘请专家,通过开办培训班、发放资料等形式给予农户技术指导,传授生姜种植技能知识。在销售阶段,合作社通过市场信息直接联系商家收购,减少中间环节,提高生姜收购价格,使联户批量销售逐渐取代以往散户零售的销售模式。在加工阶段,合作社已与外来资金建立了有效协作机制,选取品质优良的仔姜通过技术处理包装后,凭借已注册申请的"昌州牌"生姜商标,大力开拓市场,将生姜远销沿海地区及日本,为生姜产品的畅销谋得新出路。在合作社的帮助下,样点区初步解决了生姜产业在生产、加工、销售 3 方面中存在的困难,使农户投入生姜种植行列的积极性大幅提高。同时,为增加农户收入渠道,提高农户抵御市场风险的能力,合作社及村社干部还积极主动引进部分实力较强的农业大户或农业公司投资,以促进农业产业向多元化方向发展,其发展的产业主要有蔬菜、苗木、水产养殖等。伴随农业大户或农业公司的介入,新的经营理念、模式也随之融入样点区农业生产中,从而为农业产业发展注入了新的活力。

2)样点 2。土地整治前,样点 2 已有的农田水利基础设施多为 20 世纪 70~80 年代修建,随着社会经济水平的不断提高,农户生产生活方式的改变,部分农田水利基础设施的功能已无法满足区域农业生产生活的需要。在田间道方面,田间道路面材质以土质为主,占田间道总长的 53.18%,遇多雨季节,路面防滑能力差,且存在不安全因素,加之环通度、连通度也相对较低,分别为 0.2491、0.5012,造成部分车辆不愿驶入,农户从场镇获取的农业生产资料必须花费大量劳动运回。生产路也以土质路面为主,占生产路总长度的 66.30%,路面宽度较窄,基本宽度为 0.5~1.0m,道路与田块、居民点连通性较差,农用机械难以驶往田间,其环通度仅为 0.1484，连通度仅为 0.4330。受农业基础设施薄弱的影响，农业机械缺乏使用条件，大多农户不愿购买旋耕机、三轮车等实用性较强的农用机械，转而购买不受路网条件限制的脱粒机、鸡公车。在农田水利方面，排灌系统质量均为土质沟渠，密度偏小，其中灌溉渠密度仅为 0.002km/hm²，排洪沟密度仅为 0.006km/hm²；山坪塘塘坎渗漏、塘底淤泥堆积现象较为突出，蓄水能力较差，附近农田用水难以保证。受水利设施质量差、数量少的影响，降水时节，耕地土壤常被雨水冲蚀，肥力下降；干旱季节，抗旱能力减弱，农作物产量时常得不到保证，其产量的多少与自然条件有极大的关系。由于基础设施薄弱，田土块破碎，农业综合生产能力提高困难，阻碍了农业产业结构调整，农业产业发展受到比较严重的束缚。

土地整治后，在一定程度上减弱了样点 2 农业产业发展的限制因素，农户参与农业生产的劳动积极性提高，切实感受到了土地整治工程给生产生活带来的便利。在田间道方面，为改善原有田间道路面质量，提高车辆通行能力，对部分路面条件差、利用率较高的田间道以铺设碎石的形式进行了整治。同时，为提高田间道通达度，减少断头路数量，新建了田间道 0.533km。经田间道整治，使碎石路面田间道比例由 28.06% 提高至 68.93%，其环通度和连通度分别提高到 0.2583 和 0.5074。为提升生产路的环通度及连通度，共新建了 43.231km 的混凝土生产路，使其硬化率由 0 提高至 46.39%。基于道路路网密度提高、质量改善，部分有经济条件的农户开始愿意以购买实用性农用机械换取劳动力的节约，其主要表现在三轮车数量由 0 增加至 2 辆，旋耕机由 3 辆增加至 6 辆。在农田水利方面，对损坏较严重、利用频率高的排灌沟渠采用条石为材质进行了整治，其中整治原有灌溉渠比例达 83.52%，整治原有排洪沟比例为 37.08%。同时，为了使样点区能初步达到"灌有渠，排有沟"的条件，分别新建灌溉渠 18.333km、排水沟 4.713km、排灌沟 3.629km、排洪沟 0.968km。经整治后，整个样点区排灌系统密度增加，其中灌溉渠（含排灌沟）密度达到 0.024km/hm²，排水沟（含排灌沟）密度由 0 增至 0.008km/hm²，排洪沟密度达到 0.007km/hm²。而针对山坪塘蓄水能力差、渗漏严重的现象，土地整治则对塘底采取了清淤处理，并新建条石或混凝土护坎以防止渗漏；对局部缺乏蓄水设施的地区，则采取新建蓄水池。在土地利用格局方面，部分有条件的区域，多余的田土坎被土地平整工程清除，田土块平均面积变大，形状更加规则，这在一定程度上缓解了地块的过度破碎。

土地整治改变了样点区的生产环境，降低了农业产业发展的难度，部分农户开始意识到能够借助土地整治带来良好的契机，发展经济效益高的产业，故自发在原有产业结构中选择种植以茶叶和高粱为代表的经济效益相对较高的产业。在茶叶种植方面，农户为提高茶叶的品质，在总结以往种茶经验的同时，积极探索新的种植技术；在高粱种植方面，农户以"高粱专业合作社"为纽带，在一定时期内，与酒厂经营者建立了供求关系，并根据场镇酒厂对高粱品种、质量等的要求，不断优化种植方式。

(2)农业产业发展对土地经营方式的影响

1)样点1。整治前,由于农业产业发展能力低下,使农户难以依靠从事农业生产获取较高的收益,其人均年收入为6700元。基于农户所处的境地及自身能力的限制,农户的主观意愿表现为以保持传统经营模式为主,其比例为63.41%。在这种传统经营模式下,农户对农用地的劳动、资金、技术投入相对较少,农用地生产潜力往往不能得到充分发挥,致使其集约度偏低,仅为0.07。同样受农业产业发展能力低下的影响,缺少外来资金投入,仅有少数掌握生姜专业技术的农业大户愿意投入少量资金,承包部分农用地,使农户承包地的流转对象只能以有劳动力的亲戚、朋友为主,少量流转给了农业大户。

整治后,伴随农业产业发展能力的提升,农用地经营方式逐渐发生了变化。在内外投资者的作用下,农户获取农用地收入的途径增加,不愿从事农业生产的家庭可通过土地流转的形式获取租金;部分缺乏劳动力的家庭则可转租部分土地,闲暇时节以劳动参与者的身份参与业主农用地劳动,获取一定工资。在"合作社"的带领下,劳动力充裕的家庭则可在学习、掌握生姜种植技术的基础上,继续参与农业生产获取较高收益。在这种农用地经营模式的环境中,农户收入水平得到大幅提升,人均年收入水平达到15 500元;农户逐渐摒弃了传统思想,其主观意愿表现为以土地流转和土地利用转型为主,其比例分别为47.56%、39.02%;农用地潜力得到有效开发,资金、技术、劳动力得到合理配置,土地集约度提高至0.95。同时,土地流转对象也逐渐转变为以农业大户、农业企业为主,其流转面积由整治前的8.69hm²增加到101.11hm²。

2)样点2。整治前,由于农业生产状况不佳,造成农作物产量难以提高,经济效益好、见效快的高效产业缺乏必要的基础条件;农户从事农业生产缺乏利益驱动,资金、技术投入量较少;难以将承包地流转给企业或农业大户。同时,多数农户受传统思想观念的影响,将承包地视为"保命地",不愿改变传统经营模式,其农户比例占73.68%。在这种思想观念的影响下,农户对各项产业的经营方式(特别是茶叶、高粱产业),均以盲目投入大量劳动力为主,土地集约度仅为0.10;种植结构和面积的调整也往往根据市场需求的变动而变动,使农户始终难以适应多变的市场环境,获取稳定收入,其人均年收入为5800元。

整治后,尽管外来资金投入较少,仅有部分农业大户积极投资,多数农户难以依靠土地流转获取租金,但随着农业产业发展能力的提升,农业产业发展的环境得到了改善,整个样点区较整治前的土地经营状况也发生了较大的变化。首先,农户思想观念从传统模式中摆脱出来,不再固守原有承包地经营权,有65.49%的农户愿意流转承包地;其次,农户增加了对农用地资金、技术的投入,减弱了劳动强度,提高了农产品的亩均产量,农用地集约化程度提高至0.45,人均年收入达到8000元;最后,农用地流转给农业大户或少数企业的面积由整治前的0增至38.28hm²。

(3)土地整治与农业产业发展作用机制

基于对土地整治前后两样点农业产业发展变化的分析可知,土地整治与农业产业化关系密切。土地整治对农业产业发展能力的提升,土地经营状况的改善均有明显作用,是促进农业产业发展的动力之一。但由于土地整治后对农业产业培育程度的不同,又造成两样点农业产业发展结果存在一定的差异(图5-8)。对比两样点的差异可以看出,样点1经土地整治后,农业产业开始向产业化方向发展,形成了以生姜产业为主导,多种产业为辅的多元化产业发展模式;而样点2虽然农业产业得到了发展,但传统农作物仍占主导地位,没有形成以优势产业为主导的产业化发展模式,所以农业发展程度远不如样点1。由此可见,尽管土地整治改善了农业生产条件,但并不意味着项目区就能够实现农业产业化发展,还需要通过有效的组织手段挖掘当地农业资源优势,健全农业产业化服务体系,再经过市场化的培育才能逐步实现。因此,为了使今后土地整治项目能有效推动农业产业化发展的实现,在土地整治过程中应融入培育优势产业的规划理念。

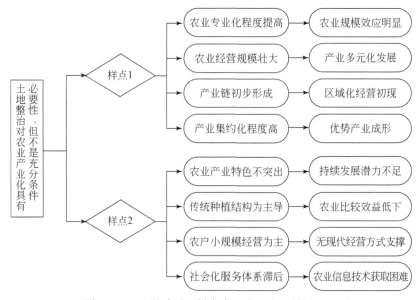

图5-8   土地整治后两样点农业产业发展效果对比

第6章 区域土地整治的人地关系协调效应

6.1 人地协调的土地整治评价指标体系构建

6.1.1 人地协调度

人地关系包括地理环境和人类社会两大系统,它们相互作用的机理、功能、结构和调控构成了人地关系的形式和内容,并与生产力和生产关系的发展相适应,表现为由低级向高级不断演进的过程。在传统的农业社会,往往由于人口膨胀导致人地关系紧张,相应地,农用地扩张和过度垦殖导致环境退化;而在快速的工业化、城镇化进程中,产业结构演替和城乡聚落结构变化胁迫土地非农化和土地生态环境恶化,导致人地矛盾更为突出,社会经济发展面临资源和环境"瓶颈"约束。

土地资源是社会经济发展过程中重要的物质基础和保障,土地资源的合理利用和调控是实现人地关系协调和可持续发展的重要内容。面对日益尖锐的人地矛盾,实施土地整治已成为协调人地关系、促进土地资源优化配置的重要途径(张伟等,2009)。土地整治处于地理环境与人类社会两大系统的相互作用过程中。一般而言,通过土地整治,能够有效促进土地利用结构的调整和优化配置,治理和改善土地利用环境条件,加强土地利用生态景观建设,削弱或消除土地利用中对社会经济发展起制约或限制的因素,促进土地利用的有序化和集约化,具有良好的社会经济效应和生态环境效应,展现出人地关系协调的宏观愿景。

但是,包括土地整治在内的各项土地利用活动,都是在一定的地域基础上和人地关系背景条件下进行的。由于不同区域自然地理环境和社会经济条件的区域差异性,人地关系背景不同,人地矛盾的具体内容和表现形式也存在差异,产业发展布局和土地利用战略主导方向往往也会不一致。因此,认识土地整治对人地关系协调的效果,不仅要从宏观愿景上进行解释,关键还要考虑区域的自然地理特征、社会经济发展方向以及土地利用战略,并在此基础上,厘清相关的影响因素,合理构建人地协调的土地整治评价指标体系。

为了便于描述和反映土地整治协调人地关系的综合效果(程度),在此尝试性地提出人地关系协调度(u)这一概念。所谓人地关系协调度是指在一定区域内通过土地整治调控措施(手段)的实施,其综合效果对实现区域人地关系协调或改善所能达到的程度。人地关系协调度可以通过对土地整治改善土地利用条件的效果,土地整治的环境、灾害及生态效应,以及土地整治的资源、经济及社会效应 3 个方面的综合评判来度量和表达(表 6-1)。

表 6-1　土地整治协调人地关系程度分级

等级	u 取值范围	土地整治协调人地关系程度
1	(0.9,1.0]	理想
2	(0.7,0.9]	较理想
3	(0.5,0.7]	基本理想
4	(0.0,0.5]	不理想

6.1.2　人地协调的土地整治评价指标体系

(1) 评价指标选取原则

土地整治是一项受到经济、社会、自然等因素影响的复杂的系统工程。在土地整治中,如何合理有效地配置土地资源,改善生态环境,保障土地资源可持续利用,实现生态效益、经济效益和社会效益的综合统一,是必须深入考虑的问题。然而,在具体的土地整治项目实践中,人们往往忽视景观生态保护和建设,以及一些具有民生性、公益性的基础设施需求,片面追求增加耕地数量和土地产出率及提高土地集约度等,致使土地整治在改善人地关系,促进土地资源优化配置,提高区域人地系统协调的水平和能力方面,失去其应有的意义。为此,需要建立一套科学、完整、实用的评价指标体系来衡量土地整治对人地关系的调控程度。评价指标的选取应遵循以下原则。

1)综合性原则。土地整治是一项系统工程,不仅要考虑土地整治本身对土地利用条件的改善意义,而且应考虑自然地理环境、经济社会发展状况的影响,以及土地整治所导致的生态环境效应和社会经济效应。

2)可比性原则。要求选取的指标含义明确,能够针对不同类型区土地整治对人地关系的调控协调效果进行横向的对照分析。

3)科学性和可操作性兼顾原则。选取的指标能够准确反映土地整治各个方面对人地关系的系统影响,同时指标数据应易于采集和量化。

4)代表性原则。土地整治对人地关系的调控、协调意义可以从不同的方面、用不同的指标进行直接或间接表示。要选取适合的指标来表示某一方面的因素,尽量避免指标之间的交叉和重复。

(2) 评价指标体系构建

基于人地关系协调视角,遵循土地整治对人地关系调控评价指标选取的原则,可从土地整治导致土地利用条件变化,土地整治的环境、灾害及生态效应,土地整治的资源、经济及社会效应 3 个角度,构建人地协调的土地整治评价指标体系(表6-2)。

表 6-2　人地协调的土地整治评价指标体系

目标层(A)	准则层(B)	子准则层(C)	指标层(D)
土地整治协调人地关系的愿景(A)	土地整治导致土地利用条件变化(B_1)	用途转换(C_{11})	耕地整理(D_{110})
			林园地整理(D_{111})
			未利用地开发(D_{112})
			废弃土地复垦(D_{113})
			农村居民点整理(D_{114})
		集约度的变化(C_{12})	路网密度(D_{120})
			田块规整度(D_{121})
			田块集中连片程度(D_{122})
			灌排保证率(D_{123})
			土壤培肥(D_{124})
			有效土层厚度(D_{125})
			台面坡度(D_{126})
	土地整治的环境、灾害及生态效应(B_2)	土地整治的环境效应(C_{21})	地表覆被变化(D_{210})
			土地利用程度(D_{211})
			坡地梯田化(D_{212})
			水土流失控制(D_{213})
			水资源平衡(D_{214})
			退耕还林(D_{215})
			退宅还林(园/耕)(D_{216})
			劣质地改良(D_{217})
	土地整治的资源、经济及社会效应(B_3)	土地整治的经济和社会效应(C_{31})	增加粮食产量(D_{310})
			农业结构调整(D_{311})
			土地规模化程度(D_{312})
			农民务农收入(D_{313})
			社区宜居程度(D_{314})
			社会公平状况(D_{315})

注:广义的土地整治包括市地整治和农用地整治,对于人地关系的协调均具有重要意义。本书指标体系主要是基于农用地整治而构建的。

表 6-2 评价指标体系设置了土地整治展现人地关系协调的愿景(A)1 个总目标层,土地整治导致土地利用条件变化(B_1)、土地整治的环境、灾害及生态效应(B_2)、土地整治的资源、经济及社会效应(B_3)3 个准则层,用途转换(C_{11})、集约度的变化(C_{12})、土地整治的环境效应(C_{21})、土地整治的经济和社会效应(C_{31})4 个子准则层,28 个具体考察度量的指标:D_{110},D_{111},$\cdots$,D_{114},D_{120},D_{121},$\cdots$,D_{126};D_{210},D_{211},$\cdots$,D_{217};D_{310},D_{311},$\cdots$,D_{315}。

1)土地整治导致土地利用条件变化(B_1)。扩大土地面积和提高单位土地面积上的产出是土地利用方式改变的两条根本途径。土地整治是改善土地利用方式、促进土地集约利用的重要手段,且与这两个方面密切相关,并在土地利用条件上表现为土地用途转换(C_{11})和集约度的变化(C_{12})。总结我国土地整治的实践,与用途转换相关的指标主要有耕地整理(D_{110})、林园地整理(D_{111})、未利用地开发(D_{112})、废弃土地复垦(D_{113})、农村居民点整理(D_{114});与集约度变化相关的指标主要有路网密度(D_{120})、田块规整度(D_{121})、田块集中连片程度(D_{122})、灌排保证率(D_{123})、土壤培肥(D_{124})、有效土层厚度(D_{125})、台面坡度(D_{126})。

2)土地整治的环境、灾害及生态效应(B_2)。土地整治活动是一个重建生态环境系统的过程(张正峰和赵伟,2007b)。在此过程中,通过生物及工程措施改变了土地利用方式、土地利用结构及土地覆被状况,对农田生态系统造成了强烈干扰,极大地改变了地表景观结构,导致自然生态系统组成结构、物质循环和能量流动特征发生较大变化(赵桂慎等,2007),不可避免地对区域水、土壤、植被、大气、生物等环境要素及其生态过程产生诸多直接或间接、有利或不利的影响(罗明和张惠远,2002)。与这些影响相关的表现是土地整治的环境、灾害及生态等效应,但考虑到环境因子的综合性,可以将土地整治的环境效应(C_{21})作为其中最为集中的表现。归纳土地整治的生态环境影响因子,拟定与土地整治的环境效应(C_{21})相关的指标:地表覆被变化(D_{210})、土地利用程度(D_{211})、坡地梯田化(D_{212})、水土流失控制(D_{213})、水资源平衡(D_{214})、退耕还林(D_{215})、退宅还林(园/耕)(D_{216})、劣质地改良(D_{217})。

3)土地整治的资源、经济及社会效应(B_3)。土地整治是促进土地资源重新配置、增加土地利用效益和提高土地供给能力的重要途径(钟险和白玉,2009)。其对资源的贡献表现为合理利用土地资源,有效利用水资源,充分利用光温资源;对经济的影响主要表现为提高农民收入,增加就业机会,促进现代农业技术推广;对社会的影响主要表现为提高粮食安全,减少土地纠纷,扶持农村贫困人口,健全农村基础设施体系,完善农村社会服务体系等。由于土地整治对资源的贡献可以通过经济社会方面的相关因子加以衡量和评判,因此可以将土地整治的资源、经济及社会效应概括为土地整治的经济和社会效应(C_{31})。经过筛选和归纳,拟定与土地整治的经济和社会效应(C_{31})相关的指标为增加粮食产量(D_{310})、农业结构调整(D_{311})、土地规模化程度(D_{312})、农民务农收入(D_{313})、社区宜居程度(D_{314})、社会公平状况(D_{315})。

(3) 评价指标权重确定

采用层次分析法(AHP),依据不同人地关系类型区土地整治愿景,以及目标取向、路径选择和整治潜力,分别对构建的评价指标体系按重要性进行排序,求解指标的权重向量,赋以权重,并进行一致性检验(表6-3)。其中,渝东北人地关系敏感区和渝东南人地关系脆弱区在土地整治愿景、目标取向、路径选择和整治潜力方面,虽存在一定差异,但它们在自然地理环境、土地利用、社会经济发展方面比较接近,存在诸多相似性,故在赋以权重时将两个区域归为一个区域进行考虑和处理。确权结果见表6-3。

表6-3　人地协调的土地整治评价指标权重确定

指标层次	指标代号	都市人地关系高压区		环都市人地关系紧张区		渝东北人地关系敏感区 渝东南人地关系脆弱区	
		AHP权重	AHP一致性检验	AHP权重	AHP一致性检验	AHP权重	AHP一致性检验
A–B	B_1	0.4186	$\lambda_{max}=3.0528$,	0.4328	$\lambda_{max}=3.0746$,	0.33	$\lambda_{max}=3.0605$,
	B_2	0.2032	CI=0.0264,	0.1644	CI=0.0373,	0.3925	CI=0.0302,
	B_3	0.3782	RI=0.58, CR=0.0455<0.10	0.4028	RI=0.58, CR=0.0643<0.10	0.2775	RI=0.58, CR=0.0521<0.10
B_1–C	C_{11}	0.3333	$\lambda_{max}=2.2499$,	0.366	$\lambda_{max}=2.1546$,	0.5858	$\lambda_{max}=2.0606$,
	C_{12}	0.6667	CI=0.2499, RI=CR=0	0.634	CI=0.1546, RI=CR=0	0.4142	CI=0.0606, RI=CR=0
B_2–C	C_{21}	1	—	1	—	1	—
B_3–C	C_{31}	1	—	1	—	1	—
C_{11}–D	D_{110}	0.3349	$\lambda_{max}=5.2392$,	0.4365	$\lambda_{max}=5.3460$,	0.4292	$\lambda_{max}=5.2776$,
	D_{111}	0.1331	CI=0.0598,	0.0933	CI=0.0865,	0.0619	CI=0.0694,
	D_{112}	0.0402	RI=1.12,	0.0371	RI=1.12,	0.2306	RI=1.12,
	D_{113}	0.1752	CR=0.0534<0.10	0.1615	CR=0.0772<0.10	0.1153	CR=0.0620<0.10
	D_{114}	0.3166		0.2716		0.163	

续表

指标层次	指标代号	都市人地关系高压区		环都市人地关系紧张区		渝东北人地关系敏感区 渝东南人地关系脆弱区	
		AHP权重	AHP一致性检验	AHP权重	AHP一致性检验	AHP权重	AHP一致性检验
$C_{12}-D$	D_{120}	0.1389	$\lambda_{max}=7.6079$, CI=0.1013, RI=1.32, CR=0.0768<0.10	0.1631	$\lambda_{max}=7.6610$, CI=0.1102, RI=1.32, CR=0.0835<0.10	0.2033	$\lambda_{max}=7.4558$, CI=0.0760, RI=1.32, CR=0.0576<0.10
	D_{121}	0.1493		0.1752		0.1298	
	D_{122}	0.2111		0.1239		0.0649	
	D_{123}	0.2336		0.2742		0.1837	
	D_{124}	0.0431		0.0425		0.0698	
	D_{125}	0.0746		0.0737		0.13	
	D_{126}	0.1494		0.1473		0.2185	
$C_{21}-D$	D_{210}	0.1434	$\lambda_{max}=8.9077$, CI=0.1297, RI=1.41, CR=0.0920<0.10	0.1434	$\lambda_{max}=8.9077$, CI=0.1297, RI=1.41, CR=0.0920<0.10	0.1242	$\lambda_{max}=8.9295$, CI=0.1328, RI=1.41, CR=0.0942<0.10
	D_{211}	0.0402		0.0402		0.0414	
	D_{212}	0.2411		0.2411		0.2089	
	D_{213}	0.1705		0.1705		0.1756	
	D_{214}	0.1541		0.1541		0.0667	
	D_{215}	0.077		0.077		0.1122	
	D_{216}	0.1089		0.1089		0.1123	
	D_{217}	0.0648		0.0648		0.1587	
$C_{31}-D$	D_{310}	0.0863	$\lambda_{max}=6.3732$, CI=0.0746, RI=1.24, CR=0.0602<0.10	0.1817	$\lambda_{max}=6.3835$, CI=0.0767, RI=1.24, CR=0.0619<0.10	0.2936	$\lambda_{max}=6.4387$, CI=0.0877, RI=1.24, CR=0.0708<0.10
	D_{311}	0.2904		0.1642		0.1326	
	D_{312}	0.2442		0.1528		0.1234	
	D_{313}	0.1452		0.2844		0.2732	
	D_{314}	0.1728		0.1527		0.1038	
	D_{315}	0.0611		0.0642		0.0734	

注：λ_{max}为矩阵的最大特征值；CI 为一致性指标，RI 为平均随机一致性指标；CR 为随机一致性指标，是 CI 与 RI 之比，当 CR<0.10 时判断矩阵具有满意的一致性。

1）都市人地关系高压区。该区准则层确权的排序结果为 $B_1>B_3>B_2$，表明区内土地整治应首先关注对土地利用条件的改善，其次是追求良好的资源、经济及社会效应，最后才是兼顾环境、灾害及生态效应。在子准则层上，相对于用途转换（C_{11}），该区的土地整治更为重视提高土地利用的集约度（C_{12}）。进一步分析子准则层下的指标层，不难看出，用途转换方面，该区土地整治强调耕地和农村居民点整理（D_{110}、D_{114}），其次是废弃土地复垦（D_{113}），最后才是适当考虑林园地整理和未利用地开发(D_{111}、D_{112});集约度的变化方面,尤其重视灌排保证率和田块集中连片程度(D_{123}、D_{122}),其次是台面坡度、田块规整度和路网密度(D_{126}、D_{121}、D_{120}),此外也要注意有效土层厚度和土壤培肥(D_{125}、D_{124});土地整治的环境效应方面,最为关注的是坡地梯田化和水土流失控制(D_{212}、D_{213}),其次是水资源平衡、地表覆被变化和退宅还林(园/耕)(D_{214}、D_{210}、D_{216}),此外还要考虑到退耕还林、劣质地改良和土地利用程度(D_{215}、D_{217}、D_{211});土地整治的经济和社会效应方面,最为重视的是农业结构调整和土地规模化程度(D_{311}、D_{312}),其次是社会宜居程度和农民务农收入(D_{314}、D_{313}),最后是兼顾增加粮食产量和改善社会公平状况(D_{310}、D_{315})。

2)环都市人地关系紧张区。该区准则层确权排序结果为 $B_1 > B_3 > B_2$,且 B_1 的权重仅略高于 B_3,说明区内土地整治不仅要改善土地利用条件,同时应高度重视获取良好的资源、经济及社会效应以及土地整治的环境、灾害及生态效应。在子准则层上,相对于用途转换(C_{11}),该区的土地整治更为重视提高土地利用的集约度(C_{12}),不过在程度上低于都市人地关系高压区。进一步分析子准则层下的指标层,在用途转换方面,该区土地整治突出耕地整理(D_{110}),其次是农村居民点整理和废弃土地复垦(D_{114}、D_{113}),不过也要适当考虑林园地整理和未利用地开发(D_{111}、D_{112});在集约度的变化方面,尤其重视灌排保证率(D_{123}),其次是田块规整度、路网密度、台面坡度和田块集中连片程度(D_{121}、D_{120}、D_{126}、D_{122}),同样也需注意有效土层厚度和土壤培肥(D_{125}、D_{124});在土地整治的环境效应方面,与都市人地关系高压区所赋权重一致,最为重视坡地梯田化和水土流失控制(D_{212}、D_{213}),其次是水资源平衡、地表覆被变化和退宅还林(园/耕)(D_{214}、D_{210}、D_{216}),此外还要顾及退耕还林、劣质地改良以及土地利用程度(D_{215}、D_{217}、D_{211});在土地整治的经济和社会效应方面,最为重视农民务农收入(D_{313}),其次是增加粮食产量、农业结构调整和土地规模化程度以及社区宜居程度(D_{310}、D_{311}、D_{312}、D_{314}),最后是要兼顾改善社会公平状况(D_{315})。

3)渝东北人地关系敏感区和渝东南人地关系脆弱区。准则层的排序结果与都市人地关系高压区和环都市人地关系紧张区有较为显著的不同,为 $B_2 > B_1 > B_3$,区内土地整治首先突出土地整治的环境、灾害及生态效应,其次是改善土地利用条件和追求良好的资源、经济及社会效应。在子准则层上,该区的土地整治偏重于用途转换(C_{11}),在此基础上适度提高土地利用的集约度(C_{12})。进一步分析子准则层下的指标层,在用途转换方面,该区土地整治首先应强调耕地整理(D_{110}),其次是未利用地开发(D_{112}),还要适当考虑农村居民点整理和废弃土地复垦(D_{114}、D_{113}),最后也要兼顾林园地整理(D_{111});在集约度的变化方面,尤其应重视台面坡度和路网密度(D_{126}、D_{120}),其次是灌排保证率、有效土层厚度和田块规整度(D_{123}、D_{125}、D_{121}),此外还应注意土壤培肥和田块集中连片程度(D_{124}、

D_{122}）；在土地整治的环境效应方面，最为重视坡地梯田化（D_{212}），其次是水土流失控制、劣质地改良、地表覆被变化、退宅还林（园/耕）以及退耕还林（D_{213}、D_{217}、D_{210}、D_{216}、D_{215}），此外也要考虑水资源平衡和土地利用程度（D_{214}、D_{211}）；在土地整治的经济和社会效应方面，首先是增加粮食产量和农民务农收入（D_{310}、D_{313}），其次是农业结构调整、土地规模化程度和社区宜居程度（D_{311}、D_{312}、D_{314}），最后是兼顾改善社会公平状况（D_{315}）。

6.2　土地整治协调人地关系效应评价

6.2.1　评价样点选取

围绕不同人地关系类型区的人地关系背景，以及由此设置的土地整治愿景、目标取向、路径选择等内容，参照《重庆市土地开发整理工程建设标准（试行）》的工程类型分区，根据重庆市各人地关系类型区土地整治实践情况，选取具有代表性的典型项目开展重庆市土地整治协调人地关系效应评价。

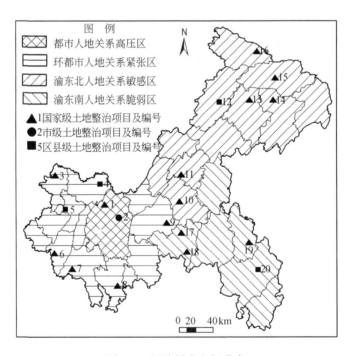

图 6-1　评价样点空间分布

2000～2010 年,重庆市已实施完成各级土地整治项目有 1517 个,土地整治规模为 256 470hm²,新增耕地为 61 662hm²,投资总额为 44.10 亿元。根据土地整治项目性质(整理、开发、复垦)、级别(国家级、市级、区县级)、投资渠道(国家投资、市级投资、区县投资)、时空分布等特点,筛选了 20 个土地整治项目作为评价研究区实施土地整治协调人地关系程度的典型样点(图 6-1,表 6-4)。按项目级别划分,有国家级项目 15 个、市级项目 1 个、区县级项目 4 个;按所处人地关系类型区划分,有都市人地关系高压区 2 个、环都市人地关系紧张区 7 个、渝东北人地关系敏感区 7 个、渝东南人地关系脆弱区 4 个。

表 6-4　评价样点基本情况

样点编号	样点名称	项目级别	所属类型区	
			工程类型区 *	人地关系类型区
1	北碚偏岩土地整治项目	国家级	I₂	都市人地关系高压区
2	渝北兴隆徐堡土地整治项目	市级	I₂	
3	潼南桂林河滩地开发项目	国家级	I₁	环都市人地关系紧张区
4	合川三汇长胜土地整治项目	县级	I₂	
5	铜梁平滩黄土土地整治项目	县级	I₁	
6	永川宝峰土地整治项目	国家级	I₁	
7	江津白沙土地整治项目	国家级	I₂	
8	綦江柳罗山土地开发整理项目	国家级	II₂	
9	涪陵焦石土地整治项目	国家级	II₂	
10	丰都社坛土地整治项目	国家级	I₃	渝东北人地关系敏感区
11	忠县拔山土地整治项目	国家级	I₃	
12	开县三里河流域水毁耕地复垦项目	县级	I₃	
13	云阳上坝土地整治项目	国家级	II₁	
14	奉节平安槽土地整治项目	国家级	II₂	
15	巫溪朝阳洞土地整治项目	国家级	II₂	
16	城口东安土地整治项目	国家级	II₁	
17	武隆双河土地整治项目	国家级	II₃	渝东南人地关系脆弱区
18	武隆广杨土地整治项目	国家级	II₃	
19	黔江马喇土地整治项目	国家级	II₃	
20	酉阳泔溪土地整治项目	县级	II₃	

注: * 根据《重庆市土地开发整理工程建设标准》(试行),重庆市土地整治工程类型分区包括: I₁——渝西缓丘平坝工程类型区; I₂——渝西丘陵工程类型区; I₃——渝西低山岩溶槽谷工程类型区; II₁——渝东河谷平坝工程类型区; II₂——渝东中低山坡地工程类型区; II₃——渝东中低山岩溶坡地工程类型区。

6.2.2　评价数据处理及方法选取

(1) 评价数据处理

1) 土地用途转换数据。人类需求的变化导致了各种用地类型之间的竞争,其中的自然地理因素和社会经济因素控制着土地用途转换的方向和程度。用途转换是土地整治的重要方面,以往乃至现在土地整治普遍强调新增耕地及提高土地利用率,均是侧重于用途转换的表现。对土地用途转换基本时空单元的空间辨识,可以发掘土地用途转换的主导特征(孙九林,2009)。通过提取、概括、归并这些特征,并结合数量变化,可以为土地整治中的用途转换提供数据分析处理的依据。其中,耕地整理和林园地的整理,主要表现为其他用途的土地向自身的转换,以增加为主导;而未利用地开发、废弃土地复垦、农村居民点整理,主要表现为自身向其他用途的土地转换,以减少为主导。不管增加还是减少,都可以通过整治前后项目区相应地类的面积变化率加以表示,如耕地整理中,田土坎、边角和零星破碎地块的用途转换可以有效地增加耕地,其中的数量变化就可以通过整治前后耕地面积的变化率加以描述。

2) 土地利用集约度的变化数据。人类需求变化作用于土地利用的另一个表现,是改变了土地利用的集约度。土地整治不会直接提高或降低土地利用的集约度,但能够通过一些工程技术措施改善土地利用条件,如完善农田路网、水利等基础设施,田块集中连片整治,移土培肥等,从而间接地引起土地利用集约度的变化。在土地整治导致集约度变化的影响因素中,对路网密度、灌排保证率等现状因子,可采用式(6-1)加以量化:

$$D = \frac{\sum_{i=1}^{N} L_i}{A} \tag{6-1}$$

式中,D 为路网密度或灌溉保证率;L_i 为不同规格的道路或沟渠的长度;i 为道路或沟渠的规格类型;A 为土地整治项目的建设规模。

对田块集中连片程度,采用整理前后地类图斑数量的比值进行描述。

对田块规整度、土壤培肥、有效土层厚度、台面坡度,可采取经验赋值法进行相应的量化处理(表6-5)。

表 6-5　土地整治集约度影响因子分值

因子＼标准＼分值	0.90~1	0.80~0.90	0.60~0.80	<0.60
田块规整度(宽高比)	10	5~10	3~5	<3
土壤培肥	好	较好	一般	较差
有效土层厚度/cm	>50	40~50	30~40	<30
台面坡度/(°)	0~2	2~6	6~10	≥10

3)土地整治的环境效应数据。地表覆被在很大程度上取决于地表的植被状况,在揭示地表覆被特征的研究中,不少学者把注意力集中于地表的植被覆被上(洪军等,2005)。因此,地表覆被度可量化为植被覆被度。由于植被覆盖类型与土地利用类型直接相关,可用式(6-2)加以量化处理:

$$D = \frac{\sum_{i=1}^{N} S_i}{A} \tag{6-2}$$

式中,D 为地表覆被度;S_i 为林地、园地、农田等植被类型的土地面积;i 为不同的土地利用类型;A 为土地整治项目的建设规模。地表覆被变化,就是整理后与整理前地表覆被度的比值。

土地利用程度量化的基础是建立在土地利用程度的极限上,其上限是土地资源的利用达到的顶点,下限是人类对土地资源开发利用的起点(秦元伟等,2009),可以表达成一种不连续的函数形式(庄大方和刘纪元,1997)。将未利用土地,林、草、水用地,农业用地,城镇聚落用地作为 4 种土地利用的理想状态,定义为 4 种土地利用级,并分别进行赋值(表 6-6)。可通过式(6-3)得到土地利用的综合指数:

$$L_a = 100 \times \sum_{i=1}^{N} A_i \times C_i \quad L_a \in [100,400] \tag{6-3}$$

式中,L_a 为土地利用程度综合指数;A_i 为第 i 级的土地利用程度分级指数;C_i 为第 i 级的土地利用程度分级面积占土地整治项目建设规模的百分比;i 为分级指数;N 为分级指数最大值,$1 \leqslant N \leqslant 4$。土地利用程度变化,就是整理后与整理前土地利用程度综合指数的比值。

表 6-6　土地利用程度分级赋值

类型	土地利用类型	分级指数
未利用土地级	未利用地或难利用地	1
林、草、水用地级	林地、草地、水域	2
农业用地级	耕地、园地、人工草地	3
城镇聚落用地级	城镇、居民点、工矿用地、交通用地	4

对坡地梯田化，采用土地整治中坡改梯工程的人工和机械降坡土方量与土地整治项目建设规模的比值进行描述。

对水土流失控制、水资源平衡、退耕还林、退宅还林（园/耕）、劣质地改良，采取经验赋值法进行相应的量化处理（表 6-7）。

表 6-7　环境效应部分影响因子分值

标准　分值　　因子	0.90~1	0.80~0.90	0.60~0.80	<0.60
水土流失控制	好	较好	一般	较差
水资源平衡	供需平衡	供需基本平衡	供需接近平衡	供需不能平衡
退耕还林	植被修复	植被基本修复	植被退化	荒芜,表土裸露
退宅还林（园/耕）	植被修复	植被基本修复	植被退化	荒芜,表土裸露
劣质地改良	好	较好	一般	较差

4）土地整治的经济和社会效应数据。提高粮食产量的途径有两条：一是扩大种植面积，二是提高单位面积产量。在土地整治中，极为重要的一个方面是增加有效耕地面积，另一方面则是通过改善农业生产条件、完善农田基础设施、土壤培肥等途径，提高土地生产力，进而促进粮食增产。对此，前者导致的粮食增产可以通过新增耕地数量加以量化，而后者由于较难量化则常常采用经验赋值法。在此未考虑土地整治中提高粮食单产上的贡献，对增加粮食产量因子，仅通过新增耕地的潜力数量进行量化。

土地整治前后，农业结构往往发生变化，趋向于种植劳动更为密集、经济附加值更高的作物，如蔬菜、花卉、优质果品等。同时，由于基础条件的改善，有助于那些有能力从事规模经营的业主进入，从而提高土地的规模化程度。此外，土地整治后,也会影响农民的务农收入、社区宜居程度及社会公平状况。对这些指标,可采用经验赋值法进行量化处理(表6-8)。

表6-8 经济和社会效应部分影响因子分值

因子 \ 标准 \ 分值	0.90~1	0.80~0.90	0.60~0.80	<0.60
农业结构调整	全部改作劳动密集、经济附加值高的作物	部分改作劳动密集、经济附加值高的作物	维持整治前的种植结构	种植结构更为单一化
土地规模化程度	集中连片	适度集中	维持整治前原状	土地趋于分散
农民务农收入	人均增长300元以上	人均增长200~300元	人均增长100~200元	人均增长100元以下
社区宜居程度	显著提高	有所提高	没有变化	有所下降
社会公平状况	显著改善	有所改善	没有变化	有所下降

5)评价指标量化分级汇总。根据评价体系土地用途转换、土地利用集约度的变化、土地整治的环境效应、土地整治的经济和社会效应选取指标量化分析和处理过程,可得指标量化分级汇总结果(表6-9)

表6-9 评价指标量化分级汇总

评价指标得分	0.90~1	0.80~0.90	0.60~0.80	<0.60
D_{110} 耕地整理	>11.3%	11.0%~11.3%	10.7%~11.0%	<10.7%
D_{111} 林园地整理	>20%	15%~20%	10%~15%	<10%
D_{112} 未利用地开发	>90%	70%~90%	50%~70%	<50%
D_{113} 废弃土地复垦	>90%	70%~90%	50%~70%	<50%
D_{114} 农村居民点整理	>90%	70%~90%	50%~70%	<50%
D_{120} 路网密度	>80%	60%~80%	40%~70%	<40%
D_{121} 田块规整度	>10	5~10	3~5	<3
D_{122} 田块集中连片程度	>1.2	1.1~1.2	1.0~1.1	<1
D_{123} 灌排保证率	>60%	50%~60%	30%~50%	<30%

评价指标得分	0.90 ~ 1	0.80 ~ 0.90	0.60 ~ 0.80	<0.60
D_{124}土壤培肥	好	较好	一般	较差
D_{125}有效土层厚度	>50cm	40 ~ 50cm	30 ~ 40cm	<30cm
D_{126}台面坡度	0° ~ 2°	2° ~ 6°	6° ~ 10°	≥10°
D_{210}地表覆被变化	1.20	1.15 ~ 1.20	1.0 ~ 1.15	<1.0
D_{211}土地利用程度	1.05	1.01 ~ 1.05	1.0 ~ 1.01	<1.0
D_{212}坡地梯田化	800 ~ 1000	600 ~ 800	200 ~ 600	<200
D_{213}水土流失控制	好	较好	一般	较差
D_{214}水资源平衡	供需平衡	供需基本平衡	供需接近平衡	供需不能平衡
D_{215}退耕还林	植被修复	植被基本修复	植被退化	荒芜,表土裸露
D_{216}退宅还林(园/耕)	植被修复	植被基本修复	植被退化	荒芜,表土裸露
D_{217}劣质地改良	好	较好	一般	较差
D_{310}增加粮食产量	>13%	10% ~ 13%	7% ~ 10%	<7%
D_{311}农业结构调整	全部改作劳动密集、经济附加值高的作物	部分改作劳动密集、经济附加值高的作物	维持整理前的种植结构	种植结构更为单一化
D_{312}土地规模化程度	集中连片	适度集中	维持整理前原状	土地趋于分散
D_{313}农民务农收入	人均增长>300元	人均增长200 ~ 300元	人均增长100 ~ 200元	人均增长<100元
D_{314}社区宜居程度	显著提高	有所提高	没有变化	有所下降
D_{315}社会公平状况	显著改善	有所改善	没有变化	有所下降

6)评价指标值的量纲统一。在评价资料的分析处理中,所得的评价指标值的量纲显然是不一致的。当将它们用到综合评价中时,必然会出现数据"以大吃小"的现象,导致综合评价结果不可信。因此,在进行综合评价前,必须首先统一各评价指标值的量纲。上述评价指标体系中,对定性因子均采用经验赋值法。为了便于综合评价,基于这一量纲,对评价指标体系中的定量指标值也进行了赋值,其主要依据是由定量指标值在不同人地关系类型区的大小所形成的重要性序列。例如,在4个人地关系类型区,路网密度(D_{120})的量化值分别为74.92、61.85、57.31、45.53,根据其大小所形成的重要性序列,分别赋值为85、80、70、60,进一步标准化

处理后为0.85、0.80、0.70、0.60,见表6-10、表6-11。

表6-10 人地关系协调的土地整治评价指标量化

评价指标	指标量化值			
	都市人地关系高压区	环都市人地关系紧张区	渝东北人地关系敏感区	渝东南人地关系脆弱区
D_{110}耕地整理	1.0655	1.0869	1.1031	1.1257
D_{111}林园地整理	0	0	0	0
D_{112}未利用地开发	0	0.5870	0.8500	0.869
D_{113}废弃土地复垦	0	0	0.8700	0
D_{114}农村居民点整理	0	0	0	0
D_{120}路网密度	74.92	61.85	57.31	45.53
D_{121}田块规整度	0.70	0.75	0.65	0.60
D_{122}田块集中连片程度	1.08	1.11	1.06	1.04
D_{123}灌排保证率	28.67	36.34	61.72	49.5
D_{124}土壤培肥	0.70	0.80	0.60	0.60
D_{125}有效土层厚度	0.65	0.80	0.55	0.55
D_{126}台面坡度	0.65	0.7	0.6	0.55
D_{210}地表覆被变化	1.10	1.17	1.10	1.08
D_{211}土地利用程度	1.0005	0.9998	1.0126	1.0154
D_{212}坡地梯田化	195.91	279.15	636.85	450.55
D_{213}水土流失控制	0.65	0.7	0.55	0.55
D_{214}水资源平衡	0.65	0.7	0.75	0.6
D_{215}退耕还林	0	0	0	0
D_{216}退宅还林(园/耕)	0	0	0	0
D_{217}劣质地改良	0.7	0.8	0.6	0.55
D_{310}增加粮食产量	6.55	8.69	10.31	12.57
D_{311}农业结构调整	0.8	0.75	0.65	0.6
D_{312}土地规模化程度	0.85	0.8	0.6	0.6
D_{313}农民务农收入	0.85	0.8	0.7	0.65
D_{314}社区宜居程度	0.85	0.75	0.6	0.65
D_{315}社会公平状况	0.8	0.75	0.65	0.6

表6-11　人地关系协调的土地整治评价指标量纲统一后的标准化值

评价指标	指标量纲统一后的标准化值			
	都市人地关系高压区	环都市人地关系紧张区	渝东北人地关系敏感区	渝东南人地关系脆弱区
D_{110}耕地整理	0.50	0.70	0.80	0.85
D_{111}林园地整理	0.00	0.00	0.00	0.00
D_{112}未利用地开发	0.00	0.60	0.80	0.85
D_{113}废弃土地复垦	0.00	0.00	0.00	0.00
D_{114}农村居民点整理	0.00	0.00	0.00	0.00
D_{120}路网密度	0.85	0.80	0.70	0.60
D_{121}田块规整度	0.70	0.75	0.55	0.50
D_{122}田块集中连片程度	0.70	0.80	0.65	0.55
D_{123}灌排保证率	0.75	0.80	0.60	0.55
D_{124}土壤培肥	0.70	0.80	0.55	0.50
D_{125}有效土层厚度	0.65	0.80	0.55	0.50
D_{126}台面坡度	0.65	0.70	0.55	0.50
D_{210}地表覆被变化	0.75	0.85	0.65	0.60
D_{211}土地利用程度	0.65	0.50	0.80	0.85
D_{212}坡地梯田化	0.60	0.70	0.85	0.80
D_{213}水土流失控制	0.65	0.70	0.55	0.50
D_{214}水资源平衡	0.70	0.80	0.65	0.55
D_{215}退耕还林	0.00	0.00	0.00	0.00
D_{216}退宅还林（园/耕）	0.00	0.00	0.00	0.00
D_{217}劣质地改良	0.70	0.80	0.50	0.45
D_{310}增加粮食产量	0.50	0.75	0.85	0.85
D_{311}农业结构调整	0.80	0.70	0.65	0.60
D_{312}土地规模化程度	0.85	0.70	0.60	0.55
D_{313}农民务农收入	0.85	0.75	0.60	0.55
D_{314}社区宜居程度	0.85	0.75	0.60	0.50
D_{315}社会公平状况	0.80	0.75	0.85	0.85

（2）评价方法选取

由于土地整治的综合评判具有多重属性的特点,涉及许多模糊问题,需要将评判因素集合按照某种属性进行分类评判,这就构成了多层次模糊综合评判模型。其基本原理为

1）对于评判因素集合 **U**,按照某个属性 c,将其划分成 m 个子集,使它们满足:

$$\begin{cases} \sum_{i=1}^{m} U_i = \mathbf{U} \\ U_i \cap U_j = \Phi(i \neq j) \end{cases} \tag{6-4}$$

这样就得到了第二级评判因素集合:

$$\mathbf{U}/c = \{U_1, U_2, \cdots, U_m\} \tag{6-5}$$

式中, $U_i = \{u_{ik}\}(i=1,2,\cdots,m;k=1,2,\cdots,n_k)$ 表示子集 U_i 中含有 n_k 个评判因素。

2）对于每一个子集 U_i 中的 n_k 评判因素,按照单层次模糊综合评判模型进行评判。如果 U_i 中诸因素的权重分配为 $\tilde{A}_i$,其评判决策矩阵为 R_i,则得到第 i 个子集 U_i 的综合评判结果:

$$\tilde{B}_i = \tilde{A}_i \cdot R_i = [b_{i1}, b_{i2}, \cdots, b_{in}] \tag{6-6}$$

3）对 U/c 中的 m 个评判因素子集 $U_i(i=1,2,\cdots,m)$ 进行综合评判,其评判决策矩阵为

$$\mathbf{R} = \begin{bmatrix} \tilde{B}_1 \\ \tilde{B}_2 \\ \vdots \\ \tilde{B}_\mu \end{bmatrix} = \begin{bmatrix} b_{11} & b_{12} & \cdots & b_{1n} \\ b_{21} & b_{22} & \cdots & b_{2n} \\ \vdots & \vdots & & \vdots \\ b_{m1} & b_{m2} & \cdots & b_{mn} \end{bmatrix} \tag{6-7}$$

如果 **U**/c 中的各评判因素子集的权重分配为 $\tilde{A}$,则可得综合评判结果:

$$\tilde{B} = \tilde{A} \cdot R \tag{6-8}$$

式中, $\tilde{B}$ 既是对 U/c 的综合评判结果,也是对 **U** 中的所有评判因素的综合评判结果。

6.2.3　评价结果与分析

综合评价结果表明,都市人地关系高压区土地整治的人地关系协调度（u）为0.6383、环都市人地关系紧张区为0.6659、渝东北人地关系敏感区和渝东南人地关

系脆弱区分别为 0.5747 和 0.5463。不同人地关系类型区协调度(u)的数值表明，重庆市土地整治项目实施在协调人地关系综合程度上都达到了基本理想的结果。但是从土地整治导致各人地关系类型区土地利用条件的变化，土地整治的环境、灾害及生态效应，以及土地整治的资源、经济及社会效应方面分析，在不同类型之间土地整治又存在差异。

(1) 都市人地关系高压区

土地整治实现人地关系协调度为 0.6383，表明该区土地整治实践在短期内为缓解区内建设占用耕地的压力，缓冲持续高压的人地矛盾起到了积极的作用。同时，评价指标的量化结果显示，该区土地整治对于城市建设和乡村发展方面，具有显著的环境效应和社会经济效应。但从土地整治改变土地利用条件变化分析，该区目前土地用途转换基本依靠单一的耕地整理来实现，有利于生态环境建设和改善的林园地整理未受到重视，最具备基础条件和经济实力的该区对农村居民点实施整理开展力度不够。在促进土地利用集约度提高方面，该区较注重农田道路体系的建设，整理后路网密度为 0.85(量纲统一后的标准化值，下同)，是 4 个区最高的。另外，在田块规整度、田块集中连片程度、灌排保证率提高，加强土壤培肥，增厚有效土层厚度和降低台面坡度方面，该区较渝东北人地关系敏感区和渝东南人地关系脆弱区更好，但比环都市人地关系紧张区差。在土地整治的环境效应方面，土地整治后项目区地表覆被变化较整治前有所提高。由于该区土地整治项目基本没有未利用地开发和废弃土地复垦，土地利用程度较土地整治前没有什么变化。坡地梯田化程度在 4 个区中为最低，究其原因，一方面是该区总体地貌条件为丘陵地区，地形坡度变化不大，降坡需要移动的土方量不大；另一方面主要由于其他工程投资比例相对偏高，降坡工程资金投入就显不足。在水土流失控制、水资源平衡利用、低效劣质地改良以及植被修复方面，土地整治也起到了一定的作用；从土地整治的经济和社会效应分析，除在粮食增加方面不如其他 3 个区外，其余的在促进产业结构调整、土地规模化程度提高、增加务工农民收入、提高社区宜居程度和促进社会公平状况等 5 方面都较其他类型区有较好的效果。

目前，该区单一的耕地整理模式，与区内良好的自然地理条件、发达的社会经济基础、农村人口快速向城市转移的现状等特点不相称，也与借助土地整治改善土地利用条件、优化土地利用结构、提高土地集约节约利用水平、转变农用地功能利用方向、助推现代都市农业发展，以及加快新农村和小康社会的建设的愿景相差甚远。因此，该类型区将来土地整治应进一步加强与产业结构调整、城乡统筹发展、新农村建设等相关规划的结合，整合多个部门、社会团体和个人的资金和力量，综合土地整治内容(特别是要大力推进和加快农村居民点整理)，调整土地整治目标和创新土地整治管理机制，为土地利用支撑重庆市区域经济安全的战略和切实改善本区人地关系长期高压的状态创造条件和作出贡献。

(2) 环都市人地关系紧张区

环都市人地关系紧张区地势相对平坦,水热条件较好,气候适宜,土层深厚,土壤肥沃,灾害较少,农垦历史悠久,适合综合农业发展,开展土地整治的成效比较显著,所实现的人地关系协调度最高(0.6659)。从评价指标的量化结果来看,本区的土地整治优势并不在于新增了耕地数量,而是通过一系列工程技术措施改善了土地利用条件,从而促进土地利用集约度的上升及其由此而产生良好的环境效应和社会经济效应。本区土地整治实践在土地利用条件改变方面,土地用途转换主要依靠耕地整理的实施和极少部分未利用地的开发(绝大多数为荒草地),区内土地整治的对象、内容仍显单一。在微观项目尺度上,偏重于耕地整理,未能兼顾更没有专门的林园地整理、废弃土地复垦和农村居民点整理。在促进土地利用集约度提高方面,该区除在路网密度(0.80)方面较都市人地关系高压区(0.85)略低外,其他无论在田块规整度(0.75)、田块集中连片程度(0.80)、灌排保证率(0.80),还是在土壤培肥措施和效果、增厚有效土层厚度和降低台面坡度方面都较其他 3 个区效果显著。也就是说,该区通过土地整治,农田基础条件得到了较好的改善。在土地整治的环境效应方面,整理后项目区地表覆被变化在 4 个区中最高,而土地利用程度最低。土地利用程度低于其他 3 个区的原因,一方面是该区土地整治前后土地利用结构基本没有发生改变,另一方面是土地整治前区域的土地利用已相当充分。坡地梯田化程度较渝东北人地关系敏感区和渝东南人地关系脆弱区低的主要原因与都市人地关系高压区相同。地形条件决定了土地整治在水土流失控制方面的效果较渝东北人地关系敏感区和渝东南人地关系脆弱区两区突出。土地利用受粮食主产区功能的影响,土地整治在兼顾水资源平衡利用、中低产田土(低效劣质地)改良以及植被修复等方面都较其他区好。在土地整治获得的经济和产生的社会效应方面,由于该区土地整治前土地利用程度、粮食产量本身就较高、土地质量条件相对较好,土地整治后新增耕地面积较少,加之一部分整理后实施了农业产业结构调整,所以土地整治在增加粮食产量的效果方面不及渝东北人地关系敏感区和渝东南人地关系脆弱区两区。该区整理后,农业产业结构调整程度、土地规模化经营状况较都市人地关系高压区差,但比渝东北人地关系敏感区和渝东南人地关系脆弱区两区突出。在增加务工农民收入和提高社区宜居程度方面亦如此。由于各种原因,在促进社会公平方面该区的土地整治表现出了最差的效果。

虽然土地整治在缓减该区紧张的人地关系、巩固粮食生产等方面取得了一定的成效,但目前土地整治仍是以耕地整理为主导的单一模式,田、水、路、林、村生态型综合土地整治未得到充分实践,耕地整理的效果也离该区高标准农田建设目标相差甚远。土地整治的内容还未能同区域优势产业发展、农业结构调整、规模化经营等现代农业生产方式以及新农村建设充分结合。因此,未来土地整治应结合粮食安全高效生产、土地生态环境改善、现代农业发展、富民增收和新农村建设,推进土地综合整治模式,多渠道容纳社会资金,提高土地整治建设标准,适应该区土地利用服务于重庆市经济和粮食安全的战略,有效缓减区域人地关系紧张的状态。

(3) 渝东北人地关系敏感区

渝东北人地关系敏感区以丘陵和中低山地貌为主,区位优势良好,水热、生物、矿产、旅游等资源丰富,各类经济植物、林特产品驰名中外。区内社会经济发展缓慢,土地利用率、垦殖率较高,但综合效益不佳,坡耕地比重较大,水土流失严重,耕地质量差,地质灾害频繁,生态环境敏感脆弱,生态保护压力较大。该区土地整治的人地关系协调度为 0.5747,较都市人地关系高压区和环都市人地关系紧张区低,比渝东南人地关系脆弱区稍高。评价指标的量化结果显示,区内土地整治较注重通过用途转换以新增耕地,同时兼顾提高土地利用集约度。但该区土地整治赋权结果却显示区内土地整治首先应注重的是土地整治的环境、灾害及生态效应,其次是改善土地利用条件和追求良好的资源、经济及社会经济条件。在土地利用条件改变方面,该区土地利用主要靠耕地整理和未利用地开发(与其他区一样,主要是靠荒草地)增加耕地面积,也没有注重林园地、农村居民点整理和废弃土地的复垦。在实现土地集约度提高方面,由于受地形、地貌和投资等条件限制,在路网密度、田地规整度、田块集中连片程度、灌排保证率、土壤培肥效果、有效土层厚度增加和台面坡度降低等方面的实施成效,都不及都市人地关系高压区和环都市人地关系紧张区,只比渝东南人地关系脆弱区稍强。在土地整治的环境效应方面,该区比较强调坡地梯田化效果(0.80)、土地利用程度的提高(0.80),但地表覆被变化、水土流失控制效果、水资源平衡利用和劣质地改良都不如都市人地关系高压区和环都市人地关系紧张区,其主要原因是由于该区地形条件变化起伏较大,地块条件破碎,投资严重不足。在土地整治获得的经济和产生的社会效应方面,该区较注重追求粮食产量的增加(0.85)和社会公平状况(0.85),但由于受社会经济和农业基础薄弱以及地形条件和区位条件等因素的限制,区内土地整治在结合农业结构调整、实现土地规模化生产经营、增加农民务农收入以及改善社区宜居程度方面都赶不上都市人地关系高压区和环都市人地关系紧张区。

由于受区内社会经济基础、地形地貌和生态本底恶劣等因素的限制,导致了土地整治在协调区域人地关系效果上不太理想。但这也与土地整治自身的问题有密切关系,如区内土地整治模式仍以耕地整理为主导,未从本区生态安全角度出发深入开展生态型综合整治。土地整治理念未充分与土地利用应服务于区域生态安全和粮食安全战略相结合。土地整治内容不注重发展山地丘陵区农业,培育三峡库区特色农业和生态(绿色)农业,建设区内林果、药材产业基地,改善农业生产条件和生态环境。加之,土地整治工程设计模式和投资额度及比例分配仍按简单的耕地整理框架进行,这势必与区内生态型的土地整治需求不相适应。因此,根据区域土地整治设计愿景,结合区域资源优势和产业发展定位,因地制宜地转变区内土地整治模式,加大区内土地整治投入力度,改进土地整治工程设计框架,加强农业基础建设,突出土地整治生态效果,切实改变区内人地关系敏感的现状,实现区内人地关系和谐发展。

(4)渝东南人地关系脆弱区

渝东南人地关系脆弱区以低中山地貌为主,是重庆市社会经济发展落后、贫困人口众多、喀斯特地貌发育较广、生态环境十分脆弱的地区,土地整治面临的限制因素较多。评价结果表明,在4个人地关系类型区中,该区土地整治所实现的人地关系协调度最低(0.5463)。从评价指标的量化结果来看,该区与渝东北人地关系敏感区存在诸多相似或一致之处。在土地利用条件改善方面,该区土地整治更强调通过用途转换新增耕地,却不能有效兼顾对土地利用集约度的提高。在土地整治的效应(包括环境、经济和社会)方面,除更为重视坡地梯田化(0.80)、土地利用程度(0.85)、增加粮食产量(0.85)以及追求社会公平状况(0.85)外,其余土地整治内容较其他类型区相比,实践效果或受重视程度不及其他3个人地关系类型区,其主要原因与渝东北人地关系敏感区具有相似性。

从土地整治实践效果综合评价和调查情况分析,该区仍然摆脱不了耕地整理为主的单一土地整治模式,相同的土地整治内容,相似的土地整治工程设计,追求增加耕地为主的整理动机等。同样未能针对区内土地利用条件、生态背景因地制宜地开展土地整治。土地整治的出发点也未充分重视该区的土地利用战略应是服务于区域生态安全和资源安全。土地整治在促进区内生态建设和耕地保护,打造优质水果、中药材、无公害蔬菜等特色农产品基地,发展生态农业,加快农民脱贫致富等方面结合得还远远不够。因此,广泛推进生态土地整治模式,加大国家和社会各方资金的投入,建立土地整治促进生态恢复、改善生态环境和农民脱贫致富的长效机制,才能深刻改善区内脆弱的人地关系。

第7章　土地整治工程及景观效应

　　土地整治是对土地资源及其利用方式的再组织和再优化的过程,也是对土地权属的再调整,是一项复杂的系统工程(王军等,2002;Pašakarnis and Maliene,2010)。土地整治通过生物及工程措施改变了土地利用结构和土地覆被状况,必然会对景观的多样性、空间格局产生一系列影响,生态系统的类型、结构和功能也会随之发生变化(Bonfanti et al.,1997;王军等,2007;赵桂慎等,2007;喻光明等,2008;刘勇等,2008;谷晓坤和陈百明,2008;张正峰,2008)。土地整治对于土地最直观的干扰,体现在其短期内能使原有景观格局产生剧烈变化。它不仅可造成区域各景观类型斑块、廊道和基质的形状、大小、数目以及空间分布与配置的改变(杨晓艳等,2005;喻光明等,2006a),还能提高农田景观的协调性,增加农田景观美学价值和生物多样性(贾芳芳等,2007),同时也会改善农田田块布局,创造现代农业生产基础设施条件。但不适当的土地整治方式和方法对景观的分割,会促使孤立嵌块体数量增加,加剧景观的破碎化,给景观类型及破碎度带来一定影响(邓劲松等,2005),也会破坏原自然景观结构和功能,尤其是将会影响农田生态系统的自组织能力和稳定性(曹顺爱等,2006),使得农业生态环境系统过分依赖外界,农业生态系统的缓冲和补偿能力、抵御灾害能力及适应环境自身调节能力下降(何念鹏和周道玮,2001),甚至破坏生物多样性,降低土地的生产能力(孙一铭,2008),从而将不利于农田景观系统的可持续发展。为此,本章基于"农村土地整治—土地利用变化—景观格局及生态学过程"的认识过程,选取重庆市5个国土整治整村推进示范村项目为样点,揭示土地破碎化格局下小尺度上土地整治工程所导致的局地土地利用变化和对景观格局的影响,阐明土地利用、农业生物多样化与地块异质性间的联系,提出基于农村土地整治的乡村景观建设集成技术。

7.1　研究样点与研究方法

7.1.1　研究样点选取及概况

　　为全面研究农村土地整治工程及其景观效应,提出基于农村土地整治的乡村景观建设集成技术,本书以村级尺度土地整治项目为单元,以不同地貌类型和社会经济发展梯度为背景,基于重庆市人地关系类型划分和"一圈两翼"格局,选取重庆市 5 个村级尺度土地整治项目为样点(图 7-1),从农村居民点复垦工程、土地平整工程、田间道路工程、农田水利工程等土地整治工程措施的角度出发,探讨各类工程的特性及其景观效应。在人地关系呈现高压紧张态势的一小时经济圈(简称"一圈")选取了合川区钱塘镇大柱村土地整治项目(简称 YD-Ⅰ,下同)和綦江区永城镇中华村土地整治项目(简称 YD-Ⅱ,下同)为研究样点;在人地关系呈敏感态势的渝"东北翼"选取了忠县任家镇新开村土地整治项目(简称 YD-Ⅲ,下同)和奉节县鹤峰乡青杠村土地整治项目(简称 YD-Ⅳ,下同)为研究样点;在人地关系呈脆弱态势的渝"东南翼"选取了酉阳县黑水镇大泉村土地整治项目(简称 YD-Ⅴ,下同)为研究样点。各研究样点基本情况见表 7-1。

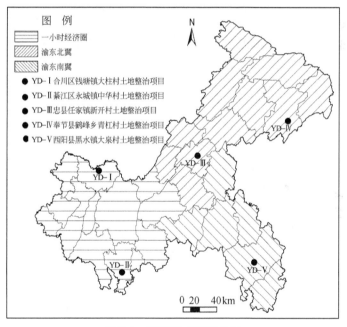

图 7-1　研究样点空间分布

表 7-1　研究样点基本概况

样点村	自然地理条件	社会经济条件	产业规划
合川区钱塘镇大柱村(YD-Ⅰ)	亚热带湿润季风气候,年均温为 18.1℃,年均降水量为 1124.0mm。典型浅丘地貌,以砂岩、泥岩为主,土壤为紫色土和紫色水稻土,耕性好,宜种性广	位于合川区北部,面积为 492.02hm²,总人口为 3540 人,人均耕地为 0.09hm²。以种植水稻、油菜、小麦、玉米、红薯等传统农业作物和生猪养殖为主	生猪养殖、粮油生产、绿色蔬菜和苗木种植

续表

样点村	自然地理条件	社会经济条件	产业规划
綦江区永城镇中华村(YD-Ⅱ)	亚热带湿润季风气候,并具副热带东亚季风特点,年均温为 16.2 ~ 17.4℃,年均降水量为 1057.7mm。浅丘带坝地貌,以紫红色砂岩、泥岩为主,土壤以灰棕紫泥土和灰棕紫泥水稻土,土质较好,宜种性广	位于綦江区东南部,面积为 545.05hm²,总人口为 3520 人,人均耕地为 0.06 hm²。以种植水稻、玉米、红苕、蔬菜、杂柑和池鱼养殖等传统农业产业为主	林果(杂柑)、蔬菜、优质杂交水稻和苗木种植
忠县任家镇新开村(YD-Ⅲ)	亚热带东南季风气候,年均温为 15.5 ~ 17.0℃,年均降水量为 1213.9mm。低山丘陵地貌,以砂岩、泥岩为主,土壤为紫色土、紫色水稻土和棕色石灰土,土质较好,宜种性广	位于忠县西南部,面积为 1006.87hm²,总人口为 2837 人,人均耕地为 0.12 hm²。农业以种植水稻、小麦、玉米、红薯、油菜、蔬菜为主	中药材(青蒿)、野山椒、粮油作物、优质无公害蔬菜、苎麻种植
奉节县鹤峰乡青杠村(YD-Ⅳ)	亚热带暖湿东南季风气候,并具垂直地带性。地貌类型多样,总体呈现盆周山地地貌,以石灰岩、碎屑岩与石灰岩互层为主,土壤为紫色土类、黄壤土类、石灰土类和潮土类,适宜多种作物生长	位于奉节县东北部,面积为 1509.34hm²,总人口为 2124 人,人均耕地为 0.10 hm²。农业以水稻、油菜、小麦、洋芋、玉米、红薯等农作物种植和牲畜、家禽养殖为主	绿色果蔬、高山反季节蔬菜种植和生态林下养殖
西阳县黑水镇大泉村(YD-Ⅴ)	亚热带湿润季风气候,并具垂直地带性,年均温为 18.7℃,年均降水量为 1071.0mm。喀斯特地貌发育明显,地貌类型为中低山槽谷,以碳酸岩类为主,土壤为矿子黄泥土,耕性差	位于酉阳县的东南部,面积为 2668.63hm²,总人口为 3075 人,人均耕地为 0.15hm²。农业以水稻、玉米、红薯、中药材(白术、玄参、天麻等)种植和家禽、家畜养殖为主	中药材、高山无公害蔬菜种植和林下种养殖

7.1.2　研究方法选择

(1)景观指数模型及景观指数提取

1)景观指数模型。景观指数能够高度浓缩景观格局的信息,定量反映其结构组成和空间配置某些方面的特征。景观格局特征可以在 3 个层次上分析:①单个斑块(individual patch);②由若干单个斑块组成的斑块类型(patch type & class);

③包括若干斑块类型的整个景观镶嵌体(landscape mosaic)。因此,景观格局指数亦可相应地分为斑块水平指数(landscape index)、斑块类型水平指数(class-level index)及景观水平指数(landscape-level index)。

从土地利用类型来看,同种土地利用类型常常包括许多斑块,故可相应地计算斑块类型水平上的景观格局指数,如斑块数(NP)、斑块密度(PD)、最大斑块指数(LPI)、斑块形状指数(LSI)、平均斑块面积(AREA_MN)、斑块分维数(FRAC_AM)、边界密度(ED)、平均最邻近距离、斑块破碎度等一系列统计学指标。

除了同种土地利用类型的景观指数外,在景观水平上,还可以计算不同土地利用类型间的景观格局指数,并可用以反映一种土地利用类型的变化对其他土地利用类型的影响,如居民点复垦导致的土地利用变化对耕地、园地、林地等的影响,相关的景观指数,如景观多样性指数(香农多样性指数)(SHDI)、景观均匀度指数(SHEI)、景观形状指数(LSI)、景观聚集度指数(CONT)等。

为全面反映农村土地整治对区域景观格局的影响和产生的景观效应。研究选取斑块数(NP)、斑块密度(PD)、最大斑块指数(LPI)、斑块形状指数(LSI)、平均斑块面积(AREA_MN)、平均斑块分维数(FRAC_MN)、边界密度(ED)测量斑块类型水平(同种土地利用类型)上的景观格局,选取香农多样性指数(SHDI)、均匀度指数(SHEI)、景观形状指数(LSI)、景观聚集度指数(CONT)测量景观类型水平(不种土地利用类型间)上的景观格局。各景观指数计算模型及含义见表7-2。

表7-2　景观格局指数

尺度	格局指数	计算公式	意义描述
斑块类型水平指数	斑块数(NP)	NP = N N 为某种土地利用类型的总个数	NP 反映了某种土地利用类型的斑块数
	斑块密度(PD)	PD = N/A PD 为每平方千米(即 100hm²)的斑块数;N 为土地利用类型斑块总个数;A 为斑块总面积	PD 反映了景观的破碎程度,其值越大,表明景观的破碎度越高
	最大斑块指数(LPI)	$\mathrm{LPI} = \dfrac{\max(a_1, a_2, \cdots, a_j)}{A}$ a_j 为某种土地利用类型的 j 个斑块的面积;A 同上	LPI 为某种土地利用类型的最大面积占该种土地利用类型总面积的百分比,值越大,表明该斑块的优势度越大
	斑块形状指数(LSI)	$\mathrm{LSI} = \dfrac{E_i}{\min(E_i)}$ E_i 为某种土地利用类型斑块边界的总长度	LSI 为某种土地利用类型的斑块规则程度,值越大,斑块形状越不规则

尺度	格局指数	计算公式	意义描述
斑块类型水平指数	平均斑块面积（AREA_MN）	$AREA\_MN = \dfrac{A}{N} \times 10^{-6}$ A,N 参数含义同上	AREA_MN 反映了土地利用类型的平均面积大小
	面积加权平均斑块分维数（FRAC_AM）	$FRAC\_AM = \sum\limits_{i=1}^{m} \sum\limits_{j=1}^{n} \left[\dfrac{2\ln(0.25 p_{ij})}{\ln(a_{ij})} \left(\dfrac{a_{ij}}{A} \right) \right]$ FRAC-AM 为土地利用类型 i 的平均分维数；其余参数含义同上	FRAC_AM 反映了斑块形状复杂度。其取值范围为 $1 \leqslant FRAC\_AM \leqslant 2$
	边界密度（ED）	$ED = \dfrac{E}{A} \times 10^{6}$ 参数含义同上	ED 反映了某种土地利用类型斑块的边界密度，$ED \geqslant 0$，无上限
景观类型水平指数	香农多样性指数（SHDI）	$SHDI = -\sum\limits_{i=1}^{m} [P_i \times \ln(P_i)]$ SHDI 为土地利用类型的总数及其面积比例；P_i 为斑块 i 在总面积中的比重；m 为土地利用类型的种类数	SHDI 反映了景观中各类斑块的复杂性和变异性
	均匀度指数（SHEI）	$SHEI = \dfrac{-\sum\limits_{i=1}^{m} (P_i \times \ln P_i)}{\ln(m)}$ P_i、m 参数含义同上	SHEI 反映了土地利用类型间组合的均匀化程度
	斑块形状指数（LSI）	$LSI = \dfrac{0.25E}{\sqrt{A}}$ E 为所有斑块边界总长度（米）；A 参数含义同上	LSI 反映了土地利用类型斑块形状的规则性。$LSI \geqslant 1$，无上限。LSI 值越大，斑块形状越不规则
	斑块破碎度指数（FN）	$FN = (NP-1)/NC$ NC 为研究区总面积除以最小的斑块面积	FN 指景观被分割的破碎程度，在一定程度上反映了人为干扰程度对景观格局的影响
	聚集（蔓延）度指数（CONT）	$CONT = \left[1 + \dfrac{\left(\sum\limits_{i=1}^{m} \sum\limits_{k=1}^{m} \left[(P_i) \left(\dfrac{g_{ik}}{\sum\limits_{k=1}^{m} g_{ik}} \right) \right] \times \left[\ln(P_i) \right] \left(\dfrac{g_{ik}}{\sum\limits_{k=1}^{m} g_{ik}} \right) \right)}{2\ln(m)} \right] \times 100$ P_i、m 参数含义同上；g_{ik} 为土地利用类型 i 与土地利用类型 k 相邻的网格单元数	CONT 反映了景观斑块间的空间连接程度，是景观破碎化程度的度量指标，反映景观中不同斑块类型的非随机性或聚集程度，其值越小，则斑块间离散程度越高

2）景观指数提取过程。首先,借助 ArcGIS 9.3 软件,按研究需要对部分土地利用类型进行分类整合,利用 ArcGIS 9.3 软件 ArcToolbox 中的 Merge 功能,将样点村的土地利用类型分成不同类型的斑块。利用 ArcGIS 9.3 的 Buffer 功能,分别对农村道路、农田水利做出对应的面状宽度带,再基于 ArcGIS 9.3 软件 ArcToolbox 中的 Clip 功能,获取一副完整的土地利用景观类型图并勾勒出各土地利用斑块多边形。其次,由于样点区各土地利用斑块多边形面积较小,为保证其较高的精度和满足模型质量的要求,栅格大小采用 5m×5m。利用 ArcGIS 9.3 软件 ArcToolbox 中的 Polygon to Raster 功能,将处理好的土地景观类型矢量图转为栅格图,从而获得土地利用景观类型栅格图。最后,利用 Fragstats 3.3 软件对上步做好的土地利用景观类型栅格图进行指数统计。具体步骤为选用 Fragstats→Set Run Parameters 将整幅栅格图导入,选取 Class Metrics 和 Landscape Metrics。Class Metrics 指数选取:如斑块密度(PD)、最大斑块指数(LPI)、平均斑块面积(AREA_MN)、面积加权平均斑块分维数(FRAC_AM)等指数;Landscape Metrics 指数选取:斑块密度(PD)、香农多样性指数(SHDI)、均匀度指数(SHEI)、聚集度指数(CONT)等指数。指标选取后通过执行命令(Fragstats→Execute)完成指标的计算并保存。

(2) 廊道景观特征描述模型

　　廊道(corridor)是景观生态学中的一个概念,指不同于周围景观基质的线状或带状景观要素,如道路、河流、绿化带、林荫带等都属于廊道(Forman,1983)。廊道作为斑块间相互联系的重要纽带,对斑块具有分割和连通的双重作用。廊道的结构不仅影响着斑块间的连通性,而且也影响着斑块间物种、营养物质、能量的交流和基因的交换。根据成因,廊道可分为干扰型、残留型、环境资源型、再生型和人为引入型 5 种(Forman and Godorn,1986)。根据廊道的组成内容或生态系统类型,又可分为森林廊道、河流廊道和道路廊道等。廊道类型的多样性也反映了其结构和功能的多样性。在景观中,廊道常常相互交织组成网络,使廊道与基质、斑块间的相互作用更加复杂化(邬建国,2007)。廊道网络一些独特的结构特征,如数量结构、网络密度、网络连接度以及网络的闭合性等,对廊道与基质、斑块间的物质与能量运输效率、过滤和阻抑作用、农田生物多样性等有着十分重要的影响。由节点和线状或带状景观组成的廊道网络,其廊道特征描述可选用廊道长度(L)、廊道宽度(W)、廊道密度(D)、廊道线点率(β)、廊道网络的连通度(γ)和廊道网络的环通度(α)进行(蔡婵静等,2006;王海珍和张利权,2005;Hagget et al.,1977)。廊道长度(L)反映了廊道对斑块接触的程度。廊道宽度(W)可反映廊道对斑块的干扰和对生态系统能流的阻隔程度。

　　1）廊道密度(D)。廊道密度(D)描述了廊道景观在研究区域单位面积内的疏密程度。其计算公式为

$$D = L/A \qquad (7\text{-}1)$$

式中，L 为研究区域廊道的长度；A 为研究区域土地总面积。

2）廊道线点率（β）。廊道线点率（β）指网络中每个节点的平均连线数，其计算公式为

$$\beta = L/V \qquad (7\text{-}2)$$

式中，L 为各类型廊道网络中实际廊道存在的连接数，可以直接读出；V 为结点数；β 数值范围为 $0 \sim 3$，$\beta = 0$ 时表示无网络存在，β 值增大，表示网络内每一节点的平均廊道连接数增加，网络复杂性增强。

3）廊道网络的连通度（γ）。用来描述网络中所有节点被连接的程度，反映廊道网络连通性的一个指标，即一个网络中连接廊道数与最大可能连接廊道数之比。γ 指数变化范围的大小，反映了廊道有无断开和网络连通性情况。其计算公式为

$$\gamma = L/L_{\max} = L/3(V - 2) \qquad (7\text{-}3)$$

式中，L 为廊道数；$L_{\max}$ 为最大可能的连接廊道数；V 为节点数；γ 指数的变化范围为 $0 \sim 1$，当 $\gamma = 0$ 时，表示没有节点相连，网络连通性最低，$\gamma = 1$ 时，表示每个节点都彼此相连，网络连通度最高。

4）廊道网络的环通度（α）。用来描述网络中回路出现的程度，常用来反映网络中能流、物流或物种迁移路线的可选择程度。α 计算公式为

$$\alpha = H/H_{\max} = (L - V + 1)/(2V - 5) \qquad (7\text{-}4)$$

式中，H 为廊道网络中的实际环路数；$H_{\max}$ 为廊道网络中最大可能的环路数；L 为廊道数；V 为节点数。当 $L \leqslant V - 1$ 时，$H = 0$；当 $L > V - 1$ 时，$H = L - V + 1$；$H_{\max} = 2V - 5$。α 值的变化范围为 $0 \sim 1$，$\alpha = 0$ 时，表示网络无回路；$\alpha = 1$ 时，表示网络具有最大可能的回路数。

7.2　农村居民点复垦工程及景观效应

目前，我国农村建设用地普遍存在人均用地水平偏高、利用低效粗放、布局散乱、闲置、浪费严重的现象（龙花楼等，2009；陈玉福等，2010；朱晓华等，2010）；随着工业化、城镇化进程的加快推进，在城乡土地利用矛盾日益凸显的压力下，农村建设用地"应该复垦"，以保护和增加耕地、置换建设发展空间、改善农村的居住生活条件。为此，相关的研究工作主要围绕农村居民点整理的内涵（张正峰和赵伟，2007a）、限制因素（宋伟等，2006；陈荣清等，2008a）、闲置成因及潜力测算方法（陈荣清等，2008b，2009；何英彬等，2008；罗士军，2000）、区域差异（关小克等，2010；谷晓坤等，2008；曹秀玲等，2009；刘玉等，2010；陈兰等，2012）等方面展开，在研究尺度上以国家、省域、县域为主（谷晓坤等，2008；曹秀玲等，2009；陈兰等，2012；沈燕等，2008）。但是，就用地结构与功能而言，传统的农村居民点不是简单的居住生活

用地,而是与农户生计息息相关的一个多功能复合单元(信桂新等,2012;周婧等,2010)。在农村建设用地复垦过程中,如果微观举措失当,则可能背离宏观政策的正确导向,对农民生活和农村社会经济发展造成不利影响。因此,微观尺度上农村居民点的利用及优化尤其应值得关注。问题在于,在微观尺度上,如何认识千差万别的农村居民点利用状况,并寻求农村建设用地复垦的有效途径。为此,研究基于重庆市"一圈两翼"的区域发展格局,选取5个国土整治整村推进示范村项目为案例,研究了丘陵山区农村居民点的利用特征及复垦的工程技术特点,旨在揭示丘陵山区农村居民点利用的规律性和农村建设用地复垦的有效途径,为规范农村建设用地复垦、形成科学的微观技术举措提供可靠依据。

7.2.1　农村居民点利用特征

人均建设用地面积的多寡,常用于衡量建设用地利用的集约与粗放。重庆市2008年全市人均农村居民点用地面积为238.03m²,远超出《镇规划标准(GB50188—2007)》规定的人均用地标准上限140m²,土地浪费严重,集约利用水平低(龙花楼等,2009)。然而,案例村的分析结果显示,5个村的人均农村居民点用地(RA)相对集约。其中,YD-I人均居民点用地(RA)最低,仅为69.52m²;YD-Ⅲ最高,为144.62m²,仅高出上述标准上限4.62m²(图7-2)。

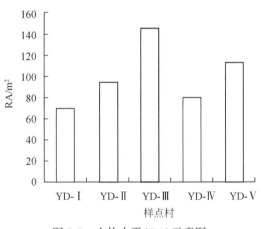

图7-2　人均水平(RA)示意图

受制于复杂的地形地貌条件和长期的生活习惯、居住传统,丘陵山区农村居民点布局散乱的问题已有大量的文献报道,被喻为"满天星"。但从研究结果来看,这种判定似乎过于笼统。与北方及沿海平原地带的居民点规模(从几公顷至几十公顷)(陈玉福等,2010;朱晓华等,2010)相比,丘陵山区农村居民点聚落用地规模很小,并在横向水平上,从丘陵到山地由小聚居向大分散过渡,地处浅丘的YD-Ⅰ、浅丘带坝的 YD-Ⅱ、低山丘陵的 YD-Ⅲ 2～3 户和 4～9 户居民点聚落的比重分别达到 63.51%、58.13%、46.06%,而地处中低山槽谷的 YD-Ⅴ、盆周山地的 YD-Ⅳ 及 YD-Ⅲ单户居民点聚落的比重分别达到 63.28%、60.19%、51.31%(图 7-3),农村居民点分散度(RD)也分别由 YD-Ⅰ、YD-Ⅱ、YD-Ⅲ的 14.49、10.41、12.45 陡增至 YD-Ⅳ、YD-Ⅴ 的 75.66、64.61(图 7-4);在纵向梯度上,从低海拔到高海拔总体呈现垂直地带性,即随着海拔上升农村居民点的数量和面积呈明显减少的趋势。将 5 个案例村的农村居民点聚落总数和用地面积按照海拔<500m、500～1000m、>1000m 3 个区间划分,则在<500m 至 500～1000m 的区段内,居民点减少 307 个,面积减少 36.90hm²;在 500～1000m 至>1000m 的区段内,居民点减少 470 个,面积减少 49.72hm²(表 7-3)。

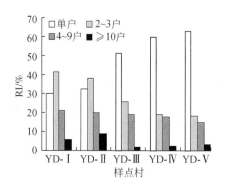

图 7-3　聚落参数(RI)示意图

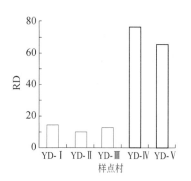

图 7-4　分散度(RD)示意图

表 7-3　5 个案例村不同海拔农村居民点密度(RN)变化

海拔高度/m	居民点个数/个	居民点面积/ hm²
<500	863	91.12
500～1000	556	54.22
>1000	86	4.50

7.2.2　农村居民点复垦工程技术

从技术面来看,已开展的农村建设用地复垦项目,在耕地质量及管护利用上缺乏相应的技术设计,仅是通过复垦技术实现居民点用地的复耕,难以实现技术集成和综合效益最佳(鲍金星等,2012)。整村推进则是将土地整治与新农村建设相结合,通过土地复垦技术、地力提升技术、基础设施配套技术、乡村景观建设技术及农业产业结构调整技术的集成创新,对农村居民点进行拆迁、改造、归并,推进农村居民点用地集中、集约,提高土地利用强度,改善农民生产生活条件、农业产业发展环境和农村生态环境,营造宜居的新农村。

　　总体上看,YD-Ⅰ、YD-Ⅱ地处地势相对平坦、土层深厚、交通方便的重庆市西部地区,当地农房建设多取材于土和烧制的砖石,房屋以土墙房和砖石房为主;YD-Ⅲ、YD-Ⅳ、YD-Ⅴ地处地势起伏大、土层瘠薄、交通不便,但林业资源丰富的重庆市两翼地区,当地农房建设多以木制、穿斗房为主。虽然农村居民点复垦内容的区域差异不大,但农房建筑材质和结构的差异却对农村居民点复垦的工程技术措施和施工进度产生影响。例如,在拆除工程量上,同等面积的居民点,砖石房>土墙房>穿斗房;拆出的材料 YD-Ⅰ、YD-Ⅱ以条石、砖为主,YD-Ⅲ、YD-Ⅳ、YD-Ⅴ以块石和木料为主。为节约运费和充分利用拆出的旧材,在不同的农村居民点复垦区,会采取不同的工程设计措施。例如,在 YD-Ⅰ、YD-Ⅱ的地区,土地平整工程会通过修筑条石坎(图7-5)、条石沟(图7-6)以及掩埋或镶嵌条石作为生产路等工程设计措施充分利用房屋拆除的条石材料;而在 YD-Ⅲ、YD-Ⅳ、YD-Ⅴ地区,房屋拆除的条石材料相对较少,块石材料较多,土地平整工程则通过修筑块石坎(图7-7)、块石沟(图7-8)等工程设计措施充分利用房屋拆除的块石材料。由于块石材料无法满足生产路修建的需要,若新修条石或混凝土生产路则需外购。

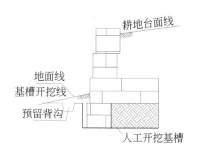

图 7-5　条石坎断面示意图

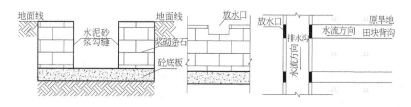

图 7-6　条石沟断面示意图(含进水口设计和沟与旱地结合)

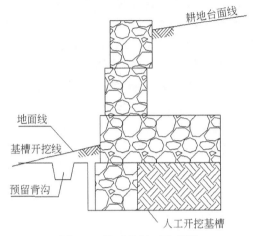

图 7-7　块石坎断面示意图

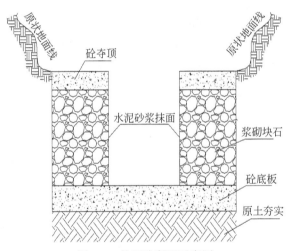

图 7-8　块石沟断面示意图

(1) 土地复垦技术

综合 5 个案例村的农村建设用地复垦,土地复垦的关键技术主要包括不同结构类型房屋拆除、废渣处理和田块土方平衡 3 个方面的工程措施,在工程方案上主要涉及拆除工程和土地平整工程。其中,拆除工程包括房屋及院坝的拆除和废渣的处理,土地平整工程包括降坡平整、田坎修筑、附属用地地物清理与翻耕、土方调配和平整(表 7-4)。

表 7-4　土地复垦关键技术

工程名称	工程对象	实施步骤	主要技术要点
拆除工程	砖木、砖石、砖混、穿斗、土墙结构的房屋,以及石板、三合土、混凝土院坝	拆除过程中,使用人工方式按照从上至下,即屋顶→楼板→墙体→地板→基础→院坝的顺序,依次拆除	1)对条石基础进行人工拆除,宜保留原民房台地间条石基础,以备作田坎; 2)"节约利旧",将土墙的原材料作宅基地、院坝复垦后的耕作层,砖石作新修石坎、沟渠的原材料; 3)对残渣做生态化处理,作为田间道、生产路垫层和粪池、牲口圈等低洼处的填埋材料,并通过翻耕覆土,确保填埋后土层不小于 40cm
土地平整工程	复垦整理地块	首先,对通过翻耕即能满足耕作要求的复垦地块,直接进行翻耕; 其次,对坡度较大、集中连片、面积较大的复垦地块,进行降坡平整并修筑田坎; 最后,对不能达到耕作要求的复垦田块,实施客土增厚,必要时可先用残渣填膛,再予覆土	1)复垦地块平整按等高、就势、相邻原则和面积最大化的要求,根据地块坡度、台面高差等因素,协调复垦地块与周边田块布局,方便耕作利用,复垦后田块一般为小于 5°的梯地; 2)遵循大弯随弯、小弯取直、旧材优先利用的原则,修筑田坎,取材主要为拆除的条石或块石,干砌,嵌石咬紧,确保稳定、不垮塌,保水、保土、保肥; 3)复垦地块面积较小,宜采用人工翻耕,翻深不小于 30cm; 4)田块土方平衡,先对需土方田块进行翻耕,确定需土方田块面积及所需土方量,最后从供土方田块剥离土方到需土方田块,并找平,田块耕作层厚度应不小于 40cm

(2)地力提升技术

地力与土壤肥力密切相关,因此地力提升可通过土壤培肥实现。就复垦地块而言,土壤培肥主要包括增加土层厚度、改善土体构型和增加养分水平 3 个方面的工程措施(张凤荣和徐艳,2013)。考虑一般的土壤培肥需通过长期的施用化肥和有机肥等日常耕作才能实现,在工程方案上复垦地块的地力提升主要采取快速时效的翻耕、移土、覆土工程。从 5 个案例村来看,丘陵山区土层瘠薄,复垦地块新增耕地的立地条件能否满足作物的生长需求,主要决定于土层厚度能否达到作物扎根的需求,而产量高低则取决于后期土壤养分等的投入。因此,复垦地块地力提升技术的关键在于增加土层厚度,其次才是增加土壤养分。其主要技术细则:①对照玉米、红薯、蔬菜等作物扎根对耕作层的厚度要求,复垦地块土层厚度应不小于

40cm,其中耕作层厚度不小于20cm;②土壤培肥应因地制宜,依据区域地貌特点、生产条件和作物需求,通过移土增厚培肥技术快速消除土壤限制性因素(土层薄、质地粗或肥力低等);③复垦地块土层浅薄,在梯田建设中应覆土增厚土层,可考虑就近利用土壤物质垫厚耕作层,创造良好的立地条件;④复垦地块土层深厚,但砾石含量高,应在不影响其他田块土壤质地的前提下,就近移壤质土覆盖表层,改善耕层土壤质地和耕性。

(3) 基础设施配套技术

为满足复垦地块基本的耕作需求,5个案例村的基础设施配套主要包括农田水利配套工程和田间道路配套工程两个方面。其中,农田水利工程主要配套排水沟、沉沙凼、路涵,田间道路工程主要配套生产路(表7-5)。

表7-5　复垦地块基础设施配套技术

工程名称	工程对象	布局原则	主要技术要点
农田水利配套工程	排水沟、沉砂凼、路涵	一是复垦地块周边有一定的汇水来源和排水需求;二是根据农民意见及地块具体情况,进行排水沟的布设	1)排水沟采取矩形断面、下埋式,根据排水需要设计相应规格,并在背沟处设置放水口; 2)在沟渠交叉或沟渠中段布设沉沙凼,采用埋入式,用于沉沙降淤; 3)生产路跨越沟渠布设路涵,采用沟渠两侧沟壁作涵墩,钢筋混凝土盖板; 4)工程主材应充分利用拆除的砖、条石、块石等旧材
田间道路配套工程	生产路	一是复垦地块生产路尽量与周边道路及院落相连,保障通达性;二是注重实用,不宜切割地块,避免细碎化	1)生产路纵坡大于15°,设梯步、斜坡路面,小于15°,采用平路面; 2)依据取材的便利性和经济性,确定生产路类型,如就地取材干砌条石路面,外购主材修筑混凝土路面

(4) 居民点景观建设技术

从5个案例村的自然聚落来看,农村居民点的景观系统状况欠佳,大量零星、废弃的居民点散落在山丘沟壑之间,分散、闭塞的利用格局给整治村庄环境、完善基础设施带来了极大障碍。基于乡土生态景观建设的认识(郧文聚和宇振荣,2011c)和居民点景观系统优化的需求,丘陵山区的农村居民点不宜盲目追求集中,而应尊重传统乡土聚落结构的历史文化和风俗习惯,因地制宜地开展乡村景观建设。参照《村庄景观环境工程技术规程》(CECS285—2011),并综合5个案例村的经验,丘陵山区乡村景观建设主要包括废弃居民点复垦、单家独户迁建和自然村落改造3个方面的工程措施(表7-6)。在整村推进中,经过乡村景观改造提升,5个案例村农村居民点景观格局得以优化,交通区位条件和村庄环境初步改善,原来自发分散的农村聚落向具有相对规模且有序的农村聚落转变。

表7-6 居民点景观建设技术

工程名称	工程对象	主要技术要点
废弃居民点复垦工程	长期无人居住、损毁、废弃、无景观价值的农村居民点	1)规范有序减少居民点斑块数量,依据相关拆除工艺,拆除废弃居民点景观; 2)宜耕则耕,宜园则园,宜林则林,因地制宜地修复复垦土地生产和生态景观功能; 3)在复垦地块上完善道路、沟渠等基础设施,建立连接相邻斑块的生态廊道
单家独户迁建工程	区位偏僻、交通不便、生产生活服务设施匮乏的单户居民点	1)强化景观建设,迁建单家独户居民点,有序减少居民点斑块数量,降低人类活动对自然生态过程的干扰; 2)单户居民点拆除后腾退土地应与迁建新占土地补占平衡,并因地制宜复垦或还林绿化
自然村落改造工程	丘陵山地区依山势和地形构成的成片、松散的居住建筑群	1)以保护和延续村庄乡土特色为前提,改善自然村落空间格局,降低居民点聚落斑块复杂程度,提升景观质量; 2)尊重村域风貌特征,整治村庄环境,对街景、道路、建筑、庭院、栅栏等乡土景观要素进行风貌改造和提升; 3)围绕街头绿地、道路绿化、公共附属绿地、庭院、河流、水塘等景观单元,构建村庄绿色基础设施,营造绿色开放空间

通过复垦,农村居民点用地大量减少,用地格局发生显著变化。5个样点村复垦前后的农村居民点景观指数显示如下。

1)居民点斑块(聚落)数量(NP)大幅减少。5个样点村斑块数由1383个减至80个,减少了1303个。其中,YD-Ⅰ减幅最大,由393个减至14个,减少379个;YD-Ⅲ减幅最小,由134个减至16个,减少了118个[图7-9(a)]。

2)居民点斑块(聚落)密度(PD)显著下降。5个样点村平均斑块密度由34.4510降至1.8681。其中,YD-Ⅰ降幅最大,由79.8801降至2.8455;YD-Ⅲ降幅最小,由12.5129降至1.5889[图7-9(b)]。

3)居民点最大斑块(聚落)指数(LPI)增大。5个样点村平均最大斑块(聚落)指数(LPI)由0.1907增至0.5609。除YD-Ⅲ略有所下降外,其余样点村居民点最大斑块(聚落)指数(LPI)均有所增加。其中,YD-Ⅰ增幅最大,由0.2846增至1.2669,增加了0.9823;YD-Ⅴ增幅最小,也由0.0987增至0.1861,增加了0.0874[图7-9(c)]。

4)居民点斑块(聚落)形状趋于规则有序。5 个样点村的平均斑块形状指数(LSI)由 18.6152 降至 5.3273,其中,降幅最大的是 YD-Ⅴ,斑块形状指数由 23.4596 降至 5.8293;YD-Ⅲ斑块形状指数由 15.9684 降至 3.7500,降幅最小[图 7-9(d)]。

5)单个农村居民点斑块(聚落)增大。5 个样点村平均斑块面积(AREA_MN)由 0.1343 增至 1.2566。其中,YD-Ⅱ 平均斑块面积增幅最大,由 0.1139 增至 1.4522;YD-Ⅲ增幅最小,由 0.3270 增至 1.2641[图 7-9(e)]。

6)居民点斑块(聚落)形状由复杂趋于简单。5 个样点村居民点斑块(聚落)的面积加权平均斑块分维数(FRAC_AM)的平均值由 1.1119 降至 1.0734。其中,YD-Ⅴ降幅最大,由 1.1309 降至 1.0651;YD-Ⅱ降幅最小,由 1.1007 降至 1.0955[图 7-9(f)]。

7)居民点斑块(聚落)的斑块边界密度(ED)明显下降。5 个样点村居民点斑块(聚落)边界密度均值由 4350.3528 降至 918.8370。其中,YD-Ⅰ降幅最大,由 7762.1553 降至 1283.5148;YD-Ⅴ 降幅最小,由 1761.5800 降至 357.5605[图 7-9(g)]。

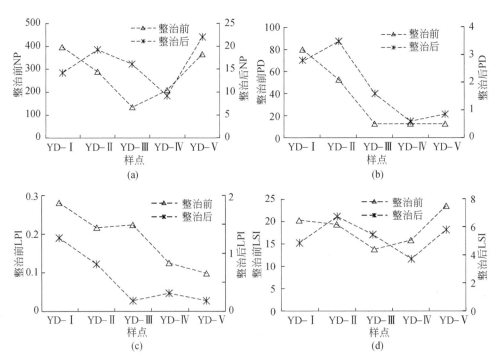

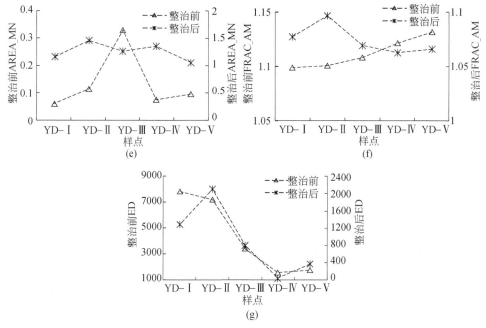

图 7-9　复垦前后农村居民点斑块(聚落)景观指数变化

(5) 农业产业结构调整技术

探索复垦地块合理有效的土地利用结构是农业产业结构调整技术要解决的关键问题。综合 5 个案例村农村建设用地复垦的实践,丘陵山区确定复垦地块具体用途的技术原则主要包括:①有助于构建局地生态安全格局;②有助于发挥当地农业资源优势;③有助于调整土地利用格局。确定复垦地块具体用途的基本技术步骤:①依据微地形、小气候、土壤、水文、生物、人为活动等因子确定复垦地块立地条件,明确复垦地块本底;②协调村域产业规划、农业产业培育和周边土地用途,明确复垦地块用途方向;③适应土地适度规模经营需要进行产业布局,明确复垦地块具体用途。数据显示,5 个案例村农村居民点总量为 149.84hm²,实施整村推进复垦农村建设用地为 93.41hm²,占 62.34%,主要转作农业用地和生态用地。依据上述原则和技术步骤,尊重地块空间异质性,发展农业生物多样化,宜耕则耕、宜园则园、宜林则林,复垦地块共计增加耕地(旱地)为 76.89hm²,占 82.31%;增加园地为 2.60hm²,占 2.78%;增加林地为 13.92hm²,占 14.91%。其中,耕地用于种植粮油作物和(反季节)蔬菜,园地用于发展苗木和有比较优势的水果(如柑橘),林地用于恢复生态和发展林下经济。

农村居民点复垦后转作其他土地用途,将对其他土地利用类型乃至整个景观产生影响。5 个样点村的农村居民点复垦后主要转作了耕地、林地、园地 3 种土地用途。在此,基于景观水平,研究农村居民点复垦对耕地景观、园地景观、林地景观的影响,分析复垦前后区域景观格局的变化。

1)景观多样性水平下降。由于农村居民点大量减少,耕、园、林用地不同程度的增加,导致 5 个样点村的香农多样性指数(SHDI)均值由 0.9209 降至 0.8829,其中,降幅最大的为 YD-Ⅰ,由 0.8265 降至 0.7497,减少了 0.0768;降幅最小的为YD-Ⅴ,由 0.5515 降至 0.5395,减少了 0.0120[图 7-10(a)]。

2)土地利用类型组合的均衡化程度下降。居民点减少,耕、园、林用地增加,在一定程度上降低了样点村土地利用类型组合的均衡化程度,导致 5 个样点村均匀度指数(SHEI)均值由 0.6643 降至 0.6369,其中,降幅最大的为 YD-Ⅰ,由0.5962 降至 0.5408,减少了 0.0554;降幅最小的为 YD-Ⅴ,由 0.3978 降至0.3892,减少了 0.0086[图 7-10(b)]。

3)土地利用类型斑块形状的规则化程度提高。由于农村居民点斑块(聚落)大量减少,其他土地利用类型间的连通性提高,导致斑块趋于规则。5 个样点村斑块形状指数(LSI)均值由 23.2451 降至 21.3039,其中,YD-Ⅱ降幅最大,由 23.6372降至 20.2739,减少了 3.3633;YD-Ⅴ降幅最小,由 27.2391 降至 26.2719,减少了0.9672[图 7-10(c)]。

4)土地利用类型及其景观的空间集聚性提高。土地利用类型间的连通性提高也导致土地利用类型及其景观的空间集聚程度上升。5 个样点村的土地利用景观聚集度(CONT)均值由 93.9518 升至 94.8299,其中,YD-Ⅱ增幅最大,由 92.2226升至 93.9838,增加了 1.7612;YD-Ⅴ增幅最小,由 95.8972 升至 96.0773,增加了0.1801[图 7-10(d)]。

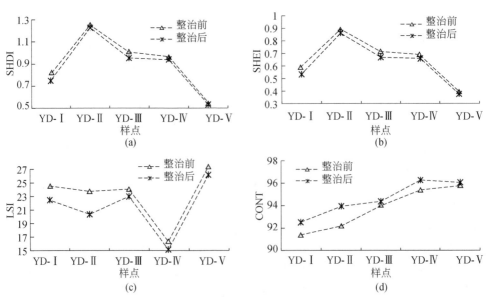

图 7-10　复垦前后农村居民点的景观指数变化

7.3　土地平整工程及景观效应

7.3.1　土地平整工程技术

在建筑工程中,土地平整是后续施工的必要条件,即通过拆迁拆除建筑物、构筑物,通过土方工程对土地表层进行改造,消除存在较明显的土地不同位置的高差,以达到"三通一平"或"七通一平"的施工标准。而在农村土地整治中,土地平整主要是针对农田实施田块归并和坡改梯,其在农村土地整治活动中占有重要地位(沈掌泉等,2005),是农田水利、田间道路和其他工程实施的基础,是实现农田水利化、农业机械化和提高新增耕地率的重要保障(彭琼芬,2010),有助于改善耕作方式和水土涵养条件。

(1) 土地平整工程技术要求

受地形复杂条件的影响,丘陵地区田块细碎,坡耕地比重较大,土地平整工程技术条件复杂。根据《重庆市土地开发整理工程建设标准》(试行)规定,土地平整工程要求:①耕作田块建设应力求平、厚、壤、肥、固,达到土壤保水、保土、保肥的目的,增加有效耕地面积。水田区宜以条田、水平梯田作为土地平整的基本单元,旱作区宜以单块梯田或者同一高程上的多块梯田作为土地平整的基本单元。②坡耕地的整理应适当降坡,田面坡度 15°以上坡耕地降坡不宜小于 10°,10°~15°降坡不宜小于 5°,10°以下宜整理成水平梯田。合理分配土方,就近挖填平衡。③田面平整、坎埂稳定,有利于作物的生长发育和田间灌排水。田块形状大小应方便田间耕作。注意保持耕地肥力,做好耕作层保护和培肥工作,土地整治后耕地质量有所提高。④新建田坎埂应因地制宜设计,水田区宜多采用土坎埂,旱地区宜采用石(砼、砖)坎埂。地面坡度大于 15°的地区宜采用石坎埂。⑤田块布局应遵循因地制宜、"大弯就势,小弯取直"的原则来确定田块方向、田块长度、田块宽度和田面高差,田块经土地平整后应有利于农作物生长发育,有利于田间机械作业,有利于水土保持,满足项目区防洪排涝、田间灌溉排水要求和防风要求,从而便于经营管理。⑥经整理后田块的平整程度应能改善耕作方式和水土涵养条件。水田允许相对高差为±3cm。旱地地面规整、平顺,在田面坡度上的相对高差不应超过 20cm。

(2) 水田田块归并和条田整治技术

在土地平整中,田块归并适用于不同的地形地貌条件,主要是对同一台面相邻的田块进行归并,将田坎裁弯取直,对占地较宽的田坎进行削坎还田,修补垮塌田坎,并对小田块和边角地进行归并。面积较大的平坝区宜采用条田形式,与田块归并相比,条田整治工程技术相对复杂,且主要针对水田中那些地势平坦、高差较小的冲田区域,地势较高的塝田往往不作考虑。条田整治过程中,首先是做好田块设计。即根据实地踏勘,进行田块规划,确定田块方向和数量,并根据各个田块内现状高程点,按照与灌排工程、道路工程等相结合的原则和挖填方平衡的原则,进行挖高填低,确定各田块的设计标准高程。其次,处理表土。为体现条田景观效果,田块尽量设计成标准田块。但为保护耕作层,在土方挖填之前,要先做表土处理。即将表层土壤剥离 0.2m 移至其他地方,待条田整治工程完成后,再回填表土至各田块,以保证田块土壤肥力。再次,田坎设计。条田田坎一般修筑石坎,并根据平整后的田块台面高差决定其高度,在设计时石坎坎顶要求高出台地面 0.2~0.3m,底部要嵌入原土层不小于 0.3m,使其置于坚硬的基岩或土质上,以确保石坎稳定。最后,测算土方工程量。土方工程量的计算以各田块内的高程点为基础数据,计算每个田块的设计标准高程和土方挖填量。

(3) 旱地坡改梯工程技术

根据梯田的断面形式,梯田类型可分为水平梯田、坡式梯田、隔坡梯田 3 种类型。旱地中,已成台旱地经过多年生产建设,田块形状已较为规整,田面坡度也较为平整,有成形田坎。因此,土地平整中一般针对未成台旱地进行坡改梯,根据实际对同一台面相邻田块进行归并、砌坎,修补垮塌土坎,消除占地较宽的土坎,翻挖多余的土坎,以提高田块规整度和土地利用率。而对未成台旱地和宜耕荒草地则实施坡改梯。

实施坡改梯过程中,首先是提出降坡方案。不同的地形条件、土地利用方向、土层厚度、水土流失程度,降坡方案也不同。例如,在合川区大柱村(YD-Ⅰ),地貌以浅丘为主,项目区拟进行优质蔬菜种植,建设现代农业示范园,为此在降坡方案上,台面坡度为 6°~15°的坡耕地宜降为 7°,15°~25°的坡耕地宜降为 10°。而地貌为低中山的忠县新开村(YD-Ⅲ)和酉阳县大泉村(YD-Ⅴ),在降坡方案中提出,将拟发展中药材(如青蒿)的 6°~15°的坡耕地(旱地)改造为台面坡度为 5°的坡式梯地,15°~25°的旱地改造为台面坡度为 10°的坡式梯地,并分别修筑石坎;将拟发展高山反季节蔬菜(如野山椒)的 6°~15°的坡耕地(旱地)改造为台面坡度为 5°的坡式梯地,15°~20°的旱地改造为台面坡度为 10°的坡式梯地,20°~25°的旱地改造为台面坡度为 15°的坡式梯地,并分别修筑石坎。其次,进行坡改梯施工。坡改梯涉及土方挖填,为保护耕作层,在土方挖填之前,要先做表土处理,即①在进行坡改梯前要将原坡耕地较为肥沃的表土(0.2m 厚)先剥离,待平整后回填作梯田表土;②清石坎基槽,砌筑石坎;③坡地土方移动,挖高填低,实现梯地平整;④表土回填,将剥离的表土均匀的覆在平整后的田块表面,要确保熟化表土的回填率达到90%以上。再次,作田坎设计。田坎砌筑应尽量沿原有田坎的边界修筑。田坎高度根据地形坡度及降坡后的台面坡度确定。在合川区大柱村(YD-Ⅰ),6°~15°的旱地设计坎高为1.25m,15°~25°的旱地设计坎高为1.5m。而在忠县新开村(YD-Ⅲ)和酉阳县大泉村(YD-Ⅴ),拟种植中药材的田块上,6°~15°的旱地设计坎高为1.20m,15°~25°的旱地设计坎高为1.55m;拟种植反季节蔬菜的田块上,6°~15°的旱地设计坎高为0.95m,15°~20°的旱地设计坎高为1.25m,20°~25°的旱地设计坎高为1.25m。所修石坎坎顶要高出地块田面0.2~0.3m,底部要嵌入原土层0.2~0.3m,使其置于坚硬的基岩或土质上,以确保石坎稳定。最后,计算土地平整工程量。一般包括两项,一项是坡改梯土方工程量,另一项是田坎工程量。此外,对于土层较薄的区域还需要计算爆破改土量。旱地实施坡改梯后,田坎成形,田块形状趋于规整,从而改变了坡面过程,坡地利用状况得到改善。

(4)土地平整田坎修筑技术

不论是田块归并,还是条田整治或坡改梯,都需要修筑田坎。田坎包括土坎和石坎。综合考虑水土保持效果、景观效果、田坎的稳固性及就地取材因素,田坎修筑多采用石坎。石坎又分为条石坎和块石坎。重庆市渝西地区以砂岩、页岩为主,土层较厚,且易开采条石,故土地平整中渝西地区多修条石坎、土坎(图7-11、图7-12)。在规格上,因条石较为规则,故条石坎修建设计多为2或5的倍数,坎高为0.75m、1.0m、1.25m不等。渝东北、渝东南地区以灰岩为主,多适合开采块石,故土地平整中多修块石坎(图7-13)。因块石不规则,块石坎的规格多依据地形条件和当地生产需求确定,坎高不统一,以0.9m、1.2m、1.25m居多。

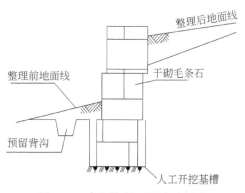

图7-11　条石坎断面设计示意图

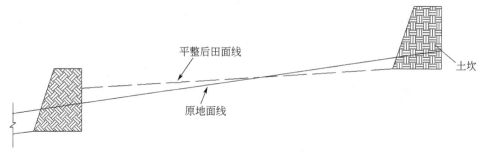

图 7-12　土坎断面设计示意图

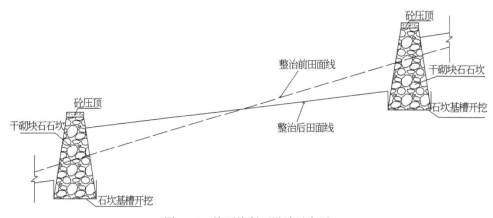

图 7-13　块石坎断面设计示意图

7.3.2　土地平整工程的景观效应

(1) 田块归并和条田整治景观效应

田块归并和条田整治显著改善了水田区的农田生态景观。选取合川区大柱村（YD-Ⅰ）和酉阳县大泉村（YD-Ⅴ）两块条田整治示范区，分析田块归并和条田整治过后的农田景观变化。结果显示（图 7-14）：①条田整治示范区的斑块数（NP）、斑块密度（PD）、斑块破碎度（FN）均有所上升，因而条田整治示范区的景观更为破碎。其中，合川区大柱村（YD-Ⅰ）条田整治示范区的斑块数（NP）由 125 增至 132，斑块密度（PD）由 353.2321 增至 372.5782，斑块破碎度（FN）由 0.0438 增至 0.0488；酉阳县大泉村（YD-Ⅴ）条田整治示范区的斑块数（NP）由 6 增至 7，斑块密度（PD）由 317.0410 增至 360.8247，斑块破碎度（FN）由 0.0016 增至 0.0022。②条田整治示范区的最大斑块指数（LPI）、平均斑块面积（AREA_MN）、面积加权平均斑块分维数（FRAC_AM）下降，景观形状复杂性降低。其中，合川区大柱村

（YD-Ⅰ）条田整治示范区的最大斑块指数（LPI）由4.9596降至2.8370,平均斑块面积（AREA_MN）由0.2831降至0.2684,面积加权平均斑块分维数（FRAC_AM）由1.0959降至1.0714;酉阳县大泉村（YD-Ⅴ）条田整治示范区的最大斑块指数（LPI）由42.0079降至21.6495,平均斑块面积（AREA_MN）由0.3154降至0.2771,面积加权平均斑块分维数（FRAC_AM）由1.1151降至1.0818。③条田整治示范区斑块形状指数（LSI）、边界密度（ED）的变化趋势呈现区间差异。受微地貌影响,合川区大柱村（YD-Ⅰ）条田整治示范区属浅丘地貌,设计条田长为50～150m、宽为40～110m,地块更趋宽展、形状规则程度变高,边界密度（ED）由327.7397降至253.0699,斑块形状指数（LSI）由10.3909降至9.5251;而酉阳县大泉村（YD-Ⅴ）条田整治示范区处于沟谷沿河平坝处,设计条田长为50～150m、宽为30～80m,地块更趋狭长、形状规则程度变低,边界密度（ED）由169.0885增至203.6082,斑块形状指数（LSI）由2.7500降至2.9018。

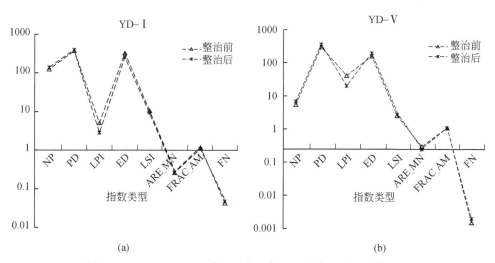

图7-14 YD-Ⅰ、YD-Ⅴ典型示范区条田整治前后景观指数变化

(2)坡改梯整治景观效应

坡改梯显著改善了坡耕旱地区和宜耕荒草地区的生态景观。选取合川区大柱村（YD-Ⅰ）、忠县新开村（YD-Ⅲ）和酉阳县大泉村（YD-Ⅴ）3块坡改梯区域,分析坡改梯过后的农田景观变化。结果显示（图7-15）:①坡改梯区域的斑块数（NP）、斑块密度（PD）、斑块破碎度（FN）明显上升,坡耕旱地区和宜耕荒草地区的生态景观较之平整前更为破碎。其中,合川区大柱村（YD-Ⅰ）坡改梯区域的斑块数（NP）由73增至186,斑块密度（PD）由228.8581增至583.1178,斑块破碎度（FN）由0.0165增至0.1079;忠县新开村（YD-Ⅲ）坡改梯区域的斑块数

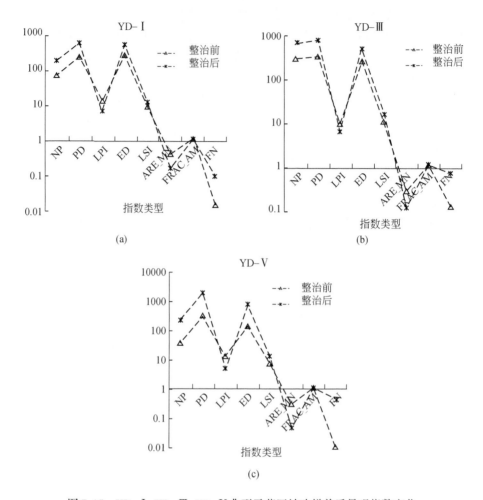

图7-15　YD-Ⅰ、YD-Ⅲ、YD-Ⅴ典型示范区坡改梯前后景观指数变化

(NP)由 321 增至 775,斑块密度(PD)由 366.5430 增至 902.4220,斑块破碎度
(FN)由 0.1173 增至 0.6986;酉阳县大泉村(YD-Ⅴ)坡改梯区域的斑块数(NP)
由 37 增至 233,斑块密度(PD)由 311.1205 增至 1990.1772,斑块破碎度(FN)由
0.0112 增至 0.4622。②坡改梯区域的最大斑块指数(LPI)、平均斑块面积
(AREA_MN)下降,而面积加权平均斑块分维数(FRAC_AM)上升,坡耕旱地区
和宜耕荒草地区的景观形状复杂性总体上升。其中,合川区大柱村(YD-Ⅰ)坡
改梯区域的最大斑块指数(LPI)由 13.8490 降至 7.0930,平均斑块面积(AREA_
MN)由 0.4370 降至 0.1715,面积加权平均斑块分维数(FRAC_AM)由 1.1269
增至 1.1298;忠县新开村(YD-Ⅲ)坡改梯区域的最大斑块指数(LPI)由 9.7773
降至 6.7303,平均斑块面积(AREA_MN)由 0.2728 降至 0.1108,面积加权平均

斑块分维数(FRAC_AM)由 1.1036 增至 1.1092;酉阳县大泉村(YD-Ⅴ)坡改梯区域的最大斑块指数(LPI)由 13.2226 降至 5.2530,平均斑块面积(AREA_MN)由 0.3214 降至 0.0502,面积加权平均斑块分维数(FRAC_AM)由 1.1285 增至 1.1328。③坡改梯区域的斑块形状指数(LSI)、边界密度(ED)显著上升,坡耕旱地区和宜耕荒草地区的斑块形状较之平整前更不规则。其中,合川区大柱村(YD-Ⅰ)坡改梯区域的斑块形状指数(LSI)由 9.3650 增至 13.3827,边界密度(ED)由 259.1112 增至 543.7730;忠县新开村(YD-Ⅲ)坡改梯区域的斑块形状指数(LSI)由 10.8933 增至 17.1375,边界密度(ED)由 292.2067 增至 559.6181;酉阳县大泉村(YD-Ⅴ)坡改梯区域的斑块形状指数(LSI)由 7.8587 增至 14.2701,边界密度(ED)由 145.0494 增至 890.8819。

7.4 田间道路整治工程及景观效应

农村道路作为服务农村生产生活基础设施的重要组成部分,按其功能和路面宽度可分为田间道和生产路两种类型。田间道是指连接田块与村庄,供农业机械、农用物资和农产品运输通行的道路。生产路是指连接田块与田块、田块与田间道,供人员通行和小型农机行走的道路。农村道路对农村区域之间和区域内部的生产物资运输、田块耕作、老百姓生产、生活出行以及对外交流起着十分重要的作用。

西南丘陵山区,受地形条件和长期投入不足的影响,农村道路基础设施薄弱,质量较差,严重制约了农村产业和社会经济的发展。为适应社会主义新农村建设和现代农业生产发展的需求,改善农村道路基础设施状况,优化农村道路网络结构,提高道路等级、质量,增强道路通行运输能力,已成农村道路基础设施建设迫切需要解决的重要问题。农村道路整治作为农村土地整治项目的重要组成部分,其工程的开展和实施,对改善项目区域农村路网条件、提高道路等级和质量不失为一条重要途径。

农村道路作为农田生态系统中的一种线性廊道景观,对斑块间或生态系统间的物质、能量交换和流动起着双向作用。一方面,道路对生态景观斑块间的物质、能量交换起着积极的促进作用;另一方面,由于道路对景观单元强烈的分割作用,加剧了景观斑块的破碎程度,增强了景观的异质性,降低了景观的连通性,在一定程度上妨碍了物质、能量的有效交换流通。土地整治中田间道路整治工程作为一种人为活动对道路廊道空间格局产生干扰,其工程规划设计及实施,势必会对区域景观格局和农田生态系统产生直接或间接的影响。

7.4.1　田间道路现状与优化布局

(1)田间道路现状

农村道路结构状况(指田间道路与生产路的比例)、质量好坏、网络覆盖程度及其空间分布特点都与区域社会经济发展水平、地形条件、耕地资源以及农村居民点分布特点有着直接关系。西南丘陵山区社会经济发展落后,区域地貌分异性较强,耕作地块零散,农村居民点分散。为适应生产生活需要,农村道路普遍依地形条件和方便耕作生产出行随机分布。因缺乏统筹规划,致使道路布局零乱、时空分布不均、数量较多但质量较差等问题较为严重。受地形条件影响和投入限制,田间道多布局在沟边、沟底或山峁的脊梁上。在山低坡缓处,田间道多布设成斜线形。在山高坡陡处,田间道呈"S"形或"之"字形布局。田间道多以土质和泥结碎石路为主,路面宽度多在3~3.5m,路基基础条件较差,多无路肩和边沟,路段部分垮塌、损毁现象严重。为方便生产出行,生产路多与农村居民点、田块、田间道或生产路相连。生产路多为土质路面,受地形条件影响,生产路路面较窄,宽度多小于1m。无论是田间道还是生产路,多分布在耕地资源丰富、农村居民点相对集中的低海拔地区,高海拔地区分布则相对较少。

受区域微地貌地形条件、社会经济发展水平、耕地资源和农村居民点分布特点等综合因素的影响,5个样点村农村道路现状特征存在较大差异。

1)合川区大柱村(YD-Ⅰ)。合川区大柱村(YD-Ⅰ)位于重庆市西部的浅丘地区,社会经济比较发达,农村道路体系网络覆盖程度较高,路网密度较大,质量相对较好,空间分布差异不大。村内各级道路总长为72.30km(含一条贯穿东西全长3.23km的等级公路),路网密度为146.95m/hm²,为5个样点村最高。村内共有田间道路13条,全长为7.41km,路面宽度为3~6m。其中,泥结碎石路面田间道长为4.65km,砼质路面田间道长为2.75km。各田间道路以贯穿东西部等级公路为轴线,向南北两侧延伸构成田间道路网络。其密度可基本满足区域居民出行、生产物资及农副产品运输需要。但由于管护不力,加之路基基础较差等原因,致使部分路段状况差,遇雨天道路泥泞、大坑小凼,导致车辆通行困难,影响了当地农业生产和农民出行,制约着农业产业化发展。村内生产路总长为61.67km,从路面质量状况可分为两类:一类是已硬化的宽度为0.5~1.2m的砼质路面生产路,长度为34.36km;另一类则为路面状况较差、宽度为0.5~0.8m的土质路面,长度为27.31km。这类生产路遇雨天路面泥泞积水难行。从生产路分布来看,在局部耕作区,存在生产路缺乏,耕作出行以田土坎为便道,给生产生活和田间作业造成了诸多不便。

2)綦江区中华村(YD-Ⅱ)。綦江区中华村(YD-Ⅱ)位于重庆市南部丘陵地区,农村道路分布相对均匀,道路总长为69.78km,路网密度为128.03m/hm²。村内分布村田间道16条,路面宽度为3.5~6.0m,总长为20.71km。其中,土质路面田间道长为6.16km,泥结碎石路面田间道长为12.30km,6.0m宽砼质路面田间道长为2.25km。主干田间道已初步形成"二横四纵"的网络化格局。但由于田间道长期缺乏养护,加之有的路面质量和路基基础较差,部分田间道坑洼积水、垮塌现象严重,道路运输、通行能力很受限制。另外,在村内还存在一些由当地老百姓自发修建的断头田间道,还需新建部分田间道路使之与主干田间道路进行连接,以便形成更加完善通畅的田间道路体系。生产路总长为49.07km,其中,0.5~0.8m宽土质路面长为8.55km,0.5~1.2m宽砼质路面长为40.52km。生产路路面质量总体较好,但路面普遍较窄,难以适应小型农机生产作业。

3)忠县新开村(YD-Ⅲ)。忠县新开村(YD-Ⅲ)位于重庆市东北部低山丘陵区,地势东低西高,由西向东倾斜。农村道路因地势高低不同而分布不均。在地势较低的东部区域,农村道路分布较地势较高的西部区域密集。区内道路总长为87.90km,路网密度为88.18m/hm²。村内田间道总长为22.06km,路面平均宽度为3.5m。其中,砼质路面田间道长为3km,泥结碎石路面田间道长为3.47km,泥质路面田间道长为15.59km。田间道以土质路面为主,路面、路基质量较差,严重影响了当地农业生产发展和农民生产生活水平提高。生产路总长为66.74km,多为方便耕作出行自然形成的泥质土路,质量较差,一遇雨天则无法通行。生产路路面较窄,宽度多在0.6m。

4)奉节县青杠村(YD-Ⅳ)。奉节县青杠村(YD-Ⅳ)位于重庆市东北部的盆周山地区,海拔为158~1548m,属"海拔落差大,一山有四季"的典型山区,总体地势东南高西北低。受地形特点、农村居民点和耕地资源分布的影响,农村道路在西北部低海拔区域较东南部高海拔区域分布密集。村内农村道路总长为123.41km,路网密度为81.76m/hm²。村内田间道均为土质路面,质量较差,路面宽度为3.0~3.5m,道路总长为14.83km。由于田间道路面、路基质量较差,加之长期缺乏有效的管护,多数田间道路面坑洼不平,部分路段垮塌严重,车辆行人通行困难。村内生产路总长为108.58km,均为泥质路面,路面较窄,平均宽度为0.5m。

5)酉阳县大泉村(YD-Ⅴ)。酉阳县大泉村(YD-Ⅴ)位于重庆市东南部的中低山槽谷地貌区,总体地势东高西低。受地形特点影响,农村居民点和耕地资源主要分布在地势较低的槽谷地带。为方便耕作和生产出行,农村道路亦多分布在海拔相对较低的槽谷地区,海拔较高的地区道路分布较少。村内各级道路

分布总长为 134.08km（含 12.19km 的由南向北的 319 国道），路网密度为
50.25m/hm²，为 5 个样点村最低。村内田间道总长为 14.64km，其中，土质路面
田间道长为 11.88km，占田间道总长的 81.15%，泥结碎石路面田间道长为
2.76km，占 18.85%。受地形条件限制，田间道主要集中分布在地势相对较平缓
的沟谷、平坝地带，地势较高处少有田间道分布。田间道路面较窄，宽度多在
2.5～3.0m，且大多数田间道无路肩、边沟，雨水浸泡冲刷道路损毁严重，通行困
难。村内生产路总长为 107.25km，路面较窄（平均宽度仅 0.5m）、质量较差，除
0.32km 为砼质路面外，其余 106.93km 生产路均为土质路面。

(2) 田间道路优化布局

农村道路整治应按照工程技术可行、经济合理、因地制宜、以原有道路为主、
新建道路为辅的布局原则进行优化。主干田间道尽可能结合干支道布置，尽量
连接主要村庄和院落，并考虑服务大多数耕作区域。在地形比较平坦的区域，田
间道新建没有纵坡限制，布局力求取直截短，以节约占地和投资。为确保农机运
行安全，长直线尽头不宜设置小半径的平曲线；当支道或田间道与铁路和公路相
交时，尽可能正交或不小于 45°的斜角通过；在地形较复杂的山地区域，山坡陡
峻，应充分利用地形展线，确保田间道修建的安全性和稳定性，减少工程数量，降
低造价，保证投入使用后养护和运输费用最经济。依地形条件，田间道多呈"S"
形、"之"字形或螺旋形迂回上山；梯田区布置田间道，采取通梁联垭、沿沟走边
的方法布设。田间道应多布置在沟边、沟底或山垴的脊梁上。主要田间道应尽
可能结合干支道布置，尽量接通主要的村庄和院落，并考虑使其能为大多数田块
服务；同其他田间道相交时，宜采用正交，以方便畜力车转弯。为方便机耕生产
作业和管理，大于 1.5m 宽的生产大路，与条田、梯田田块布设相结合，与公路、
田间道或者生产路相连接，多布置地形条件平缓的粮油生产、蔬菜种植等耕作条
件较好的区域，或者靠近城镇、经济条件较为优越的区域。生产大路布置相互间
隔为 300～500m。为生产出行方便，小于 1.5m 宽的横向和纵向生产路优化布置
多与农村居民点、田块、乡村公路、田间道或生产大路相连，形成网状。

受地貌形态、道路基础、投资力度、产业发展和新村规划布局等因素的综合影
响，5 个样点村农村道路优化布局目标和结果存在较大差异（图 7-16）。

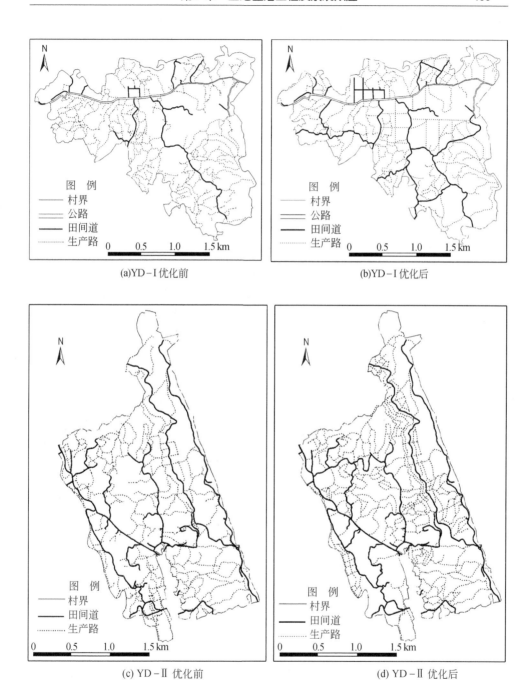

(a)YD-Ⅰ优化前

(b)YD-Ⅰ优化后

(c) YD-Ⅱ优化前

(d) YD-Ⅱ优化后

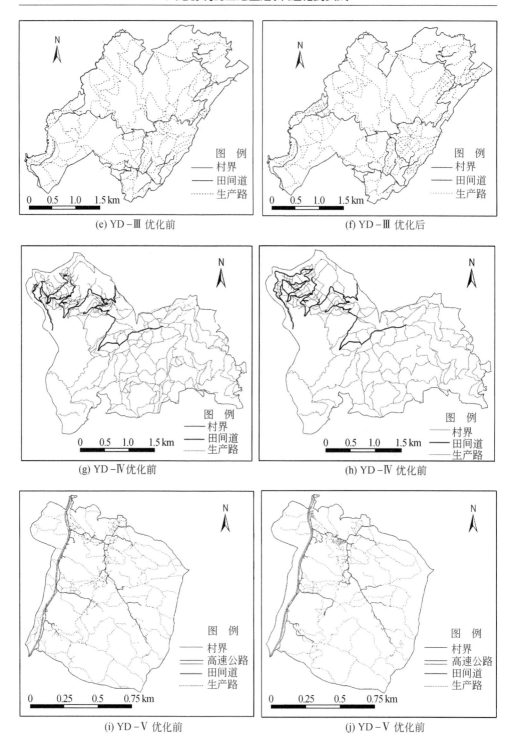

图 7-16 样点村农村道路优化布局

7.4.2 田间道路整治工程设计

(1)设计一般原则

根据《重庆市土地开发整理工程建设标准(试行)》,无论是田间道、生产大路还是生产路,其整治工程设计主要包括道路路基、路面及纵断面设计 3 部分。

1)路基设计。田间道路基应根据其使用要求和当地自然条件并结合施工方案进行设计,既要有足够的强度和稳定性,又要经济合理。路基的高度应使路肩边缘高出路基两侧地面积水高度,同时考虑地下水、毛细水和冰冻的作用,不至于影响路基的强度和稳定性;路基排水系统应根据沿线的降水与地质水文等具体情况,设置必要的地面排水、地下排水、路基边坡排水等设施,并与沿线桥涵配合,形成良好的排水系统,以保证路基及其边坡的稳定。排水设施包括边沟、截水沟、排水沟、涵洞等;路基边坡应保持稳定,特殊地段,为保持路基边坡的稳定,应设计挡土墙和护坡。为保护路面,一般采用干砌块石砂浆抹面压顶,浆砌块、条石或预制混凝土块作路肩,条件受限的地区也可采用土路肩;路基施工应采用压实机具,采取分层填筑、压实。

2)路面设计。根据项目所在地工程条件及经济发展程度,田间道路面可选择沥青碎石、沥青表面处理、水泥混凝土、泥结碎石、砂砾石等不同的面层类型,并要求路面应具有良好的稳定性和足够的强度,其表面应满足平整(路面平整度<3cm)、抗滑和排水的要求,路面宽度一般设计为4.0m。道路基层要求夯填土、块石或卵石厚度不小于20cm,根据选用的面层材质其硬度要求在 10~20cm。

3)纵断面设计。平坝地区田间道最大纵坡不宜大于 6%、丘陵地区不宜大于11%、山区不宜大于 13%。最小纵坡以满足雨雪水排出要求为准,一般宜取0.3%~0.4%,多雨地区宜取 0.4%~0.5%。田间道纵坡坡长限制见表7-7。

表7-7 田间道纵坡长度限制

纵坡坡度/%	5~6	6~7	7~8	8~9	9~10	10~11	11~13
坡长限制/m	800	500	300	200	150	100	100

注:此表参数引自《重庆市土地开发整理工程建设标准(试行)》。

(2)道路工程设计

受地形条件、道路基础、经济投入、建筑材料来源、产业发展需求等诸多因素的综合影响,各样点村农村道路路面设计的规格及材质选用存在一定的差异(表7-8)。经济条件相对较好的合川区大柱村(YD-Ⅰ),田间道路面全采用了造价相对较高的砼质路面设计,而经济发展较落后的酉阳县大泉村(YD-Ⅴ),田间道路面均采用成本相对较低的泥结碎石路面设计,其余样点村在田间道路面设计时两种材质均有选用。

表 7-8　样点田间道路整治工程路面设计规格及材质选用

| 样点 | 田间道 | | | | | | 生产路 | | | | | |
| | 新建 | | | 维修 | | | 新建 | | | 维修 | | |
	宽度/m	路面材质	长度/km	宽度/m	路面材质	长度/km	宽度/m	路面材质	长度/km	宽度/m	路面材质	长度/km
YD-Ⅰ	3.5 4.5 5.0	C30砼	6.548	3.5 4.5	C30砼	2.971	1.5 2.0 2.5	C20砼	13.670	—	—	—
YD-Ⅱ	3.5	泥结碎石	1.396	3.5	C30砼	11.510	0.8	C20砼	24.587	0.8	C20砼	7.416
YD-Ⅲ	3.5	泥结碎石	0.347	3.5	C30砼泥结碎石	8.280	0.8 1.2	C20砼	12.633	0.8 1.2	C20砼	30.871
YD-Ⅳ	6.0	C30砼	3.947	3.0 6.0	C30砼泥结碎石	5.449	1.2 1.5	C20砼	9.951	0.8 1.2	C20砼	16.979
YD-Ⅴ	3.0	泥结碎石	4.014	2.5 3.0	泥结碎石	7.779	0.8 1.2 1.5 1.8	C20砼	16.643	0.8 1.2 1.5	C20砼	23.653

在地形条件相对平坦、路网基础较好的合川区大柱村(YD-Ⅰ),田间道设计的宽度较其他样点村的大,而受地形条件起伏较大、路网基础薄弱等限制因素影响较大的酉阳县大泉村(YD-Ⅴ),其田间道设计的宽度有的仅 2.5m。结合各样点实际,根据投资和取材方便程度,田间道路面多采用泥结碎石路面、砼路面 2种设计标准(图 7-17、图 7-18)。砼质路面田间道路基均采用 25cm 厚手摆片石,路基上铺 15cm 厚水泥碎石稳定层(水泥含量 5%),路面浇筑 20cm 厚 C30 砼,每隔一定距离设置一道 5~8mm 宽的伸缩缝;泥结碎石路面田间道路基与砼路面田间道设计相同,也均采用 20cm 厚手摆片石铺设,路面采用泥结碎石铺设路面,

铺设厚度为10cm,泥结碎石中黏土的含量控制在25% ~ 30% ;对过水田段的田间道,增加一定厚度的干砌片石换填软基。

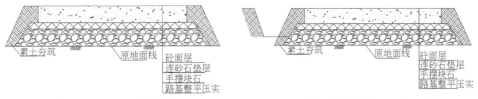

(a) 砼路面无边沟田间道断面设计　　　　　　(b) 砼路面带边沟田间道断面设计

图 7-17　砼路面田间道断面设计示意图

(a) 泥结碎石路面无边沟田间道断面设计　　　　(b) 泥结碎石路面带边沟田间道断面设计

图 7-18　泥结碎石路面田间道断面设计示意图

为方便小型机耕作业,样点生产大路路基宽度设计为1.5 ~ 3m。在旱作区,路基一般采用素土夯实,路基大于路面0.2 ~ 0.4m。过水田区,采用浆砌石质路基,路基与路面同宽。素土路基采取分层填筑、压实,其压实度标准与田间道建设标相同。浆砌石质路基不需压实。路面材质设计均为砼现浇路面,路面厚度为10 ~ 15cm。生产大路纵坡设计平缓地区控制在4% ,丘陵地区控制在8% 。

生产路路基宽度设计为0.8 ~ 1.5m。在旱作区,路基采用素土夯实,路基大于路面0.1 ~ 0.2m。过水田区,采用浆砌片石、块石路基,路基与路面同宽。路基压实度设计与生产大路设计相同。路面也采用砼现浇路面设计,厚度为5 ~ 10cm。根据地形坡度情况,生产路设计为平直式和台阶式两种(图 7-19、图 7-20)。当地形坡度不大(一般小于10°时),一般设计成平直式生产路;当地形坡度大于15°时,设计成台阶式生产路。为防止路面溜滑,当坡度大于5°时,生产路表面进行了横向拉痕槽处理。

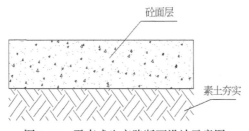

图 7-19　平直式生产路断面设计示意图

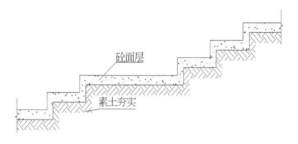

图 7-20　台阶式生产路断面设计示意图

7.4.3　田间道路整治对道路结构特征的影响

(1) 数量结构

道路整治工程实施后,样点农村道路的长度、密度及路网体系结构较整治前都有显著变化(表 7-9)。田间道在农资运输、机械化作业以及对外交通联系等方面具有十分重要的作用,整治后各样点村均有不同程度的增加,增幅比重最大的是经济较发达、地形平缓的合川区大柱村(YD-Ⅰ),由整治前的 7405m 增加到13 953m,增幅达 88.43%。因受地形、耕作地块和居民点分布特点的影响,生产路普遍存在数量众多、占地面积较大、质量较差、分布零乱且时空不均的特点。因此,通过生产路整治优化,将利用效率低、过度密集、质量较差的生产路整治成耕地或其他农用地,提高土地利用效率,同时根据农业产业发展和新村建设需求新建必要的生产大路和生产路,并根据资金投入水平对有必要保留的生产路实施整治。样点经生产路优化布局后,除綦江区中华村(YD-Ⅱ)农村道路总长较优化前增加16.70%外,其余样点均有所减少,减少幅度最多的是合川区大柱村(YD-Ⅰ),减少了 25.66%。綦江区中华村(YD-Ⅱ)生产道路的增加主要是因发展柑橘和蔬菜种植业的需要,新建了大量生产路。各级道路体系经优化布局整治后,路网密度为綦江区中华村(YD-Ⅱ)>合川区大柱村(YD-Ⅰ)>忠县新开村(YD-Ⅲ)>奉节县青杠村(YD-Ⅳ)>酉阳县大泉村(YD-Ⅴ),即表现为丘陵地区较山地区的道路网络更为复杂。

表7-9　整治前后道路数量结构变化

样点村	状态	公路		田间道		生产路		各级道路体系	
		长度/m	密度/(m/hm²)	长度/m	密度/(m/hm²)	长度/m	密度/(m/hm²)	总长度/m	平均密度/(m/hm²)
YD-Ⅰ	整治前	3 233	6.57	7 405	15.05	61 665	125.33	72 303	146.95
	整治后	3 233	6.57	13 953	28.36	49 072	99.74	66 258	134.67
YD-Ⅱ	整治前	0	0.00	20 709	37.99	49 074	90.04	69 783	128.03
	整治后	0	0.00	22 105	40.56	57 267	105.07	79 372	145.63
YD-Ⅲ	整治前	0	0.00	22 055	21.90	66 740	66.28	88 795	88.18
	整治后	0	0.00	22 402	22.25	61 920	61.50	84 322	83.75
YD-Ⅳ	整治前	0	0.00	14 825	9.82	108 586	71.94	123 411	81.76
	整治后	0	0.00	17 546	11.62	82 185	54.45	99 731	66.07
YD-Ⅴ	整治前	12 188	4.57	14 644	5.49	107 257	40.19	134 089	50.25
	整治后	12 188	4.57	18 658	6.99	87 817	32.90	118 663	44.46

整治后,田间道与生产路类型组合的比重较整治前除綦江区中华村(YD-Ⅱ)由30∶70下降为28∶72外,其余样点都有不同程度的提高,合川区大柱村(YD-Ⅰ)田间道与生产路由11∶89提高为22∶78、忠县新开村(YD-Ⅲ)由25∶75提高为27∶73、奉节县青杠村(YD-Ⅳ)由12∶88提高为18∶82、酉阳县大泉村(YD-Ⅴ)由12∶88提高为18∶82。从组合类型分析,虽然各样点通过农村道路整治后,田间道均有不同程度的增加,但从比重上看,农村道路仍然以生产路为主。

(2)质量结构

农村道路质量的好坏,直接关系到农业生产物质运输效率的高低和老百姓生产生活出行的方便,对农村社会经济发展和老百姓生活质量提高都有着至关重要的影响。西南丘陵山区,由于受地形条件和社会经济发展的制约,农村道路建设普遍存在建设选址随意、修建标准较低、路网整体质量较差的问题。改善农村道路体系结构,提高道路整体质量,是农村土地整治工程的重要内容和目标。从研究的5个样点分析,通过道路整治后,各样点道路系统的整体质量得到了不同程度的提高(表7-10、表7-11)。

表 7-10　整治前后田间道路面材质变化　　　　　　　　（单位:m）

样点	整治前							整治后						
	路面材质						总长	路面材质						总长
	土质		泥结碎石		砼质			土质		泥结碎石		砼质		
	路宽	路长	路宽	路长	路宽	路长		路宽	路长	路宽	路长	路宽	路长	
YD-Ⅰ	—	—	3.0	3 218	3.5	2 284	7 405	—	—	3.0	247	3.0	5 838	13 953
	—	—	3.5	772	8.5	468		—	—	3.5	772	3.5	3 811	
	—	—	4.0~5.0	663	—	—		—	—	4.0~5.0	663	4.5~5.0	2 622	
YD-Ⅱ	3.5	4 484	3.5	8 918	6.0	2 245	20 709	—	—	3.5	3 288	3.5	11 510	22 105
	5.0	1 674	4.0~5.0	3 388	—	—		5.0	1 674	4.0~5.0	3 388	6.0	2 245	
YD-Ⅲ	3.5	19 055	—	—	3.5	3 000	22 055	—	—	3.5	7 518	3.5	14 884	22 402
YD-Ⅳ	3.0	8 312	—	—	—	—	14 825	3.0	2 809	—	—	3.0	4 928	17 546
	4.0~6.0	6 513	—	—	—	—		4.0~6.0	5 605	—	—	6.0	4 204	
YD-Ⅴ	2.5	613	5.0	2 762	—	—	14 644	3.0	4 070	2.5~3.0	11 826	—	—	18 658
	3.0	11 269	—	—	—	—		—	—	5.0	2 762	—	—	

表 7-11　整治前后生产路路面材质变化　　　　　　　　（单位:m）

样点	整治前				总长	整治后				总长
	路面材质					路面材质				
	土质		砼质			土质		砼质		
	路宽	路长	路宽	路长		路宽	路长	路宽	路长	
YD-Ⅰ	0.5	26 947	0.5	22 983	61 665	0.5	17 454	0.5	7 083	49 072
	0.8	358	1.0~1.2	11 377		0.8	358	0.8	6 096	
	—	—	—	—		—	—	1.0~2.5	18 081	
YD-Ⅱ	0.5	5 155	—	—	49 074	—	—	0.8	32 003	57 267
	0.8	3 391	0.5~1.2	40 528		—	—	0.5~1.2	25 264	
YD-Ⅲ	0.5	1 009	—	—	66 740	0.8	18 416	0.8	40 158	61 920
	0.8	63 634	—	—		—	—	1.2	3 346	
	1.2	2 097	—	—		—	—	—	—	
YD-Ⅳ	0.5	108 586	—	—	108 586	0.5	55 256	0.8	8 037	82 185
	—	—	—	—		—	—	1.2~1.5	18 892	
YD-Ⅴ	0.5	106 447	0.5	128	107 257	0.5	50 243	0.8	23 184	87 817
	0.8	492	0.8	97		0.8	492	1.2~1.5	13 898	

地处浅丘地貌区域的合川区大柱村(YD-Ⅰ),整治前62.84%的田间道为泥结碎石路面,因重用轻养,部分路段压损破坏严重,坑洼不平,运输通行不畅。作为从事农事生产、连接居民点的生产路,宽度为1m以上的生产路仅占生产路的18.45%,用于小型农机耕作和收割的生产大路缺乏。整治后,田间道路面为砼质路面的比例高达87.95%,泥结碎石路面的比例下降到12.05%。生产路宽度由0.5~1.2m变为0.5~2.5m,质量较高的砼质路面生产路由55.72%上升到63.70%,1m以上宽度的生产路占到生产路总量的36.85%。为适应小型农机作业,降低农业生产劳动强度,新建了1.5m以上的生产大路0.958km。

以浅丘带坝地貌为主的綦江区中华村(YD-Ⅱ),整治前田间道路面以土质和泥结碎石路面为主,其比例分别为29.74%和59.42%,砼质路面田间道仅为10.84%。0.5~0.8m宽土质路面生产路,占生产路总量的17.42%,且多以0.5m宽的路为主。整治后,田间道质量得到大幅度提高,路面以泥结碎石和砼质路面为主,其比例分别达到了30.20%和62.23%,质量较好的砼质路面田间道增加幅度较大,土质路面田间道比重下降为7.57%。生产路经整治后,全为质量较好的砼质路面生产路,已无质量较差的土质生产路。

以低山丘陵地貌为主的忠县新开村(YD-Ⅲ),整治前,田间道以3.5m宽的土质路面为主,占86.40%,生产路全为土质路面,受雨水长期冲刷、浸泡,农村道路整体质量较差。整治后,泥结碎石和砼质路面田间道比重明显上升,砼质路面田间道比重达到66.44%,砼质路面生产路达54.42%。

以盆周山地地貌为主的奉节县青杠村(YD-Ⅳ),整治前田间道、生产路均为土质路基和路面,生产路路面较窄,平均宽度只有0.5m。整治后,硬化的田间道路达到了52.05%,路面宽度有所增加。硬化生产路为32.77%,路面宽为0.8~1.5m。

以中低山槽谷地貌为主的酉阳县大泉村(YD-Ⅴ),整治前田间道以2.5~3.0m宽的土质路面为主,占76.95%,泥结碎石路面田间道占18.86%。生产路以0.5m宽的土质路为主,占99.25%。整治后,泥结碎石路面田间道上升为78.19%,土质路面田间道比重下降为21.81%。生产路土质路面比重下降为57.77%,0.8~1.5m砼质路面生产路比重为42.23%。

(3) 网络结构

从道路网络特征指数分析(表7-12),各样点道路网络指数变化差异较大。整治前,道路密度(D)指数最大的合川区大柱村(YD-Ⅰ)高达146.95m/hm²,最小的酉阳县大泉村(YD-Ⅴ)为50.25m/hm²,样点村道路密度(D)指数变化范围为50.25~146.95。经道路优化布局后,样点村道路密度(D)指数除綦江区中华村(YD-Ⅱ)有增加外,其余样点村均有不同幅度的减小,样点村道路密度(D)指数变化范围为 44.46 ~ 145.62。从各样点村道路密度大小分析可以看出，整治前后，地势相对平缓的丘陵区的网络系统较地势起伏较大的山区道路更为复杂。这与道路工程建设的难易程度和居民点、耕作区域的空间分布特点有极为密切的关系。相对来说，居民点和耕作区域分布越复杂，道路密度就越大，反之则越小；整治前，线点率(β)指数变化范围为 1.63 ~ 1.74，网络环通度(α)指数变化范围为 0.32 ~ 0.37，网络连通度(γ)指数变化范围为 0.54 ~ 0.58；整治后，线点率(β)指数变化范围为 1.74 ~ 1.91，网络环通度(α)指数变化范围为 0.37 ~ 0.46，网络连通度(γ)指数变化范围为 0.58 ~ 0.64。道路整治后，线点率(β)、网络环通度(α)、网络连通度(γ)均有不同程度的增加，这表明农村道路经整治优化布局后，道路具有更好的通行能力，道路网络结构较整治前变得更为复杂，且表现出丘陵地区道路网络较山地地区的更为复杂。

表 7-12　整治前后道路网络结构特征指数变化

特征指数	YD-Ⅰ		YD-Ⅱ		YD-Ⅲ		YD-Ⅳ		YD-Ⅴ	
	整治前	整治后	整治前	整治后	整治前	整治后	整治前	整治后	整治前	整治后
密度(D)	146.95	134.67	128.03	145.62	88.18	83.75	81.76	66.07	50.25	44.46
线点率(β)	1.71	1.81	1.74	1.89	1.65	1.86	1.73	1.91	1.63	1.74
网络环通度(α)	0.36	0.41	0.37	0.45	0.33	0.44	0.36	0.46	0.32	0.37
网络连通度(γ)	0.57	0.61	0.58	0.64	0.55	0.62	0.58	0.64	0.54	0.58

7.4.4　田间道路整治工程的景观效应

道路作为人为活动典型的产物，人为干扰道路的新建或整修，都会对农田生态系统过程产生直接或间接的影响。特别是道路的新建，会加剧景观斑块的分割，迫使土地利用变化，景观格局发生改变。当然，道路整治对区域景观格局的影响程度或产生景观效应的大小，也会因道路建设人为干扰强度、区域地貌类型条件以及景观结构等因素的不同而产生差异。

(1) 对景观格局的影响

农村道路整治，对样点村区域景观格局的影响，可从农村道路整治前后各样点村景观格局指数变化结果（表 7-13）进行分析。

表 7-13　道路工程整治前后景观格局指数变化

样点村	YD- I			YD- II			YD- III			YD- IV			YD- V		
	整治前	整治后	变化率/%	整治前	整治后	变化率/%	整治前	整治后	变化率/%	整治前	整治后	变化率/%	整治前	整治后	变化率/%
斑块密度(PD)	298.07	233.53	-21.65	228.55	295.88	29.46	144.97	118.54	-18.23	69.87	83.63	19.69	144.28	128.22	11.13
最大斑块指数(LPI)	6.96	4.85	-30.32	3.27	3.13	-4.28	4.59	5.75	25.27	17.23	16.05	-6.85	4.4	8.15	85.23
斑块形状指数(LSI)	35.4	32.83	-7.26	32.46	36.13	11.31	35.56	35.24	-0.90	31.78	29.33	-7.71	40.24	38.18	-5.12
平均斑块面积(AREA_MN)	0.34	0.43	26.47	0.44	0.34	-22.73	0.69	0.84	21.74	1.43	1.20	-16.08	0.69	0.78	13.04
聚集(蔓延)度指数(CONT)	75.16	75.12	-0.05	58.63	58.56	-0.12	61.16	61.13	-0.05	75.40	75.36	-0.05	72.6	72.59	-0.01
香农多样性指数(SHDI)	0.53	0.53	0.00	0.88	0.88	0.00	0.83	0.83	0.00	0.53	0.53	0.00	0.58	0.58	0.00

　　从反映景观破碎化程度的斑块密度(PD)变化可知,经农村道路整治后,合川区大柱村(YD- I)、忠县新开村(YD-III)和酉阳县大泉村(YD- V)的斑块密度(PD)较道路整治前分别下降 21.65%、18.23% 和 11.13%,而綦江区中华村(YD-II)和奉节县青杠村(YD-IV)则分别上升了 29.46% 和 19.96%。斑块密度(PD)指数变化结果表明,道路整治后,前 3 个样点村景观破碎化程度有所降低,而后 2 个样点村则有所增加。斑块密度(PD)指数的变化是各样点村农村道路减少与增加共同叠加作用的结果。一方面,由于各样点在农村道路优化布局时,将原有部分利用低效、废弃、布局不合理的农村道路(特别是生产路)整治成了耕地或其他农用地,提高了土地利用率。同时,道路的减少,削弱了对景观斑块的分割,促进了斑块合并,致使区域斑块总数减少,密度降低,景观的优质性增强;另一方面,各样点村又因产业发展和新村建设等需要,需在对原有农村道路进行优化的基础上,通过新建部分道路来完善道路网络结构和体系,提高道路的运输效率和通行能力。道路的新建,加剧了对斑块的分割,增加了斑块的数量和破碎化程度。由于各样点村道路基础、地形条件、产业发展布局、新村建设标准的差异,各样点村斑块密度(PD)经农村道路优化布局后下降幅度差异较大。经农村道路整治后,由于合川区大柱村(YD- I)、忠县新开村(YD-III)和酉阳县大泉村(YD- V)原有生产路减少比重较大,新建道路比重较小,减少了道路对区域斑块的分割,从而降低了景观破碎化程度。綦江区中华村(YD-II)和奉节县青杠村(YD-IV)因新建道路比重较

大,原有生产路较减少幅度较小,道路整治后,道路加剧了对区域斑块的分割,景观破碎化程度增加。

农村道路整治后,合川区大柱村(YD-Ⅰ)、綦江区中华村(YD-Ⅱ)和奉节县青杠村(YD-Ⅳ)最大斑块指数(LPI)均有所下降,降幅最大是合川区大柱村(YD-Ⅰ),达30.32%。忠县新开村(YD-Ⅲ)和酉阳县大泉村(YD-Ⅴ)的最大斑块指数(LPI)呈现增大的结果,其增加幅度分别为25.27%和85.23%。最大斑块指数(LPI)减小主要是因道路的新建,加强了对区域最大斑块的重新分割,降低了最大斑块的面积。最大斑块指数(LPI)的增加,则是因为减少了道路对斑块的分割,导致同类斑块合并增大了斑块面积。

斑块形状指数(LSI)的大小,反映了景观斑块形状的规则程度。斑块形状指数(LSI)越大,表明斑块形状越复杂和越不规则,反之,则斑块形状越简单和越规则。各样点村斑块形状指数(LSI)变化结果显示,经农村道路整治后,除綦江区中华村有11.31%的增加幅度以外,其余4个样点村则有0.90%～7.26%的不同程度的降幅。这也就是说,道路整治后,綦江区中华村(YD-Ⅱ)的景观斑块形状较整治前变得更加复杂和不规则,其余样点村则变得相对简单和规则。这主要是由于道路整治后,綦江区中华村(YD-Ⅱ)新建道路比重较大,路网密度较整治前更加密集,道路加剧了对区域斑块(特别是耕地斑块)的分割,致使斑块形状变得更加不规则和复杂。而其余4个样点村,由于道路优化后,路网密度有所下降,减少了道路对景观斑块的分割,斑块的形状较道路整治前变得相对规则和简单。

农村道路整治后,合川区大柱村(YD-Ⅰ)、忠县新开村(YD-Ⅲ)和酉阳县大泉村(YD-Ⅴ)的平均斑块面积(AREA_MN)较整治前分别增加了26.47%、21.74%和13.04%,綦江区中华村(YD-Ⅱ)和奉节县青杠村(YD-Ⅳ)则有所下降,降幅分别为22.73%和16.08%。

由表7-13的景观聚集(蔓延)度指数(CONT)和香农多样性指数(SHDI)的变化结果分析,农村道路整治,对区域景观斑块间的空间连接程度和景观多样性无明显影响。

综合分析表明,在景观水平尺度上,农村道路整治,有利于道路网络的优化,提高土地利用效率。道路的增加,会加剧对区域景观斑块的分割,增加景观的破碎化程度,降低最大斑块和平均斑块的面积,使斑块的形状变得更加不规则和复杂。相反,道路的减少,有利于区域景观破碎化程度的降低,最大斑块和平均斑块面积增大,使斑块的形状变得更加规则和简单。但在丘陵地区,农村道路整治,无论是农村道路增加还是减少,对区域景观斑块间的连接程度和景观的多样性不会带来显著影响。

(2) 对土地利用类型景观的影响

在农村,基层干部和农户极为重视农村道路整治,不仅是因为农村道路整治能够方便生产和出行,带动经济发展和减缓贫困,还在于其对农村环境和乡村景观具有重塑和优化作用,以至于新农村建设和农村土地整治都将其列为重点建设内容。但是,由于国情、体制、地理、环境、经济条件乃至文化等方面的差异,农村道路建设与整治不仅在国内外表现出迥然差异,在同一区域内部也存在明显不同,在微观尺度上造成不同的景观效应。从5个样点的研究结果来看,YD-Ⅰ、YD-Ⅲ、YD-Ⅴ耕地、居民点和生态用地的斑块密度(PD)均呈减少趋势,而YD-Ⅱ、YD-Ⅳ则呈增加趋势;与之相关的平均斑块面积(AREA_MN)也呈现类似变化(表7-14)。为了更好地讨论农村道路整治在类型水平上对景观的影响,在此选取斑块密度(PD)、平均斑块面积(AREA_MN)、斑块形状指数(LSI)和面积加权平均斑块分维数(FRAC_AM)4项指标,并对各样点景观指数的变化取绝对值分析。

表7-14　道路工程整治前后各土地利用类型景观指数变化

样点	土地利用类型	斑块密度(PD)			平均斑块面积(AREA_MN)			斑块形状指数(LSI)			面积加权平均斑块分维数(FRAC_AM)		
		整治前	整治后	变化率/%	整治前	整治后	变化率/%	整治前	整治后	变化率/%	整治前	整治后	变化率/%
YD-Ⅰ	耕地	109.91	75.85	-30.99	0.77	1.12	45.45	31.67	29.99	-5.30	1.16	1.16	0.00
	居民点	120.7	113.42	-6.03	0.05	0.05	0.00	25.77	23.34	-9.43	1.14	1.11	-2.63
	生态用地	67.46	44.26	-34.39	0.14	0.22	57.14	19.29	18.62	-3.47	1.17	1.18	0.85
YD-Ⅱ	耕地	74.48	103.29	38.68	0.69	0.5	-27.54	25.47	29.78	16.92	1.15	1.16	0.87
	居民点	75.86	81.41	7.32	0.09	0.08	-11.11	22.65	22.74	0.40	1.13	1.14	0.88
	生态用地	78.21	111.18	42.16	0.54	0.38	-29.63	25.51	26.9	5.45	1.16	1.17	0.86
YD-Ⅲ	耕地	58.58	46.09	-21.32	0.71	0.9	26.76	32.74	34.22	4.52	1.18	1.18	0.00
	居民点	32.51	31.78	-2.25	0.13	0.13	0.00	22.01	21.06	-4.32	1.14	1.12	-1.75
	生态用地	53.88	40.67	-24.52	1.01	1.33	31.68	28.64	27.53	-3.88	1.17	1.18	0.85
YD-Ⅳ	耕地	26.73	32.29	20.80	0.68	0.56	-17.65	28.39	28.35	-0.14	1.17	1.16	-0.85
	居民点	16.89	19.74	16.87	0.06	0.05	-16.67	19.86	19.58	-1.41	1.15	1.15	0.00
	生态用地	26.25	31.60	20.38	3.08	2.56	-16.88	24.78	22.71	-8.35	1.17	1.17	0.00
YD-Ⅴ	耕地	81.74	66.82	-18.25	0.26	0.32	23.08	51.02	51.87	1.67	1.17	1.17	0.00
	居民点	25.09	24.66	-1.71	0.05	0.05	0.00	27.72	27.12	-2.16	1.12	1.11	-0.89
	生态用地	37.44	35.60	-4.91	2.07	2.18	5.31	32.50	30.16	-7.20	1.06	1.05	-0.94

　　农村道路整治对耕地和生态用地影响剧烈。从 5 个样点村类型水平上的斑块密度(PD)和平均斑块面积(AREA_MN)的变化均值显示,农村道路整治前后,斑块密度(PD)的变幅以耕地(26.01%)最为剧烈,其次为生态用地(25.27%),居民点变幅最小(6.84%);在平均斑块面积(AREA_MN)的变幅中,生态用地变化剧烈(28.13%),耕地与之相近(28.09%),居民点最小(5.56%)(表7-14)。

　　农村道路整治在类型水平上影响斑块形状,但不会加重景观复杂性。分析 5 个样点村类型水平上斑块形状指数(LSI)和面积加权平均斑块分维数(FRAC_AM)的均值,结果表明,农村道路整治后,耕地、居民点、生态用地的斑块形状的规则程度均发生了一定变化,其中耕地变化最为明显(5.71%),生态用地变化次之(5.67%),居民点变化最小,但变幅也达到 3.54%;面积加权平均斑块分维数(FRAC_AM)表征了类型水平上景观形状的复杂程度,不过从变化程度来看,最大的居民点仅有 1.23%,耕地和生态用地的变化分别为 0.34% 和 0.70%,农村道路整治对耕地、居民点和生态用地的景观复杂性影响甚微(表 7-14)。

　　综上可见,农村道路整治作用于土地利用过程会显著改变耕地和生态用地的形状及格局,在一定程度上也改造着农村居民点的布局,但没有加重景观形状的复杂性。由此可以认为,土地整治中的道路整治正是通过交通廊道建设发挥着对乡村景观的重塑和优化作用,改善了农村环境,方便了生产生活,从而为农村经济发展和减缓贫困注入了活力。

7.5　农田水利整治工程及景观效应

　　农田水利基础设施作为农村重要的基础设施之一,在改善农业生产条件,抵御干旱和洪涝灾情对农业生产的危害,保障粮食安全生产,保护区域生态环境等方面具有十分重要的地位和作用。在各地开展的农村土地整治工程中,都十分重视农田水利工程的建设。通过农田水利工程布局和整治措施的实施,可合理进行区域的水土资源配置,建立完善的农田灌排网络系统和水利工程配套设施,促进农业灌溉水资源的高效利用,及时排除洪涝灾害对农业生产的影响,减少区域水土流失。

　　同时,作为农田生态系统有机组成部分的水库、山坪塘、溪河(沟)和灌排渠系等农田水利基础设施,都具有重要的生态景观功能,对维持农业生态系统平衡和流域生态系统健康具有重要的作用。因此,农田水利工程的兴建和整治,势必会对区域农田生态系统的景观格局、廊道结构、土地利用类型等产生一定的人为扰动,从而对区域景观格局和农田生态系统造成直接或间接的影响。西南丘陵山区,地貌分异性较强,农田水利基础设施空间分布差异性较大,坑塘水面、溪河沟渠多分布在地形平坦、海拔较低的地区。因此,在不同地貌类型的背景下,如何针对农田水利基础设施利用现状特点,存在的主要问题,根据农田水利建设和生态治理规划、产业发展和新农村建设需求进行优化布局和工程设计,将是农田水利工程整治需要解决的重要问题。同时,灌排沟渠作为农田生态系统的一种生态廊道景观,对生态斑块间物质、能量流动起着连通阻隔的双重作用。农田水利工程灌排沟渠的新建、维修,必然会造成农田生态系统中灌排沟渠廊道网络结构特征的改变,对区域局地尺度上的景观格局和土地利用类型产生相应的廊道效应。

7.5.1　农田水利设施现状与优化布局

(1)农田水利设施现状

农田水利设施主要包括灌溉用的渠道及其田间建筑物,排涝用的排水沟道、农田桥、涵、排水闸、排水站及抗旱用的水源设施等。农田水利设施是农业基础设施中最重要的基础设施之一。西南丘陵山区,受地貌类型差异的影响,农田水利设施分布和利用状况在不同地貌区域间存在较大的空间差异。

1)位于浅丘地区的合川区大柱村(YD-Ⅰ),灌排渠道工程主要由8条灌溉渠、8条排水沟、1条排灌沟(兼有灌溉和排水功能的沟渠)和1条排洪沟组成。8条灌溉渠承担该村中部、南部地区的水田灌溉任务。灌溉水源主要来自村内的两座小型水库(村东部的粑粑桥水库和中部的岩洞湾水库)、55口山坪塘、2口800m³蓄水池和村北的大肚子河。受地形条件限制,现有农田水利设施空间分布不均,致使村东南部分区域地块存在"晴时无水用、雨时排水难"的情况。

2)位于丘陵地区綦江区中华村(YD-Ⅱ),灌排系统主要由6条灌溉渠、10条排水沟组成。灌排渠道工程受地形条件的影响,主要分布在地势较低处,东部地势较高的区域无大的灌溉设施,农作物灌溉主要通过降水和山坪塘、蓄水池蓄水进行。灌溉水源主要来源于村内48口较大的山坪塘,以及附近的松湾水库和永丰河。

3)位于低山丘陵区的忠县新开村(YD-Ⅲ),人工灌排渠道工程缺乏,干旱季节,地势较低处的农田灌溉主要通过土质灌溉渠从溪沟引水灌溉或农民自备小型柴油动力抽水机抽水灌溉,但地势较高的旱坡灌溉则主要依靠人工挑水。灌溉水源主要来自区内的13条溪沟和35口山坪塘。

4)位于盆周山地地貌区的奉节县青杠村(YD-Ⅳ),农田水利基础设施缺乏,缺水现象较严重。农业生产灌溉用水主要靠13口山坪塘和少量人工开挖的蓄水池进行。排水主要依靠天然形成的,宽度为0.8~2.0m,高度为1.0~2.0m的天然冲沟。灌溉排水设施主要分布在村海拔较低的西北部,海拔较高的东南部分布较少。

5)位于中低山槽谷地貌区的酉阳县大泉村(YD-Ⅴ),灌排水设施缺乏。村内仅有2口山坪塘,无蓄水池等小型蓄水设施。农田灌溉水源主要来自村内88条径流量为$1\sim60m^3/h$的溪沟和河流。洪涝季节,排水主要靠天然形成的土质冲沟进行。

受地形条件和资金投入不足的影响,样点村农田水利基础设施薄弱,防洪、排涝、灌溉体系缺乏,严重制约了农业生产的发展。灌溉水源除大气降水外,主要来源于区内的溪河(沟)、水库、山坪塘和蓄水池。受地形条件和灌溉水源分布的影响,灌溉水源、灌排渠道工程主要分布在地势较低处,而海拔相对较高的区域十分缺乏,且灌排渠道多为土质沟渠。农田水利基础设施由于长期重用轻养,缺乏资金维护,部分山坪塘、灌排渠段渗漏、淤积和垮塌现象严重,已不能完全发挥应有的蓄水和灌排功能,降低了水资源的高效利用。由于农田水利工程及灌溉水源设施时空分布的不均,位于丘坡中下部的耕地在干旱季节可以利用水库、山坪塘、溪沟的水源通过灌溉渠进行灌溉,但丘坡中上部或丘坡顶部,由于蓄水灌溉设施缺乏,就无法对耕地进行灌溉。同时,在山地地区(如YD-Ⅳ、YD-Ⅴ),由于地形陡峭,加之排洪排涝设施缺乏,暴雨季节,洪涝灾害对农田冲毁严重。随着农村产业结构的不断调整和新农村建设步伐的加快,现有农田水利基础设施状况已无法满足要求,急需对存在问题的蓄水设施、灌排系统进行整治,同时结合农业产业发展布局和水源条件优化农田水利工程空间布局,以适应和促进现代农业产业发展对农田水利基础工程的要求。

(2)农田水利设施优化布局

全面解决丘陵山区农田水利设施薄弱的问题是非常困难的,需要多部门、多渠道资金的整合投入。受土地整治资金投入的影响,农田水利整治工程的主要任务首先是对项目区不能正常发挥蓄水功能的蓄水设施(如山坪塘、蓄水池)和无法进行正常排灌的排灌渠道进行维修整治,然后在资金投入可能的条件下,结合区域水源及渠系分布状况、地形地貌条件、产业发展布局和水土流失治理及生态建设规划,新建部分急需的农田水利工程设施,以满足土地整治区域对农田水利基础设施最迫切的需要。

农田水利工程优化布局应坚持"先维修,再新建"的原则,以长期形成的原有农田水利工程空间网络结构为主,根据农田水利工程整治资金的投入能力,在对原有不能发挥正常功能的蓄水、灌排工程进行维修整治的基础上,结合原有水源、灌排网络的分布特征,以及产业发展和生态治理的重点需求,因地制宜地布局一些相应的农田水利工程。各农田水利工程布局应满足以下原则和要求。

1）蓄水池作为旱作区点灌的重要蓄水设施之一，在综合考虑集流、灌溉、土质环境保护等条件下，应选择布局在降水后能形成地表径流且有一定集水面积的地方，如坡面局部低凹或垭口处，与排水沟或排水型截水沟的终端相连，以容蓄坡面排水。同时，蓄水池布置时也兼顾了引水、取水的方便，避免了在山洪沟边、陡坡、陷穴等地建设。

2）按照灌区总体设计和灌溉标准要求，结合灌溉水源分布情况，灌溉渠道一般选择布置在各自控制范围内地势较高的地带，避开通过风化破碎的岩层、深挖高填、穿越农村居民点，以及可能产生滑坡及其他地质条件不良的地段。为节省投资，灌溉渠道宜选择渠线短而直，并有利于机耕的线路。

3）各级排水（洪）沟根据地形条件，按照高水高排、低水低排、就近排泄、实现自流的布局原则，排水沟宜沿低洼积水线布置，应尽量利用天然溪沟，支、斗、农沟相互垂直连接。各级排水（洪）沟的线路选择应考虑在沟坡稳定的土质地带，在必须通过不稳定土质地带时，应设置相应的沟坡防塌措施。当地形坡度大于 5% 时，末级固定沟宜基本上沿地形等高线布设。

4）在坡面径流较大的地区，为防止坡面径流对田块的冲毁，在坡耕地区域根据地形条件和田块形状因地制宜地布局新建截水沟，对于有较大面积来水的坡面，坡面下部是耕地，上部是林草地或荒坡时，在其交界处布置拦山堰工程。为确保排洪畅通，应结合地形条件和天然冲沟、溪河的分布，与蓄洪、滞洪等工程构成一体，排洪沟多依山布局在地势低洼地带。

样点村作为亚热带湿润季风气候区的雨育农业区，雨热同季，降水与农作物生长需水同步，天然降水基本可以满足作物耕种生长的需要。农田水利基础设施的主要功能是解决干旱季节抗旱缺水、人畜饮水和暴雨季节排洪、排涝问题。例如，解决地处丘陵区的 YD-Ⅰ、YD-Ⅱ 农田和蔬菜基地的排水排涝问题，可在对已有损坏的排水沟进行维修的基础上，适量新布局一定的排水沟。在以低山和山地地貌为主的 YD-Ⅲ、YD-Ⅳ、YD-Ⅴ，为加强生态治理、减缓水土流失、防止洪涝灾害对农田粮食作物的冲毁，在丘坡的耕作区和农田与山脚交汇地带应加强排水沟和拦山堰工程的布局和建设。由于山坪塘、水库以及溪河等灌溉水源工程多分布在地势较低处，其水源通过输水工程一般只能对较低的水田和旱地进行灌溉，无法满足地势较高的农田灌溉和抗旱。为解决地势较高旱坡地农作物播种、栽插、追肥时临时浇灌用水和培肥的需要，布局新建蓄水池是当地较好的选择。按照农田水利工程优化布局原则和土地整治工程资金投入，各样点村农田水利工程布局优化结果如图 7-21 所示。

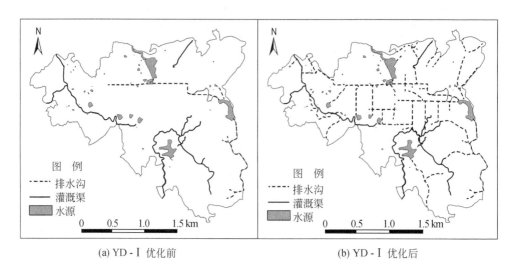

(a) YD-Ⅰ 优化前　　　　　　　　　　　　　(b) YD-Ⅰ 优化后

(c) YD-Ⅱ 优化前　　　　　　　　　　　　　(d) YD-Ⅱ 优化前

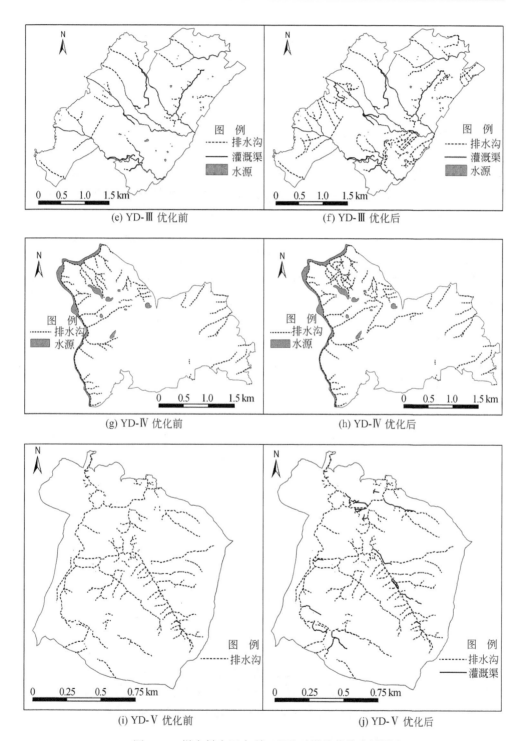

(e) YD-Ⅲ 优化前　　　　　　　　　　(f) YD-Ⅲ 优化后

(g) YD-Ⅳ 优化前　　　　　　　　　　(h) YD-Ⅳ 优化后

(i) YD-Ⅴ 优化前　　　　　　　　　　(j) YD-Ⅴ 优化后

图 7-21　样点村农田水利工程基础设施优化布局图

7.5.2 农田水利整治工程技术

(1) 水源工程设计

1) 山坪塘。山坪塘是西南丘陵山区作物灌溉、人畜饮用,以及泄洪、抗旱的重要基础设施。山坪塘的维修主要包括对垮塌、漏水的坝体(塘坎)进行加固和防渗防漏处理。坝体加固主要采用梯形断面浆砌毛条石进行砌筑加固设计(图 7-22)。坝体加固设计首先要求对原坝体迎水面的土体及塘底淤泥进行开挖处理,开挖一定深度之后,再在底部硬质土层之上浇筑混凝土基础,最后按设计边坡比,对迎水面护坡采用浆砌毛条石砌筑,高度以山坪塘的实际坝高为准。条石砌筑采用在同一层内两顺一丁砌筑法,水泥砂浆砌毛条石基础嵌入地下不小于设计深度。坝顶采用砼现浇设计,根据各维修山坪塘的具体情况确定坝顶宽度。为保证山坪塘顺利泄洪和坝体安全,通常在坝顶设置有溢洪道(图 7-23),并在塘坝外侧溢洪道出口下方设置消力池,采用底流消能,减少水流对下游沟渠或农田的冲击。为取水方便,在山坪塘内应设置沿塘壁向下伸入塘内的取水梯步(图 7-24),由于大部分塘壁坡度较陡,不利于梯步安装,设计首先要求对塘壁按一定坡比进行削放坡处理,然后采用混凝土现浇筑或砌筑条石梯步。

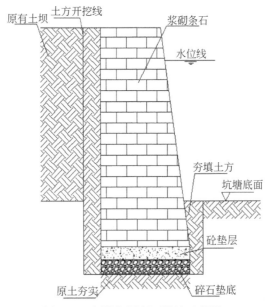

图 7-22 坝体加固断面设计示意图

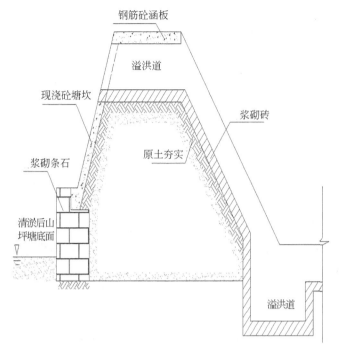

图 7-23　溢洪道断面设计示意图

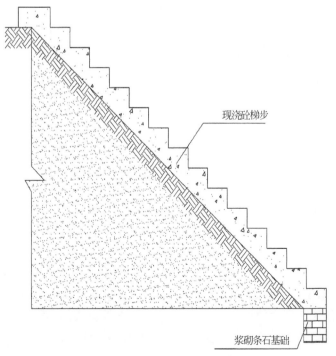

图 7-24　梯步断面设计示意图

2) 蓄水池。蓄水池是旱作区点灌的重要水源之一,对解决水资源时空分布不均和满足旱地作物播种、施肥、抗旱用水有着十分重要的作用。参照《重庆市土地开发整理工程建设标准(试行)》(2007年),新建蓄水池容积的大小应根据需水量和来水量平衡计算,当集雨面来水量不足时,可考虑其他水源补充,蓄水池容积宜控制在 $50 \sim 1000 \text{m}^3$,丘陵地区宜在 400m^3 以下,山地地区宜在 200m^3 以下。蓄水池设计容积一般采用式(7-5)和式(7-6)计算结果确定：

$$P = W/(a \times h) \tag{7-5}$$

$$V = kW \tag{7-6}$$

式中,P 为集流面积(m^2);W 为径流总量(m^3);a 为径流系数;h 为一定频率的日雨量(mm);V 为蓄水池设计容积(m^3);k 为安全系数。

为分析新建蓄水池池壁的稳定性和安全性,可通过计算挡土墙抗滑稳定安全系数 K_S[式(7-7)]和抗倾覆稳定安全系数 K_t[式(7-8)]的大小进行判断和设计。

抗滑稳定分析是挡土墙设计中的一项重要内容,其目的是核算抗滑稳定的安全度。当接触面呈水平时,其抗滑稳定安全系数 K_S 的计算式为

$$K_S = f(\sum W - U) / \sum P \tag{7-7}$$

式中,$\sum W$ 为接触面以上的总铅直力;$\sum P$ 为接触面以上的总水平力;U 为作用在接触面以上的扬压力;f 为接触面间的摩擦系数。

抗倾覆稳定分析是挡土墙设计中的另一项重要内容,其目的是核算挡土墙抗倾覆稳定的安全度。当接触面呈水平时,其抗倾覆稳定安全系数 K_t 的计算式为

$$K_t = (\sum M_G + M_P) / (\sum M + M_U) \tag{7-8}$$

式中,$\sum M_G$ 为接触面以上的总铅直力力矩;$\sum M$ 为接触面以上的主动土压力力矩;M_U 为作用在接触面以上的扬压力力矩;M_P 为接触面以上的被动土压力力矩。

根据蓄水池布局的地形条件和设计容量,池形可采用下嵌式圆形和方形两种设计结构(图7-25、图7-26)。从安全稳定和占地节省角度考虑,设计容积较小的蓄水池($50 \sim 100 \text{m}^3$)宜采用圆形设计、容积较大的蓄水池($>100 \text{m}^3$)宜采用方形设计。为防止泥沙淤积池底,一般在蓄水池进口前设有沉沙凼。蓄水池前后分别布设进水口和出水口,进水口接沉沙凼引水入池,出水口与灌排沟渠相连。根据取材的便利程度,蓄水池池壁可采用条石、块石、砖浆砌结构及混凝土结构。池底可采用一定厚度的混凝土浇筑。若池底在挖方区、沉降区、结构松散区等不坚实地基上时,应设计采用钢筋混凝土现浇。为取水方便,蓄水池内应设有梯步,开敞式蓄水池设有足够强度和高度的护栏以保证安全。同时,为防渗漏,蓄水池工程都需进行防渗处理。容积在 200m^3 以上的蓄水池应设置有伸缩缝。

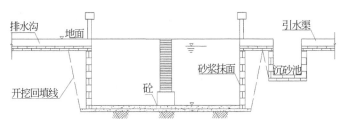

图7-25 圆形(砖砌)蓄水池断面设计示意图

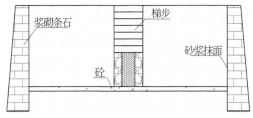

图7-26 方形(条石)蓄水池断面设计示意图

(2)灌排水工程设计

1)灌排标准及沟渠流速参数。按照《重庆市土地开发整理工程建设标准(试行)》(2007年)的规定,灌溉设计保证率根据不同工程类型区的水文气象、水土资源、作物组成、灌区规模、灌水方法及经济效益因素进行综合确定,具体规定见表7-15。采用喷灌、微灌方式的各类地区,灌溉设计保证率按85%~95%确定。若以抗旱天数为标准设计灌溉工程量,单季稻灌区可用30~50天,双季稻灌区用50~70天。经济较发达、水资源丰富地区,可按上述标准提高10~20天。

农田排水工程主要是排除多余的地表水、土壤水和地下水。按照作物的种类、土壤特性、水文地质和气象条件等因素,并结合社会经济条件和农业发展水平,需通过技术论证确定排水标准。

表7-15 灌溉设计保证率参数

工程类型区		灌溉设计保证率/%	
		水田	旱地
渝西丘陵低山类型区	渝西缓丘平坝工程类型区	90~95	80~85
	渝西丘陵工程类型区	80~90	75~85
	渝西低山岩溶槽谷工程类型区	80~85	75~80

工程类型区		灌溉设计保证率/%	
		水田	旱地
渝东中低山类型区	渝东河谷平坝工程类型区	90 ~ 95	80 ~ 85
	渝东中低山坡地工程类型区	80 ~ 90	75 ~ 85
	渝东中低山岩溶坡地工程类型区	80 ~ 85	75 ~ 80

注:灌溉设计保证率引自《重庆市土地开发整理工程建设标准(试行)》(2007 年)。

为了防止沟渠在运用过程中产生冲刷或淤积现象,保证沟渠的稳定过水能力,沟渠设计流速 v_d 控制在不冲不淤的允许范围内[式(7-9)]。为防止沟渠淤积, v_s 一般为 0.3 ~ 0.4m/s。根据不同的土质和材料,沟渠的允许不冲流速 v_t 参数见表7-16。

$$v_s < v_d < v_t \tag{7-9}$$

式中, v_s 为渠道的允许不淤流速; v_d 为渠道的设计流速; v_t 为渠道的允许不冲流速。

表7-16　不同土质和材料条件的沟渠允许不冲流速(v_t)参数

土质和砌护条件	渠道允许不冲流速/(m/s)
轻壤土	0.6 ~ 0.8
中壤土	0.65 ~ 0.85
重壤土	0.7 ~ 0.9
黏土	0.75 ~ 0.95
土保护层膜料	0.45 ~ 0.9
混凝土衬砌	5.0 ~ 8.0
块(条)石衬砌	2.5 ~ 5.0
卵石衬砌	2.0 ~ 4.0

注:表中相关参数引自《重庆市土地开发整理工程建设标准(试行)》(2007 年)。

2)灌溉工程设计。灌溉工程整治主要是对渗漏、垮塌和渠底淤积的灌溉渠进行维修。同时,结合灌溉水源条件、农村产业发展,在土地整治资金投入允许的条件下新建部分灌溉工程(主要是灌溉渠工程),以完善区域灌溉体系,提高对农作物灌溉和人畜饮水的保证能力。因此,灌溉工程设计主要是对原有灌溉渠系的维修工程和新建工程的设计。由于维修工程设计主要是对渠底淤积物清除、沟渠防渗漏处理和垮塌沟渠段的修复,一般无需对沟渠的断面、流量进行重新设计。而对于新建灌溉渠工程而言,因地制宜地确定渠道灌溉流量和灌溉渠横断面的大小则是其设计的主要内容。通常灌溉流量的大小主要是根据区域作物的灌溉制度和控制灌溉面积等因素进行确定。在西南丘陵山区,渠道灌溉流量通常利用水稻泡田高峰期内所需通过渠道的最大流量进行确定[式(7-10)]。灌溉渠横断面大小可通过明渠均匀流公式计算[式(7-11)]。

$$Q = MF/(86\,400tn) \tag{7-10}$$

式中,Q 为渠道计算流量(m^3/s);M 为水稻用水定额(m^3/hm^2);F 为本渠道灌区内泡田高峰期泡田面积(hm^2);t 为泡田高峰期天数(d);n 为该渠道至田间的灌溉水有效利用系数。

$$Q = AC\sqrt{R_i} \tag{7-11}$$

式中,Q 为渠道的设计流量(m^3/s);A 为渠道过水断面面积(m^2),$A = b \times h$,b 为设计灌溉渠宽度(m),h 为设计沟渠深度(不包括超高)(m);R 为水力半径(m),$R = A/X$,$X = b + 2 \times h$,X 为过水断面湿周(m);C 为谢才系数($C = 1/nR^{1/6}$,n 为渠床糙率);i 为渠底比降(‰)。

沟壁根据区域取材的便利情况,可采用条石或砖砌体两种设计(图 7-27、图 7-28),沟壁内侧和顶部采用水泥砂浆抹面,沟底设计采用砼现浇,每隔一定距离设置伸缩缝,并采用沥青做防渗处理。同时,根据灌溉需要,灌溉渠每隔一定距离设置一放水闸。为保证灌溉渠工程质量,工程中砌体水泥砂浆强度要求为 M1 ~ M5,抹灰(抹面)及勾缝水泥砂浆强度应为 M15,混凝土强度宜采用 C10 ~ C25。

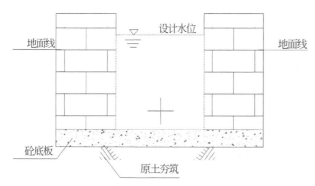

图 7-27　条石灌溉渠断面设计示意图

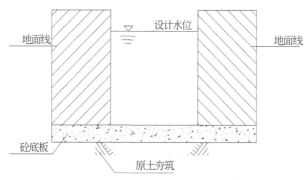

图 7-28　砖砌体灌溉渠断面设计示意图

3)排水工程设计。排水工程整治主要是对渗漏、垮塌和渠底淤积的排水沟、排洪沟和拦山堰进行维修整治,同时结合地形条件、资金投入,以及生态治理重点和受洪涝灾害威胁的重点区域,结合现有排水系统布局新建排水工程,完善整治区域排水体系,提高排水、排洪、排涝能力,以减少暴雨发生时水流对农作物的冲毁和旱坡地的冲刷,缓解区域水土流失严重的现象。排水沟工程设计主要是对原有排水系统的维修工程和新建工程的设计。由于维修工程设计主要是对沟底淤积物清除、沟防渗漏处理和垮塌沟段的修复,一般无需对沟的断面、流量进行重新设计。而对于新建工程而言,因地制宜地确定沟的流量和横断面大小则是其设计的主要内容。排水沟流速设计时,应防止流速过大造成排水沟冲蚀,流水过小造成淤积。排水沟纵、横断面应保证设计排水能力,排水沟设计水位低于地面(或堤顶),干、支、斗沟按分段流量设计断面。排水沟分段处以及重要建筑物上、下游水面应平顺衔接,下一级沟道的设计水位应低于上一级沟道。排水沟正常运行时不应发生冲刷、淤积和边坡坍塌等情况。排水沟流量和校核流量根据排水模数、排水面积、汇流历时,以及对地下水位控制要求等确定。参照《水土保持综合治理技术规范沟壑治理技术》(GBT16453.3—2008),排水沟设计排涝(洪)流量可按式(7-12)进行,排水沟断面设计与灌溉渠断面设计一样,沟渠横断面大小也可通过明渠均匀流公式计算确定。

$$Q = 0.278 \times K \times I \times F \qquad (7-12)$$

式中,Q 为排涝流量(m^3/s);K 为径流系数(%);I 为 10 年一遇 1h 最大暴雨量(mm);F 为排水控制面积(km^2)。

根据排水整治工程设计特点,土质排水沟可采用梯形或复式断面设计,石质和砌体排水沟采用矩形断面(图7-29、图7-30)或倒梯形断面设计(图7-31)。末级固定排水沟的深度和间距,根据当地机耕作业、农作物对地下水位的要求和自然经济条件,经综合分析确定。排水出口设计水位高于承泄区周期或同频水位。排水沟道防冲衬砌以斗、农沟为主,灌区末级固定沟道以下不进行衬砌。排水沟道可不进行防渗处理。新修排水沟采用全挖式断面,整体为底包墙结构,即先浇底后砌墙,沟底为砼底板,沟壁采用水泥砂浆砌条石,迎水面用原浆勾缝。为防止温度应变对砌体造成破坏,每隔一定距离设置一道伸缩缝,缝宽采用沥青填筑。为防止沟壁后方土层含水量过大对结构造成破坏,保持稳定性,在沟底一定高度处设置渗水孔。排水沟整体依地势而建,若遇基岩可直接开挖成形。

4)渠系建筑物工程设计。样点村渠系建筑物工程设计主要包括:一是当渠道穿越凸地、道路、沟渠时,在渠、路下或地下设置的涵管(图7-32);二是在需要减缓流水速度、沉淀泥沙的沟渠末端和蓄水池进水口上布置的沉沙凼(图7-33);三是道路跨越沟渠时设置的涵盖板(图7-34)。

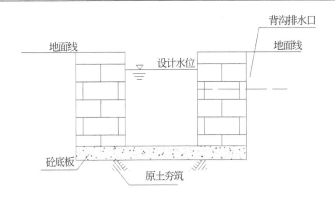

图 7-29 矩形断面条石排水沟设计示意图

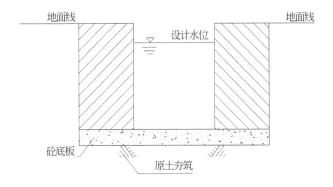

图 7-30 矩形断面砖砌体排水沟设计示意图

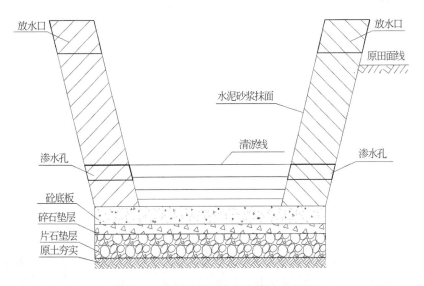

图 7-31 倒梯形断面排水沟设计示意图

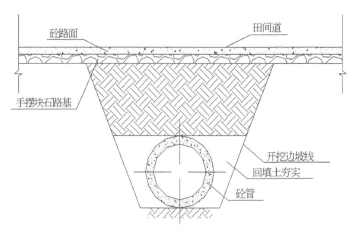

图 7-32　下埋预制钢筋混凝土涵管设计示意图

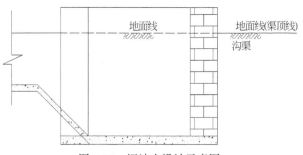

图 7-33　沉沙函设计示意图

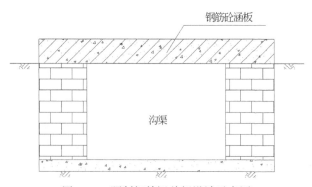

图 7-34　预制钢筋涵盖板设计示意图

在渠道水流所挟泥沙种类一定（即悬沙沉速一定）的条件下，当其水力半径增大或者流速减小时，水流挟沙能力将会减小。因此，沉沙函设计要求其净宽度大于其上经过的沟渠净宽，以达到增大其水力半径，同时减小水流流速的目的，从而减小水流挟沙能力,达到沉沙的目的。新建沉沙凼,可用水泥砂浆砌砖修建,内壁及壁顶用水泥砂浆抹面,沟底为现浇砼底板,若遇基岩可直接开挖成形。

为保证道路的正常通行和沟渠输水排水的畅通,在道路与沟渠交汇处需设置路农涵(涵板),农涵设计根据道路的宽度或等级,可采用下埋预制钢筋混凝土涵管或预制混凝土平板直接铺设在沟渠侧墙上的设计。通常在沟渠过主村道和次村道处,或主村道和次村道过水田段,设计修建田间道农涵,田间道农涵主要设计成采用下埋预制钢筋混凝土涵管的方式,以保证来水顺利通过道路。生产路或生产大路与沟渠交汇处的过路农涵(涵板),通常采用预制混凝土平板直接铺设在沟渠侧墙上的方式。

当沟渠跨度较大时,为了方便农户从事农业生产和行走方便,通常需在沟渠上每隔一定距离布设一块支撑渠盖板。盖板采用预制钢筋混凝土板制作,盖板两侧嵌入沟渠沟壁,以方便农民下田耕作,同时起到了增强排水沟墙体稳定性的作用。

7.5.3 农田水利整治对水利设施结构特征的影响

(1)数量结构

各样点村农田水利基础设施,经优化布局整治后,无论水源工程设施数量还是灌排渠系的长度和密度均有不同程度的增加(表7-17)。较整治前,水源工程设施新增了65口50~800m³的蓄水池,同时对50口病险山坪塘进行了维修整治。新增蓄水池最多的为YD-Ⅲ(36口),最少的为YD-Ⅰ(4口),整治山坪塘最多的为YD-Ⅰ(14口)、最少的为YD-Ⅴ(2口);灌溉渠总长由18 841m增至27 254m,净增了8 413m,增幅为44.65%。灌溉渠增幅最大的是YD-Ⅴ,从无到有,新增了5 576m,YD-Ⅲ新增了2 837m。经整治后,受灌溉水源分布和地形条件因素的影响,在YD-Ⅳ仍然没有灌溉渠;排水沟长度整治后有较大比重的增加。总长由80 600m增至136 052m,净增了55 452m,增幅为68.80%。较整治前,排水沟增幅最大的为地形条件相对平缓、蔬菜产业对排水条件要求较高的YD-Ⅰ,排水沟由4587m增至18 197m,增加了近3倍;农田水利工程整治优化布局之前,样点村沟渠零星分布,沟渠廊道密度均较低,廊道密度最大的YD-Ⅱ也只有33.27m/hm²,YD-Ⅰ沟渠廊道密度最低,仅10.98m/hm²。整治后,5个样点村沟渠廊道密度分别是整治前的2.21倍、1.03倍、2.42倍、1.42倍和1.52倍。廊道密度的增加主要来自灌溉排水工程优化布局后排水工程长度的增加。但受丘陵山地地形条件的影响,雨季坡地来水量大,对农作物冲毁、地面冲刷较为严重,洪涝灾害已成为威胁农作物安全生产和加剧水土流失的主要问题。因此,加大排水工程的兴建和整治,保障排水系统畅通,及时排洪、排涝,是各样点村进行农田水利工程整治的基本诉求。

表7-17　整治前后灌排工程数量结构变化

样点	状态	灌溉渠		排水沟		灌排沟渠	
		长度/m	密度/(m/hm²)	长度/m	密度/(m/hm²)	总长/m	密度/(m/hm²)
YD-Ⅰ	整治前	6 702	13.62	4 587	9.32	11 289	22.94
	整治后	6 702	13.62	18 197	36.98	24 899	50.60
YD-Ⅱ	整治前	10 533	19.32	7 601	13.95	18 134	33.27
	整治后	10 533	19.32	8 128	14.91	18 661	34.23
YD-Ⅲ	整治前	1 606	1.60	15 667	15.56	17 273	17.16
	整治后	4 443	4.41	37 391	37.14	41 834	41.55
YD-Ⅳ	整治前	0	0.00	23 451	15.54	23 451	15.54
	整治后	0	0.00	33 270	22.04	33 270	22.04
YD-Ⅴ	整治前	0	0.00	29 294	10.98	29 294	10.98
	整治后	5 576	2.09	39 066	14.64	44 642	16.73

(2)质量结构

通过山坪塘、灌排渠以及渠系建筑物整治工程的设计,整体提高了样点村农田水利基础设施的质量,改善了灌排系统的结构,增强了蓄水、灌排设施的蓄水和灌排能力,提高了灌溉水源的利用效率,降低了洪涝灾害对农作物的威胁。整治前,5个样点村中,YD-Ⅰ灌溉渠长为6702m、YD-Ⅱ为10 533m、YD-Ⅲ为1606m,YD-Ⅳ、YD-Ⅴ没有灌溉渠设施。灌溉渠除YD-Ⅰ有2712m条石渠外,其余灌溉渠均为质量较差的土渠(表7-18)。整治后,样点村灌溉渠质量大幅提升,土质灌溉渠总体比重由整治前的85.61%下降为整治后的5.94%,条石灌溉渠由14.39%增加至77.75%,砖砌灌溉渠增加了4443m。YD-Ⅴ从无到有新增条石灌溉渠5576m。由表7-19可知,整治前,排水沟(含排水沟、排洪沟以及拦山堰)除YD-Ⅴ有少量的条石沟渠外,其余样点村的排水沟均为质量较差的土质沟渠。经排水沟整治后,YD-Ⅰ条石沟渠的比重为84.94%、YD-Ⅱ为68.66%、YD-Ⅳ为33.15%、YD-Ⅴ由整治前的6.05%上升为48.92%,YD-Ⅲ整治后虽无条石排水沟,但砖沟比重占了74.67%。各样点村灌排系统经整治后,不仅质量均有所提高,而且灌排渠系的长度和网络覆盖程度均有所增加。另外,通过农涵、沉沙函、生产路盖板等渠系建筑物的修建和整治,确保了灌排渠系工程的畅通,大大提高了灌排渠灌溉排水的能力。

表7-18 整治前后灌溉渠质量结构变化 (单位:m)

样点	渠宽	整治前				整治后			
		土质渠长	条石渠长	砖渠长	总长	土质渠长	条石渠长	砖渠长	总长
YD-Ⅰ	≤0.5	3 990	561	—	6 702	386	4 165	—	6 702
	0.5~1.0	—	2 151	—		—	2 151	—	
YD-Ⅱ	≤0.5	3 780	—	—	10 533	1 234	2 546	—	10 533
	0.5~1.0	6 753	—	—		—	6 753	—	
YD-Ⅲ	≤0.5	1 606	—	—	1 606	—	—	4 443	4 443
	0.5~1.0	—	—	—		—	—	—	
YD-Ⅳ	≤0.5	—	—	—	—	—	—	—	—
	0.5~1.0	—	—	—		—	—	—	
YD-Ⅴ	≤0.5	—	—	—	—	—	713	—	5 576
	0.5~1.0	—	—	—		—	4 863	—	

表7-19 整治前后排水沟质量变化 (单位:m)

样点	沟宽	整治前				整治后			
		土质沟长	条石沟长	砖沟长	总长	土质沟长	条石沟长	砖沟长	总长
YD-Ⅰ	≤0.5	1 147	—	—	4 587	1 147	6 842	—	18 197
	0.5~1.0	—	—	—		—	2 948	—	
	>1.0	3 440	—	—		1 594	5 666	—	
YD-Ⅱ	≤0.5	1 856	—	—	7 601	1 856	1 961	—	11 838
	0.5~1.0	2 213	—	—		1 143	3 346	—	
	>1.0	3 532	—	—		711	2 821	—	
YD-Ⅲ	≤0.5	2 399	—	—	15 667	1 943	—	25 226	37 391
	0.5~1.0	13 268	—	—		7 529	—	2 693	
	>1.0	—	—	—		—	—	—	
YD-Ⅳ	≤0.5	7 574	—	—	23 451	6 754	8 518	—	33 270
	0.5~1.0	13 026	—	—		12 635	2 512	—	
	>1.0	2 851	—	—		2 851	—	—	
YD-Ⅴ	≤0.5	10 717	1 393	—	29 294	10 477	10 231	—	39 066
	0.5~1.0	14 046	316	—		7 700	7 736	—	
	>1.0	2 759	63	—		1 778	1 144	—	

(3) 网络结构

对表 7-20 农田水利工程(主要是指灌排沟渠)整治前后网络特征指数变化分析表明,各样点村农田水利工程网络结构特征指数变化相互间存在一定的差异。整治前,农田水利工程网络密度(D)指数变化范围为 10.98 ~ 33.27,线点率(β)指数变化范围为 1.28 ~ 1.47,网络环通度(α)指数变化范围为 0.16 ~ 0.25,网络连通度(γ)指数变化范围为 0.45 ~ 0.50;整治后,密度(D)指数变化范围为 16.73 ~ 50.60,线点率(β)指数变化范围为 1.38 ~ 1.54,网络环通度(α)指数变化范围为 0.20 ~ 0.28,网络连通度(γ)指数变化范围为 0.47 ~ 0.52。从反映网络复杂程度的密度(D)分析,整治后,各样点村农田水利基础设施网络密度(D)均有不同幅度的增加,其中增幅最大的是 YD-Ⅲ,增幅高达 142.13%,增幅最小的是 YD-Ⅱ,增幅为 2.89%。网络密度(D)的增加反映出整治后农田水利工程网络覆盖程度变得更加完善和发达,灌排能力得到了显著提升。经农田水利工程整治后,网络密度(D)最高的是 YD-Ⅰ(50.60m/hm²),最低的是 YD-Ⅴ(16.73m/hm²)。整治后,5个样点村网络环通度(α)、线点率(β)、网络连通度(γ)指数均有不同程度的增加。这表明农田水利经整治后,其网络结构较整治前有所完善和提高。受农村土地整治投入的影响,对农田水利整治主要以维修原有的蓄水和灌排渠工程为主,新建工程相对较少,线性较短,灌排工程无法形成更多新的网络单元,致使对原有农田水利设施的灌排廊道网络干扰较小,相应的廊道网络特征指数,如网络环通度(α)、网络连通度(γ)等增加的幅度也就较小。

表 7-20　整治前后农田水利工程网络结构变化

特征指数	YD-Ⅰ		YD-Ⅱ		YD-Ⅲ		YD-Ⅳ		YD-Ⅴ	
	整治前	整治后	整治前	整治后	整治前	整治后	整治前	整治后	整治前	整治后
网络密度(D)(m/hm²)	22.94	50.60	33.27	34.23	17.16	41.55	15.54	22.04	10.98	16.73
网络环通度(α)	0.16	0.20	0.20	0.23	0.20	0.28	0.25	0.27	0.21	0.25
线点率(β)	1.28	1.39	1.38	1.38	1.38	1.54	1.47	1.52	1.41	1.50
网络连通度(γ)	0.45	0.47	0.47	0.49	0.47	0.52	0.50	0.51	0.48	0.50

7.5.4　农田水利整治工程的景观效应

(1) 对土地利用景观水平的影响

因样点村地形地貌条件、农田水利工程整治内容的差异,农田水利工程整治对土地利用景观格局水平的影响或干扰程度也存在一定的差异(表 7-21)。反映斑块破碎程度指标的斑块密度(PD)指数变化结果表明:整治后,各样点斑块密度(PD)均有所增加,这说明农田水利工程整治(特别是新建线状沟渠工程)会不同程度地加剧区域景观斑块的分割,造成区域景观更加破碎化。区域斑块密度(PD)增加幅度的大小与农田水利整治工程在区域新建沟渠比重存在直接的因果关系,区域新建沟渠比重越大,对斑块分割就越强烈,斑块密度(PD)增幅就越大,相反,斑块密度(PD)增幅就越小。5 个样点村中,斑块密度(PD)增幅最大的是 YD-Ⅰ,增幅达 8.41%,其次是 YD-Ⅲ,增幅为 5.04%,增幅最小的是 YD-Ⅱ,增幅为1.08%;相反,样点村平均斑块面积(AREA_MN)指数因斑块被新修农田水利工程的重新分割均有不同程度的下降,下降幅度较大的为 YD-Ⅰ 和 YD-Ⅲ,分别下降了 8.82% 和 4.35%;最大斑块面积指数(LPI)除 YD-Ⅰ 有明显下降外,其余样点变化不大;整治后,5 个样点村斑块形状指数(LSI)均有不同程度的增加,这说明农田水利工程整治中人为活动干扰增加了整治区域景观的破碎度,导致了斑块形状规则化程度降低,增加了斑块边界的复杂弯曲程度。斑块形状指数(LSI)增幅较大的是 YD-Ⅰ 和 YD-Ⅲ,增幅分别为 6.75% 和 9.34%,增幅最小的是 YD-Ⅴ,为2.46%;聚集(蔓延)度指数(CONT)在 YD-Ⅳ、YD-Ⅴ稀有增加,而在 YD-Ⅰ 则略有减少,反映了优势土地利用景观类型相邻斑块的连续性在样点区 YD-Ⅳ、YD-Ⅴ稍有提高,而在样点区 YD-Ⅰ 则略有降低。香农多样性指数(SHDI)在各样点村均没有变化,这说明农田水利工程整治,对各样点村区域主要土地利用景观类型优势地位未产生影响。

从景观指数变化综合分析,5 个样点村农田水利整治工程,因在 YD-Ⅰ 区域新建沟渠比重最大,对区域土地利用的景观格局干扰最为强烈,在 YD-Ⅱ 区域新建沟渠比重最小,农田水利整治工程对区域土地利用的景观格局干扰最不明显。

表 7-21　农田水利工程整治前后土地利用景观格局指数变化

景观指数	YD-Ⅰ			YD-Ⅱ			YD-Ⅲ			YD-Ⅳ			YD-Ⅴ		
	整治前	整治后	变化率/%	整治前	整治后	变化率/%	整治前	整治后	变化率/%	整治前	整治后	变化率/%	整治前	整治后	变化率/%
斑块密度(PD)	298.07	322.34	8.14	228.55	231.02	1.08	144.97	152.28	5.04	69.87	71.78	2.73	144.28	151.36	4.91
最大斑块面积指数(LPI)	6.96	6.52	-6.32	3.27	3.26	-0.31	4.59	4.59	0.00	17.23	17.24	0.06	4.4	4.41	0.23
斑块形状指数(LSI)	35.4	37.79	6.75	32.46	33.63	3.60	35.56	38.88	9.34	31.78	33.24	4.59	40.24	41.23	2.46

续表

景观指数	YD-Ⅰ			YD-Ⅱ			YD-Ⅲ			YD-Ⅳ			YD-Ⅴ		
	整治前	整治后	变化率/%	整治前	整治后	变化率/%	整治前	整治后	变化率/%	整治前	整治后	变化率/%	整治前	整治后	变化率/%
平均斑块面积(AREA_MN)	0.34	0.31	-8.82	0.44	0.43	-2.27	0.69	0.66	-4.35	1.43	1.39	-2.80	0.69	0.66	-4.35
聚集(蔓延)度指数(CONT)	75.16	75.15	-0.01	58.63	58.63	0.00	61.16	61.16	0.00	75.4	75.41	0.01	72.60	72.61	0.01
香农多样性指数(SHDI)	0.53	0.53	0.00	0.88	0.88	0.00	0.83	0.83	0.00	0.53	0.53	0.00	0.58	0.58	0.00

(2)对土地利用类型水平的影响

农田水利整治工程可有效改善区域农田基础设施的状况,对提高农田水利工程服务农业安全生产的能力和促进区域生态环境建设有着十分重要的作用。在农村,基层干部和农户极为重视农田水利整治工程。但受区域地形条件、土地利用类型空间分布、农田水利工程整治内容、资金投入等因素的差异性影响,在微观尺度上农田水利工程整治对区域不同类型景观造成的景观效应也会存在一定的差异。从 5 个样点村的研究结果来看(表 7-22),农田水利工程整治建设后,样点村耕地景观斑块密度(PD)、斑块形状指数(LSI)均有不同程度的增加,平均斑块面积(AREA_MN)均有所下降,而面积加权平均斑块分维数(FRAC_AM)变化幅度较小。为更好地讨论农田水利工程整治在类型水平上对景观的影响,可先对各样点景观指数的变化取绝对值后再进行分析。

表 7-22　农田水利工程整治前后土地利用类型景观指数变化

样点	土地利用类型	斑块密度(PD)			平均斑块面积(AREA_MN)			斑块形状指数(LSI)			面积加权平均斑块分维数(FRAC_AM)		
		整治前	整治后	变化率/%	整治前	整治后	变化率/%	整治前	整治后	变化率/%	整治前	整治后	变化率/%
YD-Ⅰ	耕地	109.91	129.81	18.11	0.77	0.65	-15.58	31.67	34.16	7.86	1.16	1.17	0.86
	居民点	120.7	124.06	2.78	0.05	0.04	-20.00	25.77	25.81	0.16	1.14	1.14	0.00
	生态用地	67.46	68.46	1.48	0.14	0.14	0.00	19.29	19.5	1.09	1.17	1.17	0.00
YD-Ⅱ	耕地	74.48	75.89	1.89	0.69	0.68	-1.45	25.47	26.39	3.61	1.15	1.15	0.00
	居民点	75.86	75.89	0.04	0.09	0.09	0.00	22.65	22.67	0.09	1.13	1.14	0.88
	生态用地	78.21	79.24	1.32	0.54	0.53	-1.85	25.51	26.27	2.98	1.16	1.17	0.86

续表

样点	土地利用类型	斑块密度(PD)			平均斑块面积(AREA_MN)			斑块形状指数(LSI)			面积加权平均斑块分维数(FRAC_AM)		
		整治前	整治后	变化率/%	整治前	整治后	变化率/%	整治前	整治后	变化率/%	整治前	整治后	变化率/%
YD-Ⅲ	耕地	58.58	62.84	7.27	0.71	0.66	-7.04	32.74	36.76	12.28	1.18	1.19	0.85
	居民点	32.51	32.54	0.09	0.13	0.13	0.00	22.01	22.39	1.73	1.14	1.15	0.88
	生态用地	53.88	56.9	5.61	1.01	0.95	-5.94	28.64	29.5	3.00	1.17	1.18	0.85
YD-Ⅳ	耕地	26.73	27.93	4.49	0.68	0.65	-4.41	28.39	30.27	6.62	1.17	1.17	0.00
	居民点	16.89	17.11	1.30	0.06	0.06	0.00	19.86	20.41	2.77	1.15	1.16	0.87
	生态用地	26.25	26.74	1.87	3.08	3.02	-1.95	24.78	25.45	2.70	1.18	1.17	-0.85
YD-Ⅴ	耕地	81.74	86.17	5.42	0.26	0.24	-7.69	51.02	52.97	3.82	1.17	1.18	0.85
	居民点	25.09	25.33	0.96	0.05	0.05	0.00	27.72	27.74	0.07	1.12	1.13	0.89
	生态用地	37.44	39.85	6.44	2.07	1.95	-5.80	32.50	32.58	0.25	1.06	1.07	0.94

农田水利整治工程对耕地和生态用地影响较强烈,对农村居民点影响较小。5个样点村类型水平上斑块密度(PD)和平均斑块面积(AREA_MN)的变化均值显示,农田水利工程整治后,斑块密度(PD)变幅耕地最为剧烈(7.44%),其次为生态用地(3.34%),农村居民点变幅最小(1.03%);在平均斑块面积(AREA_MN)的变幅中,耕地用地变化剧烈(7.23%),其次是农村居民点(4.00%),生态用地最小(3.11%)(表7-22)。无论是斑块密度(PD)还是平均斑块面积(AREA_MN)变幅均以耕地变幅最大,这主要是因为解决产业发展以及农田灌排的需要,各整治项目区村社领导和老百姓特别注重和强调在耕作区域加强灌排工程整治建设。在各样点村之间,由于地形条件、土地利用类型分布、农田水利工程整治维修和新建的内容不同,农田水利工程整治后,对样点村间各用地类型产生的景观效应也会存在差异。根据样点村农田水利工程整治优化布局显示,样点村新建沟渠布局多分布在耕作区,对耕地斑块分割较其他地类更为剧烈,尤以YD-Ⅰ特别突出,整治后,斑块密度增幅达到了18.11%、平均斑块面积(AREA_MN)降幅高达15.58%,其次为YD-Ⅲ、YD-Ⅳ、YD-Ⅴ,而在YD-Ⅱ相对最弱。由于YD-Ⅰ地形条件相对平缓,农村居民点分布相对均一,农田水利工程整治对农村居民点影响较其他样点村更为强烈,整治后农村居民点斑块密度(PD)增幅为最大、平均斑块面积(AREA_MN)降幅也最大,分别达2.78%和20.00%。农田水利工程整治对生态用地的影响,5个样点村中YD-Ⅲ、YD-Ⅴ生态用地比重相对较大,整治后,斑块密度(PD)的增幅和平均斑块面积(AREA_MN)的降幅较其他样点村的大,斑块密度(PD)的增幅分别为5.61%和6.44%,

平均斑块面积(AREA_MN)的降幅分别为 5. 94% 和 5. 80% 。

在类型水平上,农田水利整治工程使得斑块形状的规则程度降低,但不会加重景观的复杂程度。分析 5 个样点村类型水平上斑块形状指数(LSI)和面积加权平均斑块分维数(FRAC_AM)的均值,结果表明,耕地、农村居民点、生态用地的斑块形状的规则程度均有降低,其中耕地变化最为明显(6. 84%),生态用地变化次之(2. 00%),农村居民点变化最小,变幅仅为 0. 96%;但面积加权平均斑块分维数(FRAC_AM)表征了类型水平上景观形状的复杂程度,不过从变化程度来看,最大的农村居民点仅有 0. 71%,耕地和生态用地的变化分别为 0. 51% 和 0. 36%,农田水利工程整治对耕地、农村居民点和生态用地的景观复杂性没有明显影响。

综上可见,农田水利工程整治作用于土地利用过程会显著改变耕地和生态用地的形状及格局,对农村居民点影响相对较小,但农田水利工程整治没有加重景观形状的复杂性。由此可以认为,土地整治中的农田水利工程整治正是通过廊道建设发挥着对乡村景观的重塑和优化作用,改善了农村环境,方便了生产生活,从而为促进农村经济发展、保障农业生产稳定和加强生态环境治理奠定了坚实的基础。

第8章 土地整治对景观格局的影响及其生态学过程

本章综合农村土地整治理论、土地利用变化理论和景观生态学理论,仍以第7章选取的5个土地整治样点为基础,运用GIS手段和景观指数模型,分析评估了不同土地整治区域的景观格局变化及其生态效应;基于生态学过程,描述了不同区域土地整治工程技术措施对地表的作用过程及与土地生态环境的关系,借以解释不同区域土地利用、农业生物多样化与地块异质性间的联系,以获取对"土地整治—土地利用/景观变化—生态效应"的过程性认识;并借以分析乡村生态景观建设的技术需求,评估现有农村土地整治工程系统的适应性,提出项目尺度上西南丘陵山区农村土地整治建设乡村生态景观的工程技术策略。

8.1 土地整治对土地利用景观结构与格局的影响

8.1.1 土地利用景观类型划分及其研究方法

(1) 土地利用景观类型划分

农业景观是城镇以外地域范围内耕地、林地、园地、草地、树篱、乡村道路、居民点聚落及农业服务设施等多种景观斑块的镶嵌体。以往土地整治项目的规划设计及实施主要在土地利用分类基础上进行,这在一定程度上割裂了农业景观结构、功能和生态过程的区域性和整体性,以至于影响了农业景观综合价值的发挥和提升。基于此,赵桂慎等(2007)依据乡村景观分类系统,提出对农田景观按景观区、景观类、景观亚类、景观单元4级分类体系进行分类,梁发超等(2011)则依据地块主导功能的特征差异,将农业景观按景观类、景观亚类两级分类体系进行分类,并在景观类上将农业景观划分为农业生产景观、农业服务设施景观、农业旅游休闲景观和农业生态景观4类。借鉴已有的农业景观分类研究成果,基于样点土地利用特点,首先根据地块主导功能差异将农业景观划分为农业生产景观、农业服务设施景观和农业生态景观3类;其次,依据土地利用基本类型划分景观亚类,共分为耕地、园地、林地、草地、城镇工矿用地、交通运输用地、水利设施用地、未利用土地8个亚类(表8-1)。

表 8-1　土地利用景观类型划分

景观类	特征描述	景观亚类	土地利用类型(二级地类)
农业生产景观	向人们直接提供农产品和工业原材料等,包括粮食、油料、蔬菜、水果等	耕地	旱地、水田
		园地	果园、其他园地
农业生态景观	对保护环境具有重要意义,在土壤保持、涵养水源和生物多样性维护等方面发挥生态调节作用	林地	有林地、灌木林地、其他林地
		草地	其他草地、人工牧草地
		未利用土地	田坎、裸地
农业服务设施景观	为农业生产提供服务设施和为农民生产生活提供居住生活区域	村镇用地	村庄、采矿用地、风景名胜及特殊用地
		道路用地	公路用地、农村道路
		水域	河流水面、水库水面、坑塘水面、沟渠

(2)研究方法

为全面综合农村土地整治后的景观效应及其生态学过程,研究选取斑块密度(PD)、斑块形状指数(LSI)、最大斑块面积(LPI)、香农多样性指数(SHDI)、聚集(蔓延)度指数(CONT)、廊道连通度指数(R)、生态系统服务价值(V)[式(8-1)]等指标测量项目实施前后的景观变化及其生态效应。各景观指数及廊道特征指数模型及含义参见本书第 7 章。

$$V = \sum_{i=1}^{m} A_i E_i \qquad (8-1)$$

式中,V 为生态系统与生态过程形成和维持的人类赖以生存的自然环境条件与效用,反映了不同土地利用类型对应生态系统服务功能的经济价值(生态系统服务价值),可据此综合评价土地整治的生态效应;i 为景观类型的数量,A_i 为景观类型的面积;E_i 为单位面积上的生态系统服务价值。

8.1.2　土地整治对土地利用景观结构的影响

土地整治前后,5 个样点的土地利用景观结构发生了显著变化。主要表现在:①农业生产景观显著增加。农业生产景观中,YD-Ⅰ、YD-Ⅱ、YD-Ⅲ、YD-Ⅳ、YD-Ⅴ分别增加 38.04hm²、19.87hm²、45.73hm²、17.15hm²、25.51hm²。主要原因是,经过耕地整理和农村建设用地复垦,5 个样点的耕地景观面积显著增加,YD-Ⅰ、YD-Ⅱ、YD-Ⅲ、YD-Ⅳ、YD-Ⅴ分别增加 40.26hm²、18.04hm²、45.50hm²、16.13hm²、

25.51hm²。各样点园地景观的面积有增有减,但影响较小(表8-2)。②农业生态景观显著减少。农业生态景观中,YD-Ⅰ、YD-Ⅱ、YD-Ⅲ、YD-Ⅳ、YD-Ⅴ分别减少35.21hm²、15.07hm²、24.69hm²、12.57hm²、15.02hm²。主要原因是,耕地整理导致未利用地景观中田坎面积的减少,YD-Ⅰ、YD-Ⅱ、YD-Ⅲ、YD-Ⅳ、YD-Ⅴ未利用景观分别减少35.27hm²、19.81hm²、34.90hm²、12.83hm²、12.33hm²。各样点林地景观和草地景观有增有减,相对变化不大。其中,林地景观中,YD-Ⅱ增加4.74hm²,YD-Ⅲ增加10.21hm²;草地景观中,YD-Ⅴ减少2.83hm²(表8-2)。③农业服务设施景观有所减少。农业服务设施景观中,YD-Ⅰ、YD-Ⅱ、YD-Ⅲ、YD-Ⅳ、YD-Ⅴ分别减少2.83hm²、4.80hm²、21.04hm²、4.58hm²、10.49hm²。主要原因是,村镇用地景观中农村建设用地复垦,YD-Ⅰ、YD-Ⅱ、YD-Ⅲ、YD-Ⅳ、YD-Ⅴ村镇用地景观分别减少8.51hm²、5.41hm²、20.80hm²、4.47hm²、11.45hm²。通过土地整治,道路用地景观和水域景观得到优化和完善。其中,道路用地景观有增有减,YD-Ⅰ、YD-Ⅱ、YD-Ⅴ分别增加3.82hm²、0.30hm²、0.35hm²,YD-Ⅲ、YD-Ⅳ分别减少0.79hm²、1.25hm²;水域景观均有所增加,YD-Ⅰ、YD-Ⅱ、YD-Ⅲ、YD-Ⅳ、YD-Ⅴ分别增加1.86hm²、0.31hm²、0.55hm²、1.14hm²、0.61hm²(表8-2)。

表8-2　整治前后土地利用景观结构变化

样点	景观类	景观亚类	整治前地类面积/hm²	占总面积比/%	整治后地类面积/hm²	占总面积比/%	整治后–整治前/hm²
YD-Ⅰ	农业生产景观	耕地	320.47	65.13	360.73	73.32	40.26
		园地	13.04	2.65	10.82	2.20	-2.22
		小计	333.51	67.78	371.55	75.52	38.04
	农业生态景观	林地	28.94	5.88	29.00	5.89	0.06
		未利用地	64.51	13.11	29.24	5.94	-35.27
		小计	93.45	18.99	58.24	11.84	-35.21
	农业服务设施景观	村镇用地	40.54	8.24	32.03	6.51	-8.51
		道路用地	5.80	1.18	9.62	1.96	3.82
		水域	18.72	3.80	20.58	4.18	1.86
		小计	65.06	13.22	62.23	12.65	-2.83
	合计		492.02	100.00	492.02	100.00	0.00

续表

样点	景观类	景观亚类	整治前地类面积/hm²	占总面积比/%	整治后地类面积/hm²	占总面积比/%	整治后－整治前/hm²
YD-Ⅱ	农业生产景观	耕地	219.12	40.20	237.16	43.51	18.04
		园地	66.22	12.15	68.05	12.49	1.83
		小计	285.34	52.35	305.21	56.00	19.87
	农业生态景观	林地	146.86	26.94	151.60	27.81	4.74
		草地	0.61	0.11	0.61	0.11	0.00
		未利用地	45.94	8.43	26.13	4.79	−19.81
		小计	193.41	35.48	178.34	32.72	−15.07
	农业服务设施景观	村镇用地	34.02	6.24	28.61	5.25	−5.41
		道路用地	13.34	2.45	13.64	2.50	0.30
		水域	18.94	3.47	19.25	3.53	0.31
		小计	66.30	12.16	61.50	11.28	−4.80
	合计		545.05	100.00	545.05	100.00	0.00
YD-Ⅲ	农业生产景观	耕地	348.81	34.17	394.31	39.16	45.50
		园地	54.12	5.42	54.35	5.40	0.23
		小计	402.93	39.59	448.66	44.56	45.73
	农业生态景观	林地	478.73	47.89	488.94	48.56	10.21
		未利用地	62.56	6.26	27.66	2.75	−34.90
		小计	541.29	54.15	516.60	51.31	−24.69
	农业服务设施景观	村镇用地	41.35	4.13	20.55	2.04	−20.80
		道路用地	6.90	0.69	6.11	0.61	−0.79
		水域	14.40	1.44	14.95	1.48	0.55
		小计	62.65	6.26	41.61	4.13	−21.04
	合计		1006.87	100.00	1006.87	100.00	0.00
YD-Ⅳ	农业生产景观	耕地	219.02	14.51	235.15	15.58	16.13
		园地	31.18	2.07	32.20	2.13	1.02
		小计	250.20	16.58	267.35	17.71	17.15
	农业生态景观	林地	858.12	56.85	858.38	56.87	0.26
		草地	277.20	18.37	277.20	18.37	0.00
		未利用地	64.71	4.29	51.88	3.44	−12.83
		小计	1200.03	79.51	1187.46	78.67	−12.57
	农业服务设施景观	村镇用地	16.94	1.12	12.47	0.83	−4.47
		道路用地	6.53	0.43	5.28	0.35	−1.25
		水域	35.64	2.36	36.78	2.44	1.14
		小计	59.11	3.92	54.53	3.61	−4.58
	合计		1509.34	100.00	1509.34	100.00	0.00

样点	景观类	景观亚类	整治前地类面积/hm²	占总面积比/%	整治后地类面积/hm²	占总面积比/%	整治后-整治前/hm²
YD-Ⅴ	农业生产景观	耕地	467.09	17.50	492.60	18.46	25.51
		园地	0.21	0.01	0.21	0.01	0.00
		小计	467.30	17.51	492.81	18.47	25.51
	农业生态景观	林地	1944.88	72.87	1945.02	72.87	0.14
		草地	65.82	2.47	62.99	2.36	-2.83
		未利用地	105.73	3.96	93.40	3.50	-12.33
		小计	2116.43	79.30	2101.41	78.73	-15.02
	农业服务设施景观	村镇用地	35.97	1.35	24.52	0.93	-11.45
		道路用地	23.13	0.87	23.48	0.88	0.35
		水域	25.80	0.97	26.41	0.99	0.61
		小计	84.90	3.19	74.41	2.80	-10.49
	合计		2668.63	100.00	2668.63	100.00	0.00

8.1.3　土地整治对土地利用景观格局的影响

类型水平和景观水平是刻画景观格局变化的两个维度。其中,在类型水平上,依据样点区的土地资源特点,着重从耕地景观、村镇用地景观中的农村居民点,以及由园地景观和林地景观、草地景观归并后的生态用地 3 个类型的景观格局变化来分析。

(1) 类型水平

1) 耕地景观受到较强干扰,变化显著,表现为破碎度增加,斑块形状规则度下降。从平均水平来看,5 个样点耕地的斑块密度(PD)明显上升,而最大斑块面积指数(LPI)明显下降,斑块形状指数(LSI)变大。从分样点来看,除 YD-Ⅲ斑块密度(PD)下降外,其余 4 个样点斑块密度(PD)均有上升,其中 YD-Ⅰ上升最多,YD-Ⅱ次之;除 YD-Ⅳ最大斑块面积指数(LPI)没有变化外,其余 4 个样点最大斑块面积指数(LPI)均有下降,其中 YD-Ⅱ下降最多,其次是 YD-Ⅰ;经过土地整治综合工程的实施,5 个样点耕地的斑块形状指数(LSI)均有所上升,其中 YD-Ⅲ上升最多,YD-Ⅴ次之(表 8-3)。

表 8-3　整治前后土地利用类型水平的景观指数变化

样点	土地利用类型	斑块密度（PD）		最大斑块面积指数（LPI）		斑块形状指数（LSI）	
		整治前	整治后	整治前	整治后	整治前	整治后
YD-Ⅰ	耕地	109.91	150.03	6.96	6.43	31.67	35.39
	居民点	120.70	10.32	0.28	0.49	25.77	7.70
	生态用地	67.46	59.88	1.63	1.63	19.29	18.34
YD-Ⅱ	耕地	74.48	93.96	3.27	1.79	25.47	27.99
	居民点	75.86	14.58	0.19	0.50	22.65	10.75
	生态用地	78.21	87.06	2.93	2.81	25.51	24.87
YD-Ⅲ	耕地	58.58	52.03	2.04	1.90	32.74	38.12
	居民点	32.51	5.72	0.16	0.22	22.01	9.42
	生态用地	53.88	43.75	4.59	5.80	28.64	28.06
YD-Ⅳ	耕地	26.73	34.53	1.34	1.34	28.39	29.64
	居民点	16.89	3.63	0.04	0.12	19.86	9.36
	生态用地	26.25	32.30	17.23	16.07	24.78	23.22
YD-Ⅴ	耕地	81.74	86.92	0.52	0.41	51.02	54.98
	居民点	25.09	2.17	0.10	0.11	27.72	8.52
	生态用地	37.44	38.00	4.40	8.17	32.50	29.98
样点均值	耕地	70.29	83.49	2.83	2.37	33.86	37.22
	居民点	54.21	7.28	0.15	0.29	23.60	9.15
	生态用地	52.65	52.20	6.16	6.90	26.14	24.89

2）农村居民点景观受到强烈干扰，变化剧烈，表现为破碎度显著下降，斑块形状规则度明显上升。从平均水平来看，农村居民点斑块密度（PD）显著下降，而最大斑块面积指数（LPI）显著上升，斑块形状指数（LSI）变小。从分样点来看，5 个样点农村居民点的斑块密度（PD）显著下降，其中 YD-Ⅰ下降最多（从 120.70 降至10.32，减少 110.38），YD-Ⅳ下降最少（从 16.89 降至 3.63），不过也达到 13.26；最大斑块面积指数（LPI）均显著增加，其中 YD-Ⅱ增加最多（从 0.19hm² 增至0.50hm²），YD-Ⅴ增加最少（从 0.10hm² 增至 0.11hm²）；斑块形状指数（LSI）均显著变小，其中 YD-Ⅴ下降最多（从 27.72 降至 8.52），YD-Ⅳ下降最少（从 19.86 降至9.36）（表 8-3）。

3）生态用地景观受到一定干扰，但变化较小，表现为破碎度有所下降，斑块形状规则度有所上升。从平均水平来看，5 个样点生态用地总体斑块密度（PD）下降，最大斑块面积指数（LPI）上升，斑块形状指数（LSI）变小。从分样点来看，YD-Ⅰ、YD-Ⅲ生态用地的斑块密度（PD）下降，其中 YD-Ⅲ下降最多（从 53.88 降至

43.75,减少10.13);YD-Ⅱ、YD-Ⅳ、YD-Ⅴ生态用地的斑块密度(PD)上升,其中YD-Ⅱ上升最多(从78.21增至87.06)。YD-Ⅰ最大斑块面积指数(LPI)没有变化,YD-Ⅲ、YD-Ⅴ最大斑块面积指数(LPI)增加;YD-Ⅱ、YD-Ⅳ最大斑块面积指数(LPI)下降;5个样点斑块形状指数(LSI)均变小,其中YD-Ⅴ下降最多(从32.50降至29.98,减少2.52),YD-Ⅲ下降最少(从28.64降至28.06,减少0.58)(表8-3)。

(2)景观水平

1)分析整治前后5个样点景观水平的景观指数的平均值可知,土地整治降低了土地破碎度,提高了最大斑块面积和斑块聚集度,增强了斑块间的廊道连通性,但斑块形状的规则性和景观多样性降低。其中,斑块密度(PD)由177.15降至142.98,最大斑块面积(LPI)由7.29hm^{2}增至7.86hm^2,聚集(蔓延)度指数(CONT)由68.59增至70.13,斑块间的廊道密度(D)和连通度(R)分别由20.78m/hm^2、0.47增至35.18m/hm^2、0.49,斑块形状指数(LSI)由35.09增至35.38,香农多样性指数(SHDI)由0.67降至0.64(表8-4)。

表8-4　整治前后土地利用景观水平的景观指数变化

景观指数	YD-Ⅰ		YD-Ⅱ		YD-Ⅲ		YD-Ⅳ		YD-Ⅴ		均值	
	整治前	整治后	整治前	整治后	整治前	整治后	整治前	整治后	整治前	整治后	整治前	整治后
斑块密度(PD)	298.07	220.23	228.55	195.60	144.97	101.51	69.87	70.46	144.28	127.08	177.15	142.98
最大斑块面积(LPI)	6.96	6.43	3.27	2.81	4.59	5.80	17.23	16.07	4.40	8.17	7.29	7.86
斑块形状指数(LSI)	35.40	37.52	32.46	33.74	35.56	37.07	31.78	30.03	40.24	38.52	35.09	35.38
聚集(蔓延)度指数(CONT)	75.16	78.06	58.63	60.13	61.16	63.67	75.40	75.61	72.60	73.17	68.59	70.13
香农多样性指数(SHDI)	0.53	0.47	0.88	0.86	0.83	0.78	0.53	0.53	0.58	0.57	0.67	0.64
密度(D)/(m/hm^2)	9.32	36.98	29.41	34.89	27.53	57.22	16.38	22.89	21.27	23.93	20.78	35.18
连通度(R)	0.45	0.47	0.47	0.46	0.47	0.52	0.50	0.51	0.48	0.50	0.47	0.49

2)从分样点来看,丘陵平坝到中低山区土地整治带来的景观变化存在差异,但并不显著,与平均趋势基本吻合。具体情况是,整治前后5个样点中,斑块密度(PD)表现为YD-Ⅳ略有增加,其余4个样点均有显著下降;最大斑块面积(LPI)表现为YD-Ⅲ、YD-Ⅴ有增加,其余3个样点均略有降低;斑块形状指数(LSI)表现为

YD-Ⅳ、YD-Ⅴ略有降低,其余 3 个样点均略有增加;聚集(蔓延)度指数(CONT)表现为 5 个样点均有增强;香农多样性指数(SHDI)表现为 5 个样点略有降低;斑块间的廊道密度(D)和连通度(R)在 5 个样点普遍表现为增强(YD-Ⅱ连通度略有下降)(表 8-4)。

8.2 土地整治生态效应评价及生态学过程分析

8.2.1 生态服务价值评价

土地整治项目对区域人地关系状态改善的程度,也可以通过土地整治前后的生态效应变化加以刻画。生态效应可以选择通过生态服务价值(V)来进行表征,其中有两个因素至关重要,一是生态服务价值当量,二是单位面积农田每年自然粮食产量的生态服务价值。依据 Costanza(1997)、谢高地等(2003)对世界和中国生态服务价值当量的研究成果,可计算不同景观类型的生态服务价值当量。其中,园地取耕地和林地的平均值;未利用地中包括田坎和裸地,因此在荒漠生态服务当量基础上进行了适当修正;村镇、道路等建设用地的生态服务价值则不估算。关于单位面积每年农田自然粮食产量的经济价值,则是根据重庆市 2000~2010 年平均粮食产量为 5 个样点的基准单产,即 4875kg/(hm² · a);粮食单价是按 2011 年重庆市粮食均价 1.61 元/kg 计算;在没有人力投入的条件下,单位面积自然生态系统提供的经济价值约是现有每年农田自然粮食生产经济价值的 1/7,故重庆市每年单位面积农田自然粮食产量的经济价值为 1121.25 元/(hm² · a)(表 8-5)。由此得出 5 个样点各类景观生态价值当量及其生态价值系数(表 8-6)。

表 8-5 各类景观生态价值当量及其生态价值系数

景观亚类	生态价值当量	生态价值系数 /［万元/(hm² · a)］
耕地	6.91	0.77
园地	14.38	1.61
林地	21.85	2.45
草地	7.24	0.81
未利用土地	0.50	0.06
村镇用地	—	—
道路用地	—	—
水域	45.97	5.15

表 8-6 土地整治前后样点景观类型生态系统服务价值变化

样点	整治状态	农业生产景观			农业生态景观				农业服务设施景观				合计
		耕地	园地	小计	林地	草地	未利用土地	小计	村镇用地	道路用地	水域	小计	
YD-Ⅰ	整治前	248.29	21.03	269.32	70.90	—	3.62	74.52	—	—	96.49	96.49	440.33
	整治后	279.49	17.45	296.94	71.05	—	1.64	72.69	—	—	106.08	106.08	475.71
	后−前	31.20	−3.58	27.62	0.15	—	−1.98	−1.83	—	—	9.59	9.59	35.38
YD-Ⅱ	整治前	169.77	106.77	276.54	359.80	0.50	2.58	362.88	—	—	97.62	97.62	737.04
	整治后	183.75	109.72	293.47	371.41	0.50	1.46	373.37	—	—	99.22	99.22	766.06
	后−前	13.98	2.95	16.93	11.61	0	−1.12	10.49	—	—	1.60	1.60	29.02
YD-Ⅲ	整治前	270.25	87.26	357.51	1172.86	—	3.51	1176.37	—	—	74.22	74.22	1608.10
	整治后	305.50	87.63	393.13	1197.87	—	1.55	1199.42	—	—	77.06	77.06	1669.61
	后−前	35.25	0.37	35.62	25.01	—	−1.96	23.05	—	—	2.83	2.84	61.51
YD-Ⅳ	整治前	169.69	50.27	219.96	2102.34	225.03	3.63	2331.00	—	—	183.70	183.70	2734.66
	整治后	182.19	51.92	234.11	2102.97	225.03	2.91	2330.91	—	—	189.58	189.58	2754.60
	后−前	12.50	1.65	14.15	0.63	0	−0.72	−0.09	—	—	5.88	5.88	19.94
YD-Ⅴ	整治前	361.89	0.34	362.23	4764.82	53.43	5.93	4824.18	—	—	132.98	132.98	5319.39
	整治后	381.67	0.34	382	4765.17	51.13	5.24	4821.54	—	—	136.13	136.13	5339.67
	后−前	19.77	0	19.77	0.35	−2.30	−0.69	−2.64	—	—	3.14	3.14	20.28

　　受土地整治影响,5 个样点的生态总价值均实现了不同程度的增值。由表 8-6 分析可知,YD-Ⅰ增值最为显著,增幅达到 8.03%;其次是 YD-Ⅱ,增幅为 3.94%;增幅最小的是 YD-Ⅴ,为 0.38%。

　　土地整治作用于不同类型的景观产生了不同的生态效应。由表 8-6 可知,5 个样点农业生产景观的生态价值普遍增加。YD-Ⅰ增值最为显著,增幅达到 10.26%;其次是 YD-Ⅲ,增幅为 9.96%;增幅最小的是 YD-Ⅴ,为 5.46%。尤其是耕地景观的生态价值显著增加,YD-Ⅲ增值最为显著,增幅达到 13.04%;其次是 YD-Ⅰ,增幅为 12.57%;增幅最小的仍是 YD-Ⅴ。与农业生产景观的生态效应一致,农业服务设施景观(水域)的生态价值普遍增加。其中,YD-Ⅰ增值最为显著,增幅达到 9.94%;其次是 YD-Ⅲ,增幅为 3.83%;增幅最小的仍是 YD-Ⅱ,为 1.64%。而 5 个样点农业生态景观的生态价值的表现不一致。YD-Ⅰ、YD-Ⅴ、YD-Ⅳ表现为负效应,降幅分别为 2.46%、0.05%、0.003%;YD-Ⅱ、YD-Ⅲ为正效应,增幅分别为 2.89%、1.96%。

8.2.2 土地整治生态学过程分析

　　景观格局影响能量、物质及物种在景观中的运动,与景观生态过程关系密切。

景观生态学中的过程强调事件或现象发生、发展的程序和动态特征。研究景观生态过程有助于解释土地利用活动对土地生态环境的作用机理,厘清相关的变化机制。就土地整治而言,土地整治通过人为干扰作用于景观生态过程,景观生态过程又通过生态效应反馈到土地利用中。其中,相关的景观生态过程包括由土地利用结构调整导致的景观格局演变,由道路、渠系等廊道构建引起的景观连通性变化,由土地平整、宅基地还耕、农田水利等活动导致的景观中水分和养分的变化,以及农业产业培育等引起的景观中物种的迁移变化(图8-1)。

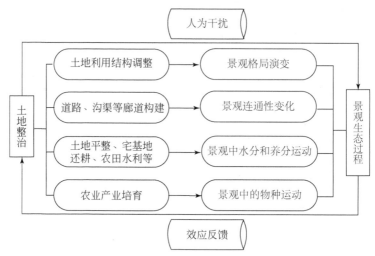

图 8-1　土地整治与景观生态相互作用过程

(1)景观格局演变

对照土地整治前后5个样点的土地利用数据,结果表明,通过农村建设用地复垦、土地平整、田间道路、农田水利等整治工程的实施,项目区的土地利用结构发生了显著变化:①5个样点农村居民点总量为149.84hm²,通过农村建设用地复垦,农村居民点减少93.41hm²,占62.34%。除少量土地用于配套田土坎、沟渠、道路等设施满足以生产利用条件外,几乎全部复垦还农。其中,增加耕地(旱地)76.89hm²,占82.31%;增加园地2.60hm²,占2.78%;增加林地13.92hm²,占14.91%。②通过坡改梯、田块归并、条田整治等土地平整工程的实施,一部分田土坎和宜耕荒草地转为耕地,5个样点合计新增耕地68.55hm²。③通过田间道路、农田水利等农田基础设施工程的实施,5个样点中,YD-Ⅲ、YD-Ⅳ的道路用地分别减少0.79hm²和1.25hm²,YD-Ⅰ、YD-Ⅱ、YD-Ⅴ分别增加3.82hm²、0.30hm²和0.35hm²(表8-2)。农田水利用地普遍增加,合计为4.47hm²。

斑块是景观最基本的结构单元之一。依据景观生态学的定义,斑块就是由四周有道路、沟渠、林带、较宽的田坎等廊道或明显边界所包围的地块。伴随着一系列土地整治工程技术措施的实施,在土地利用结构调整的同时,地块的边界或构型也发生了明显变化(如地块被新建的田间道路或渠系切割,田块归并导致作为地块边界的田坎消失,农村居民点或荒草地转化为梯田或台地导致地块数量变化等),由此导致斑块的大小和数量发生变化。这种变化反映到景观上表现为村镇用地景观向耕地景观、园地景观、林地景观演替,未利用地景观向耕地景观演替,土地平整区域由坡耕地景观向梯田或台地、条田景观演替,并在 5 个样点呈现:①类型水平上,耕地景观斑块密度上升、最大斑块面积下降以致破碎度加剧的趋势,村镇用地景观斑块密度下降、最大斑块面积上升以致聚集度增强的趋势(表 8-3);②整体景观水平上,景观斑块密度下降、最大斑块面积上升以致景观破碎度下降、聚集度增强(表 8-4)。

土地利用结构调整改变了景观结构,土地用途转变改变了景观功能,由此带来不同的景观生态效应。从总体来看,受土地整治影响,5 个样点的生态总价值均实现了不同程度的增值。其中,随着村镇用地景观向耕地景观、园地景观、林地景观演替,5 个样点耕地、园地、林地的生态价值总体呈增加趋势,生态效应为正;草地、未利用地景观向耕地景观演替,其生态价值呈下降趋势,生态效应为负(表 8-6)。

(2)景观连接度和连通性变化

景观连接度是景观空间结构单元在功能上和生态过程上的联系。景观连接度较大时,生物群落在景观中迁徙觅食、交换、繁殖和生存较容易,运动阻力较小;反之,则运动阻力大,生存困难。通过土地整治调整了土地利用结构,尤其是丘陵山区农村建设用地的复垦还耕、还园、还林,不仅降低了人类活动扰动,也使得在一些影响生物群体的重要地段和关键点上形成了新的生物生境或不同生境之间的廊道,这在一定程度上提高了生态景观要素之间的连接度水平,促进了景观生态稳定。

景观连通性是对景观结构特征的测定,主要反映景观元素的空间分布。在5 个样点的土地整治中,通过田间道路工程、农田水利工程,整个景观的廊道密度显著提升,景观连通性也得到改善。田间道路体系的优化使得村镇景观斑块之间、农田斑块之间、村镇与农田斑块之间的距离缩短,更为便捷通畅,方便了当地居民的生产出行,有利于信息流通;农田水利工程改善了田间灌排渠系,使得田块之间物质、能量、生物等的流通运移更为通畅。

但是,景观连通性的改善并不一定带来较高的连接度。道路、渠系等廊道的构建一方面增强了景观连通度,另一方面也会带来斑块分割、生态廊道阻隔,使景观连接度降低。因此,在道路或渠系建设中,对影响景观连接度的敏感廊道或地区建立桥涵、隧洞,将有助于保护生物生境。

(3) 景观中的水分和养分运动

景观中的水分和养分运动主要表现为两种运动形式，一是水平运动，二是垂直运动。水分的水平运动主要表现为地表径流，其中地形高度的差异导致了水分在空间上不同重力势能作用下的运动差异；养分的水平运动常常与水分运动紧密结合在一起。水分和养分的垂直运动主要表现为土壤的水分和养分被植物或农作物吸收，其中水分经过蒸腾挥发到大气中，又经过降水或降尘进入土壤；养分则以枯枝落叶形式回到土壤，从而形成一个水分和养分的小循环。

土地整治常导致耕作层土壤发生改变，尤其是坡改梯和宅基地还耕显著改变了整治区域的微地貌、坡度、地面高差等地形地貌条件，对坡面的土地侵蚀产生了直接影响；而削高填低、挖方填方、爆破改土等导致坡面植被覆盖减少，并因表土回填覆土不均导致表层土壤养分和物理性状改变，直接给土壤肥力和生物多样性带来负面影响，使土壤的水分和养分循环不能充分进行。此外，农田水利工程的灌排渠系在一定程度上改变了地表径流的路径，对水分和养分的运移具有一定的调节作用，但是 5 个样点新建的多是砖石浆砌或混凝土式的农田水利设施，尤其是一些较大的农沟斗渠，植被覆盖度低，不能吸收、截留径流中挟带的残余农药、养分及其他杂物，不利于水体污染治理。

(4) 景观中的物种迁移

景观中的物种迁移有主动迁移（物种本身有目的的行为）和被动迁移（借助外界的作用物）两种类型，按照物种分类又可分为动物迁移、植物迁移以及其他物种的迁移。土地整治是人类对半自然景观、农田景观等实施的一种主动干扰，对物种迁移有直接影响。例如，荒草地的开发往往会破坏一些动植物的栖息地，迫使动植物被动适应；而农村建设用地复垦还耕、还园、还林则可能修复或扩大动植物的栖息地，引导动植物主动传播和扩散。从 5 个样点的土地整治过程来看，在土地利用结构调整中，并不是一味将农村建设用地复垦还耕，而是根据地形、土壤、水文、生物、人类活动等立地条件确定地块的特性，结合村域农业产业培育，宜耕则耕、宜园则园、宜林则林，通过尊重地块异质性，发展农业生物多样化，优化村域土地利用，其中，耕地主要用于种植粮油作物和经济作物，园地主要用于发展苗木和有比较优势的水果（如柑橘），林地则用于恢复生态和发展林下经济。这种方式有助于协调人与自然的关系，保护景观多样性。

第9章　土地整治对农村资源要素的整合效应

9.1　土地整治与农村资源要素整合

9.1.1　农村资源整合利用的意义及途径

人类对资源的利用问题历久弥新。资源利用的节约与浪费、集约与粗放贯穿着人类社会发展的全过程。早在春秋时期,孔子就倡"俭"反"奢",主张珍惜资源,不应过度靡费,提出了"奢则不孙('孙'通'逊'),俭则固。与其不孙,宁固"的精神(黄振灵,1998)。进入到资本主义社会,在利润的驱使下,资本家对资源节约与高效利用的追逐达到了令人难以置信的程度,正如马克思所言:"资本家狂热地节约生产资料是可以理解的。要做到一点也不损失,一点也不浪费,要做到生产资料只按本身的需要来消耗……"(马克思,1930)。然而,即使如此,增长也并非永无止境(李辉作和吴翔,2007)。20世纪70年代初,一场空前规模的"石油危机"终结了西方发达国家所谓的"黄金时代",之后伴随着军备竞赛、环境恶化、人口爆炸和经济萧条等全球性或区域性问题的凸显,人类社会发展的困境和前景受到持续关注(唐任伍,2001),人们开始反思已有的经济发展方式和资源利用方式,一系列全球性议题,如"国际地圈与生物圈计划"(IGBP)、"全球环境变化人文计划"(HDP)、"全球土地计划"(GLP)、气候变化、减贫、碳循环等提出,成为科学研究的热点和公共政策的焦点(刘清春和千怀遂,2005;陈萍和陈晓玲,2010;吕爱锋等,2005)。

农村资源的可持续利用是全球性问题。土地、水和人力资本是农村资源的核心,也是农户家庭资产的核心项目(陶兆云,2006;邓蓉和黄漫红,2009;赵海东,2013)。通过农村资源的有效整合,农业发展创造的成果令人鼓舞。

首先,作为一项经济活动,农业是国民经济增长的源泉,为私营经济提供了投资机会,是涉农产业和农村非农经济发展的基本驱动。在传统农业国,65%的劳动力创造了占国内生产总值(GDP)29%的农业增加值;在转型中国家和已经城市化国家,与农业相关的制造业和服务业的贡献率通常占国内生产总值的30%以上。

其次,作为一种谋生手段,农业为全球13亿小农生产者和无地雇工提供了就业机会,占到全球农业人口总数的 86% 。发展中国家贫困率(每天 1 美元标准)的下降(从 1993 年的 28% 降至 2002 年的 22%),主要归功于农村贫困的下降(从37% 降至 29%)。而农村贫困人口的减少,80% 以上归功于农村地区的条件改善,而不是贫困人口的迁出。因此,农业又被视为 21 世纪可持续发展和减少贫困的基本途径,是促进发展的独特工具(世界银行,2008)。作为环境功能的提供者,农业在利用自然资源中,会对环境产生正向和负向的影响。目前,农业是最大的水资源使用者,它导致了水资源短缺,并引发了地下水枯竭、农用化学物质污染、土壤肥力衰退和全球气候变化(农业温室气体排放量占总排放量的 30%)。但同时,农业也通过固碳、流域治理和保持生物多样性,扮演了环境功能提供者的角色。

不过,在全球变化背景下,农村资源和农户资产因人口增长、环境退化、强势利益集团征收、政策制定和公共物品分配过程中的社会偏见而面临着缩减。在撒哈拉以南的非洲,农业规模持续缩减,土地严重退化,灌溉投资几乎为零,健康和教育状况极其糟糕。在亚洲,情况也并不乐观。人口压力、农业规模下降和水资源短缺,也是许多地方面临的主要挑战。改善资源状况需要在水利、健康和教育方面进行大规模的公共投资。

为进一步唤醒和发挥农业对于发展的潜力,克服农业发展的农业资源利用障碍,各类措施用于促进农村资源的整合与利用。土地整治便是其中一项有效举措。在国外,土地整治在治理土地破碎化方面做了大量工作,合并农田、改造河流,整治村庄和保护自然景观,通过跨地区合作改善农业结构、发展基础设施和保护耕作区,效果显著(Mihara,1996;Bonfanti et al.,1997)。在中国,随着土地整治事业的深入开展,人们已开始注意到土地整治在促进农村土地资源高效利用、增加有效耕地面积、调整农村产业结构、转移农村富余劳动力以及重塑乡村景观等方面的积极作用,土地整治已由自然性工程转变为综合性社会工程,成为整合农村资源、提高农村土地产出与效益的重要途径(赵鹏军和彭建,2001;李元,2003;张博,2007)。这主要表现在以下几个方面。

1)通过土地整治巩固、优化农村耕地资源禀赋。2001~2010 年,全国补充耕地 4200 多万亩,其中,"十一五"期间补充 3000 多万亩,超过同期建设占用和灾害损毁耕地面积。同时,提高耕地质量等级。据测算,耕地质量每提高 1 个等级,亩产平均提高 10%~20%(陈秀灵等,2006)。

2)通过土地整治改善农业生产条件,增加农民收入,拉动农村投资和消费需求,调动农户生产积极性。据调查,我国农村土地整治工程每亿元投资可带动劳动力需求 150 多万个,参与农民人均年增收 700 多元(刘瑞元,2009;吴兆娟,2012)。

3)通过土地整治改善灌区,解决中小型灌区农田灌溉"最后一千米"问题。土地整治与重大水利枢纽建设相衔接,加强农田水利,尤其是支渠、斗渠、毛渠以及农田机井的建设,破解了农田基础设施配套工程的机制缺损的问题,改善了农村公共产品的供给条件(张立伟,2001)。

4)通过土地整治优化农田分布格局,满足现代农业生产的多功能用地需求。通过对各类用地结构和布局规划设计,整治后农田分布更为集中,村庄环境和居住条件显著改善(胡佰林等,2007),农业经营方式和经营规模提升(张忠明等,2011),农产品和生产资料市场得以更好地运行(缪小林等,2008)。

总体而言,随着实践的深入,在国家耕地保护、粮食安全、新农村建设、城乡统筹、扶贫开发等方面,土地整治的基础性和支撑性作用日益明显(宗仁,2004),逐渐已成为整合农村资源、破解农业现代化制约因素的重要手段(陈荣蓉,2012)。

但是,从长远来看,随着人口增长,消费结构升级,以及工业化、城镇化梯度推进,我国粮食供求形势紧张的状态一时难以改变;农业基础设施薄弱仍然是我国农业资源利用的短板,"靠天吃饭"的局面尚无法根本改观;同时,由于户均土地规模小,农田地块破碎,耕地中田坎、沟渠、道路占比高,导致我国农业生产要素利用效率偏低,农业用水有效利用系数平均仅为0.5,农业增产过度依赖化肥、农药,农业经营成本的高位运行给农业增长造成了沉重负担;不仅如此,由于农村资源整合机制不健全,城乡土地开发利用缺乏统筹协调,导致城镇粗放蔓延、农村无序建设,亟须克服生产要素流动障碍。为此,通过农村土地整治,缓减耕地过快减少、提高粮食综合生产能力,提高农业基础设施建设水平、改变基础设施落后局面,提高生产要素利用效率、降低农业经营成本,搭建流通平台、消除生产要素流动障碍,具有十分显著的作用和意义。而问题在于,在农村资源重新配置或整合的过程中,如何破解通过土地整治进行资源整合的一些关键性技术问题,发挥最佳整合效应,从而显著地推进农村发展、农业增效、农民增收。

为此,基于高效整合农村资源的社会需求,以全国统筹城乡综合配套改革试验区重庆市的荣昌县为研究区,以仁义镇三星村土地整治项目为典型案例,旨在揭示土地整治如何作用于农村各类资源,以推动农村资源利用方式的转变,并通过评价土地整治项目的资源整合效应,分析土地整治在对农村资源整合过程中的成效和不足,并提出相应的建设性意见。

9.1.2　土地整治对农村资源的整合利用

所谓整合,就是把系统内闲置或利用不充分的资源要素进行重新组合和利用,实现资源优化配置,获得整体的最优(吕小莉,2011;王兴叶,2011)。资源整合就是在特定的区域和时间范围内,以市场机制为主导,优化投资环境,合理利用和科学有效配置人力资源、资本资源、自然资源、信息资源等生产要素资源,增强相互之间的关联程度,使之在市场竞争过程中动态调节、相互补充、相互协调、相互作用,从而实现"1+1>2"的效果(袁国华,2005)。农村资源整合,就是要从农村自身实际出发,把农村内部彼此相关却又分离的资源要素,同农村外部的经营主体或资源要素,整合成为各资源间相互渗透、相互关联、相互协调、充满活力的整体。

　　土地整治内涵包括优化土地自然条件,促进农业发展,调整土地利用关系,协调农村发展和改善生态环境等方面(蒋一军,2001)。它的根本出发点是有效利用和保护土地资源,最终目的是在土地资源可持续利用的基础上实现区域的可持续发展(韩冰华,2003)。它是改变土地利用中不利生态环境条件的综合措施,是保障耕地总量动态平衡的最有效、最直接、最重要的手段,是盘活存量土地、强化集约用地和提升土地产能的重要措施,是统筹城乡发展的基础平台。袁启(2008)认为,土地整治能有效提高农村生产力,促进农村文明建设,实现农业增产增效,改善农村脏、乱、差面貌和农村社区民主管理,进而提高农村资源利用效益。陶小兰和莫滨(2009)通过对土地资源整合相关研究分析和借鉴,以珠海市唐家湾地区农村为例,对各类用地进行整合,提出整合和协调好城市和村庄的土地和空间资源是统筹城乡协调发展的重要任务。土地整治工程可以很大程度地改变土地利用格局,韩宏伟(2012)在明确土地综合整治目标和空间格局优化原则的基础上,对土地利用空间格局进行优化,结果显示优化后土地生态景观用地明显增加且在空间布局上更加聚集,城乡用地在空间格局上更加聚集。土地整治的目标是为农村产业发展创造条件,促进农村经济的发展。通过土地整治,农业基础设施得到极大改善,促进土地流转,吸引社会资金投入农村,刺激个体企业、公司及农业大户发展农业产业,带动农村经济发展,促进农村劳动力转移。毛爽(2009)关于农业产业发展与劳动力转移的相互关系的研究结果显示,农业大户通过土地转包对农业资源进行整合,实现规模化、一体化、循环化的产业化生产,可以推动劳动力资源整合和优化配置,节省大量的劳动力资源。从土地整治促进土地集约利用、促进农户转型、发展农村农业产业化及改善农村生态景观角度去分析,土地整治已经成为农村资源整合利用的重要手段(温秀兰等,2011)。

(1)土地整治对土地资源的整合利用

　　基于各国关于土地的政策、制度以及经济发展程度的不同,各国对土地资源整合内涵的理解也不同。袁弘等(2008)认为,土地资源整合是对土地利用空间的整合,其目的是为挖掘土地利用的潜力。黄鹏和郑巧凤(2011)认为,土地资源整合是对土地利用结构在时间和空间尺度上进行多层次的设计和组合,并通过对城镇建设用地整合模式、农村居民点整合模式、零散耕地整合模式进行分析,分别就整合前期和整合过程提出了推进途径和措施。土地资源整合在资源利用、经济发展和生态景观保护方面有积极的作用。Weiss认为,土地资源整合是促进农村发展的一个有效工具,可以改善农村生产、生活条件,促进就业,并保护自然环境(袁弘等,2008)。

　　通过对国内外土地资源整合的方法进行归纳分析,得出国内的主要方法为土地重划,村庄整治、迁村并点,土地收购储备,土地置换和城乡建设用地增减挂钩;国外主要方法为土地整治,土地储备和土地管理。土地整合模式种类很多,彭群(2005)、杨廉(2010)、黄鹏和郑巧凤(2011)从整合内容、整合目的、整合效益、整合要求等不同的角度,对土地资源整合模式的种类分别进行了划分。

　　土地整治是促进土地资源可持续利用的重要手段(贾雷和邱道持,2012)。土地作为土地整治直接面向的对象,随着人类对土地的外部整治与土地系统的相互影响、相互作用,势必改变土地系统的功能(吴娟,2004)。国内土地整治与土地资源利用的研究较为丰富,有的从土地整治对保障耕地总量动态平衡重要性视角出发,对不同尺度土地整治项目新增耕地面积的区域差异进行分析;也有的通过研究提出了土地整治与新农村建设耦合关系的涵义,在理论分析的基础之上,提出了土地整治与新农村建设耦合关系的研究内容和研究框架(胡业翠等,2012;高明秀和赵庚星,2011)。农村土地整治以农用地整理和农村建设用地整理为平台,促进农村土地集约利用,优化农村土地利用结构和布局,有效增加了耕地面积(陈佳骊和徐保根,2010)。相子瑞(2010)、肖轶(2011)研究表明,随着我国实行严格的土地供应政策,土地资源对社会经济发展及城镇发展的制约性越发凸显,通过土地整治和节约集约用地尽可能减少建设占用耕地是维护耕地保护、经济发展、环境保护平衡的重要途径。通过对相关研究的总结,土地整治对农村土地资源利用的影响主要体现在以下几个方面:①通过土地平整降低耕地平面坡度、田块归并消除田埂等方式提高净耕地系数,增加耕地面积;②通过布设田间道路、农田水利等基础设施,提升土地生产能力;③通过地块权属调整,为土地规模经营创造条件,同时促进农业用地内部结构调整,引导农村产业发展;④通过农村建设用地整治,有效减少耕地非农建设占用规模;⑤通过开发宜农未利用地,提高土地利用效率。

(2)土地整治对景观资源的整合利用

　　农村生态景观格局整合是在一定经济条件下,既满足社会功能,也符合自然规律和遵循生态原则,科学利用农村景观资源的有效手段。土地整治是农村生态景观改造的有效措施之一,通过对农村绿色植被、农田规格、田间道路、农田水利、水域等进行合理的空间布局调整或规划设计,使各要素相互协调、合理布局,提高农村生态系统的景观功能。国内对农村景观资源整合研究较为广泛,学者也针对农村资源整合提出了相应的模式和建议。例如,蔡鹏程等(2012)对福建省龙岩市农业发展模式进行研究,认为传统的农业发展模式对农村生态环境破坏严重,而循环农业发展模式是农村生态环境保护的有效途径。郧文聚和宇振荣(2011b)通过分析我国农村土地利用现状及农村生态景观建设需求,提出土地整治在农村生态景观改造中,应维系并提高乡村景观文化和美学价值、重视生态网络和绿色基础设施建设、提高生境质量和景观多样性、加强土地整治工程生态景观化技术研究。因此,土地整治对农村生态景观构建作用可以概括为通过土地整治工程及生物工程措施,改变土地利用结构和土地覆盖状况,改善农田田块布局、农业机械化和现代化的基础设施条件,提高景观的协调性,增加农村生态景观美学价值和生物多样性(吴克宁等,2006;王军,2011;郧文聚和宇振荣,2011a;谢苗苗等,2011)。

土地整治可以在短期内使农村生态景观格局发生剧烈变化,主要体现为景观类型斑块、廊道和基质的形状、大小、数目的变化(喻光明等,2006b;Musacchio,2009)。王军(2011)、石剑(2012)认为,土地整治可以有效促进生态景观重建,尤其是以景观生态学理论引导土地整治规划设计,可以使土地整治在增加耕地、提高土地综合产能的同时,成为建设区域生态景观安全格局的重要构成。农村生态景观资源保护对生态系统恢复、国家生态安全具有重要的理论和现实意义(梁流涛等,2011)。然而,随着我国经济快速的发展和城市化的推进,农村生态系统及生态系统服务功能发生严重退化,生态环境保护与经济社会发展之间的矛盾日益突出(周凯等,2012)。陈银龙(2013)认为,生态环境建设的大头、重点以及难点在农村,农村环境整治应该是生态环境建设的前提,并且只有通过城乡统筹、整合资源才能从根本上解决农村环境问题。因此,农村生态环境综合整治已经成为我国现阶段农村可持续发展的重要任务(宇振荣等,2012)。

(3) 土地整治对农业产业要素资源的整合利用

随着商品经济的快速变化,只有转变传统农业生产方式,因地制宜地布局作物生产,不断调整农业内部结构,才能变自然优势为商品优势,取得良好的经济效益(陈贞华,1992)。推行农业产业化经营是发展农村经济的重要途径,是实现农业现代化的必由之路,是农业发展的必然趋势。20 世纪 90 年代,我国开始引入农业产业化模式,与国外相比,我国的农业产业化与国外的农业一体化在涵义和实际形式上存在一定差别,其产业链长度及产业的地域范围与国外相差较大(李兰兰,2010)。经过多年的探索,许多学者根据实践需求对农业产业化经营的组织形式给出了自己的理解,如张雪梅的"公司+农户"模式和合作社模式,徐力行的"公司+农户""农村专业技术协会+农户""合作经济组织+农户""专业批发市场+农户"模式,夏英的垂直协作模式、合作社模式和完全垂直一体化模式等(Rozell,1994;向泽映,2008;廖和平等,2005;张绍众和梅德平,1999)。

发展农业产业化是促进农村综合发展的重要动力和手段(涂建军等,2005;邹利林等,2005)。它以农用地整理和农村建设用地整理为平台,改善农田基础设施条件,促进土地流转,向农村注入资金,为农业产业化发展创造基础条件,刺激农村农业现代化变革(许军辉,2010)。通过农村土地整治,实现田成方、路相通、渠相连、树成行、旱能浇、涝能排,打造集约化农业、循环农业、高效农业为一体的高标准农田,为规模经营和发展现代农业的创造条件,刺激农村农业现代化变革(高向军等,2011b;徐绍史,2009)。丁松等(2004)在分析土地整治运行机制和评价我国现行土地整治运作模式的基础上,针对我国土地整治现阶段存在的问题与不足,如规划设计不到位、相关配套政策不健全等,提出土地整治全程产业化的发展方向。李让恩(2012)通过土地整治前后项目区农村产业发展的对比分析认为,农村土地整治能够引起土地经营状况和农业产业发展能力的变化,主要体现在农业基础设施的改善和农业收益的提高。

(4)土地整治对农村劳动力资源的整合利用

全面建设小康社会,首先必须解决"三农问题",而如何增加农民的经济收入是"三农问题"的核心(郑彩云等,2010)。程达军(2004)、Degroot 等(2002)认为,建立合理的渠道和机制来整合农村劳动力资源,提高农村人力资源的就业能力及素质,可以大大提高农民的收入。因此,解决"三农问题"可以从农村劳动力资源整合入手,合理的劳动力资源结构可以使生产更有效率。劳动力资源整合的模式依据劳动性质而不同,施阳和孙雪丹(2012)对东北地区1990~2008年产业结构和劳动力市场城乡整合的变动趋势进行分析,得出东北地区产业结构调整是劳动力市场城乡整合的重要动力机制,并提出调整农业生产结构及加大农业投入促进农村剩余劳动力转移、推动服务业发展、提高劳动力素质的劳动力资源整合模式。

土地整治为农村产业发展创造了良好的基础条件,如平坦连片的田块、便利的生产道路、科学有效的排灌设施等,提高了农业综合生产能力,增加了农民的就业机会,同时很大程度地提高了农民的劳动效率,而溢出的劳动力则可以在农业内部转移,也可以流向外部市场。因此,土地整治在促进农村闲置劳动力资源有效配置方面具有积极作用,可以有效解决农村劳动力闲置或利用不充分等问题(邵晓梅等,2006)。徐国柱(2008)认为,农民集体是集体土地的所有者,一方面,农民直接参与土地整治规划设计及工程实施,可以有效地整合农民自身的各种资源,直接促进农民增收;另一方面,土地整治通过田块归并、权属调整,有利于土地规模经营,为发展农业产业化创造了条件,可以促进农村闲置劳动力转移。孙剑(2008)对我国农业经济及劳动力数量相关数据的统计分析认为,农业的技术水平决定着一定时期内农业部门中可以释放的劳动力数量,农业的总供给能力决定着社会可以支撑非农业劳动力的总规模,农业发展水平决定着劳动力的转移数量。

9.1.3 土地整治整合农村资源分析框架

农村资源是一个复杂的有机整体,涉及面较广,纵观目前土地整治影响农村资源利用的相关研究,大多侧重土地整治对农村某一类资源影响的研究,缺乏土地整治对各类资源利用综合影响的研究,忽视了各类资源之间的相互影响和相互联系,同时相关研究也很少从促进农村土地资源整合利用的角度来评价土地整治产生的综合效益。随着我国土地整治工作的不断推进,农村土地整治已成为促进土地集约利用、改善农村生态景观、发展农业产业、促进农村劳动力就业的重要途径,是农村资源整合利用的有效手段。但盲目地开展土地整治并不能使农村资源得到充分的利用,反而可能造成不必要的浪费。资源整合理论的内涵包括规模经营、因地制宜和注重相关者利益,在开展农村土地整治工作中应该结合资源整合理论,充分征求农户意愿,保证土地整治工程设计切合实际、科学合理,能够因地制宜地引导农村特色产业发展。因此,应基于产业集聚理论、区域经济理论和利益相关者理论等相关资源整合理论,设计合理的农村资源整合与利用的目标,科学构建土地整治对农村资源整合的分析框架。

(1) 农村资源整合利用目标

农村资源利用与整合的根本目标是实现农村内外各类资源要素间的相互渗透、相互关联、相互协调,具体而言,就是将撂荒、粗放利用的土地资源整合为高效集约利用的土地资源,将低效、闲置的农村人力资源整合为高效、利用结构合理的农村人力资源,将耕作方式传统、生产落后的农业产业资源整合为生产方式先进的现代化农业产业,将功效低、功能不完善的生态景观资源整合为结构合理、功能完善的乡村生态景观资源。同时,通过各个类型资源的整合,促进农村资源利用水平整体的提高。

(2) 农村资源整合分析框架

从农村土地资源、农村劳动力资源、农村农业产业资源、农村生态景观资源4个方面来分析土地整治对农村资源的整合作用。其中,土地整治对农村土地资源的整合主要从保护耕地、促进农村建设用地集约利用、优化农村土地利用结构等方面进行;土地整治对农村人力资源的整合主要从促进农户转型、优化农村劳动力结构、提高农村劳动力利用效益等方面进行;土地整治对农村农业产业资源的整合主要从改善农业基础设施条件、提高土地经营规模、促进资金及科技的引入等方面进行;土地整治对农村生态景观资源的整合主要从优化廊道景观格局及土地斑块景观格局两个方面进行。根据相关理论研究和分析模型,提出了基于土地整治的农村资源整合分析框架,以反映土地整治对农村资源整合的作用机制(图9-1)。

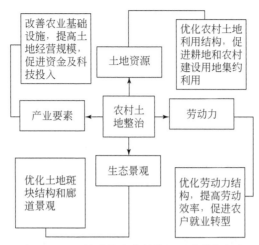

图 9-1 土地整治整合农村资源要素分析框架

9.2 土地整治对农村资源要素利用的影响

9.2.1 研究样点概况与数据来源

(1) 研究样点概况

为更好地揭示土地整治对农村资源整合利用的影响,诠释土地整治与农村资源整合的作用机制,依据典型性、代表性等原则,选取重庆市荣昌县仁义镇三星村土地整治项目作为研究样点(以下称为样点)。样点地理位置为东经 105°30′08″ ~ 105°33′20″,北纬 29°28′38″ ~ 29°30′18″(图 9-2),属丘陵地貌,地形开阔,海拔为 353 ~ 405m。样点属亚热带湿润季风气候类型,四季分明,热量条件优越,气候温和湿润,雨量充沛,平均气温为 17.8℃,无霜期为 327 天,年均降水量为 1090mm。土地以“山顶旱地,山腰林带,宽谷水田”的格局分布。旱地主要是侏罗系中统沙溪庙组泥岩、砂质泥岩发育而成的灰棕紫泥土,土层厚度在 40cm 左右;水田为灰棕紫色水稻土,土层厚在 100cm 左右。样点总人口为 5475 人,农民人均纯收入为 5521 元,人均耕地为 0.08hm²。样点的主要粮食作物以水稻、玉米、小麦、红薯为主,特色农业产业有桑葚、蔬菜,特色畜禽产业有桑园鸡、生猪。样点 2009 年开展并实施完成了一个土地整治项目,整治规模为 625.97hm²,总投资为 1247.71 万元,新增耕地为 94.19hm²,新增耕地率为 15.05%。通过项目实施,样点农业基础设施和产业发展发生了实质性转变,极大地提高了项目区农民的生产水平和生活质量。

图 9-2　研究样点位置示意图

(2) 数据来源

　　采用的研究数据主要来自两个方面,一是来自研究区收集的相关数据,主要包括来自研究区相关部门收集的反映土地利用的土地利用现状数据(土地利用数据库和土地利用现状图)、历年土地利用变更数据、土地利用规划数据、农用地分等定级及土地肥力数据、已实施的土地整治项目数据(包括项目规划、竣工等基础图件和文字资料)等,反映研究区自然地理情况的气候、水文、地质、土壤、地形地貌及农业区划等相关数据,以及反映研究区社会经济条件、农村产业发展、作物种植结构、耕作制度等相关统计年鉴,农经综合报表等相关数据;二是农户调查问卷相关统计数据。根据研究内容,设计调查问卷,在研究区域对农户进行走访调查,首先向农户讲解问卷内容及填写要求,采取农户自己填写和询问相结合的方式填写调查问卷。通过统计收回的问卷,共收集问卷 303 份,有效问卷为 287 份,回收问卷有效率为 94.72%。

9.2.2　土地整治对土地资源利用的影响

　　农村土地整治是保障耕地总量动态平衡最有效、最直接、最重要的手段,是盘活存量土地、强化集约用地和提升土地产能的重要措施,整治工程措施的实施会直接对土地资源利用产生一定影响。从土地整治工程实施措施来看,研究样点的土地变化由两个方面引起,一方面来自土地开发整理的土地平整工程、农田水利工程、田间道路工程等,如削坎并田、新建路渠等;另一方面来自农村集体建设用地复垦工程,通过将农村宅基地复垦为耕地及其他农用地等改变土地利用状况。

(1) 对农用地资源利用的影响

农村土地整治通过土地平整等工程可以有效解决农田破碎化,促进土地规模利用。同时,通过对未利用地开发,可以提高土地利用率。补充耕地数量、保证耕地占补平衡是土地整治的重要目的,通过研究样点的耕地资源利用变化情况分析,可以揭示土地整治对农用地资源利用的影响。

据调查,为提高农用地资源利用水平,研究样点实施了农用地整理和未利用地开发。农用地整理主要通过坡改梯、归并田块、完善农田基础设施的措施对耕地资源进行整合,增加有效耕地面积、提高耕地质量;未利用地开发主要是通过爆破或翻耕,对区内的宜农荒草地进行开发,使有效土层增厚,涵养水源能力增强,含氧量增大,并改造为坡式梯田,配以灌排设施和必要的生产路。数据显示,项目区通过耕地整治新增耕地 92.19hm²,通过土地开发新增耕地 2.00hm²,合计土地整治后耕地总面积为 546.14hm²,较整治前增加 94.19hm²(表 9-1)。

表 9-1　研究样点耕地资源利用程度及效益

类型	土地总面积/hm²	耕地面积/hm²	土地垦殖率/%	耕地复种指数/%	粮食总产量/t	单位耕地面积粮食产值/(万元/hm²)	耕地有效灌溉面积比重/%
整治前	778.91	451.95	58.02	180	2027	1.35	36.06
整治后	778.91	546.14	70.12	195	2067	1.43	41.66
变化量	—	94.19	12.10	15	40	0.08	5.60

粮食产量、土地垦殖率、复种指数、单位农用地产值是衡量耕地利用程度及利用效益的常用指标,能够真实反映出耕地利用的程度。研究样点耕地利用程度及利用效益指标计算结果(表 9-1)显示,整治后研究样点的土地垦殖率由 58.02% 增至 70.12%,提高 12.10 个百分点;耕地复种指数由 180% 增至 195%,提高 15 个百分点;单位耕地面积粮食产值由 1.35 万元/hm² 增至 1.43 万元/hm²,增加 0.08 万元/hm²;耕地有效灌溉面积比重由 36.06% 增至 41.66%,提高了 5.60 个百分点。耕地利用程度及利用效益指标的变化,表明土地整治对耕地资源的整合利用有积极的促进作用。

同时,由于耕地资源的变化,也改变了研究样点农用地利用结构(表 9-2),尤其是农业发展迫切需要的基础设施用地明显增加。研究样点耕地面积增加94.19hm²,其中水田增加48.28hm²,旱地增加45.91hm²,比重提高12.09个百分点;农村道路面积增加2.35hm²,比重提高0.30个百分点;农田水利用地增加1.52 hm²,比重提高0.19个百分点;而田坎由157.07hm²减少为61.20hm²,减少95.87hm²,比重降低12.29个百分点;其他土地中的荒草地得到合理开发,减少2.21hm²,比重降低0.29个百分点。

表 9-2　研究样点土地利用结构变化

地类	整治前		整治后		变化量(整治后—整治前)	
	面积/hm²	占样点总面积比重/%	面积/hm²	占样点总面积比重/%	面积/hm²	占样点总面积比重/%
水田	253.58	32.56	301.86	38.75	48.28	6.19
旱地	198.37	25.46	244.28	31.36	45.91	5.90
坑塘水面	12.07	1.55	12.09	1.55	0.02	0.00
设施农业地	1.91	0.25	1.91	0.25	0.00	0.00
农村道路	2.23	0.29	4.58	0.59	2.35	0.30
农田水利	0.43	0.06	1.95	0.25	1.52	0.19
田坎	157.07	20.16	61.20	7.87	−95.87	−12.29
荒草地	3.83	0.49	1.62	0.20	−2.21	−0.29
合计	629.49	80.82	629.49	80.82	0.00	0.00

(2) 对农村建设用地资源利用的影响

开展农村建设用地复垦,对于确保耕地总量动态平衡和建设占用耕地占补平衡,推进新农村建设和统筹城乡区域发展,改善农村生态环境和农民生产生活条件,具有十分重要的作用(张传华等,2012)。将农村废弃和闲置的建设用地适当整治,优化农村建设用地布局,并因地制宜地拆村并点,建立中心村,不仅可以减少农村土地资源的闲置和浪费,优化配置土地资源,提高土地利用效益,而且可以盘活农村资产,促进新农村建设和农村社会经济发展。

据调查,在研究样点所在的仁义镇,2009 年农村人口为5.24 万人,到2010 年农村人口减少为5.19 万人,通过农村建设用地整治,使得农村建设用地减少15.40hm²,补充耕地14.20hm²,人均农村居民点用地减少0.007hm²。研究样点 2009 年农村人口为5524 人,到2010 年农村人口减少为5475 人。通过农村建设用地整治,研究样点复垦农村宅基地24 个片块,建设规模为1.74hm²,补充耕地1.65hm²,新增其他农用地0.09hm²。同时,研究样点新建生产路236m,新建排水沟139m,修筑田坎1941m,改善了区内农业基础设施条件。

为直观反映土地整治在促进农村建设用地集约利用方面的作用,借助相关研究成果,基于实地调查,从投入强度(B_1)、利用程度(B_2)、产出效果(B_3)、布局紧凑度(B_4)4个方面入手,构建了农村建设用地集约利用水平的评价指标体系(表9-3),对整治前后研究样点农村建设用地利用水平进行对比分析。投入强度选取单位面积投资(C_1)、单位面积从业人数(C_2)、农村道路密度(C_3)3个指标,利用程度选取单位农村建设用地承载人口(C_4)、单位面积家庭户数(C_5)两个指标,产出效果选取农村建设用地效益(C_6)、农村建设用地地均产值(C_7)两个指标。

表9-3　研究样点农村建设用地集约利用评价指标体系

目标层	准则层	指标层	指标说明	单位
农村建设用地集约利用水平(A)	投入强度(B_1)	单位面积投资(C_1)	农村地均固定资产投资	万元/hm²
		单位面积从业人数(C_2)	农村从业人口/农村建设用地总面积	人/hm²
		农村道路密度(C_3)	农村道路长度/农村建设用地总面积	m/hm²
	利用程度(B_2)	单位农村建设用地承载人口(C_4)	农村总人口/农村建设用地总面积	人/hm²
		单位面积家庭户数(C_5)	农村户数/农村建设用地总面积	户/hm²
	产出效果(B_3)	农村建设用地效益(C_6)	农村人均收入	万元/人
		农村建设用地地均产值(C_7)	区域产业产出总值/农村建设用地总面积	万元/hm²

注:评价体系涉及的农村建设用地是农村居民点用地。

应用yaahp软件建立层次分析(AHP)模型,将比较级别划分为"绝对重要""十分重要""比较重要""稍微重要""同等重要"5个等级,依据调查问卷或专家、长期从事土地管理或土地整治等工作的人员获取的信息,对评价指标进行成对比较,确定指标权重。确定的权重通过一致性检验(CR=0.0186)(表9-4)。

表9-4　研究样点农村建设用地集约利用评价指标值

准则层(权重)	指标层(权重)	整治前	整治后
投入强度(0.2693)	单位面积投资(0.4718)	2.92	3.86
	单位面积从业人数(0.3162)	114	118
	农村道路密度(0.2120)	1500	2224
利用程度(0.3289)	单位农村建设用地承载人口(0.5987)	116	119
	单位面积家庭户数(0.4013)	36	39
产出效果(0.4018)	农村建设用地效益(0.4117)	0.48	0.55
	农村建设用地地均产值(0.5883)	96	120

注:评价体系涉及的农村建设用地是农村居民点用地。

在评价过程中,由于各评价指标的量纲不同,不能直接比较,因此需将指标进行标准化处理。计算公式如下:

$$X_i' = \frac{X_i - X_{\min}}{X_{\max} - X_{\min}} \times 100\% \quad （正向指标） \tag{9-1}$$

$$X_i' = \frac{X_{\max} - X_i}{X_{\max} - X_{\min}} \times 100\% \quad （负向指标） \tag{9-2}$$

式中,X_i'为标准化后评价指标的值;X_i为处理前评价指标的值;$X_{\max}$为处理前同一系列指标中的最大值;$X_{\min}$为处理前同一系列指标中的最小值。

对标准化处理后的指标,根据确定的指标权重,计算农村建设用地集约利用水平。计算公式如下:

$$y = \sum X_i' \times w_i \tag{9-3}$$

式中,X_i'为标准化后评价指标的值;w_i为第 i 项的评价指标权重;y 的取值越大,则表示评价单元集约利用水平越高。

通过计算,得到研究样点农村建设用地集约利用指标分值,整治前农村建设用地集约利用分值为 0.9236,整治后分值为 1.0745,表明土地整治较为有效地盘活了农村存量土地资源,提高了农村建设用地集约利用水平。

(3) 对土地资源的整合效应

农村土地整治不仅可以保障耕地资源的动态平衡,而且可以提高耕地资源的利用程度和利用效益。研究样点土地垦殖率较整治前提高 12.10 个百分点,耕地有效灌溉面积比重也较整治前提高 5.60 个百分点。在研究样点,耕地面积比重提高 12.09 个百分点,农村道路面积比重提高 0.30 个百分点,农田水利用地面积比重提高 0.19 个百分点,田坎面积比重降低 12.29 个百分点,荒草地面积比重降低 0.29 个百分点。

土地整治可有效盘活农村存量土地,提高农村建设用地集约利用水平,优化城乡用地结构和布局。研究样点通过农村建设用地复垦,将闲置的宅基地进行复垦,补充耕地的同时也提高了区内农村建设用地的集约利用水平。分析显示,研究样点通过农村建设用地复垦,补充耕地 1.65hm²,其他农用地 0.09hm²,农村建设用地集约利用水平较整治前提高了 0.1509。

9.2.3　土地整治对土地景观要素的影响

通过土地平整工程、灌溉与排水工程、田间道路工程、农田防护与生态环境保持工程以及其他工程,土地整治可在短期内改变土地利用结构和土地覆盖状况,使农田、村庄、林、水、路等生态景观发生剧烈变化,进而对农村生态景观要素产生重要影响,因此土地整治又被认为是农村生态景观建设的有效手段,不仅可以提高景观的协调性,还可以增加农村生态景观的美学价值。从廊道景观和土地斑块景观两个方面分析土地整治前后研究样点土地生态景观的变化情况。其中,廊道景观变化是从数量、质量和网络3个方面分析土地整治中农村道路和农田水利景观的变化;土地斑块景观变化是通过选取景观指标,对比整治前后的景观指标变化反映土地整治的影响。

(1)对廊道景观的影响

1)廊道景观。研究样点廊道景观主要包括农村道路景观(生产路、田间道)和农田水利景观(灌溉渠、排水沟)。土地整治的实施对农田基础性设施的空间布局和利用结构有很大的影响,在此从数量、质量及网络结构特征3个方面分析整治前后研究样点廊道景观格局的变化。其中,数量结构主要反映农田基础性设施的长度和密度,质量结构主要反映农田基础性设施的材质,网络结构主要反映农田基础性设施的点率、环通度和连通度。各指标的计算公式及表征意义见本书第7章。

2)道路景观。数量结构变化。总体来看,整治前后研究样点农村道路的长度、密度有明显变化,道路长度和密度较整治前都有所增加。其中,整治后农村道路总长度为82 127m,增加10 770m;农村道路密度升至105.44m/hm²,增加13.83m/hm²(表9-5)。其具体变化为田间道材质为碎石,已初步形成路网,并已能满足农业运输及机械化生产要求,由于资金投入有限没有新建田间道,因此整治前后田间道长度和密度未发生变化;生产路是连通主干道、居民点等的重要交通线,合理的布局生产路尤为重要,因此研究样点在对原有破损严重的生产路进行维修的同时,新建了生产路,以改善研究样点通行状况,整治后生产路总长及路网密度较整治前均增加了20.04%。

表9-5 研究样点农村道路数量结构变化

类型	田间道路		生产路		合计	
	长度/m	密度/(m/hm²)	长度/m	密度/(m/hm²)	总长度/m	平均密度/(m/hm²)
整治前	13 819	17.74	53 744	69.00	71 357	91.61
整治后	13 819	17.74	64 514	82.83	82 127	105.44
变化量	—	—	10 770	13.83	10 770	13.83

质量结构变化。农村交通道路的质量直接影响农业生产运输和机械化生产效率,整治前后研究样点生产路和田间道的质量结构均发生明显变化。其中,0.6m、0.7m、0.8m的土质生产路转化为砼质生产路,转化长度分别为12 139m、1058m和24 707m,土质生产路比重由原来的100%降至24.55%;田间道的变化主要为3.5m、4.0m宽的土质田间道转化为碎石田间道,转化长度分别为279m和755m,土质田间道由原来的21.89%降至14.41%,而碎石田间道由原来的78.11%升至85.59%(表9-6)。由此可见,土地整治使得农村道路系统的整体质量得到了很大

程度的提升,方便了农业生产,助推了农村产业的发展。

表9-6　研究样点农村道路质量结构变化

类型	整治前/m						总长度	整治后/m						总长度
	土质		碎石		砼质			土质		碎石		砼质		
	路宽	路长	路宽	路长	路宽	路长		路宽	路长	路宽	路长	路宽	路长	
生产路	0.6	15 875	—	—	—	—	53 744	0.6	3736	—	—	—	—	64 514
	0.7	5275	—	—	—	—		0.7	4217	—	—	—	—	
	0.8	32 594	—	—	—	—		0.8	7887	—	—	0.8	1707	
	—	—	—	—	—	—		—	—	—	—	1.0	46 967	
田间道	3.5	1154	3.5	2083	—	—	13 819	3.5	875	3.5	2362	—	—	13 819
	4.0	1871	4.0	6107	—	—		4.0	1116	4.0	6862	—	—	
	—	—	5.0	2604	—	—		—	—	5.0	2604	—	—	

网络结构变化。开展农村道路网络化建设,打通农村"断头路",实现农村道路网络化,可有效提高农业运输效率,促进农村社会经济发展。从表9-7可以看出,土地整治很大程度地改善了研究样点农村道路网络化程度,农村道路的密度、线点率、环通度和连接度均有不同程度的提高。其中,密度提高13.83 km/hm^2,线点率提高0.2564,环通度提高0.0153,连接度提高0.0399。

表9-7　研究样点农村道路网络结构变化

网络结构	密度/(km/hm^2)	线点率(β)	环通度(α)	连接度(γ)
整治前	91.61	1.1928	0.1452	0.4432
整治后	105.44	1.4492	0.1605	0.4831
变化量	13.83	0.2564	0.0153	0.0399

3)农田水利景观。数量结构变化。农田水利工程是农业生产的重要基础设施,既可防止田地、路基受水侵害,也可保障农田灌溉。基于"防重于治,排水除息"的原则,研究样点新建排水沟6581m,排水沟密度由2.68提升至11.13,增幅达到315.30%;合理设计灌溉渠布局和规格,在灌溉设施相对薄弱的区域新建两条灌溉渠,使灌溉渠总长度达到3687m,灌溉渠密度由4.16提升至4.73,密度提升0.57(表9-8)。

表9-8　研究样点农田水利数量结构变化

类型	排水沟		灌溉渠		合计	
	长度/m	密度/(m/hm^2)	长度/m	密度/(m/hm^2)	总长度/m	平均密度/(m/hm^2)
整治前	2086	2.68	3245	4.16	5331	6.84
整治后	8667	11.13	3687	4.73	12354	15.86
变化量	6581	8.45	442	0.57	7023	9.02

质量结构变化。高质量的材质可以保障排水沟和灌溉渠的效益,延长设施的使用寿命。新建的6581m排水沟,均为砟质。其中,新建1.0m×1.0m规格的排水沟3929m,新建0.5m×0.6m规格的排水沟2652m。整治后研究样点排水沟总长度增幅为315.48%,砟质排水沟比重达到89.40%,总体质量明显提升(表9-9)。整治前,研究样点土质灌溉渠比重为28.60%、砟质为71.40%;整治后,灌溉渠总长度增长13.62%,而新增砟质灌溉渠723m,增长31.20%。其中,一是将281m规格为0.5m×0.6m的土质灌溉渠通过整修,转变为砟质;二是新建442m规格为0.5m×0.6m的砟质灌溉渠。总体来看,整治后研究样点农田水利设施砟化率较整治前的65.35%提高了21.97个百分点,为87.32%,很大程度上改善了农业基础设施环境,提高了农田水资源利用率,并在一定程度上解决了农业生态问题。

表9-9 研究样点农田水利质量结构变化

类型	整治前/m							整治后/m						
	土质			砟质			总长度	土质			砟质			总长度
	沟渠宽	沟渠深	沟渠长	沟渠宽	沟渠深	沟渠长		沟渠宽	沟渠深	沟渠长	沟渠宽	沟渠深	沟渠长	
排水沟	1.2	1.0	405	1.2	1.0	257	2086	1.2	1.0	405	1.2	1.0	257	8667
	1.2	0.7	514	—	—	—		1.2	0.7	514	—	—	—	
	—	—	—	1.5	1.0	910		—	—	—	1.5	1.0	910	
	—	—	—	—	—	—		—	—	—	1.0	1.0	3929	
	—	—	—	—	—	—		—	—	—	0.5	0.6	2652	
灌溉渠	0.5	0.6	928	—	—	—	3245	0.5	0.6	647	0.5	0.6	723	3687
	—	—	—	1.2	0.7	1853		—	—	—	1.2	0.7	1853	
	—	—	—	0.7	0.4	464		—	—	—	0.7	0.4	464	

网络结构变化。农田水利网具有抗旱、保灌、节水的功用。整治后研究样点排水沟和灌溉渠的密度、线点率、环通度、连接度均有提高,但环通度的变动相对微弱。其中,整治后农田水利的密度、线点率、环通度、连接度分别较整治前增加了9.02km/hm^2、0.0173km/hm^2、0.0062km/hm^2 和 0.2311km/hm^2,增幅分别为131.87%、169.61%、83.78%和42.55%(表9-10)。可见,研究样点整治后农田水利工程网络覆盖程度提升,灌排能力得到加强。

表9-10 研究样点农田水利网络结构变化

网络结构	密度/(km/hm^2)	线点率(β)	环通度(α)	连接度(γ)
整治前	6.84	0.0102	0.0074	0.5431
整治后	15.86	0.0275	0.0136	0.7742
变化量	9.02	0.0173	0.0062	0.2311

(2) 对土地斑块景观的影响

研究样点针对农村道路和农田水利的整治，一方面是对原有农村道路和农田水利的维修，没有对土地斑块进行再分割；另一方面是依托地块边界或现有毛路，在此基础上新建农村道路和农田水利，总体上对土地斑块分割影响较小。而农田整治和农村集体建设用地整治，通过田块归并、地类调整等，则对土地斑块景观造成较大影响。因此，为了更好地反映土地整治对农村生态景观的整合效应，在此不考虑新建农村道路、农田水利等线物对原有土地斑块分割的影响，而是综合考虑研究样点实施的整治项目，包括农田整治和农村建设用地复垦，总体分析研究样点农村生态景观斑块在土地整治中的变化情况。

景观格局分析和景观动态变化分析是景观生态学研究的重要方法，借助该方法能够很好地揭示土地整治前后研究样点土地斑块景观的变化情况。在此选取斑块面积(A)、斑块周长(E)、斑块数(NP)、斑块密度(PD)、平均斑块面积(AREA_MN)、最大斑块面积指数(LPI)、斑块形状指数(LSI)、香农多样性指数(SHDI)等生态景观评价指标，分析土地整治对各地类和农村生态景观整体的整合效果。各个指标的计算公式及表征意义见本书第7章。

景观指数计算结果显示，综合整治后，耕地、园地、林地、农村居民点用地的斑块数和斑块密度都有一定的减少，说明通过综合整治，研究样点这几个地类的破碎化程度有所降低；耕地和农村居民点用地的最大斑块指数较综合整治前分别增加0.1734和0.0285，表明综合整治后耕地和农村居民点用地的景观个体规模得到适度提高；耕地、园地、林地、农村居民点用地、未利用地的斑块形状指数和平均斑块面积均有不同程度的减少和增加，说明综合整治后耕地、园地、林地、农村居民点用地、未利用地的斑块景观形态变得较为规则，土地斑块平均规模有所增加，便于土地规模经营，有利于促进土地集约利用(表9-11)。

表9-11　研究样点整治前后各地类土地斑块景观指数对比

景观指数 土地利用类型	整治前					整治后				
	NP/个	PD/(个/100hm²)	LPI	LSI	AREA_MN/(hm²/个)	NP/个	PD/(个/100hm²)	LPI	LSI	AREA_MN/(hm²/个)
耕地	37	4.7181	20.5985	20.7703	16.6441	32	4.0805	20.7719	19.3578	19.4185
园地	7	0.8926	0.4516	4.5066	0.7345	5	0.6376	0.4516	4.3016	1.0162
林地	305	38.8925	0.3232	36.0603	0.2676	265	33.7918	0.3232	31.0767	0.3184
其他农用地	118	15.0469	0.7222	32.4837	0.1664	118	15.0469	0.7222	32.4837	0.1664
农村居民点	503	64.1408	0.1200	27.4161	0.0941	222	28.3086	0.1485	19.7686	0.1765

续表

景观指数 土地利用 类型	整治前					整治后				
	NP/ 个	PD/(个/ 100hm²)	LPI	LSI	AREA_ MN/(hm² /个)	NP/个	PD/(个/ 100hm²)	LPI	LSI	AREA_ MN/(hm² /个)
交通水利	1	0.1275	0.2778	11.5439	2.1786	1	0.1275	0.2778	11.5439	2.1786
水域	1	0.1275	1.1009	10.0289	8.6335	1	0.1275	1.1009	10.0289	8.6335
未利用地	19	2.4228	0.0704	6.7628	0.2017	17	2.1678	0.0704	6.5556	0.2197

经土地整治后,研究样点总体景观斑块数目减少了 330 块,土地集约化水平有所提升;总体景观斑块密度由 126.3687 个/100hm² 减少为 84.2883 个/100hm²,降幅达到 33.30%;最大斑块面积指数和平均斑块面积分别增加了 0.1734 和 0.3951hm²,表明综合整治后景观斑块优势度有所提高,景观斑块规模也有所增加,土地经营规模有望提升至新的水平,以便于土地集约利用和产业发展;研究样点景观斑块形态指数由 24.1327 减少为 21.6483,景观斑块形状趋于相对规则,有助于土地经营和管理;景观斑块的均匀度指数和多样性指数略有减少,分别减少了 0.0104 和 0.0216,主要原因是研究样点土地利用结构的变化,即农村居民点用地、未利用地的减少和耕地、园地、林地的增加(表 9-12)。

表 9-12 研究样点整治前后总体景观指数对比

景观指数	NP/个	PD/(个/100hm²)	LPI	LSI	AREA_MN/(hm²/个)	SHEI	SHDI
整治前	991	126.3687	20.5985	24.1327	0.7913	0.3905	0.8120
整治后	661	84.2883	20.7719	21.6483	1.1864	0.3801	0.7904
变化量	−330	−42.0804	0.1734	−2.4844	0.3951	−0.0104	−0.0216

(3)对土地利用景观的整合效应

通过整治前后研究样点廊道景观和斑块景观的对比分析,整治后廊道景观和斑块景观的功能及特征更加合理。农村道路和农田水利廊道景观整合方面,从数量结构、质量结构和网络结构这 3 个方面分析,它们的长度、密度、线点率、环通度、连接度以及材质都有不同程度的提高和改善,极大地提高了农村道路和农田水利的利用效益。其中,农村道路廊道景观的变化主要体现为 37 904m 的土质生产路和 1034m 的土质田间道转化为了砼质田间道,土质生产路和田间道的比重较整治前分别降低了 75.45 个百分点和 7.48 个百分点;农村道路的密度、线点率、环通度和连接度均有不同程度的提高,分别提高了 13.83 km/hm²、0.2564、0.0153、0.0399。农田水利廊道景观的变化主要体现为研究样点新建 6581m 长的排水沟和

442m 的灌溉渠,排水沟和灌溉渠的密度较整治前分别增加了 8.45m/hm² 和 0.57m/hm²;研究样点新建的排水沟均为砼质,使得整治后砼质排水沟的比重较整治前增加了 19.99 个百分点,同时通过新建和维修灌溉渠,整治后砼质灌溉渠的比重较整治前提高了 21.97 个百分点;排水沟和灌溉渠的密度、线点率、环通度、连接度都有增加,但变动相对微弱,整治后农田水利的密度、线点率、环通度、连通度分别较整治前增加了 9.02、0.0173、0.0062 和 0.2311,增幅分别为 131.87%、169.61%、83.78% 和 42.55%。

在土地整治的田间道路工程和农田水利工程中,新建农村道路和农田水利将会加剧土地斑块破碎化。但是,研究样点针对农村道路和农田水利的整治,主要是对原有农村道路和农田水利的维修,或是依托地块边界或现有毛路,在此基础上新建农村道路和农田水利,对土地斑块分割影响较小。而农田整治和农村集体建设用地整治,通过田块归并、地类调整等,对土地斑块景观影响较大。从各地类看,耕地、园地、林地、农村居民点用地的斑块数和斑块密度均有一定的减少,耕地和农村居民点用地的最大斑块指数较综合整治前分别增加 0.1734 和 0.0285,耕地、园地、林地、农村居民点用地、未利用地的斑块形状指数和平均斑块面积均有不同程度的减少和增加;从整体来看,整治前后农村景观斑块密度由 126.3687 减少为 84.2883,最大斑块面积指数和平均斑块面积分别增加了 0.1734 和 0.3951,景观斑块形状指数由 24.1327 减少为 21.6483,景观斑块的均匀度指数和多样性指数略有减少,分别减少了 0.0104 和 0.0216。

9.2.4　土地整治对农业产业发展和劳动力配置的影响

农民是农村经济发展的主体,农民的意愿和行为对农村产业发展影响显著。但长期以来,由于农户田块分散,农业生产基础设施不完善,农业生产方式落后,资金投入量不足,农户只能局限于传统农业生产来满足自身需求。而土地整治项目的实施却能够有效地破解这些限制因素,改善农业基础设施,促进土地流转和适度规模经营,为农业产业发展创造良好条件。基于问卷调查获取的数据,分析研究样点影响农业产业发展的因素及不同农户对土地整治项目的支持程度,对土地整治带来的农村产业发展和农村劳动力配置变化进行探讨。

(1)农户对农业产业认知调查

随着荣昌县土地整治开展取得的直接或间接的良好效益显现,农民逐渐意识到将自家的土地流转出去,实行土地规模化经营,发展现代化农业是改善家庭生计、解决农村落后面貌的有效途径。在研究样点,农户对开展土地整治、发展农村产业、增加经济收入给予了很大的期望。据调查,研究样点 96.48% 以上的农户希望能够发展农业产业来带动家庭收入,减轻自己农业劳动的投入强度。他们认为,发展农业产业能够大幅度改进农业生产方式、高效利用土地资源,同时农民可以从农业生产中解放出来,寻求比较收益更高的非农就业机会,增加经济收入。在土地整治工程实施方面,农户主要关心:①土地平整,田块归并,提高地块规模;②基础设施建设,改善农民生产、生活、居住环境;③增加就业机会,提高经济收入。

不过,虽然土地整治能够助推农业产业发展,但其影响因素众多。借助农户调查问卷,在此选取土地经营规模、农业基础设施条件、农业科学技术推广、资金投资等能够直观上影响农村农业产业发展的4个要素让农户自主选取,结果显示:认为土地经营规模对农村农业产业发展影响最重要的农户有77户,占总调查农户的26.83%;认为农业基础设施条件对农村农业产业发展影响最重要的农户有96户,占总调查农户的33.45%;认为农业科学技术推广对农村农业产业发展影响最重要的农户有56户,占总调查农户的19.51%;认为资金投资对农村农业产业发展影响最重要的农户有58户,占总调查农户的20.21%。由此表明,农户对基础设施的需求最为迫切,其次是土地经营规模,再次为农业科技服务和资金。

(2) 土地整治对农业产业发展的影响

根据各个地区农村资源禀赋条件,选择正确的农业产业发展方向,以发展优势产业为载体,加快农业结构调整,是促进农村经济发展的有效手段。我国人均耕地为0.09hm²,根据第六次全国人口普查数据,以农村平均每户3.1人计算,一个农户经营的土地规模只有0.29hm²,即使作为家庭农场其规模也仍然偏小,更何况发展现代农业。而在丘陵山区,由于土地权属的分散,田块破碎化现象严重,导致农田经营效益很难提高。另外,由于缺乏技术指导,农户只能单一地发展传统农业或是盲目“照搬照用”地模仿其他地区的经验发展特色产业,农业经营所获得的效益也非常低,最终不少农户不得不选择放弃农业耕作,进城打工,良田撂荒现象越来越多,直接影响国家的粮食安全。因此,促进农村土地规模化经营,扩大专业户的土地经营规模,提高农业生产的机械化水平,引导资本和劳动力转移成为促进农村产业发展的重要途径,而土地整治正是这些因素转变的动力。在此,以研究样点为对象,从农业基础设施状况、土地经营规模及产业发展状况3个方面分析了土地整治前后农业产业的发展变化。

1) 对农业基础设施条件的影响。农业生产基础设施主要为田间道路和农田水利。从发展农业生产的角度看,研究样点农业生产基础设施老化失修且存在设施不配套。在道路建设方面,研究样点生产路宽度多为0.6m,且路面硬化面积不够,部分生产路与乡村公路及田间主要道路之间缺乏良好的衔接与过渡,限制了机械化作业。在农田灌排方面,研究样点储水设施不足,个别灌排设施漏水严重。

据调查,研究样点整治前有一条8m宽的沥青材质公路,总长为3794m,是研究样点通往外界的主要干道；田间道宽度一般为 3～5m，可以满足农业机械通行，但材质主要为碎石和泥土，由于缺少配套排水设施，路面冲刷严重，研究样点需要维修的田间道长度为 1034m；生产路是保证与主要干道、居民点等联系的重要交通线，而研究样点生产路宽度普遍较低，集中在 0.6～0.8m，基本为泥土路，破损严重，研究样点需要维修的生产路长度为 37 904m，同时需要补建一定量的生产路来提高生产路的环通度和连接度。

通过土地整治项目实施，研究样点农业基础设施得到了显著改善。

田间道：主要是对田间道进行维修，底部路基碾压，对于新开挖和加宽路基施工进行分层填筑、分层压实；同时，合理搭配错车道，每隔 300m 左右布设一处错车道，错车道长度为 10m，宽度为 3.5m，底部路基碾压，下筑 300mm 厚的块石路基，上铺 100mm 厚的泥结碎石路面。

生产路：新建生产路宽 1.0m 和 0.8m，底部原土夯实，加铺 5cm 碎石垫层，上筑 10cm C20 砼现浇路面；当生产路纵坡大于 10°时，设计对路面采取防滑处理，每隔 0.1m 设置 1 条防滑沟槽；当生产路纵坡大于 15°时，设计采用梯步形式，步宽为 300mm，步高为 150mm。维修生产路，底部原土夯实，加铺 5cm 碎石垫层，上筑 10cm C20 砼现浇路面；通过整治，研究样点共计修建生产路长度为 46 577m，其中 22 060m 位于水田段，其他地段生产路长度为 24 517m。对于生产路过水田段单独进行设计，生产路需进行加宽处理，下垫 30cm 厚、60cm 宽的干砌条石，原有田坎宽度约为 0.4m，底部原土夯实宽度为 0.4m，加铺 5cm 碎石垫层，上筑 10cm C20 砼现浇路面。通过田间道路整治，研究样点农村道路总长度较整治前增加 10 770m，达到 82 127m，土质农村道路比重由原来的 84.23% 降至 22.76%，路网密度、线点率、环通度、连接度较整治前分别增加了 13.83km/hm²、0.2564km/hm²、0.0153km/hm² 和 0.0399km/hm²。

针对研究样点存在蓄水设施不足、灌排设施漏水的现象，土地整治分别采取新建囤水田、蓄水池、新建排水沟、灌溉渠及对原有水利设施进行维修等措施。其中，在旱地中适当新建部分排水沟，以沟带路的形式进行修建；同时，在保障水源的前提下，新建部分灌溉渠，并配备适当的蓄水池和囤水田，增加研究样点雨水集蓄能力，还可发展稻田养鱼，保证农民增产、增收。整治后研究样点修建了 10 口囤水田和 4 口蓄水池，均匀分布在研究样点，有力保障了农业用水；为了方便雨天排水，减轻雨水对土地的剥蚀，样点区新建 0.5m×0.6m 田地排水沟 2652m，新建 1.0m×1.0m 路边排水沟 3929m；为了保障耕地灌溉，研究样点新建 0.5m×0.6m 灌溉渠 442m，维修 0.5m×0.6m 灌溉渠 281m，从根本上解决了区内缺水、用水难的问题。通过农田水利整治，研究样点农田水利总长度较整治前增加 7023m，达到 12 354m，土质农田水利比重由原来的 34.65% 降至 12.68%，农田水利密度、线点率、环通度、连接度较整治前分别增加了 9.02km/hm²、0.0173km/hm²、0.0062km/hm² 和

$0.2311km/hm^2$。

2)对土地经营规模的影响。土地经营规模反映的是土地细碎化程度,通过影响农业生产投入水平的方式来影响农业生产绩效。土地经营规模过小直接限制农业投资及农业产业发展,导致农业生产条件恶化。但并不是土地经营规模越大越好,而是土地经营规模应能够提高农业劳动生产率,便于现代化农业机械设备使用,利于推进农业现代化。所以,适度的土地经营规模能够引导种子、劳动力、化肥等农业生产要素利用得更加充分合理,降低农业的固定投资成本,提高农业生产绩效。土地整治可以通过田块平整及归并、田坎整形、田间废弃小路、消除未利用地开发、农村建设用地复垦等措施增加土地数量,同时通过权属调整,增加农户土地经营规模,从而对促进农村土地适度规模利用有积极作用。

研究样点土地整治前,每户农户承包地平均为$0.33hm^2$耕地,平均每户耕种土地块数为4.8块,农户承包的土地相对细碎,大部分农户家庭处在"超小规模"经营阶段,严重制约了农村农业产业发展。其中,承包地$≤0.17hm^2$的农户有112户,占总户数的39.02%;$0.17hm^2<$承包地$≤0.33hm^2$的农户有130户,占总户数的45.29%;$0.33hm^2<$承包地$≤0.50hm^2$的农户有35户,占总户数的12.20%;$0.50hm^2<$承包地$≥0.67hm^2$的农户有7户,占总户数的2.44%;承包地$>0.67hm^2$的农户有3户,占总户数的1.05%。通过土地整治的实施,田块归并后进行权属调整,农户将土地流转给其他农户、农业大户或企业的土地合计为$110.35hm^2$,实行适度规模经营的耕地面积达到$167.48hm^2$(整治前为$81.26hm^2$),平均每户耕种土地块数降至3.2块。具体为,整治后承包地$≤0.17hm^2$极其细碎化经营的农户减少了30户(比重降低10.45%),而$0.17hm^2<$承包地$≤0.33hm^2$的农户增加了14户(比重提高4.88%),方便了农业机械生产,有效降低农业生产成本。同时,通过土地整治促进了土地流转和农民专业合作经济组织的发展,培育了生猪养殖和蔬菜种植产业。调查显示,$0.33hm^2<$经营规模$≤0.50hm^2$、$0.50hm^2<$经营规模$≤0.67hm^2$、经营规模$>0.67hm^2$的企业和农业种植大户分别较土地整治实施前增加了7户、5户和4户(比重分别增加2.43%、1.75%和1.39%),有力地发展了研究样点的农业产业(表9-13)。

表9-13 整治前后研究样点农户土地承包规模情况

承包土地规模/hm²	整治前		整治后		变化量	
	户数/户	比重/%	户数/户	比重/%	户数/户	比重/%
≤0.17	112	39.02	82	28.57	−30	−10.45
>0.17且≤0.33	130	45.29	144	50.17	14	4.88
>0.33且≤0.50	35	12.20	42	14.63	7	2.43
>0.50且≤0.67	7	2.44	12	4.19	5	1.75
>0.67	3	1.05	7	2.44	4	1.39

3）对农业产业结构调整的影响。通过调查分析,土地整治对研究样点农业发展有明显的促进作用,产业结构和产业效益得到了很大的改善和提高。主要原因是,研究样点基于土地整治为农业产业发展创造的良好环境,在镇、村干部的带领下抓住产业结构调整的契机,积极促进产业结构升级,大力培育蔬菜种植为主导产业。整治前,研究样点水稻、小麦、玉米、水果、油料、蔬菜的种植面积比为33：29：19：5：10：4;整治后,成立桑葚种植农业园区和蔬菜种植农业园区,大力发展水果和蔬菜种植,水果产业主要为桑葚,蔬菜产业主要为大白菜和萝卜,由此水果和蔬菜的种植面积大幅度上升,各类型作物种植面积比为26：20：18：8：13：15。从产量的角度来看,土地整治通过改善农业基础设施等措施,土地生产能力有很大的提高。调查显示,研究样点整治后水稻产量由整治前的 7355kg/hm² 提高到7920kg/hm²,玉米产量由整治前的 5300kg/hm² 提高到 5850kg/hm²,水果产量由整治前的 54 500kg/hm² 提高到 59 860kg/hm²,油料产量由整治前的 1985kg/hm² 提高到2370kg/hm²,蔬菜平均产量由整治前的 21 750kg/hm² 提高到 28 110kg/ hm²。

同时,完善的农业基础设施也带动了研究样点畜禽养殖产业的发展。开展土地整治前,畜禽养殖方式以家庭为单位的散户小规模养殖为主,养殖技术和设备薄弱,销路没有保障,农户抵御风险的能力较低,得到的收益非常有限;土地整治实施后,农业生产基础设施得到改善,在上级单位的引导下,农户的农业经营意识也有所转变,先后成立了"桑园鸡饲养专业合作社"和"经纬生猪养殖专业合作社",加入的农户个数分别为 250 户和 270 户。在合作社科技人员的指导下,基本实现了幼崽统一购买,生产过程统一管理,成品统一销售,畜禽养殖逐步实现规模化,大大增强了农户参与市场的竞争能力。据调查,"桑园鸡饲养专业合作社"年收入合计达到了 80 万元,"经纬生猪养殖专业合作社"年收入合计达到了 60.1 万元,农户的经济收益明显提高。

(3) 土地整治对农村劳动力配置的影响

农村现有的生产组织方式使得农村存在大量的剩余劳动力,由于农村劳动力向城镇转移受到户籍制度的一定限制,实现农村劳动力就地转移也就成为了一个理想的选择(刘洪银,2008)。然而,农村只有在良好农业产业发展的基础之上,才能为劳动力的就地转移创造条件。开放的市场环境和制度环境、农业机械化生产是农业产业化发展的前提,而市场环境和制度环境的营造离不开完善的基础设施配备,农业机械的使用不仅对地块的形状和面积有一定的要求,并且对土地经营面积也有一定的规模要求。整治前,研究样点由于农业基础设施薄弱,土地规模化经营程度低,又缺乏科学有效的管理和技术支持,主要以传统农业经营为主,特色产业规模小,难以引导农村劳动力转移。通过土地整治的实施,研究样点农业基础条件、土地经营规模等均有了很大的提高。因此,从发展农业规模化经营、优化劳动力配置结构的角度分析研究样点土地整治后产业发展对农村劳动力配置的影响。

据调查,研究样点总户数为1741户,其中农业户数为1691户,社区居民户数为50户。总人口为5524人,其中农业人口为5445人,社区人口为79人,农业人口比重为98.57%,农户主要以农业生产为主。此外,研究样点在劳动年龄内的人数有3681人,但是其中包括学生95人和丧失劳动能力82人,所以研究样点实有劳动力人数为3504人,占总人口的63.43%。实有劳动力中,从事家庭经营的有1668人(其中,从事第一产业的有1501人),占实有劳动力人数的47.60%;可外出务工劳动力人数有1836人(其中,常年外出劳动力人数为1678人),占实有劳动力人数的52.40%。

根据调查,研究样点整治前农户田块分散,农业生产基础设施不完善,农业生产方式落后,资金投入量不足,只能局限于传统农业生产来满足自身需求,而传统、落后的农业生产方式很大程度地"捆绑"了大量的农村劳动力资源,使得农村劳动力资源利用效益低。随着土地整治的开展,研究样点农业基础设施得到极大改善,农户愿意进行土地流转,良好的农业生产环境逐步吸引社会资金的投入,刺激个体企业、公司及农业大户发展农业产业,进而促进了农村劳动力资源配置,拉动了农村经济发展。调查数据显示,研究样点整治前纯农户、农业兼业户、非农业兼业户、非农户的户数分别为1576户、87户、31户和19户,结构比为92:5:2:1;整治后,由于农村产业的发展,一部分农户将土地流转到企业、公司或农业大户而外出务工或经商,一部分农户则直接受雇到农业企业、公司的生产劳动中,导致研究样点农村劳动力资源配置发生了很大的变化,纯农户、农业兼业户、非农业兼业户、非农户的户数变化为1523户、97户、56户和37户,结构比为89:6:3:2。总体来看,整治后研究样点农村劳动力内部结构得到了改善。

劳动力转移类型有就地转移和异地转移,就地转移是指由于农村产业和企业的壮大,给农村劳动力提供了新的用武之地,农民发展农村产业和进入企业工作可以取得较好的经济效益,刺激农村劳动力流向本地区的农村产业和企业;异地转移是指随着城市社会经济的迅速发展,而城市劳动力又不能满足需求,大批农村劳动力开始离开家乡进城务工(鲁璐,2012)。据调查,样点区待业或空闲的劳动力虽较少,但由于经营传统农业、生产方式落后,导致劳动力资源缺乏有效配置,利用效率低。土地整治的实施,促进了农村土地规模经营,改善了农业生产条件,对样点区劳动力资源配置产生了一定的影响。通过对样点区农户的问卷调查,获取了样点区整治前后农村劳动力资源就业类型的分布情况(表9-14)。

表 9-14　土地整治前后研究样点劳动力就业方式统计

就业方式	整治前		整治后		变化量	
	人数/人	比重/%	人数/人	比重/%	人数/人	比重/%
传统务农	1501	42.84	1325	37.81	-176	-5.03
农业园区务工	126	3.60	205	5.85	79	2.25
外出务工	1836	52.39	1916	54.68	80	2.29
其他形式	41	1.17	58	1.66	17	0.49

土地整治后,样点区农户将自家土地流转给公司和农业大户,公司和农业大户将承包的土地实施规模化经营,发展蔬菜产业,长期从事传统务农的劳动力由此从小农生产中解放出来转移到农业园区就业,或是直接外出务工,较土地整治前传统务农的劳动力数量减少了 176 人,比重降低了 5.03%。就地参与农业园区农业生产的劳动力数量由原来的 126 人增加为 205 人,比重提高了 2.25%;外出务工的劳动力数量由 1836 人上升为 1916 人,比重提高了 2.29%;从事其他形式就业的劳动力数量由 41 人上升为 58 人,比重提高了 0.49%。

通过劳动力资源的重新配置,农民收入有了明显提高。整治前研究样点人均外出务工收入为 5250 元、农业经营收入为 2122 元。整治后,研究样点土地规模效益明显,节省的劳动力转出务工增加了打工收入,此外成立了经济合作组织,蔬菜种植和生猪养殖产业不断扩大,这都使得农户人均收入明显增加,农户人均外出务工收入增至 6100 元、农业经营收入增至 3920 元。

9.3　土地整治对农村资源整合利用的效应评价

为反映土地整治对农村资源整合的作用,基于土地整治对农村各类资源整合的影响,科学选取评价指标及确定相应权重,通过构建熵权物元可拓评价模型,确定经典域和节域、构建待评物元矩阵、计算关联系数及综合关联度,评价研究样点土地整治对农村资源的整合利用效应。

9.3.1　整合效应评价模型及评价指标体系构建

(1) 物元可拓评价模型

物元可拓分析法是通过构建物元模型及可拓集合,将系统研究的实际问题转为形式化问题,为决策提供有效的依据(鲁璐,2012;陈宗祥,2009;蔡文,1994)。在

此借助物元可拓模型对农村资源整合效应进行评价。物元可拓评价模型的构建过程为

1）建立物元矩阵，公式如下：

$$\boldsymbol{R} = (M, C, V) = \begin{pmatrix} M & C_1 & V_1 \\ & C_2 & V_2 \\ & \vdots & \vdots \\ & C_n & V_n \end{pmatrix} \tag{9-4}$$

式中，M 为事物；C 为特征；V 为量值。

2）确定物元可拓模型的经典域和节域，公式如下：

$$\boldsymbol{R}_i = \begin{pmatrix} N_i & C_1 & V_{i1} \\ & C_2 & V_{i2} \\ & \vdots & \vdots \\ & C_n & V_{in} \end{pmatrix} = \begin{pmatrix} N_i & C_1 & (a_{i1}, b_{i1}) \\ & C_2 & (a_{i2}, b_{i2}) \\ & \vdots & \vdots \\ & C_n & (a_{in}, b_{in}) \end{pmatrix} \tag{9-5}$$

式中，N 为划分的评价等级；C 为评价指标；V 为相应评价等级的取值范围。

$$\boldsymbol{R}_p = (P, C, V_p) = \begin{pmatrix} P & C_1 & V_{p1} \\ & C_2 & V_{p2} \\ & \vdots & \vdots \\ & C_n & V_{pn} \end{pmatrix} = \begin{pmatrix} P & C_1 & (a_{p1}, b_{p1}) \\ & C_2 & (a_{p2}, b_{p2}) \\ & \vdots & \vdots \\ & C_n & (a_{pn}, b_{pn}) \end{pmatrix}$$

式中，P 为全部评价等级；V 为相应评价等级的取值范围。

3）构建待评物元矩阵，其公式如下：

$$\boldsymbol{R}_0 = (P_0, C, V) = \begin{pmatrix} P_0 & C_1 & V_1 \\ & C_2 & V_2 \\ & \vdots & \vdots \\ & C_n & V_n \end{pmatrix} \tag{9-6}$$

式中，$\boldsymbol{R}_0$ 为待评物元矩阵；P_0 为待评物元；V 为评价指标的具体数值。

4）计算关联系数，其计算公式如下：

$$K_i(v_i) = \begin{cases} -\dfrac{P(v_i, v_{ij})}{|v_{ij}|} & (v_i \in v_{ij}) \\[2mm] \dfrac{P(v_i, v_{ij})}{P(v_i, v_{pj}) - P(v_i, v_{ij})} & (v_i \notin v_{ij} \text{ 且 } P(v_i, v_{ij}) \neq 0) \\[2mm] -P(v_i, v_{ij}) - 1 & (v_i \notin v_{ij} \text{ 且 } P(v_i, v_{ij}) = 0) \end{cases} \tag{9-7}$$

$$P(v_i, v_{ij}) = \left| v_i - \frac{1}{2}(a_{ij} + b_{ij}) \right| - \frac{1}{2}(b_{ij} - a_{ij}) \quad (i = 1, 2, \cdots, n; j = 1, 2, \cdots, m)$$

$$P(v_i, v_{pj}) = \left| v_i - \frac{1}{2}(a_{pj} + b_{pj}) \right| - \frac{1}{2}(b_{pj} - a_{pj}) \ (j = 1, 2, \cdots, m)$$

式中, $|v_{ij}| = |b_{ij} - a_{ij}|$。

5)计算综合关联度,其计算公式如下:

$$K_i(p) = \sum_{i=1}^{n} w_i k_i(v_i) \quad (j = 1, 2, \cdots, n) \tag{9-8}$$

式中, $K_i(p)$ 为待评物元关于第 i 等级的关联度; w_i 为评价指标权重。当 $K_{i0} = \max\{k_i(p)\}$,则待评物元 p 隶属于等级 $i0$。

(2)评价指标体系构建

基于资源整合基础理论,结合研究样点实际,构建农村资源整合效应评价指标体系(表 9-15)。准则层选取土地资源整合效应、农村劳动力整合效应、农业产业要素整合效应和农村景观资源整合效应。其中,农村土地资源整合效应选取的评价指标有土地垦殖率(C_1)、土地质量提高等级(C_2)、土地利用提高率(C_3)3 个指标;农村劳动力整合效应选取的评价指标有农民人均收入增加值(C_4)、农村劳动力利用提高效率(C_5)、闲置或利用不充分劳动力数量(C_6)3 个指标;农业产业要素整合效应选取的评价指标有耕地灌溉保证提高率(C_7)、农用地粮食单产提高比例(C_8)、农业收益提高比重(C_9)3 个指标;农村景观资源整合效应选取的评价指标有土地平整程度(C_{10})、道路通达程度(C_{11})、景观优化程度(C_{12})。

表 9-15　土地整治对农村资源整合效应评价指标体系

目标层 A	准则层 B	指标层 C	计算公式或数值来源	意义
土地整治整合农村资源的效应 A	土地资源整合效应 B_1	土地垦殖率 C_1/%	土地垦殖率=(耕地面积/土地总面积)×100%	土地垦殖率越大,说明耕地资源利用程度越高,土地整治对土地资源整合效应越好
		土地质量提高等级 C_2	该指标采用土地整治工程完成验收确定的土地质量等级数据表达	土地整治后土地质量等级提高越大,说明土地整治对土地资源整合效应越好
		土地利用提高率 C_3/%	土地利用提高率=[(整治后已利用土地面积−整治前已利用土地面积)/土地总面积]×100%	土地利用率提高越大,说明土地利用程度越高,土地整治对土地资源整合效应越好

续表

目标层 A	准则层 B	指标层 C	计算公式或数值来源	意义
土地整治整合农村资源的效应 A	农村劳动力整合效应 B_2	农民人均收入增加值 C_4/元	该指标数据通过调查问卷获取	若土地整治后,农民收入提高值越大,反映土地整治对农村劳动力资源整合效应越好
		农村劳动力利用提高效率 C_5/%	该指标数据通过调查问卷获取	农村劳动力利用效率提高值越大,说明农村劳动力内部结构更加合理,反映土地整治对农村劳动力资源整合效应越好
		闲置或利用不充分劳动力数量 C_6/人	该指标数据通过调查问卷获取	闲置或利用不充分劳动力数量越少越多,说明农村劳动力资源利用越充分,反映土地整治后对农村劳动力资源整合效果越好
	农业产业要素整合效应 B_3	耕地灌溉保证提高率 C_7/%	整治后耕地有效灌溉面积比率-整治前耕地有效灌溉面积比率	耕地灌溉保证率提高越大,说明农田水利基础设施更完善,可反映土地整治对农业产业要素资源整合效应越好
		农用地粮食单产提高比例 C_8/%	[(整治后每公顷土地粮食单产-整治前每公顷土地粮食单产)/整治前每公顷土地粮食单产]×100%	土地整治后,若粮食产量水平提高,则说明土地整治对农业产业要素资源整合效应越好
		农业收益提高比重 C_9/%	该指标数据通过调查问卷获取	农业收益增加比重越大,说明农业产业化发展水平越高,反映土地整治对农业产业要素资源整合效应越好
	农村景观资源整合效应 B_4	土地平整程度 C_{10}	该指标结合规划设计和土地整治工程验收结果中的土地整工程实施情况来确定	田块越规整,景观效应越好,反映土地整治对生态景观资源整合效应越好
		道路通达程度 C_{11}	该指标依据相关廊道景观指标公式计算获得	道路通达程度越高,反映土地整治对农村景观资源整合效应越好
		景观优化程度 C_{12}	该指标依据相关景观指标公式计算获得	景观优化程度越好,反映土地整治对生态景观资源整合效应越好

(3) 评价指标权重确定

1) 方法选取。在处理拥有大量定性指标的评价指标体系时,层次分析法特别具有实用性和有效性。但由于层次分析法具有一定的主观性,借助熵权法对确定的权重进行修正,可有效提高评价的科学性。层次分析法确定指标综合权重的计算及熵权法对指标权重修正过程公式见本书第6章或其他参考资料。

2) 指标权重的确定。第一步,层次分析法初步确定权重。采用每个数值除以所在列的和来对判断矩阵并进行归一化处理,得到新的判断矩阵(表9-16、表9-17)。

表9-16 农村资源整合效应评价指标判断矩阵

农村资源整合效应	土地资源整合 效应 B_1	农村劳动力 整合效应 B_2	农业产业要素 整合效应 B_3	农村景观资源整 合效应 B_4
土地资源整合效应 B_1	1	3	1/2	4
农村劳动力整合效应 B_2	1/3	1	1/2	2
农业产业要素整合效应 B_3	2	2	1	3
农村景观资源整合效应 B_4	1/4	1/2	1/3	1

表9-17 农村资源整合效应评价指标规范化判断矩阵

农村资源整合效应	土地资源整合 效应 B_1	农村劳动力 整合效应 B_2	农业产业要素 整合效应 B_3	农村景观资源整 合效应 B_4
土地资源整合效应 B_1	0.2791	0.4615	0.2143	0.4000
农村劳动力整合效应 B_2	0.0930	0.1538	0.2143	0.2000
农业产业要素整合效应 B_3	0.5581	0.3077	0.4286	0.3000
农村景观资源整合效应 B_4	0.0698	0.0769	0.1429	0.1000

对判断矩阵进行一致性检验,检验得到 $CR = 0.0075 < 0.1$,说明该判断矩阵得到的权重是有效的,即 B_1、B_2、B_3、B_4 的相对权重及综合权重分别为 0.2987、0.2213、0.2988、0.1812。同样可以得到方案层各指标的相对权重值和综合权重值(表9-18)。

第二步,利用熵权法对指标权重进行修正。通过判断矩阵标准化处理、指标熵值计算、指标差异系数计算及信息权重值计算,对层次分析法初步确定的权重进行修正,修正结果见表9-18。

表9-18　层次分析法及熵权法修正后的指标权重

目标层 A	准则层 B	相对权重	综合权重	修正权重	方案层 C	相对权重	综合权重	修正权重
A	B_1	0.2987	0.2987	0.3017	C_1	0.3104	0.0927	0.1012
					C_2	0.3792	0.1133	0.0987
					C_3	0.3104	0.0927	0.0788
	B_2	0.2213	0.2213	0.1957	C_4	0.2702	0.0598	0.0772
					C_5	0.3771	0.0835	0.0654
					C_6	0.3527	0.0781	0.0813
	B_3	0.2988	0.2988	0.3122	C_7	0.2904	0.0868	0.0956
					C_8	0.3548	0.1060	0.112
					C_9	0.3548	0.1060	0.1177
	B_4	0.1812	0.1812	0.1904	C_{10}	0.3104	0.0562	0.0387
					C_{11}	0.3792	0.0687	0.0723
					C_{12}	0.3104	0.0562	0.0611

9.3.2　土地整治对农村资源整合利用的效应评价过程

(1)经典域和节域确定

建立正确、合理的评价标准是科学评价的保障。依据《土地开发整理项目规划设计规范》、《重庆市土地开发整理工程建设标准》(试行)、《土地开发整理规划编制规程》等的相关规定,结合丘陵山区的特点,将农村资源整合效应评价标准划分为五级,即"好""较好""一般""较差""差"(表9-19)。对于定量指标直接以调查或计算的数值来确定经典域和节域,对于定性指标则依据调查或专家建议,按照"(0,60)""(60,70)""(70,80)""(80,90)""(90,100)"5个级别进行数值化,进而来确定经典域和节域(表9-20)。

表9-19　农村资源整合效应评价标准

指标层 C	评价标准				
	差	较差	一般	较好	好
C_1	<40	40~50	50~60	60~70	>70
C_2	—	—	0~1	1~2	>2

指标层 C	评价标准				
	差	较差	一般	较好	好
C_3	<0.10	0.1~0.15	0.15~0.20	0.2~0.25	>0.25
C_4	<100	100~200	200~300	300~400	>400
C_5	无效果	不明显	明显	很明显	极明显
C_6	>600	500~600	400~500	300~400	<300
C_7	<5%	5%~10%	10%~15%	15%~20%	20%~25%
C_8	<2	2~4	4~6	6~8	>8
C_9	<1	1~5	5~10	10~15	>15
C_{10}	无效果	不明显	明显	很明显	极明显
C_{11}	无效果	不明显	明显	很明显	极明显
C_{12}	无效果	不明显	明显	很明显	极明显

表 9-20　评价经典域与节域物元矩阵

R	N_1	N_2	N_3	N_4	N_5	N_P
C_1	(10,40]	(40,50]	(50,60]	(60,70]	(70,100]	(10,100]
C_2	—	—	(0,1]	(1,2]	(2,3]	(0,3]
C_3	(0,0.10]	(0.10,0.15]	(0.15,0.20]	(0.20,0.25]	(0.25,0.30]	(0,0.30]
C_4	(0,100]	(100,200]	(200,300]	(300,400]	(400,1000]	(0,1000]
C_5	(0,60]	(60,70]	(70,80]	(80,90]	(90,100]	(0,100]
C_6	(600,1000]	(500,600]	(400,500]	(300,400]	(0,300]	(0,1000]
C_7	(0,5]	(5,10]	(10,15]	(15,20]	(20,25]	(0,25]
C_8	(0,2]	(2,4]	(4,6]	(6,8]	(8,10]	(0,10]
C_9	(0,1]	(1,5]	(5,10]	(10,15]	(15,20]	(0,20]
C_{10}	(0,60]	(60,70]	(70,80]	(80,90]	(90,100]	(0,100]
C_{11}	(0,60]	(60,70]	(70,80]	(80,90]	(90,100]	(0,100]
C_{12}	(0,60]	(60,70]	(70,80]	(80,90]	(90,100]	(0,100]

由此可得到,研究样点资源整合效应物元可拓评价模型的经典域和节域,结果如下:

$$R_1 = \begin{pmatrix} N_1 & C_1 & (10,40) \\ 差 & C_2 & (—,—) \\ & \vdots & \vdots \\ & C_n & (0,60) \end{pmatrix} \quad R_2 = \begin{pmatrix} N_2 & C_1 & (40,50) \\ 较差 & C_2 & (—,—) \\ & \vdots & \vdots \\ & C_n & (60,70) \end{pmatrix}$$

$$\boldsymbol{R}_3 = \begin{pmatrix} N_3 & C_1 & (50,60) \\ 一般 & C_2 & (0,1) \\ & \vdots & \vdots \\ & C_n & (70,80) \end{pmatrix} \qquad \boldsymbol{R}_4 = \begin{pmatrix} N_4 & C_1 & (60,70) \\ 较好 & C_2 & (1,2) \\ & \vdots & \vdots \\ & C_n & (80,90) \end{pmatrix}$$

$$\boldsymbol{R}_5 = \begin{pmatrix} N_5 & C_1 & (70,100) \\ 好 & C_2 & (2,3) \\ & \vdots & \vdots \\ & C_n & (90,100) \end{pmatrix} \qquad \boldsymbol{R}_p = \begin{pmatrix} N_p & C_1 & (10,100) \\ & C_2 & (0,3) \\ & \vdots & \vdots \\ & C_n & (0,100) \end{pmatrix}$$

(2)待评物元矩阵构建

通过对研究样点进行调查,收取相应指标数据及对待评物元各个指标进行计算,构建了研究样点资源整合效应评价的待评物元矩阵:

$$\boldsymbol{R}_0 = \begin{pmatrix} N_0 & C_1 & 70.33 \\ & C_2 & 1 \\ & C_3 & 0.29 \\ & C_4 & 320 \\ & C_5 & 84 \\ & C_6 & 317 \\ & C_7 & 21.66 \\ & C_8 & 7.46 \\ & C_9 & 11.8 \\ & C_{10} & 95 \\ & C_{11} & 92 \\ & C_{12} & 86 \end{pmatrix}$$

(3)关联系数计算

利用式(9-7),计算各个评价指标相对于不同评价等级的关联系数,见表9-21。

表9-21　评价指标与评价等级对应的关联系数

评价等级	差	较差	一般	较好	好
K_{C_1}	−0.5055	−0.4066	−0.2583	0.3697	−0.0110
K_{C_2}	—	—	0.1432	−0.0772	−0.1345
K_{C_3}	−0.9500	−0.9333	−0.8762	−0.7933	0.2122
K_{C_4}	−0.2444	−0.1500	−0.0286	0.1333	−0.4317

评价等级	差	较差	一般	较好	好
K_{C_5}	−0.6055	−0.4667	−0.2103	0.5766	−0.1782
K_{C_6}	−0.5857	−0.3534	−0.2660	0.1383	−0.0243
K_{C_7}	−0.8330	−0.7773	−0.6660	−0.3320	0.6680
K_{C_8}	−0.6825	−0.5767	−0.3650	0.2700	−0.7874
K_{C_9}	−0.4407	−0.2308	−0.0488	0.6631	−0.3987
$K_{C_{10}}$	−0.8750	−0.8333	−0.7500	−0.5000	0.6247
$K_{C_{11}}$	−0.8000	−0.7333	−0.6000	−0.2000	0.2333
$K_{C_{12}}$	−0.6500	−0.5333	−0.3000	0.4000	−0.7143

(4) 综合关联度计算

利用式(9-8)，计算各个评价指标相对于不同评价等级的综合关联度，同时汇总计算出准则层以及目标层的综合关联度，见表9-22。

表9-22　评价指标与评价等级对应的关联度

评价指标	差	较差	一般	较好	好	综合关联度	评价结果
C_1	−0.5055	−0.4066	−0.2583	0.3697	−0.0110	0.3697	较好
C_2	—	—	0.1432	−0.0772	−0.1345	0.1432	一般
C_3	−0.9500	−0.9333	−0.8762	−0.7933	0.2122	0.2122	好
C_4	−0.2444	−0.1500	−0.0286	0.1333	−0.4317	0.1333	较好
C_5	−0.6055	−0.4667	−0.2103	0.5766	−0.1782	0.5766	较好
C_6	−0.5857	−0.3534	−0.2660	0.1383	−0.0243	0.1383	较好
C_7	−0.8330	−0.7773	−0.6660	−0.3320	0.6680	0.6680	好
C_8	−0.6825	−0.5767	−0.3650	0.2700	−0.7874	0.2700	较好
C_9	−0.4407	−0.2308	−0.0488	0.6631	−0.3987	0.6631	较好
C_{10}	−0.8750	−0.8333	−0.7500	−0.5000	0.6247	0.6247	好
C_{11}	−0.8000	−0.7333	−0.6000	−0.2000	0.2333	0.2333	好
C_{12}	−0.6500	−0.5333	−0.3122	0.4311	−0.7143	0.4311	较好
B_1	−0.1260	−0.1147	−0.0811	−0.0327	0.0023	0.0023	好
B_2	−0.1061	−0.0708	−0.0376	0.0592	−0.0470	0.0592	较好
B_3	−0.2079	−0.1661	−0.1103	0.0765	−0.0713	0.0765	较好
B_4	−0.1314	−0.1179	−0.0915	−0.0075	−0.0026	−0.0075	较好
A	−0.1487	−0.1227	−0.0837	0.0242	−0.0312	0.0242	较好

9.3.3　评价结果分析

通过构建农村资源整合效应评价体系，借助物元可拓评价模型，得到了研究样点开展整治后资源利用效应的评价结果:①在所选的 12 个评价指标中,土地利用提高率、耕地灌溉保证提高率、土地平整程度、道路通达程度 4 个指标与等级评价"好"的关联度最高,说明研究样点资源整合效应在这几个方面效应好;土地垦殖率、农民人均收入增加值、农村劳动力利用提高效率、闲置或利用不充分劳动力数量、农用地粮食单产提高比例、农业收益提高比重、景观优化程度 7 个指标与等级评价"较好"的关联度最高,说明研究样点资源整合效应在这些个方面效应相对较好;土地质量提高等级这一个指标与等级评价"一般"的关联度最高,说明研究样点资源整合效应在这个方面效应相对一般。②准则层 4 个指标中,农村土地资源整合效应与等级评价"好"的关联度最高,说明研究样点土地整治对促进农村土地资源整合利用效果好;农村景观资源整合效应、农业产业要素整合效应、农村劳动力整合效应 3 个指标与等级评价"较好"的关联度最高,说明研究样点土地整治对促进农村劳动力整合利用、农村农业产业要素整合利用及农村景观资源整合利用效果相对较好。③研究样点农村资源整合效应与等级评价"较好"的关联度最高,说明通过土地整治农村资源利用综合效益较好。

通过以上评价结果可见,在 12 个指标中评估结果为"好"的指标数占 33%,为"较好"的指标数占 58%,为"一般"的指标数占 9%,没有"较差"、"差"的指标。由于土地整治通过土地平整工程、田间道路工程、灌溉与排水工程、未利用地开发等工程措施能够直接影响土地利用提高率、耕地灌溉保证提高率、土地平整程度、道路通达程度 4 个指标,使得这 4 个指标都有很好的提高;由于土地垦殖率、农民人均收入增加值、农村劳动力利用提高效率、闲置或利用不充分劳动力数量、农用地粮食单产提高比例、农业收益提高比重、景观优化程度这 7 个指标由于受研究样点区自然地貌等因素限制,同时土地整治工程的实施间接影响它们,因此这 7 个指标与等级评价"较好"的关联度最高;土地质量是土地利用效益的重要指标,由于提高地区土地质量是一个综合复杂的过程,借助土地整治工程改善土地质量在短期内效果不太明显。

第 10 章　人地协调的土地整治途径及走向

10.1　人地协调的土地整治区域实现途径

　　面对土地整治及其相关的社会经济命题,本书以人地协调为视角,以人地关系系统为认识基础,从区域尺度人地关系的背景差异入手,分析提取不同人地关系类型区土地整治在愿景、目标取向、路径设置、潜力及效果等方面的表现,并构建人地协调的土地整治评价体系进行评估反馈,从而形成人地协调的土地整治在区域上的实现途径。基于前述研究结果,可归纳为以下步骤。

　　第一步,人地协调的土地整治分析框架构建。基于“人地关系背景—人地关系调控—土地整治—人地关系协调”的动态认识过程,构建了土地整治调控人地关系过程分析框架,为土地整治研究提供了综合的认识途径。面对新的压力和经济机会,微观尺度的个体响应会改变土地利用行为,驱动土地利用变化;而在社会、经济及资源环境压力下,宏观尺度的公共政策响应也会提出新的社会经济命题,这些命题与土地利用相联系,与微观个体相互作用,形成人地关系调控的新途径。从土地整治着手,科学设定土地整治愿景、目标和路径,并进行科学系统的综合评价,可实现土地整治对人地关系的有效调控。分析框架摆脱了“人”与“地”的“二元论”束缚,反映了基于系统论解释人地关系相互作用机制的新方向。

　　第二步,人地关系类型区划分。人地关系背景分析与类型划分是针对性地进行人地关系调控的科学依据。一定地貌格局下的土地利用变化分析可粗线条地反映区域人地关系背景。分析结果表明,重庆市西部方山丘陵区,人地关系紧张,1997~2010 年,区内土地利用结构的均衡度由 0.4643 升至 0.5398,土地利用的多样化程度逐步提高。退耕还林和农用地利用的集约化以及农民生产经营行为的变化,导致劣质坡耕地转向生态用地,改善了生态环境;中部平行岭谷低山丘陵区,人地关系高度紧张,区内土地利用结构的均衡度由 0.6078 升至 0.6663,土地利用的多样化程度有所提高。虽然退耕还林和农用地利用集约化有利于改善生态环境,但是剧烈的非农建设活动和化肥、农药等生产要素的追加导致了环境退化;东北部构造溶蚀层状中山区,人口密度较低,1997 ~ 2010 年,区内土地利用结构的均衡度由 0.6907 降至 0.5701,该区土地利用结构熵变复杂,土地利用多样化程度总体呈增长态势、集中度高。在相对集中的优质农用地上实施了小面积的集约化生产,同时结合退耕还林,将生产能力低下的耕地用于发展生态产业,减少了人类活动对敏感生态环境的扰动;东南部强岩溶化峡谷低中山区,常住人口密度低于其他 3 个地貌类型区。13 年间,区内土地利用结构的均衡度由 0.5873 降至 0.5280。该区土地利用结构熵变呈下降趋势,土地利用的多样化程度有所降低但集中度上升。由于农业劳动力大量外流,作为农用地利用集约化的逆过程,粗放化和弃耕现象明显,改善了脆弱的生态环境。基于人地关系背景分析,综合区域社会经济特征及资源禀赋基础,将重庆市划分为都市人地关系高压区、环都市人地关系紧张区、渝东北人地关系敏感区和渝东南人地关系脆弱区 4 种人地关系类型区。"高压"、"紧张"、"敏感"、"脆弱"刻画了重庆市各类型区人地关系的客观状况,为从土地利用角度进行人地关系调控提供了依据。

第三步,区域土地整治愿景分析。区域资源禀赋基础、社会经济发展战略、产业发展功能定位、未来人地关系情景以及土地利用战略导向是进行土地整治愿景设计的基础和依据。①都市人地关系高压区土地整治愿景应服务于区域经济安全,完善城市功能与结构,提高城市土地集约利用水平。改善土地利用条件,转变土地利用功能,发展都市现代农业。推进新农村建设,为城市建设置换用地空间。②环都市人地关系紧张区土地整治愿景应服务于重庆市经济和粮食安全,为现代农业生产、规模化集约化经营造就条件,为改善农村居住生活环境,承接都市区的经济梯度转移、支撑区域经济安全提供用地空间。③渝东北人地关系敏感区土地整治愿景应服务于区域生态和粮食安全,改善土地利用基础条件,培育区域特色农业和绿色农业。引导农村产业、居住、公共设施相对集中,营造良好、稳定的生态环境。④渝东南人地关系脆弱区土地整治愿景应服务于区域生态和资源安全,加快生态林网建设,加强加大灾毁地、石漠化及流域综合整治,大力发展生态农业,改善贫困地区生产生活条件。

第四步,土地整治目标和路径设置。土地整治愿景和核心功能定位确定了土地整治目标取向,适合的路径选择是土地整治目标实现的关键。①都市人地关系高压区土地整治目标取向应以经济增效为中心功能,为城镇建设和产业发展置换用地空间,并兼顾都市农业的发展和新农村建设。城市土地整理、开发区整理、农村居民点整理和农用地整理相匹配的模式是该区适合的路径。②环都市人地关系紧张区土地整治目标取向应以粮食增产稳收、经济增效为中心功能,为促进农业发展、粮食安全、改善人居环境创造条件,同时为承接都市人地关系高压区经济发展和建设用地扩张提供支撑。适合的土地整治路径应是以农业生产为主的土地整治模式与以中心村和小城镇为中心的土地整治模式相匹配。③渝东北人地关系敏感区土地整治目标取向应以维护和改善生态环境、提高土地生产能力为中心功能,为促进生态保护和农业发展提供保障。生态型土地整理、农业生产综合型土地整理、生态屏障建设型农村居民点整理相互匹配的模式是该区适合的路径。④渝东南人地关系脆弱区以生态恢复治理、重塑农业生态景观为中心功能，为生态恢复和重塑农业生态景观，促进贫困人口脱贫致富创造有利的条件。合理保护未利用地土地整理、灾害防治型土地整理、农业生态景观建设型土地整理以及生态脱贫型农村居民点整理相匹配的整治模式是该区适合的路径。

　　第五步，不同类型区土地整治潜力识别。基于人地关系类型区的土地整治潜力考察，发现总体上耕地整理、农村居民点整理、适宜未利用地开发和废弃地复垦是重庆市土地整治潜力的主要来源，但受资源基础、地形地貌、农村人口规模等因素约束程度的不同，不同人地关系类型区土地整治潜力大小和时空分布存在差异。潜力测算结果显示，到 2020 年重庆市新增耕地总潜力为 272 990.22hm²，新增园林地及其他农用地的总潜力达 127 037.34hm²。新增耕地总潜力中，都市人地关系高压区为 21 697.12hm²，环都市人地关系紧张区为 109 921.70hm²，渝东北人地关系敏感区为 94 938.81hm²，渝东南人地关系脆弱区为 46 432.59hm²；新增园林地及其他农用地的总潜力中，都市人地关系高压区为 15 481.01hm²，环都市人地关系紧张区为 44 582.16hm²，渝东北人地关系敏感区为 53 235.68hm²，渝东南人地关系脆弱区为 13 738.49hm²。同时，受不同制约因素的影响，同一人地关系区不同区县间土地整治新增耕地、新增林园地及其他农用地的潜力也存在差异。

　　第六步，不同类型区土地整治实践考察。人地协调视角下的土地整治实践，可客观地反映和刻画土地整治自身的特征和协调区域人地关系的状况。运用2000～2008 年重庆市土地整治项目统计及相关过程资料，结合 212 份农户有效调查问卷综合分析，结果表明：①在新增耕地率方面，受未利用地开发、废弃地复垦在土地整理规模中所占比重的影响，新增耕地率表现出渝东南人地关系脆弱区>渝东北人地关系敏感区>环都市人地关系紧张区>都市人地关系高压区，这与各类型区土地整治潜力资源分布相一致；在土地整治投资强度方面，无论是实施规模还是新增耕地每公顷的投资强度，均表现为项目级别越高，投资强度越大，即国家级项目>市级项目>区县级项目；项目空间配置方面，经济发展程度和政策导向主导了土地整治项目的时空配置，结果表现为渝东北人地关系敏感区>环都市人地关系紧张区>渝东南人地关系脆弱区>都市人地关系高压区。②增加耕地显著、农业基础改善、生态完整性提高、促进农民收益是目前土地整治在各人地关系类型区获得的共同成效，而"目标单一，模式雷同"、生态型土地整治缺乏、项目实施后评判机制缺位是普遍存在的问题。此外，沿着"农村土地整治—农业产业发展能力变化—农业产业发育程度变化"的认识思路，从农业产业模式的视角探讨土地整治与农业产业化的作用机制发现，尽管土地整治改善了农业生产条件，但并不意味着项目区就能够实现农业产业化发展，还需要通过有效的组织手段挖掘当地农业资源优势，健全农业产业化服务体系，再经过市场化的培育才能逐步实现。因此，为使今后土地整治项目能有效推动农业产业化发展的实现,在土地整治过程中应融入培育优势产业的规划理念。

第七步,不同类型区土地整治的人地协调效应评估。从土地整治调控人地关系、协调人地矛盾的诉求出发,围绕土地整治导致土地利用条件变化,土地整治的环境、灾害及生态效应,土地整治的资源、经济及社会效应 3 个方面,确定了 28 个具体考量指标,构建了人地关系协调的土地整治评价指标体系。并通过选取重庆市不同人地关系类型区 20 个典型土地整理项目,运用 AHP 与模糊综合评判的方法进行了实证应用评价。评价结果显示,都市人地关系高压区人地关系协调度为0.6383,环都市人地关系紧张区为 0.6659,渝东北人地关系敏感区为 0.5747,渝东南人地关系脆弱区为 0.5463。各人地关系类型区土地整治实现人地关系协调程度相差不大,且协调度均不高,表明目前土地整治在协调各类型区人地关系方面虽都取得基本理想的效果,但离各类型区土地整治协调人地关系的愿景相差甚远,且在导致土地利用条件变化,产生相应环境、经济及社会效应方面各类型区间又存在差异。

10.2　人地协调的土地整治乡村景观建设

工业化、城镇化进程中,由人类活动主导的土地利用变化成为景观格局演变的主要驱动力,由此带来的土地景观破碎化和生物多样性丧失已成为世界性难题。为此,恢复土地生态系统服务功能,建设高生态价值的土地利用空间,成为土地整治调控人地关系研究的重要方向。本书以人地协调为视角,综合土地整治理论、土地利用变化理论和景观生态学理论,围绕乡村景观重构,分析土地整治在项目(社区)尺度上所导致的局地土地利用变化及其对景观格局影响,阐明土地利用、农业生物多样化与地块异质性间的联系,评估乡村景观建设的技术需求及土地整治工程措施的适应性,最终形成微观尺度人地协调的土地整治景观建设集成技术。基于前述研究,人地协调的土地整治乡村景观重构归纳为乡村生活空间、乡村生产空间、乡村廊道空间、乡村景观空间和乡村产业空间 5 个方面。

10.2.1　人地协调的土地整治乡村空间重构

(1) 乡村生活空间

农村居民点是农户居住生活的基本单元,是乡村生活空间的主要载体。因此,基于重庆市“一圈两翼”的区域发展格局,选取了 5 个国土整治整村推进示范村项目为样点,分析居民点复垦工程及其景观效应,结果发现以下内容。

1)基于5个案例村农村居民点利用特征的分析,结果发现,与面上统计数据分析的结果不同,案例村农村居民点人均用地水平表现相对集约。因此,认识地区农村居民点的利用程度,除了利用面上统计数据,还应兼顾区域调查数据。丘陵山区散乱的农村居民点布局仍有一定规律可循。从格局来看,横向水平上从丘陵到山地由小聚居向大分散过渡;纵向梯度上,低海拔到高海拔总体呈现垂直地带性,随着海拔上升农村居民点的数量和面积呈明显减少的趋势。

2)整村推进不同于一般的农村建设用地复垦,是通过土地复垦技术、地力提升技术、基础设施配套技术、乡村景观建设技术及农业产业结构调整技术的集成创新,对农村聚落格局的重划,不仅使自发分散的农村聚落向有相对规模且有序的农村聚落转变,还在村域农业产业培育中,通过尊重地块空间异质性,发展农业生物多样化,推动了丘陵山区农村经济发展,亦兼顾了土地利用转型和生态恢复。

3)复垦导致项目区农村居民点用地大量减少,引起用地格局显著变化。分析5个样点村复垦前后农村居民点景观指数的变化,结果发现,在居民点的斑块(聚落)水平上,居民点的数量大幅减少,居民点密度显著下降,单个居民点斑块(聚落)的规模明显增大,斑块(聚落)的形状趋于规则有序,用地格局由复杂趋于简单。研究认为,以整村推进为代表的农村居民点复垦,尤其在我国小农经济的背景下,对解决土地破碎化问题具有重要意义。

4)农村居民点复垦对项目区其他土地利用类型乃至整个景观亦有重要影响。分析5个样点村农村居民点复垦对耕地景观、园地景观、林地景观的影响,结果发现,项目区景观(土地利用)类型的多样性水平下降,景观(土地利用)类型组合的均衡化程度下降,景观(土地利用)斑块形状的规则化程度提高,土地利用类型及其景观的空间集聚性提高。研究有助于解释土地整治在项目尺度的景观重建过程,并认为宜耕则耕、宜园则园、宜林则林的原则是对农业生物多样化与地块异质性间关系的尊重和利用,有助于在客观上更好地协调农户收益与生态恢复的关系。

(2) 乡村生产空间

农田是农业生产活动的基本单元,是乡村生产空间的主要载体。因此,基于重庆市"一圈两翼"的区域发展格局,选取了3个国土整治整村推进示范村项目为样点,分析土地平整工程及其景观效应,结果发现以下内容。

1)分析3个样点村的土地利用状况,结果发现,从浅丘到低山丘陵再到中低山槽谷,土地利用的主要矛盾从人多地少转而倾向地形地貌约束。人均用地水平呈现合川区大柱村(YD-Ⅰ)<忠县新开村(YD-Ⅲ)<酉阳县大泉村(YD-Ⅴ),同时各样点村坡耕地比重也呈现合川区大柱村(YD-Ⅰ)<忠县新开村(YD-Ⅲ)<酉阳县大泉村(YD-Ⅴ)的特征。水田和旱地分布存在差异。3个样点村全部水田分布于15°以下,在不同坡度上,合川区大柱村(YD-Ⅰ)2°~6°的水田比重最高,酉阳县大

泉村(YD-Ⅴ)6°~15°的水田比重最高;而旱地的78.28%分布于15°以上,15°~25°的旱地比重呈现合川区大柱村(YD-Ⅰ)<忠县新开村(YD-Ⅲ)<酉阳县大泉村(YD-Ⅴ)的特征。水田和旱地存在不同的破碎化表现形式。水田田块形状普遍较为规整,有成形田坎。困扰水田利用的是,田坎蜿蜒曲折、占地宽,同一高程相邻两田面间常存在多余子埂,小田块和边角地插花式分布于田块间。旱地形状模糊,几乎无成型田(土)坎。尤其是15°以上旱地大部分未形成成型台面,生产耕作依自然坡面进行,小型耕作机械使用困难,主要靠人力翻耕播种,利用方式极为粗放;受降水、地形及土壤特性的综合影响,极易发生水土流失和作物减产。

2)总结土地平整的工程技术特点,研究发现,土地平整对水田的治理主要采取田块归并和条田整治的方式进行。其中,在工程技术上,田块归并主要通过归并同一台面上的相邻田块、归并小田块和边角地,以及田坎裁弯取直、削坎还田等实现;条田整治则一般按照田块设计—表土处理—田坎设计—土方工程的工程技术程序,遵循一定建设规格来完成。就浅丘区而言,条田设计规格一般为长50~150m,宽40~110m;在沟谷沿河平坝区,条田设计规格一般为长50~150m,宽30~80m。土地平整对旱地(含宜农荒草地)的治理主要采取坡改梯的方式进行。在工程技术上,一般包括提出降坡方案、坡改梯施工、田坎设计、土方工程量和田坎工程量计算,必要时还包括爆破改土。其中,不同的地形条件、土地利用方向、土层厚度、水土流失程度所要求的降坡方案存在差异;综合考虑水土保持效果、景观效果、田坎的稳固性及就地取材因素,田坎的修筑也有所不同,土地平整中渝西地区多修土坎、条石坎、渝东北、渝东南多修块石坎,其规格也存在差异。土地平整显著改变了微观地块尺度上物质、能量、信息的流动过程,尤其是坡改梯直接改变了原有的坡面过程,使田坎成形,田块形状趋于规整,改善了生产耕作条件和水土保持能力。

3)土地平整显著改变了农田景观。通过田块归并和条田整治,水田景观格局更为破碎,但景观形状复杂性降低。两个条田整治示范区的斑块数(NP)、斑块密度(PD)、斑块破碎度(FN)均有所上升;而其最大斑块指数(LPI)、平均斑块面积(AREA_MN)、面积加权平均斑块分维数(FRAC_AM)却均有不同程度的下降。此外,受微地貌影响,条田整治示范区斑块形状指数(LSI)、边界密度(ED)的变化趋势存在区间差异。通过条田整治,合川区大柱村条田整治示范区的地块更趋宽展、形状规则程度变高;酉阳县大泉村(YD-Ⅴ)条田整治示范区的地块更趋狭长、形状规则程度变低。通过坡改梯,典型示范区的旱地(含宜农荒草地)景观格局较之平整前更为破碎,但与水田景观格局变化趋势不同的是,景观形状复杂性总体上升,斑块形状较平整前全部表现为更不规则。数据显示,3块典型示范区坡改梯后,斑块数(NP)、斑块密度(PD)、斑块破碎度(FN)明显上升;坡改梯区域的最大斑块指数(LPI)、平均斑块面积(AREA_MN)下降,而面积加权平均斑块分维数(FRAC_AM)上升;坡改梯区域的斑块形状指数(LSI)、边界密度(ED)显著上升。

(3) 乡村廊道空间

农村道路和农田水利是乡村基础设施的主要组成部分,同时农村道路和线状沟渠也是乡村廊道空间的主要构成。基于重庆市"一圈两翼"的区域发展格局,选取了5个国土整治整村推进示范村项目为样点,分析了农村道路工程和农田水利工程及其带来的景观效应。

1)分析5个样点村农村道路工程及其景观效应,结果发现以下内容。

基于5个样点村农村道路现状利用特征分析,结果表明:样点村道路结构状况(田间道路与生产路的比例)、质量高低、网络复杂程度及其空间分布特点与区域社会经济发展水平、地形条件、耕地资源以及农村居民点分布特点有直接关系。样点村的农村道路多分布在耕作区和农村居民点之间,分布在生态用地(林地、园地、草地)及其他用地之间的农村道路相对较少。相对而言,社会经济相对发达、耕地资源相对丰富、农村居民点分布相对密集而均匀的丘陵区较山区的路网密度高、路网空间结构均匀。同时,农村道路还呈现出随着海拔上升路网密度、等级结构、质量状况、通行能力下降的特点。布局随意、空间分布不均、路面较窄、质量较差(多以土质道路为主)等是样点村或西南丘陵山区农村道路存在的普遍问题。结合新村建设、产业发展规划,通过农村道路整治工程,优化完善农村道路体系,改善路网结构,提高道路质量等级,增强道路的运输和通行能力是促进新农村建设、发展现代农业、实现农业的产业化和机械化作业的关键,也是解决丘陵区农村道路现状问题的重要途径。

农村道路整治工程措施主要包括道路工程优化布置和工程施工设计。受地形条件、道路基础、经济投入、建筑材料来源等综合因素的影响,样点村农村道路整治以维修为主,新建为辅。田间道多设计为3.5m宽的泥结碎石和C30砼质路面,路基均采用25cm厚的手摆片石铺设,路面铺设或浇筑相应建筑材料,每隔一定距离设置一道伸缩缝。在田间道来水一侧修建排水沟,沟壁采用水泥砂浆砌毛条石,沟底浇筑C20砼。田间道路边排水沟另一侧采用土方回填夯实。为满足不同的需求,生产路宽度设计了0.6~2.5m多种规格,路面均采用C20现浇路面,路基采用素土夯实,每隔一定距离设置1条伸缩缝。根据地形坡度情况,生产路设计为平直式和台阶式两种。

结合道路基础现状、整治投入能力、产业布局发展、地形地貌条件等因素,因地制宜地对样点村农村道路进行优化布局和整治工程设计,提高了道路的通行能力,不同程度地改变了样点村农村道路的数量、质量和网络结构特征。通过农村道路优化布局后,各样点村道路廊道类型、网络结构、密度以及长度比例更趋合理;5个样点村的田间道路的长度和网络覆盖程度均有不同程度的增加,生产路除綦江区中华村(YD-Ⅱ)有16.70%增幅外,其余样点村均有不同程度的减少。田间道与生产路类型组合的比重,除綦江区中华村(YD-Ⅱ)由 30︰70 下降为 28︰72 外,其余样点村都有不同程度的提高。优化布局后农村道路网络密度均表现为丘陵区大于山地地区,低海拔地区大于高海拔地区,生产耕作区大于非耕作区。但优化布局后样点村的农村道路仍然以生产路为主。道路整治后,整体提高了样点村道路的质量,降低了田间道和生产路土质路基、路面的比例,增加了路面宽度,为居民生产生活出行,田间高效生产作业和经营管理,生产物资快捷运输以及对外交流造就了有利的基础条件,同时也为现代农业规模化经营、机械化作业奠定了基础。整治后,农村道路总体质量丘陵区合川区大柱村(YD-Ⅰ)和綦江区中华村(YD-Ⅱ)高于其他 3 个样点村。农村道路整治,优化了道路廊道网络结构,道路网络的环通度和连通度提高,提高了道路的通行能力,也影响了物质和能量在农田生态系统中的流动。

样点村农村道路整治工程对样点村局地区域景观格局和土地利用类型带来了不同程度的影响,并产生了相应的景观效应。在景观水平尺度上,农村道路整治,有利于道路网络的优化,提高土地利用效率。道路的增加,会加剧对区域景观斑块的分割,增加景观的破碎化程度,降低最大斑块和平均斑块面积,使斑块的形状变得更加不规则和复杂。相反,道路的减少,有利于区域景观破碎化程度的降低,最大斑块和平均斑块面积增大,使斑块的形状变得更加规则和简单。但农村道路整治,无论是农村道路增加还是减少,对区域景观斑块间的连接程度和景观的多样性都不会带来太大的影响。在类型水平尺度上,农村道路整治作用于土地利用过程会显著改变耕地和生态用地的形状及格局,在一定程度上也改造着农村居民点的布局,但没有加重景观形状的复杂性。由此可以认为,土地整治中的道路整治正是通过交通廊道建设发挥着对乡村景观的重塑和优化作用,改善了农村环境,方便了生产生活,从而为农村经济发展和减缓贫困注入了活力。

2)分析 5 个样点村农田水利工程及其景观效应,结果发现以下内容。

西南丘陵山区,受地形地貌条件分异性较强、社会经济发展滞后、农田水利建设经费长期投入不足等因素的影响,农田水利基础设施普遍存在基础薄弱、质量较差、空间分布不均的特点,已严重影响和制约了区域农业的安全生产和农村产业的发展。5 个样点村农田水利基础设施利用现状特点表明,区域灌溉水源工程(水库、山坪塘和蓄水池)缺乏,灌排系统网络覆盖程度较低,密度较小,且多为土质沟渠。同时,在山地地区(如 YD-Ⅳ、YD-Ⅴ),由于地形陡峭,加之排洪排涝设施缺乏,暴雨季节,洪涝灾害对农田冲毁严重。受地形和灌溉水源条件的影响,灌溉蓄水设施、灌溉渠多分布在海拔较低的耕作区域,丘坡中上部或丘坡顶部的耕作区域基本无灌溉设施分布。这种时空分布不均的特点决定了低海拔地区的农田在干旱季节可以利用水库、山坪塘、溪沟的水源通过灌溉渠进行灌溉,而分布在高海拔区域(如丘坡中上部或丘坡顶部)的农田,由于蓄水灌溉设施的缺乏,无法灌溉。

样点村农田水利工程整治设计主要包括水源工程、灌溉工程、排水工程及渠系建筑物工程的设计:水源工程整治设计。维修山坪塘坝体加固采用梯形断面浆砌毛条石设计,坝顶采用砼现浇。为保证山坪塘顺利泄洪和坝体安全,通常在坝顶设置有溢洪道,并在塘坝外侧溢洪道出口下方设置消力池,减少水流对下游沟渠或农田的冲击。并为取水方便,设置取水梯步。蓄水池根据布局的地形条件和设计容量大小,池形可采用下嵌式圆形和方形两种设计结构。为防止泥沙淤积池底,在蓄水池进口前应设有沉沙凼。根据取材便利程度,池壁可采用条石、块石、砖浆砌结构及混凝土结构,砌体水泥砂浆一般采用M7.5~M10,池底采用C15~C20混凝土浇筑,其厚度宜为15~30cm。为防渗漏,蓄水池工程都进行了防渗处理。灌溉工程设计。灌溉渠均采用半地下式矩形断面设计,渠顶通常高出地面线20cm。沟壁根据区域取材的便利情况,可采用条石或砖砌体设计,沟壁内侧和顶部采用水泥砂浆抹面,沟底设计采用砼现浇,每隔一定距离设置伸缩缝,并采用沥青做防渗处理。砌体水泥砂浆强度要求M1~M5,抹灰(抹面)及勾缝水泥砂浆强度为M15,混凝土强度采用C10~C25。同时,根据灌溉需要,灌溉渠每隔一定距离设置一放水闸。排水工程设计。土质排水沟采用梯形或复式断面设计,石质和砌体排水沟采用有矩形断面或倒梯形断面设计。排水出口设计水位高于承泄区周期或同频水位。排水沟道可不进行防渗处理。新修排水沟采用全挖式断面,整体为底包墙结构,即先浇底后砌墙,沟底为砼底板,沟壁采用水泥砂浆砌条石,迎水面用原浆勾缝。为防止温度应变对砌体造成破坏,每隔一定距离设置一道伸缩缝,缝宽采用沥青填筑。为防止沟壁后方土层含水量过大,防止对结构造成破坏,保持稳定性,在沟底一定高度处设置渗水孔。渠系建筑物工程设计。其包括沉沙凼、农涵(涵管)和涵盖板。沉沙凼均设计为用水泥砂浆砌砖修建,内壁及壁顶用水泥砂浆抹面,沟底为现浇砼底板,若遇基岩可直接开挖成形。农涵(涵板)通常设计为预制混凝土平板直接铺设在沟渠侧墙上的方式。支撑渠盖板采用预制钢筋混凝土板制作,盖板两侧嵌入沟渠沟壁,以方便农民下田耕作,同时起到增强排水沟墙体稳定性的作用。

经农田水利工程整治设计,不同程度地改变了农田水利工程的数量、质量及网络结构特征。数量结构特征变化。较整治设计前,水源工程新增蓄水池65口,灌溉渠总长由19.94km增至27.25km,净增了7.31km,增幅为36.66%。灌溉渠增幅最大的是YD-V,从无到有,新增了5.58km。排水沟由80.60km增至136.03km,净增了55.43km,增幅为68.77%。YD-I排水沟增幅最大,由4.59km增至18.20km,增加了近3倍。样点村沟渠廊道密度分别是整治前的3.97倍、1.19倍、2.08倍、1.40倍和1.13倍。廊道密度的增加主要来自灌溉排水工程优化布局后排水工程长度的增加。质量结构特征变化。整治后,整体提高了样点村农田水利基础设施的质量,改善了灌排系统的结构,增强了蓄水、灌排设施的蓄水和灌排能力,提高了灌溉水源的利用效率,降低了洪涝灾害对农作物的威胁。土质灌溉渠比重由85.61%下降为的5.94%,条石灌溉渠由14.39%增至77.76%,砖砌灌溉渠增加了4.44km。YD-V从无到有新增条石灌溉渠 5.58 km。土质排水沟由 97.80% 下降至 41.58%、石质排水沟由 2.20% 上升到 38.44%、砖沟从无到有,占 19.78%。经排水沟整治后,YD-Ⅰ条石沟渠比重最大,为 84.91%,YD-Ⅲ虽无条石排水沟,但砖沟比重占排水沟的 74.67%。网络结构特征变化。经整治后,网络结构特征指数均有小幅提升,表明各样点村农田水利工程网络结构得到了一定程度的完善和提高,增强了区域的灌排能力。网络密度(D)指数变化范围由 10.98~22.94 提高为 16.73~50.60、线点率(β)指数变化范围由 1.28~1.47 上升为 1.38~1.54、网络环通度(α)指数变化范围由 0.16~0.25 提高至 1.38~1.54、网络连通度(γ)指数变化范围由 0.45~0.50 上升至 0.47~0.52。

作为一种线状廊道,农田水利灌排渠系廊道工程的整治,对区域景观格局和土地利用类型产生一定的景观效应。在景观水平上,由于维修工程扰动范围较小,其工程整治对区域景观格局没有太大的影响。但新建工程,特别是新建线状沟渠工程,会加剧对区域景观斑块的分割,增强景观的破碎性,导致斑块形状规则化程度降低,但对区域景观的多样性和连通性影响不大。相比较而言,5 个样点村因在 YD-Ⅰ区域新建沟渠比重最大,对区域土地利用的景观格局干扰最为强烈,而 YD-Ⅱ新建沟渠比重最小,农田水利工程整治对区域土地利用的景观格局干扰最弱。在类型水平上,农田水利工程整治作用于土地利用过程会显著改变耕地和生态用地的形状及格局,对农村居民点影响相对较小,但农田水利工程整治没有加重景观形状的复杂性。由此可以认为,土地整治中的农田水利工程整治正是通过廊道建设发挥着对乡村景观的重塑和优化作用,改善了农村环境,方便了生产生活,从而为促进农村经济发展、保障农业安全生产和加强生态环境治理奠定了坚实的基础。

(4)乡村景观空间

土地整治往往导致剧烈的乡村景观变化。基于重庆市"一圈两翼"的区域发展格局,选取了 5 个国土整治整村推进示范村项目为样点,分析土地整治前后土地利用(景观)变化效应及其生态学过程,结果发现以下内容。

1)通过土地整治,5 个样点村的土地利用景观结构发生了显著变化,集中表现为农业生产景观显著增加,农业生态景观显著减少,农业服务设施景观有所减少。

2)土地整治前后 5 个样点村的景观格局变化。在类型水平上总体表现为耕地景观受到较强干扰,变化显著,破碎度增加,斑块形状规则度下降;农村居民点景观受到强烈干扰,变化剧烈,破碎度显著下降,斑块形状规则度明显上升;生态用地景观受到一定干扰,但变化较小,破碎度有所下降,斑块形状规则度有所上升。在景观水平上则表现为总体景观破碎度下降,最大斑块面积和斑块聚集度提高,斑块间的廊道连通性增强,斑块形状的规则性和景观多样性降低;分村来看,从丘陵平坝到中低山区土地整治带来的景观变化存在差异,但并不显著,与总体趋势基本吻合。

　　3)生态效应评价结果显示,5 个样点村的生态总价值均实现了不同程度的增值。土地整治作用于不同类型的景观产生了不同的生态效应。其中,5 个样点村的农业生产景观和农业服务设施景观(水域)的生态价值普遍增加,而农业生态景观的生态价值的表现不一致。YD-Ⅰ、YD-Ⅴ、YD-Ⅳ表现为负效应,YD-Ⅱ、YD-Ⅲ为正效应。

　　4)景观生态学过程分析,为解释土地整治在微观尺度所导致的土地利用及景观变化和由此带来的生态效应问题,揭示不同区域土地利用、农业生物多样化与地块异质性间的联系,为获取"土地整治—土地利用/景观变化—生态效应"的过程性认识提供了途径,有助于深入把握土地整治与土地生态环境的作用机理。研究认为,与土地整治相关的景观生态过程包括由土地利用结构调整引致的景观格局演变,由道路、渠系等廊道构建引起的景观连通性变化,由土地平整、宅基地还耕、农田水利等活动导致的景观中水分和养分的变化,以及农业产业培育等引起的景观中物种的迁移变化。具体来看,土地整治中,土地利用结构调整改变了景观结构,土地用途转变改变了景观功能,由此导致了景观格局的演变,并带来不同的景观生态效应。丘陵山区农村建设用地的复垦还耕、还园、还林,在一定程度上提高了生态景观要素之间的连接度水平,促进了景观生态稳定;土地整治实施的田间道路工程、农田水利工程改善了景观的连通性。土地整治易导致耕作层土壤发生改变,给土壤肥力和生物多样性带来负面影响,导致土壤的水分和养分循环不能充分进行。在土地利用结构调整中,通过尊重地块异质性,发展农业生物多样化,优化村域土地利用,有助于协调人与自然的关系,保护景观多样性。

(5) 乡村产业空间

　　土地整治不仅带来农户生活、农业生产和农村生态条件的显著变化,还引发土地等资源要素的有效流动、重新聚集与整合,从而推动乡村产业空间的发展扩大。结果发现以下内容。

　　1)土地整治整合农村土地资源,促进耕地保护与利用,盘活农村存量土地,优化城乡用地结构和布局。通过对研究样点的调查及数据分析,区内土地垦殖率较整治前提高了 12.10 个百分点,耕地有效灌溉面积比重较整治前提高了 5.60 个百分点;通过农村建设用地复垦,补充耕地 1.65hm²、其他农用地 0.09hm²,农村建设用地集约利用分值较整治前提高了 0.1509。

　　2)土地整治整合农村生态景观资源,改善和优化农村生态景观质量与格局。通过整治前后研究样点廊道景观和斑块景观的对比分析,整治后廊道景观和斑块景观的功能及特征更加合理。从数量结构、质量结构和网络结构这 3 方面分析,农村道路和农田水利廊道景观的长度、密度、线点率、环通度、连接度以及材质都有不同程度的提高和改善,提高了农村道路和农田水利的利用水平;土地斑块景观的斑块密度由 126.3687 个/100hm² 减少为 84.2883 个/100hm²,最大斑块指数和平均斑块面积分别增加了 0.1734 和 0.3951hm²,斑块形态指数由 24.1327 减少为 21.6483,均匀度指数和多样性指数分别减少了 0.0104 和 0.0216,表明土地整治对优化土地斑块景观、改变斑块破碎化现状有重要作用。

3) 土地整治整合农业产业资源,完善农业基础设施,引导农业产业发展,推动农村劳动力转移和结构优化。在农业产业发展中,农户对基础设施的需求最为迫切,其次是土地经营规模,再次为农业科技服务和资金。研究样点土地整治实施后,农户流转土地的积极性明显提高,实行适度规模经营的耕地面积较整治前增加了 86.22hm²,平均每户耕种土地块数由整治前的 4.8 块降低为 3.2 块,带动了桑蚕、蔬菜种植、桑园鸡、生猪养殖产业的发展。整治后,随着发展环境的改善,研究样点先后建立了生产种植基地,成立了"桑园鸡饲养专业合作社"和"经纬生猪养殖专业合作社",规范化的生产和管理不仅增加了农户收入,也优化了农村劳动力结构。整治后研究样点纯农户、农业兼业户、非农业兼业户、非农户的结构比由整治前的 83∶5∶2∶1 变为为 41∶3∶2∶1,就地参与农业园区农业生产的劳动力数量由原来的 126 人增加为 205 人,外出务工的劳动力数量由 1836 人上升为 1916 人,从事其他形式就业的劳动力数量由 41 人上升为 58 人。

4) 土地整治对研究样点资源整合效应较好,各类型资源之间整合效应存在差异性。评价结果显示,评估结果为"好"的指标占总指标的 33%,为"较好"的指标占总指标的 58%,为"一般"的指标占总指标的 9%,"较差"、"差"的指标为 0。由于土地整治通过土地平整工程、田间道路工程、灌溉与排水工程、未利用地开发等工程措施能够直接影响土地利用提高率、耕地灌溉保证提高率、土地平整程度、道路通达程度 4 个指标,使得这 4 个指标有较好的提高;受项目区自然地貌等因素的限制,土地垦殖率、农民人均收入增加值、农村劳动力利用提高效率、闲置或利用不充分劳动力数量、农用地粮食单产提高比例、农业收益提高比重、景观优化程度 7 个指标,与等级评价"较好"的关联度最高;土地质量提高等级是土地利用效益的重要指标,由于提高地区土地质量是一个综合复杂的过程,借助土地整治工程改善土地质量在短期内效果不太明显,因此土地质量指标评价结果为"一般"。准则层 4 个类型资源中,农村土地资源整合效应与等级评价"好"的关联度最高,农村景观资源整合效应、农业产业要素整合效应、农村劳动力整合效应 3 个指标与等级评价"较好"的关联度最高,说明研究样点土地整治对提高土地资源利用效益、改善生态景观、促进农业产业发展和劳动力资源配置能够发挥重要作用,但对各类资源的作用效果不同。

10.2.2　人地协调的土地整治乡村景观建设策略

　　整体而言,农村土地整治应适当引入基于生物多样性保护的景观规划方法。目前,土地整治的规划设计主要是基于增加有效耕地面积、改善农业生产条件,而不注重生态环境的保护与建设。土地整治过后往往给生态景观带来诸多负面效应。从5个样点村土地整治的实施情况来看,国土整治整村推进项目虽然也缺乏景观规划方面的设计,但通过尊重地块异质性发展农业生物多样性,优化了村域土地利用,在一定程度上保护了景观多样性。因此,在土地整治的规划设计中应适当引入基于生物多样性保护的景观规划方法,并注重核心生物栖息地的保护、缓冲区的建立、廊道的构筑以及景观异质性的加强和栖息地的恢复。

　　就农村土地整治工程而言,需注意以下几点。

　　1)工业化、城镇化背景下,经济发展不应简单地只向农村要地,还应尊重农村的发展权利,改善农村发展环境。盲目减少农村居民点、增加耕地的农村建设用地复垦,难以令当地发展获益。以整村推进为平台开展的农村建设用地复垦,是基于我国小农经济背景和土地极度破碎化的格局下,顺应农村人口向城市迁移、劳动力成本上升的趋势,采取的一种有效途径。对丘陵山区而言,这一方式在一定程度上尊重了村域产业培育、土地利用、农业生物多样化与地块空间异质性间的联系,选取农村居民点为一个着力点,通过尊重地块空间异质性,发展农业生物多样化,优化村域土地利用,既改造了自然村落的弊端,又实现了乡村景观的重塑,同时也给当地创造了发展契机。不过,复垦后土地的利用及产业建设问题仍带有极大的不确定性,农户的收益保障和风险抵抗能力还有待于政策体系的完善。

　　2)综合土地平整工程及其景观效应的研究结果,我们看到,土地平整对土地破(细)碎化的治理,不仅限于"减"——通过单纯的地块合并以降低土地细碎度,还包括"加"——通过条田整治、坡改梯对原有地块进行重新分割。这种分割在一定程度上加剧了景观的破碎度,却更加适应了丘陵山区发展现代农业的要求,有利于实现集中排灌、机械化耕作和规模化种植,能够降低农用地经营上的破碎度。不过,土地平整也面临着巨大的生态风险,需要引起重视。土地整治常导致耕作层土壤发生改变,尤其是坡改梯和宅基地还耕的地块,缺少熟化土壤,有效养分含量低,耕性差,严重不利于农作物种植收获。因此,在土地平整的工程技术措施中,还应加强土壤肥力管理和养分循环调控,因地制宜地实施土壤培肥熟化措施。坡改梯直接改变了原有的坡面过程,梯田之间的高差增强了坡面的水土势能,如果干砌的田坎一旦垮塌,必然造成严重的农业生产损失和生态环境问题。

　　3)农村道路整治对改善农村交通基础设施状况,提高道路运输通行能力,方便老百姓生产出行,加快新农村建设,促进农村产业发展,实现农业机械化作业无疑奠定了坚实的基础和创造了有利的条件。通过 5 个样点村农村道路设计标准可以发现,农村道路设计多注重用标号较高的混凝土作建筑材料,使用生态、环保材料较少,致使道路过度硬化,没有注重道路作为一种生态廊道加以建设。这种过度硬化的农村道路不可避免地对道路沿途和区域的景观格局及生态系统产生负面影响。一方面,过度硬化的道路自然会加剧对斑块的分割,导致斑块的形状变得更加复杂和不规则,景观破碎化程度增加,景观异质性增强;另一方面,过度硬化的农村道路会导致生境破碎,加强生物生境的隔离,阻断了某些植物和小动物运动和迁移的路径,降低了生物的通行能力。为保护生物的多样性,构建或重塑乡村优美的自然生态景观,营造人与自然和谐相处的环境,农村土地整治应在生态景观理论和技术的指导下进行。农村道路整治工程规划设计应结合整治区域的地理特征和生态环境,充分与沟渠、林网有机结合并进行优化,防止规划设计道路穿过生态敏感区导致生境的破碎化,避免目前道路整治路面过度硬化、整齐划一的规划设计现象,应注重透水、透气、环保的生态路面设计,重视道路两侧护坡、缓冲带的建设,同时为动植物的迁移设计适合的生态桥涵,体现农村道路的生态美和游憩价值。

4) 农田水利作为农村重要的基础设施之一,借助农村土地整治的契机实施整治,在改善农业生产灌排条件,提高农业水资源利用效率,增强农业生产抵御干旱和洪涝灾情的能力,保障粮食安全生产以及建设区域生态环境等方面都具有十分重要的作用和意义。然而,当前大量土地整治项目在农田水利建设方面主要是以砖石浆砌或混凝土式的农田水利设施为主,尤其是一些较宽的农沟斗渠,难以为植被覆盖,不能吸收、截留径流中挟带的残余农药、养分及其他杂物,不利于水体污染治理和净化;同时,水库、山坪塘、溪沟和灌排系等农田水利基础设施,在农田生态系统中具有重要的生态、景观及社会功能。因此,整治或兴建农田水利工程,应遵循生态与人工防护工程相结合的原则,尽量减少人为过度干扰,因地制宜地选用乡土材料,避免工程过度硬化,线状工程整治应尽量建立生态景观缓冲带,形成绿色廊道和生态网络,使之与农田生态系统融为一体,以发挥其应有的生态服务功能和美学价值。

5) 一般而言,评价一个土地整治项目实施的好坏,一项重要指标是看其整治后的耕地土层厚度。但事实上,土地整治常导致耕作层土壤发生改变,尤其是坡改梯和宅基地还耕的地块,缺少熟化土壤,有效养分含量低,耕性差,严重不利于农作物种植与收获。因此,在土地平整的工程技术措施中,还应加强土壤肥力管理和养分循环调控,因地制宜地实施土壤培肥熟化措施。

10.3　走向人地协调的土地整治

人多地少、人地矛盾突出,是中国近代以来的基本国情(王昉,2007)。新中国成立,尤其是改革开放以来,受快速工业化、城镇化进程的驱动,城市和基础设施建设对土地资源的需求旺盛,导致大量优质耕地被占用,耕地过度非农化问题突出(谭荣和曲福田,2006;刘彦随,2015);同时,由于工农业生产及居民生活释放的污染物处理不当,导致水土环境恶化,从而对食品安全和人类健康构成严重威胁(Tilt,2013;龙花楼,2013)。在耕地持续减少、生态环境持续恶化的双重压迫下,中国高度紧张而又敏感的人地关系前景更为堪忧(刘彦随,2011)。然而,在城乡对立的二元结构下,一方面农村居民点用地并未顺应工业化、城镇化潮流,伴随着大量农村人口非农化转移而有效减少,反而呈现"人减地增"、"外扩内空"的用地态势(刘彦随,2010);另一方面,耕地并未有效摆脱小农式的分散土地经营模式,响应农业现代化发展要求,推行适度规模经营,反而呈现弃耕、撂荒和粗放经营加剧的利用态势(刘彦随等,2012;刘彦随,2015)。在城乡统筹发展战略下,严重扭曲的城乡关系,不仅未能给日益恶化的人地关系提供疏解的途径,反而令人地关系矛盾问题的破解更为复杂和艰巨(刘彦随等,2006;刘彦随,2011)。为此,围绕传统农村改造,以及新型城乡关系构建,以实现城乡一体化发展和人地协调,地理学者和土地科技工作者提出了以土地整治为重要抓手和空间支撑平台来调解、调控人地关系的基本方略(龙花楼,2013;李倩,2014),并依据经济地理学、乡村地理学、景观生态学以及资源优化配置理论、人地关系地域系统理论等,形成了土地整治生态景观建设理论(郧文聚和宇振荣,2011a)、乡村空间重构理论(Long,2014)、空心村"三整合"理论(刘彦随等,2012)、乡村土地流转与整治联动的资源整合理论(张仕超等,2014)等创新性理论成果,不仅填补了转型期中国农村土地整治学术研究理论建设上的诸多空白,也为深化土地整治科学决策和规划实践研究提供了重要的理论参考。然而,在现代意义上,中国大规模地开展土地整治自2000年至今仅有十几年,现阶段土地整治仍处于起步和探索阶段(吴次芳等,2011;郧文聚和宇振荣,2011c),在发展过程中盲目性、过度工具化(吴次芳等,2011)和行为短期化(郧文聚和宇振荣,2011b)等问题造成的社会经济和生态环境负面效应依然严重。因此,有必要进一步从基础理论研究层面给予系统的认识和解答,以推进中国土地整治事业可持续发展。在已有理论成果的基础上,立足于人地协调的价值关怀,对土地整治的相关问题进行探讨,将有助于推动土地整治向更高阶段发展。

10.3.1　人地关系"三元"结构

人地关系的内涵。在涉及人地系统综合研究的学科中,地理学以地域为基础作为人地关系研究的切入点,并强调人地关系是在一定的生产和社会关系下建立的,人地关系中的"人"兼具生物属性和社会属性,其本质内涵是人类社会,反映人与人之间的关系;而"地"是自然要素和人文要素相互交织、叠加、有机结合而成的地理环境综合体;人地关系协调与否,不决定于地而是取决于人(吴传钧,2008)。对一个动态的、开放的、复杂的人地关系系统而言,最为理想的状态是人地关系协调(郑度,2002),其中的关键是在人和地两个系统各组成要素的结构和功能上保持相对平衡,人类活动处在地理环境阈值之内。由此不难发现,人地关系在范畴上包含"人"和"地"两个主体,两主体又通过一定的结构和功能相互作用、相互影响构成人地关系的主要内容。因此,人地关系可进一步分解为一种"三元"结构关系,即人与人的关系、人与地的关系和地与地的关系(图10-1)。"三元"结构关系的交互作用与影响,有助于更好地揭示人地关系系统"矛盾—调控—优化—协调"的时空演变过程。

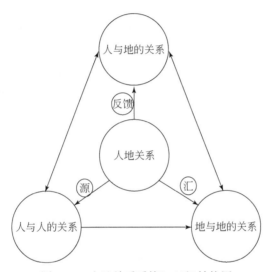

图 10-1　人地关系系统"三元"结构图

　　人与人的关系是人地关系系统演变的源。人地关系中,人居于主动地位,是地的主人(吴传钧,1991)。在社会学上,完整意义上的人具有自然和社会双重属性(衣俊卿,1991)。人通过社会相互结合,又通过生产有意识地改变物质生存条件,从而改变地理环境。因此,从根源上说,人与人的关系是人地关系的源,并与一定的生产关系和社会制度紧密联系(周蓉辉,2011)。中国是世界上人口最多的国家,统计显示 2014 年中国大陆人口总量为 13. 69 亿人,分别约占亚洲和世界人口总量的 33% 和 20% 。改革开放前,在城乡二元体制的安排下,严格的户籍管理控制着农村人口向城镇迁移,大量农村剩余劳动力处在农业集体化中无法自由流动(佟新,2000),导致农村"隐性失业"严重(黄宗智,2010),加之乡村工业和副业基本停滞,导致收入结构单一、收入水平偏低和生活贫困等问题在农村呈均质化存在。受此影响,这一时期农民更加倚重土地,90% 的劳动力束缚在土地上,人多地少的矛盾更加凸显(沈关宝,2007)。改革开放后,伴随着经济体制改革,城乡二元化的户籍制度开始松动,农民也从农业集体化中解放出来,家庭承包经营和劳动力就业非农化深刻改变了农村社会。尤其是20世纪90年代以来,乡村工业和副业快速发展,导致农村劳动力格局发生剧烈变化,农户兼业化和种植业副业化使得农区土地价值衰落,离农倾向日趋强烈(沈关宝,2007;周拥平,2006),农民因轻视土地的产出而不愿全力投入劳动力和其他生产要素,但又重视土地提供的保障而不愿舍弃。受此影响,农村劳动力呈现妇女化、幼龄化和老龄化,农用地边际化日益明显(李秀彬和赵宇鸾,2011),加之农用地非农化、非粮化问题叠加,农村凸显的人地矛盾更加复杂(龙花楼,2012)。

地与地的关系是人地关系系统演变的汇。地理环境是一定社会所处的位置以及与此相联系的各种自然条件的总和(吴传钧,2008),在构成上包括自然环境和人为环境。从景观上看,自然环境受到的人类活动影响较小或无影响,自然面貌未发生明显变化,如极地、高山、大漠、沼泽、热带雨林等自然景观;而人为环境经过人类直接影响和长期作用,自然面貌发生了明显变化,如耕地、乡村、工矿、城镇等人文景观。因此,从社会经济层面来说,人地关系中的"地"主要指的是人为环境或人为景观。土地及其资源具有各种服务功能,由于人类对土地需求的冲突性导致不同的人为环境或人为景观类型间存在竞争性(李秀彬,2002,2008),在地与地的关系上表现为竞争关系。受全球变化、快速的工业化城镇化及居民食品消费结构转型(国务院发展研究中心"我国近中期经济社会发展的特征、挑战与战略选择研究"课题组,2013)的驱动,中国地与地的竞争关系通常表现为非农建设与农业争地,经济作物与粮作作物争地,经济建设与生态建设争地(黄宗智,2006b;黄宗智和彭玉生,2007)。这些矛盾在空间上不断汇集,进一步形成了不同的土地利用方式、景观格局及演变过程和机制(表10-1),成为人地关系过程的直观反映和真实写照(李秀彬,2002)。不过,人为环境还始终受到地理环境规律的支配,生态环境退化或自然灾害都会对人为环境或人为景观造成严重影响和破坏(吴传钧,2008)。

表 10-1　地与地关系的土地景观表征

土地利用需求	土地利用方式	景观格局	演变过程/机制
工业化、城镇化	建设用地	城市景观、村镇景观、交通景观、水利景观等	耕地非农化、土地城镇化
农业现代化	农用地	耕地、园地、林地、牧草地、设施农用地等	耕地非粮化、土地规模化
生态保护与建设	生态用地	林地、园地、草地、水域、湿地、未利用地等(邓红兵等,2009;陈建军等,2010)	退耕还林、还草、还湖

人与地的关系是人地关系系统演变的反馈。"人"和"地"处在人地关系系统的两端,前者反映了在改变物质生存条件过程中人与人的社会关系,指明人类活动或行为是人地关系演变的"源";后者主要反映了人类活动驱动下土地在不同用途

选择和需求中多宜性和限制性的竞争结果(李秀彬,2002),指明土地利用及其景观格局的变化是人地关系演变的"汇"。从"源"到"汇"是一个复杂的过程,形成了人与地相互联系、相互作用的动态结构,其中既包括人对地的认识、利用、改造与保护,也包括地对人的反馈。这种互动的关系模式在土地利用理论中可进一步表达为"土地利用—环境效应—制度响应"反馈环(龙花楼,2003)、"人–环境土地系统"(Lambin and Geist,2003)或"基于反馈的土地利用变化"(Verburg et al. ,2003)等框架。现阶段,中国处在工业化中期和城镇化快速发展时期,人多地少的矛盾更加激化和复杂,耕地流失、浪费和质量下降,以及人口、村落、产业在农村地域上的空心化,正是中国人地关系系统演变的负向反馈。扭转人地关系恶化的趋势,对人地关系系统进行适时、适宜、适度的调控已势在必行。因此,在人与地的关系中,顺应工业化、城镇化快速进程中城乡人口转移转化规律,纠正不合理的土地利用方式,构建以耕地为主导的农用地调控途径,以农村居民点为主导的建设用地调控途径和以林、园、水域、未利用地为主导的生态用地调控途径,推进土地利用转型与乡村转型协调发展,正是实现人地关系系统沿正向反馈调控的科学选择。

10.3.2　土地整治的使命

土地整治是以保障土地资源可持续利用为目的,按照统筹规划、整合资源、整体推进的原则,以耕地面积增加、建设用地减少、农村生产生活条件和生态环境明显改善为目标,以田、水、路、林、村综合整治为内容的土地治理活动。其本质特征和最终使命是调整人与地的关系,并依据人口增长、经济发展、社会进步的客观需求以及资源环境的现实状况和科技进步的可能,对人地关系作出统筹安排(郧文聚和宇振荣,2011b)。不过,从发达国家土地整治发展的历程来看,土地整治的使命不能跨越社会经济发展的历史阶段,而应与社会经济发展的阶段需求相适应。目前,发达国家的土地整治已提升至区域功能规划的层面(吴次芳等,2011),与之相比,中国大陆地区现阶段的土地整治仍以增加耕地为主要目标和基本动力,整治区域局限于农村地区,处在重数量管理的初级阶段(郧文聚和宇振荣,2011b)。尽管如此,中国过去十多年的土地整治仍然取得了卓著成效,其中 1997 ~ 2009 年全国通过土地整治补充耕地 $334.67 \times 10^4 hm^2$,超过同期建设占用耕地 $46.67 \times 10^4 hm^2$(陈百明等,2011),不仅完善了农业基础设施,改善了农业生产条件,更缓解了保障经济发展与保护耕地红线的"双保"压力(刘彦随,2011)。由此来看,初级阶段的土地整治较好地完成了以新增耕地为主的历史使命。

但是,伴随着国民经济和社会发展新常态的到来(闫坤和刘陈杰,2014),中国社会经济转型和城乡发展转型的特征日益显著。在城乡统筹发展、新农村建设和生态文明建设的战略下,土地整治也迎来了新的发展阶段,以往单纯追求耕地面积增加,而忽视生态景观因素的做法面临着重蹈围湖造田、填海造地、陡坡开荒、毁林(草)开荒等人地关系悲剧的风险,已不能适应转型期土地整治的发展诉求。因此,新阶段土地整治的历史使命应坚持人地关系系统正向反馈的调控方向,遵循工业化、城镇化快速进程中人口的迁移变化规律,以保障粮食安全和食品安全、推动农业现代化发展,支撑新农村建设、优化城乡发展空间,构建生态安全格局、提升生态景观服务功能为3条主线,实现时间进程上土地利用转型与乡村转型协同发展,以及空间格局上乡村生产、生活、生态空间重构(图10-2)。

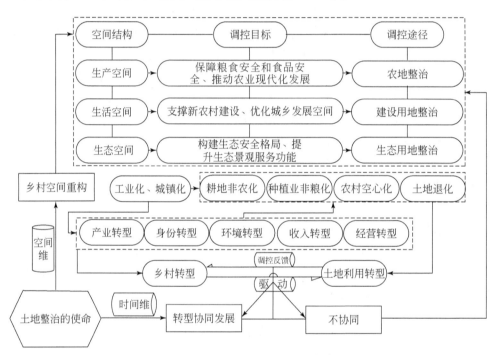

图 10-2　人地协调的土地整治使命

参 考 文 献

阿·德芒戎(法). 2007. 人文地理学问题. 北京:商务印书馆.

安晨,刘世梁,李新举,等. 2009. 景观生态学原理在土地整理中的应用. 地域研究与开发,06:68-74.

巴雅尔,敖登高娃. 2006. 基于LUCC的内蒙古人地关系地域系统调控模式初探. 内蒙古师范大学学报,35(2):91-95.

鲍金星,葛霖,张霞,等. 2012. 重庆市农村建设用地复垦模式. 农业工程,2(4):47-50.

布仁仓,胡远满,常禹,等. 2005. 景观指数之间的相关分析. 生态学报,25(10):2764-2775.

蔡婵静,周志翔,陈芳,等. 2006. 武汉市绿色廊道景观格局. 生态学报,26(9):2996-3004.

蔡鹏程,刘飞翔,苏琦. 2012. 农村生态环境保护视角下发展循环农业的实践探索——以福建省龙岩市为研究区域. 科技和产业,12(8):10-12.

蔡文. 1994. 物元模型及其应用. 北京:科学技术文献出版社.

蔡运龙. 1995. 科学技术在人地关系中的作用. 自然辩证法研究,02:17-22.

蔡运龙. 2001. 土地利用/土地覆被变化研究:寻求新的综合途径. 地理研究,20(6):645-652.

曹顺爱,余万军,吴次芳,等. 2006. 农地整理对土地景观格局影响的定量分析. 中国土地科学,20(5):32-37.

曹秀玲,张清军,尚国琲. 2009. 河北省农村居民点整理潜力评价分级. 农业工程学报,25(11):318-323.

陈百明,谷晓坤,张正峰,等. 2011. 土地生态化整治与景观设计. 中国土地科学,25(6):10-14.

陈刚. 2011. 四川盆周山地土地利用/覆盖景观空间格局演替研究. 成都:成都理工大学硕士学位论文.

陈佳骊,徐保根. 2010. 基于可转移土地发展权的农村土地整治项目融资机制分析——以浙江省嘉兴市秀洲区为例. 农业经济问题,(10):53-59.

陈建军,郭玲霞,黄朝磊. 2010. 区域生态用地的概念和分类. 资源网[2010-05-17].

陈建强. 2011. 提高农业装备水平促进都市农业发展. 农业装备技术,37(2):4-5.

陈兰,信桂新,袁晓燕. 2012. 贫困山区农村居民点整理潜力及其空间分异. 西南大学学报(自然科学版),34(1):99-105.

陈利顶,傅伯杰,刘雪华. 2000. 自然保护区景观结构设计与物种保护——以卧龙自然保护区为例. 自然资源学报,15(2):164-169.

陈利顶,刘雪华,傅伯杰,等. 1999. 卧龙自然保护区大熊猫生境破碎化研究. 生态学报,19(3):291-297.

陈利顶,刘洋,吕一河,等. 2008. 景观生态学中的格局分析:现状、困境与未来. 生态学报,28(11):5521-5530.

陈萍,陈晓玲. 2010. 全球环境变化下人环境耦合系统的脆弱性研究综述. 地理科学进展,29(4):454-462.

陈荣清,张凤荣,孟媛,等. 2009. 农村居民点整理的现实潜力估算. 农业工程学报,25(4):216-221.

陈荣清,张凤荣,张军连,等. 2008a. 农村居民点整理潜力调查. 中国土地科学,22(10):70-73.

陈荣清,张凤荣,张军连,等.2008b.文登市农村宅基地整理潜力调查及类型划分.资源科学,
　30(8):1206-1211.

陈荣蓉,宋光煜,信桂新,等.2008.土地利用结构特征与社会经济发展关联分析——以重庆市荣
　昌县为例.西南大学学报(自然科学版),30(7):138-143.

陈荣蓉.2012.重庆丘陵山区农村土地整治工程及其景观效应.重庆:西南大学博士学位论文.

陈述文,邓炜,邱金根.2008.不同坡改梯方式的生态环境效应研究.安徽农业科学,36(19):
　8251-8254.

陈文波,肖笃宁,李秀珍.2002.景观指数分类、应用及构建研究.应用生态学报,13(2):
　121-123.

陈秀灵,沈勤鲁,缪剑飞.2006.以土地整理为载体提高耕地质量等级——以沙县夏茂镇土地整
　理项目为例.亚热带水土保持,18(4):26-27.

陈雪冬,杨武年,罗虎.2002.基于栅格数据道路选线模型算法的应用研究.公路,5:6-9.

陈彦光,刘继生.2001.城市土地利用结构和形态的定量描述:从信息熵到分数维.地理研究,
　20(5):146-152.

陈银龙.2013 整合资源推进农村环境整治.环境教育,(7):13.

陈印军.1995.四川人地关系日趋紧张的原因及对策.自然资源学报,10(4):380-388.

陈玉福,孙虎,刘彦随.2010.中国典型农区空心村综合整治模式.地理学报,65(6):727-735.

陈贞华.1992.调整农业生产布局优化作物结构发挥资源优势.地理科学进展,(12):16-21.

陈宗祥.2009.基于物元可拓模型的区域土地集约利用评价——以淮安市清河区为例.南京:南
　京农业大学硕士学位论文.

成岳冲.1994.历史时期宁绍地区人地关系的紧张与调适——兼论宁绍区域个性形成的客观基
　础.中国农史,13(2):8-18.

程达军.2004.论我国人力资源的整合.经济师,(5):200-201.

程维明,周成虎,李建新.2001.新疆玛纳斯湖景观演化及其生态环境效应.第四纪研究,
　21(6):560-567.

程维明,周成虎,汤奇成,等.2003.天山北坡前山带景观分布特征的遥感研究.地理学报,
　56(5):541-548.

崔功豪,魏清泉,陈宗兴.2006.区域分析与规划.北京:高等教育出版社.

邓红兵,陈春娣,刘昕.2009.区域生态用地的概念及分类.生态学报,29(3):1519-1524.

邓劲松,王珂,沈掌泉,等.2005.桐乡市乡镇耕地整理对耕地景观格局的影响及其分析.农业工
　程学报,21(3):79-82.

邓聚龙.1985.灰色控制系统.武汉:华中理工大学出版社.

邓蓉,黄漫红.2009.论农村土地资源保护与可持续利用.现代化农业,(10):29-32.

丁松,罗昀,黄贤金,等.2004.我国土地整理产业化发展的基本策略.经济地理,24(4):
　528-532.

樊杰,吕昕.2002.简论人地关系地域系统研究的核心领域——土地利用变化.地学前缘,04:
　429-430.

樊杰,许豫东,邵阳.2003.土地利用变化研究的人文地理视角与新命题.地理科学进展,
　22(1):1-10.

樊杰.2008."人地关系地域系统"学术思想与经济地理学.经济地理,28(2):177-183.

方创琳.2003.区域人地系统的优化调控与可持续发展.地学前缘,04:629-635.

方修琦,张兰生.1996.论人地关系的异化与人地系统研究.人文地理,04:8-13.

封志明,刘宝勤,杨艳昭.2005.中国耕地资源数量变化的趋势分析与数据重建:1949-2003.自然资源学报,20(1):35-43.

付梅臣,胡振琪,吴淦国.2005.农田景观格局演变规律分析.农业工程学报,21(6):54-58.

傅伯杰,陈利顶,马克明,等.2001.景观生态学的原理及应用.北京:科学出版社.

傅伯杰,陈利顶,马克明.1999.黄土丘陵区小流域土地利用变化对生态环境的影响.地理学报,54(3):241-246

高凯.2010.多尺度的景观空间关系及景观格局与生态效应的变化研究.武汉:华中农业大学博士学位论文.

高明秀,赵庚星.2011.土地整理与新农村建设耦合关系:理论基础与研究框架.山东农业大学学报(社会科学版),(1):9-17.

高向军,罗明,张惠远.2001.土地利用和覆被变化(LUCC)研究与土地整理.农业工程学报,17(4):151-155.

高向军,彭爱华,彭志宏,等.2011.农村土地综合整治存在的问题及对策.中国土地科学,25(3):4-8.

高向军.2001.国家投资土地开发整理项目管理程序.中国土地,(11):7-9.

高向军.2003.土地整理理论与实践.北京:地质出版社.

高永年,刘友兆.2004.经济快速发展地区土地利用结构信息熵变化及其动因分析——以昆山市为例.土壤,36(5):527-531.

龚建周,夏北成.2007.景观格局指数间相关关系对植被覆盖度等级分类数的响应.生态学报,27(10):4075-4085.

谷晓坤,陈百明.2008.土地整理景观生态评价方法及应用:以江汉平原土地整理项目为例.中国土地科学,22(12):58-62.

谷晓坤,代兵,陈百明.2008.中国农村居民点整理的区域方向.地域研究与开发,27(6):95-99.

关小克,张凤荣,赵婷婷,等.2010.北京市农村居民点整理分区及整理模式探讨.地域研究与开发,29(3):114-117,128.

郭文华.2004.农田景观演变与农业发展.国土资源情报,8(1):12-15.

郭跃,王佐成.2001.历史演进中的人地关系.重庆师范学院学报(自然科学版),18(1):22-31.

国务院发展研究中心"我国近中期经济社会发展的特征、挑战与战略选择研究"课题组.2013-07-04.中国未来十年农产品消费增长预测.中国经济时报,07-04.

韩冰华.2003.土地整理若干问题的探讨.勋阳师范高等专科学校学报,23(6):88-92.

韩荡,王仰麟.1999.区域持续农业的景观生态研究.干旱区地理,22(3):1-8.

韩宏伟.2012.土地综合整治中空间格局优化研究.昆明:昆明理工大学硕士学位论文.

郝晋珉.2013.黄淮海平原土地利用.北京:中国农业大学出版社.

何博传.1989.山坳上的中国.贵阳:贵州人民出版社.

何念鹏,周道玮.2001.人为干扰强度对村级景观破碎度的影响.应用生态学报,12(6):897-899.

何英彬,陈佑启,姚艳敏,等.2008. 农村居民点土地整理潜力研究方法述评. 地理与地理信息科学,24(4):80-83.

贺雪峰.2008. 农业的前途与农村的发展. 读书,(10):39-45.

洪军,葛剑平,蔡体久,等.2005. 基于多时相遥感数据的地表覆被分区研究. 东北林业大学学报,33(5):38-40.

洪鹭.2008. 现代农业装备助推农业产业化发展. 湖南农机,(3):41-42.

洪舒蔓,郝晋珉,艾东,等.2013. 基于人地关系的黄淮海平原土地整治策略. 农业工程学报,29(24):251-259.

胡佰林,赵素霞,尚志忠.2007. 新农村建设中农民居住环境问题的研究(Ⅱ)——以大成村为例对新农村村庄整治规划的探索. 安徽农业科学,35(35):11404-11405.

胡春胜,林勇,王智平.2000. 渤海湾淤泥质海岸带典型地区景观空间格局分析. 农村生态环境,16(1):13-16.

胡果文.1984. 论清代人口的膨胀. 华东师范大学学报,(2):25-30.

胡建民.2005. 红壤坡地坡改梯水土保持效应分析. 水土保持研究,8(4):271-273.

胡文英.2009. 元阳哈尼梯田景观格局及其稳定性研究. 昆明:昆明理工大学博士学位论文.

胡业翠,郑新奇,徐劲原,等.2012. 中国土地整治新增耕地面积的区域差异. 农业工程学报,28(2):1-6.

黄桂林.2011. 辽河三角洲湿地景观变化及驱动机制研究. 北京:北京林业大学博士学位论文.

黄鹏,郑巧凤.2011. 土地整合模式研究. 商业时代,(7):103-104.

黄绍宏,李杰.2013. 田间地头话增收. 中国国土资源报,12-11003.

黄贤金,彭补拙,张建新,等.2002. 区域产业结构调整与土地可持续利用关系研究. 经济地理,13(1):425-429.

黄振灵.1998. 试论儒家修身思想对当前廉政建设的启示. 韶关大学学报,19(5):7-11.

黄宗智,李怀印.1992. 中国社会经济史研究的范式及其危机. 世界经济与政治论坛,05:26-30.

黄宗智,彭玉生.2007. 三大历史性变迁的交汇与中国小规模农业的前景. 中国社会科学,04:74-88,205-206.

黄宗智.1992. 中国农村的过密化与现代化:规范认识危机及出路. 上海:上海社会科学院出版社.

黄宗智.2000. 华北的小农经济与社会变迁. 北京:中华书局.

黄宗智.2006a. 制度化了的"半工半耕"过密型农业. 读书,(3):72-80.

黄宗智.2006b. 中国农业面临的历史性契机. 读书,(10):118-129.

黄宗智.2010. 中国的隐性农业革命. 北京:法律出版社.

贾宝全,慈龙骏.2001. 石河子莫索湾垦区绿洲景观格局变化分析. 生态学报,21(1):34-40.

贾芳芳,于亚男,王秀茹.2007. 浅谈基本农田整理的景观效应——以河北省邢台市平乡县寻召乡基本农田整理项目为例. 水土保持研究,14(3):169-172.

贾雷,邱道持.2012. 三峡库区土地整治的可持续性评价研究——以开县大德乡为例. 西南师范大学学报(自然科学版),37(3):78-84.

贾丽,张雅杰,於忠祥,等.2008. 土地整理中的生态安全问题. 国土资源科技管理,25(3):42-45.

江洪,张艳丽,Strittholt J R.2003.干扰与生态系统演替的空间分析.生态学报,23（9）：
　1861-1876.

姜涛.2008.土地整理对紫色丘陵区土壤质量的影响.重庆：西南大学硕士学位论文.

蒋一军.2001.我国农村土地整理研究.北京：北京大学博士学位论文.

焦宝玉.2011.人与环境相互作用理论:人地关系理论及其调控.环境保护与循环经济,03：
　14-16.

亢远飞.2008.土地整理对局地景观格局的影响——以忠县拔山镇土地整理项目为例.重庆:西
　南大学硕士学位论文.

孔宁宁,曾辉,李书娟.2002.四川省卧龙自然保护区景观人为影响的空间分布特征研究.北京
　大学学报(自然科学版),38(3):393-399.

孔祥斌,张凤荣,徐艳,等.2004.集约化农区近50年耕地数量分析驱动机制分析.自然资源学
　报,19(1):12-20.

蓝勇.1993.乾嘉垦殖对四川农业生态和社会发展影响初探.中国农史,12(1):19-28.

李哈滨,Franklin J F.1988.景观生态学——生态学领域理的新概念构架.生态学进展,5(1)：
　23-33.

李哈滨,伍业钢.1992.景观生态学的数量研究方法//刘建国.当代生态博论.北京：中国科学
　技术出版社:209-233.

李后强,艾南山.1996.人地协同论——兼论人地系统的若干非线性动力学问题.地球科学进
　展,02:178-184.

李辉作,吴翔.2007.以循环经济理论提升现代农业解决三农的环境污染和资源浪费问题——
　从生态环保和循环经济的角度研究现代农业的负面效应.农业与技术,27(1):1-3.

李兰兰.2010.石羊河流域重点治理下民勤农业产业化问题研究.兰州：兰州大学硕士学位论
　文.

李倩.2014.土地整治的发展方向——访国土资源部土地整治中心副主任郧文聚.中国土地,
　(1):32-34.

李让恩.2012.丘陵区农村土地整治与农业产业发展的关系研究.重庆：西南大学硕士学位论
　文.

李双成,许月卿,傅小锋.2005.基于GIS和ANN的中国区域贫困化空间模拟分析.资源科学,
　27(4):77-81.

李铁锋.1996.论人地关系危机与地球科学.河北地质学院学报,06:753-757.

李团胜,石玉琼.2009.景观生态学.北京:化学工业出版社.

李文杰.2010.旅游干扰驱动下草原景观格局演变生态效应研究——以内蒙古希拉穆仁草原旅
　游区为例.呼和浩特:内蒙古农业大学博士学位论文.

李秀彬,赵宇鸾.2011.森林转型、农地边际化与生态恢复.中国人口·资源与环境,(10):
　91-95.

李秀彬,朱会义,谈明洪,等.2008.土地利用集约度的测度方法.地理科学进展,06:12-17.

李秀彬.2002.土地利用变化的解释.地理科学进展,21(3):195-203.

李秀彬.2008.人类对土地需求与土地服务功能的冲突.北京:中国科学技术出版社.

李秀彬.2009.从土地利用看人地关系的演变.地理教育,(6):4-5.

李元.2003.集约利用土地 不断提高城市土地运营水平.中国土地,(12):11-14.

李贞,王丽荣,管东生.2000.广州城市绿地系统景观异质性分析.应用生态学报,11(1):
　　128-131.

李振泉.1985.人地关系论//李旭旦.人文地理学论丛.北京:人民教育出版社:37-46.

梁发超,刘黎明,曲衍波.2011.乡村尺度农业景观分类方法及其在新农村建设规划中的应用.
　　农业工程学报,27(11):330-336.

梁流涛,曲福田,冯淑怡.2011.农村生态资源的生态服务价值评估及时空特征分析.中国人口.
　　资源与环境,21(7):133-139.

廖和平,卢艳霞,彭留英.2005.三峡库区农村资源开发与产业发展模式探究.地域研究与开发,
　　24(3):99-111.

林奇胜,刘红萍,张安录.2003.我国农地整理中农业生态环境保护问题.生态经济,10:
　　169-171.

林汀水.2002.明清福建植被的破坏与水土流失.中国社会经济史研究,(3):33-39.

刘洪银.2008.以土地规模经营优化农村劳动力配置.山东纺织经济,(2):70-71.

刘继生,陈涛.1997.人地非线性相关作用的探讨.地理科学,03:33-39.

刘立涛,沈镭,高天明,等.2012.基于人地关系的澜沧江流域人居环境评价.资源科学,07:
　　1192-1199.

刘茂松,张明娟.2004.景观生态学——原理与方法.北京:化学工业出版社.

刘平辉,郝晋珉.2005.土地利用分类与城乡发展规划.北京:中国大地出版社.

刘清春,千怀遂.2005.国际地圈——生物圈计划研究进展和展望.气象科技,33(1):91-95.

刘瑞元.2009.浅谈土地整理与城乡经济一体化建设.福建国土资源杂志,(1):238-240.

刘世平,聂新涛,张洪程,等.2006.稻麦两熟条件下不同土坡耕作方式与秸秆还田效用分析.农
　　业工程学报,22(7):48-51.

刘彦随,刘玉,翟荣新.2006.中国农村空心化的地理学研究与整治实践.地理学报,64(10):
　　1193-1202.

刘彦随,杨子生.2008.我国土地资源学研究新进展及其展望.自然资源学报,02:353-360.

刘彦随,朱琳,李玉恒.2012.转型期农村土地整治的基础理论与模式探析.地理科学进展,
　　31(6):777-782.

刘彦随.1999.区域土地利用系统优化调控的机理与模式.资源科学,21(4):60-65.

刘彦随.2010.中国农村空心化问题研究的进展与展望.地理研究,29(1):35-42.

刘彦随.2011.科学推进中国农村土地整治战略.中国土地科学,25(4):3-8.

刘彦随.2015.土地综合研究与土地资源工程.资源科学,37(1):1-8.

刘勇,吴次芳,岳文泽,等.2008.土地整理研究区的景观格局及其生态效应.生态学报,28(5):
　　2261-2269.

刘勇.2008.城市增长与景观变化的多尺度研究.杭州:浙江大学博士学位论文.

刘玉,刘彦随,王介勇.2010.农村居民点用地整理的分区评价.地理研究,29(01):145-153.

龙花楼,李裕瑞,刘彦随.2009.中国空心化村庄演化特征及其动力机制.地理学报,64(10):
　　1203-1213.

龙花楼.2003.区域土地利用转型与土地整理.地理科学进展,22(2):133-140.

龙花楼. 2012. 论土地利用转型与乡村转型发展. 地理科学进展,31(2):131-138.

龙花楼. 2013. 论土地整治与乡村空间重构. 地理学报,68(8):1019-1028.

龙绍双. 2001. 论城市功能与结构的关系. 南方经济,(11):49-52.

卢玲,李新,程国栋,等. 2001. 黑河流域景观结构分析. 生态学报,21(8):1217-1224.

鲁璐. 2012. 基于物元可拓模型的土地整理综合效益评价研究——以湖北汉川沉湖镇土地整理项目为例. 武汉:华中师范大学硕士学位论文.

陆大道,郭来喜. 1998. 地理学的研究核心——人地关系地域系统——论吴传钧院士的地理学思想与学术贡献. 地理学报,53(2):97-105.

陆红生,韩桐魁. 2002. 关于土地科学学科建设若干问题的探索. 中国土地科学,16(4):10-13.

鹿心社. 2002. 论中国土地整理的总体方略. 农业工程学报,01:1-5,14.

吕爱锋,田汉勤,刘永强. 2005. 气候变化、火干扰与生态系统碳循环. 生态学报,25(10):2734-2743.

吕辉红,王文杰,谢炳庚. 2001. 晋陕蒙接壤区典型生态过渡带景观变化遥感研究. 环境科学研究,14(6):50-53.

吕小莉. 2011. 新农村建设视域下的农村资源整合问题. 改革与开放,(5):35-37.

罗明,王军. 2001. 中国土地整理的区域差异及对策. 地理科学进展,20(2):97-103.

罗明,张惠远. 2002. 土地整理及其生态环境影响综述. 资源科学,24(2):60-63.

罗士军. 2000. 农村居民点整理潜力估算研究. 国土与自然资源研究,(3):31-33.

罗为群,蒋忠诚,覃小群. 2005. 广西平果龙何屯景观生态型土地整理模式探讨. 广西师范大学学报(自然科学版),02:98-102.

马克思. 1930. 资本论第一卷·第一分册. 陈启修译. 上海:上海昆仑书店.

马克·布洛赫. 2003. 法国农村史. 北京:商务印书馆.

马强. 2002. 汉中地区生态资源的历史变迁及其成因. 中国历史地理论丛,17(3).

毛爽. 2009. 劳动力转移下的农业生产合作问题研究——以合川区梁坝村为例的分析. 重庆:西南大学硕士学位论文.

缪小林,刘耀,钱进. 2008. 我国农业税减免前后农民税负比较分析——基于一般农产品市场和农业生产资料市场. 西南农业大学学报(社会科学版),6(4):34-36.

牛振国,李保国,张凤荣. 2002. 基于区域土壤水分供给量的土地利用优化模式. 农业工程学报,18(3):173-177.

欧阳进良,宋春梅,宇振荣,等. 2004. 黄淮平原农区不同类型农户的土地利用方式选择及其环境影响. 自然资源学报,19(1):1-9.

潘玉君,刘荣,王斌. 2002. 地理学元研究:地理学的研究核心,22(4):58-61.

彭群,龙花楼,罗明,等. 2003. 西部地区土地整理生态评价. 经济地理,23(6):822-825.

彭群. 2005. 试论我国农村土地开发整理中的权属管理. 资源与产业,7(2):34-37.

齐伟,曲衍波,刘洪文,等. 2009. 区域代表性景观格局指数筛选与土地利用分区. 中国土地科学,23(1):33-37.

祁新华,程煜,陈烈,等. 2007. 国外人居环境研究回顾与展望. 世界地理研究,02:17-24.

钱乐祥,陈去增. 2000. 福建植被景观空间格局及其环境响应特征. 河南大学学报(自然科学版),(4):66-73.

钱乐祥,丁圣彦,秦奋.2003. 伊洛河流域的土地覆盖与景观动态分析. 山地学报,21（5）: 552-558.

乔家君,李永文.2000.21 世纪人文地理科学的发展趋势分析及预测研究. 人文地理,15(5):9, 58-61.

秦元伟,赵庚星,王静,等.2009. 黄河三角洲滨海盐碱退化地恢复与再利用评价. 农业工程学报,25(11):306-311.

任丽燕.2009. 湿地景观演化的驱动力、效应及分区管制研究——以环杭州湾地区为例. 杭州:浙江大学博士学位论文.

任启平.2005. 人地关系地域系统结构研究. 长春:东北师范大学博士学位论文.

邵晓梅,刘庆,张衍毓,等.2006. 土地集约利用的研究进展及展望. 地理科学进展,25(2): 85-95.

沈关宝.2007. 一场静悄悄的革命. 上海:上海大学出版社.

沈燕,张涛,廖和平.2008. 西南丘陵山区农村居民点整理潜力的评价分级. 西南大学学报(自然科学版),30(6):141-147.

沈掌泉,毛叶嵘,董云奇,等.2005. 用数字高程模型和遗传算法确定土地平整设计高程的初步研究. 农业工程学报,21(5):12-15.

施阳,孙雪丹.2012. 东北地区产业结构与劳动力市场城乡整合关系的实证研究. 科教文汇(上旬刊),(1):194-195.

石剑.2012. 基于景观生态学太行山山前平原区土地整治项目规划设计研究——以曲阳县为例. 保定:河北农业大学硕士学位论文.

史培军,宋长青,景贵飞.2002. 加强我国土地利用/覆盖变化及其对生态环境安全影响的研究. 地球科学进展,17(2):161-168.

世界银行.2008.2008 年世界发展报告:以农业促发展. 胡光宇,赵冰译. 北京:清华大学出版社.

舒波.2011. 成都平原的农业景观研究. 成都:西南交通大学博士学位论文.

宋伟,张凤荣,姜广辉,等.2006. 自然限制性条件下天津市农村居民点整理潜力估算. 农业工程学报,22(9):89-93.

孙剑.2008. 中国农业发展与农村劳动力充分就业研究. 北京:中国人民大学博士学位论文.

孙九林.2009. 土地系统动态模拟与土地用途转换分析的方法探索——兼评"土地系统计量模型"图书. 地理学报,64(6):764.

孙一铭.2008. 土地整理的生物多样性影响研究综述. 资源产业经济,(7):15-17.

谭荣,曲福田.2006. 中国农地非农化与农地资源保护:从两难到双赢. 管理世界,(12):50-59.

谭永忠,吴次芳.2003. 区域土地利用结构的信息熵分异规律研究. 自然资源学报,18(1): 112-117.

唐华俊,吴文斌,杨鹏,等.2009. 土地利用/土地覆被变化(LUCC)模型研究进展. 地理学报, 64(4):456-468.

唐立娜,陈春,王庆礼,等.2005. 基于遥感的东北农牧交错区景观格局与变化研究——以吉林省长岭县为例. 地理科学,25(1):51-86.

唐任伍.2001. 论 21 世纪前期中国社会主义现代化的环境和发展战略. 中国特色社会主义研

究,(1):45-49.

陶小兰,莫滨.2009.整合土地资源促进城乡统筹——以珠海市唐家湾地区农村整合为例.规划师,(10):44-48.

陶兆云.2006.皖北地区农村劳动力资源可持续利用研究.安徽农业科学,34(9):2005-2006.

佟新.2000.人口社会学.北京:北京大学出版社.

童绍玉,蔡运龙,李成双.2006.云南省楚雄市与双柏县土地利用变化对比研究.地理研究,25(3):397-406.

涂建军,杨庆媛,周宝同.2005.农村土地整理产业化模式体系研究.农村经济,(1):33-37.

汪永华.2005.景观生态研究进展.长江大学学报(自然科学版),2(8):79-83.

王爱民,刘加林,高翔.2000.青藏高原东北缘及其毗邻地区人地关系地域系统研究.经济地理,20(2):31-35.

王爱民,刘加林,缪磊磊,等.1999.人地关系研究中的土地利用特征指标分析——以兰州市为例.经济地理,19(1):62-66.

王爱民,刘加林,缪磊磊.2002.土地利用的人地关系透视.地域研究与开发,21(1):9-12,17.

王爱民,缪磊磊.2000.地理学人地关系研究的理论述评.地理科学进展,(4):415-420.

王长征,刘毅.2004.人地关系时空特性分析.地域研究与开发,01:7-11.

王成,魏朝富,邵景安,等.2006.局地土地利用变化现实情景研究.地理科学进展,25(6):76-86.

王昉.2007.传统中国社会农村地权关系及制度思想在近代的转型.学术论坛,(03):91-96.

王根绪,程国栋.2000.干旱荒漠绿洲景观空间格局及其受水资源条件的影响分析.生态学报,20(3):363-368.

王国梁,刘国彬,许明祥.2002.黄土丘陵区纸坊沟流域植被恢复的土壤养分效应.水土保持通报,22(1):1-5.

王海珍,张利权.2005.基于GIS景观格局和网络分析法的厦门本岛生态网络规划.植物生态学报,29(1):144-152.

王红娟,姜加虎,黄群.2007.东洞庭湖湿地景观变化研究.长江流域资源与环境,16(6):732-737.

王军,罗明,龙花楼.2003.土地整理生态评价的方法与案例.自然资源学报,18(3):363-367.

王军,邱杨,杨磊,等.2007.基于GIS的土地整理景观效应分析.地理研究,26(2):258-264.

王军,余莉,罗明,等.2002.土地整理研究综述.地域研究与开发,22(2):8-11.

王军.2011.土地整治呼唤景观生态重建.中国土地科学,25(6):16-19.

王黎明.1998.区域可持续发展——基于人地关系地域系统的视角.北京:中国经济出版社.

王乃昂,颉耀文,薛祥燕.2002.近2000年来人类活动对我国西部生态环境变化的影响.中国历史地理论丛,17(3):12-19.

王万茂.1996.市场经济条件下土地资源配置的目标、原则和评价标准.资源科学,(1):24-28.

王新生,刘纪远,庄大方,等.2005.中国特大城市空间形态变化的时空特征.地理学报,60(3):392-400.

王兴叶.2011.关于新农村建设资源整合理论与实践的几个问题.中共福建省委党校学报,(4):50-53.

王仰麟,韩荡.2000.农业景观的生态规划与设计.应用生态学报,11(2):265-270.

王仰麟.1996.景观生态分类的理论方法.应用生态学报,7(增刊):121-126.

王月荣.2010.洞庭湖退田还湖区钱粮湖垸景观格局、土壤质量与土地承载力研究.武汉:华中农业大学博士学位论文.

王铮.1995.论人地关系的现代意义.人文地理,02:1-5.

魏秀菊,胡振琪,何蔓.2005.土地整理可能引发的生态环境问题及宏观管理对策.农业工程学报,S1:127-130.

温铁军.2004."三农"问题是怎样提出的.学理论,09:8.

温秀兰,沈华,等.2011.在统筹城乡发展中提升农业经济发展水平.产业经济,245-246.

邬建国.2000.景观生态学——格局、过程、尺度与等级.北京:高等教育出版社.

吴传钧.1991.论地理学的研究核心——人地关系地域系统.中国地理,(12):7-12.

吴传钧.2008.人地关系地域系统的理论研究及调控.云南师范大学学报(哲学社会科学版),40(2):1-3.

吴次芳,费罗成,叶艳妹.2011.土地整治发展的理论视野、理性范式和战略路径.经济地理,31(10):1718-1722.

吴凤华,陈光照,杨久东.2010.土地整理中基于图形通达性的田间道路规划设计.地理空间信息,(6):19-21.

吴海洋.2012.农村土地整治:助推农业现代化.求是,07:51-53.

吴娟.2004.土地整治过程中土地系统功能改变.甘肃农业,(10):16.

吴克宁,郑信伟,吕巧灵,等.2006.景观生态学理论在土地整理中的应用.中国农学通报,12:300-302.

吴攀升,贾文毓.2002.人地耦合论:一种新的人地关系理论.海南师范学院学报(自然科学版),Z1:50-53.

吴兆娟.2012.丘陵山区地块尺度耕地价值测算与提升.重庆:西南大学博士学位论文.

夏湘远.1999.从混沌到觉醒:人地关系的历史考察.求索,06:72-76.

相子瑞.2010.盘活"沉淀土地"集约利用资源——关于山东平原县农村闲散宅基地清理整治的调查.农家顾问,(1):4-6.

香宝,银山.2000.人地系统演化及人地关系理论的考察.中国人口·资源与环境,10(专刊):1-2.

向泽映.2008.重庆城乡文化产业统筹发展模式及分区策略研究.重庆:西南大学博士学位论文.

肖笃宁.1991.景观生态学——理论、方法及应用.北京:中国林业出版社.

肖笃宁,李秀琴.1997.当代景观生态学的进展和展望.地理科学,17(4):356-364.

肖笃宁,李秀珍,高峻,等.2005.景观生态学.北京:科学出版社.

肖轶.2011.重庆市土地利用平衡研究.重庆:西南大学硕士学位论文.

谢高地,成升魁,丁贤忠.1999.人口增长胁迫下的全球土地利用变化研究.自然资源学报,14(3):193-199.

谢高地,鲁春霞,冷允法,等.2003.青藏高原生态资产的价值评估.自然资源学报,18(2):189-195.

谢苗苗,李超,刘喜韬,等.2011.喀斯特地区土地整理中的生物多样性保护.农业工程学报,27(5):313-319.

谢忠梁.1979.中国历代人口略计表.四川大学学报丛刊,(3):80-86.

辛平,黄高宝,张国盛,等.2005.耕作方式对表层土壤饱和导水率及紧实度的影响.甘肃农业大学学报,2:203-207.

信桂新,阎建忠,杨庆媛.2012.新农村建设中农户的居住生活变化及其生计转型.西南大学学报(自然科学版),34(2):122-130.

信桂新,杨庆媛,杨华均,等.2009.土地整理项目实施后影响评价.农业工程学报,25(11):312-317.

徐畅,高明,谢德体,等.2009.土地整理年限对紫色丘陵区土壤质量的影响.农业工程学报,25(8):242-248.

徐国柱.2008.农民参与土地整理研究——以潍坊市土地整理实践为例.北京:中国农业科学院硕士学位论文.

徐海亮.1988.历代中州森林变迁.中国农史,7(4):14-22.

徐绍史.2009.深入开展农村土地整治搭建新农村建设和城乡统筹发展新平台.国土资源通讯,(8):6-8.

许军辉.2010.加强农村土地综合整治,促进宁波城乡统筹发展——对加快推进农村土地综合整治工作的建议.浙江国土资源,(8):36-38.

荀文会,刘友兆.2005.土地整理环境影响评价的技术方法研究.国土资源科技管理,22(4):10-14.

闫坤,刘陈杰.2014-12-29.新常态下的新思路与新对策.经济参考报.

严金明.1998.反思与建议:土地利用总体规划修编的理性思维.中国土地,02:16-18.

严金明.2000.农地整理要兼顾景观生态.中国土地,05:18-19.

严金明.2004.土地利用总体规划修编的战略选择.安徽决策咨询,10:19-20.

阎建忠,张镱锂,朱会义,等.2004.生计方式演变——土地利用/覆被变化综合研究的新视角//中国地理学会、中山大学、中国科学院地理科学与资源研究所.中国地理学会2004年学术年会暨海峡两岸地理学术研讨会论文摘要集.中国地理学会、中山大学、中国科学院地理科学与资源研究所.

杨国靖,肖笃宁.2004.中祁连山浅山区山地森林景观空间格局分析.应用生态学报,15(2):269-272.

杨廉.2010.珠三角"三旧"改造中的土地整合模式——以佛山市南海区联滘地区为例.城市规划学刊,(2):14-20.

杨梅,张广录,侯永平.2011.区域土地利用变化驱动力研究进展与展望.地理与地理信息科学,27(1):95-100.

杨庆媛,周宝同,涂建军,等.2006.西南地区土地整理的目标及模式.北京:商务印书馆.

杨庆媛.2003.西南丘陵山地区土地整理与区域生态安全研究.地理研究,22(6):698-708.

杨士军.2000."人地关系"异化带来的环境问题.中学地理教学参考,10:11-12.

杨晓艳,朱德举,郧文聚,等.2005.土地开发整理对区域景观格局的影响.农业工程学报,21(9):67-71.

杨馨越,魏朝富,陈华. 2011. 农村道路布局设计及其景观生态效应研究. 农业工程,4:62-66.

杨子生,刘彦随. 2007. 中国山区生态友好型土地利用研究. 北京:中国科学技术出版社.

姚兆余. 2003. 明清时期西北地区农业开发的技术路线与生态效应. 中国农史,22(4):102-111.

叶岱夫. 2001. 人地关系地域系统与可持续发展的相互作用机理初探. 地理研究,20(3): 307-314.

衣俊卿. 1991. 论人的自然——对人与自然关系的微观透视. 哲学研究,(9):11-16.

尹澄清. 1995. 白洋淀水陆交错带对陆源营养物质的截留作用初步研究. 应用生态学报,6(1): 76-80.

余新晓,牛健植,关文彬,等. 2006. 景观生态学. 北京:高等教育出版社.

宇振荣,张茜,肖禾,等. 2012. 我国农业/农村生态景观管护对策探讨. 中国生态农业学报, 20(7):813-818.

喻光明,鲁迪,林小薇,等. 2008. 土地整理规划中的自然生态补偿评价方法探讨. 生态环境, 17(4):1702-1706.

喻光明,魏雅丽,陶文星,等. 2006a. 土地整理对区域景观格局的影响——以湖北省安陆市辛榨 乡基本农田整理项目为例. 华中师范大学学报(自然科学版),40(3):457-461.

喻光明,魏雅丽,鲁迪,等. 2006b. 区域土地整理对生态系统的影响及补偿. 安全与环境学报, 6(4):46-49.

袁国华. 2005. 突出资源整合加快欠发达县域经济发展. 长沙铁道学院学报(社会科学版), 6(1):104-106.

袁弘,陈田,谢婷,等. 2008. 半城市化地区非农土地利用及整合研究进展. 地域研究与开发, (1):88-93.

袁启. 2008. 试论土地整理与新农村建设. 资源与产业,10(5):28-31.

郧文聚,宇振荣. 2011a. 土地整治加强生态景观建设理论、方法和技术应用对策. 中国土地科 学,25(6):4-8.

郧文聚,宇振荣. 2011b. 生态文明:土地整治的新目标. 中国土地,(9):20-21.

郧文聚,宇振荣. 2011c. 中国农村土地整治生态景观建设策略. 农业工程学报,27(4):1-6.

曾辉,孔宁宁,李书娟. 2001. 卧龙自然保护区人为活动对景观结构的影响. 生态学报,21(12): 1994-2001.

张博. 2007. 基于协同学理论的城市土地集约利用评价研究. 大连:大连理工大学硕士学位论 文.

张传华,张广纳,邓凌. 2012. 农村建设用地复垦典型问题与对策研究——对重庆市县级农村建 设用地复垦的调查研究. 改革与策略,28(12):87-90.

张春祥. 2004. 以科学发展观审视我国的人地关系. 城乡建设,(10):49-52.

张凤荣,徐艳. 2013. 农村土地整治的理论与实践. 北京:中国农业大学出版社.

张复明. 1993. 人地关系的危机和性质及协调思维. 中国人口·资源与环境,01:9-14.

张会儒,蔡小虎. 2008. 景观格局及动态研究进展. 西南林学院学报,28(1):23-28.

张会儒. 2006. 天然林资源动态时空分析评价技术. 北京:中国林业出版社.

张慧,付梅臣. 2005. 土地整理项目中的景观生态规划设计. 山东农业大学学报(自然科学版), 36(2):270-274.

张金屯,邱扬,郑凤英.2000.景观格局的数量研究方法.山地学报,18(4):346-352.

张军,李晓东.2009.新疆建设兵团耕地集约利用评价研究——以农四师为例.新疆农业科学,46(2):375-379.

张立伟.2001.浅析尼尔基水利枢纽水土保持设施建设.中国水利,1(20):63-64.

张佩芳,吕星,周钜乾.2001.论绿色文明与民族边疆山区农村经济的可持续发展——以云南省西双版纳为例,21(1):71-75.

张庆费,由文辉,宋永昌.2007.浙江天童森林公园植物群落演替对土壤物理性质的影响.植物资源与环境6(2):36-40.

张全发,郑重,金义兴.2004.植物群落演替与土壤发展之间的关系明.武汉植物学研究,8(4):325-334.

张睿,张继贤,李海涛.2007.地形数据辅助下的山区土地覆盖分类研究.山地科技大学学报(自然科学版),26(1):38-41.

张绍众,梅德平.1999.中国农业产业化问题研究.北京:中国经济出版社.

张仕超,魏朝富,邵景安,等.2014.丘陵区土地流转与整治联动下的资源整合及价值变化.农业工程学报,30(12):1-17.

张同升,甘国辉.2005.土地利用变化研究理论述评.中国土地科学,19(3):33-37.

张伟,张宏业,郑财贵.2009.建立土地整理与新农村建设协调机制的思考.经济研究导刊,(4):37-38.

张小飞,王仰麟,李正国.2005a.基于景观功能网络概念的景观格局优化——以台湾地区乌溪流域典型区为例.生态学报,25(7):1707-1713.

张小飞,王仰麟,李正国.2005b.景观功能网络的等级与结构探讨.地理科学进展,24(1):52-60.

张信宝,王正秋,徐航,等.2002.陕甘三县坡改梯工程提高土地产出率和劳动生产率的剖析.山地学报,20(5):589-593.

张妍,杨志峰,李巍.2005.农牧交错地带的生态评估对土地整理的启示.自然资源学报,20(4):555-563.

张艳芳,任志远.2000.陕西秦巴山地农业景观空间格局与动态研究——以柞水县下梁镇为例.陕西师范大学学报(自然科学版),28(4):115-119.

张正峰,陈百明.2003.土地整理的效益分析.农业工程学报,19(2):210-213.

张正峰,赵伟.2007a.农村居民点整理潜力内涵与评价指标体系.经济地理,27(1):137-140.

张正峰,赵伟.2007b.土地整理的生态环境效应分析.农业工程学报,23(8):281-285.

张正峰.2008土地整理中的生态服务价值损益估算.农业工程学报,24(9):69-72.

张忠明,周立军,钱文荣.2011.设施农业经营规模与农业生产率关系研究——基于浙江省的调查分析.农业经济问题,(12):23-28.

章家恩.2007.生态学常用实验研究方法与技术.北京:化学工业出版社.

赵冈.1996.人口、垦殖与生态环境.中国农史,15(1):56-66.

赵桂慎,贾文涛,柳晓蕾.2007.土地整理过程中农田景观生态工程建设.农业工程学报,23(11):114-119.

赵海东.2013.如何实现水文水资源信息共享的可持续发展.水文水资源,(1):57-58.

赵晶,徐建华,梅安新,等.2004. 上海市土地利用结构和形态演变的信息熵与分维分析. 地理研究,23(2):137-146.

赵莉,袁振洲,林声.2008. 基于通达和通畅指标的农村公路网评价,公路交通科技,25(2):118-122.

赵鹏军,彭建.2001. 城市土地高效集约化利用及其评价指标体系. 资源科学,23(5):23-27.

赵弈,李月辉.2001. 实用景观生态学. 北京:科学出版社.

赵之枫.2014. 乡村聚落人地关系的演化及其可持续发展研究. 北京工业大学学报,30(3):299-303.

郑彩云,龙和,王小慈.2010. 发展循环经济优化新农村资源环境. 合作经济与科技,(10):24-25.

郑度.2002. 21世纪人地关系研究前瞻. 地理研究,21(1):9-13.

郑华伟.2010. 农地利用集约度评价极其空间差异分析——以四川省为例. 当代经济管理,32(7):52-55.

郑新奇,付梅臣,姚慧,等.2010. 景观格局空间分析技术及其应用. 北京:科学出版社.

中华人民共和国国家统计局.1984. 中国统计年鉴1984. 北京:中国统计出版社.

中华人民共和国国家统计局.2009. 中国统计年鉴2009. 北京:中国统计出版社.

中华人民共和国国家统计局.2011. 中国统计年鉴2011. 北京:中国统计出版社.

钟险,白玉.2009. 科学评价土地整理效益. http://www.clr.cn/front/read/read.asp [2009-08-14].

周华荣.2005. 干旱区湿地多功能景观研究的意义与前景分析. 干旱区地理,28(1):16-20.

周婧,杨庆媛,信桂新,等.2010. 贫困山区农户兼业行为及其居民点用地形态——基于重庆市云阳县568户农户调查. 地理研究,29(10):1767-1779.

周凯,雒海潮,刘荣增.2012. 城乡统筹环境保护的问题与对策. 河南科技学院学报,40(4):34-39.

周明喜.2008-04-22. 四川省邛崃市建设新农村成就斐然. 中国贸易报,04-22.

周蓉辉.2011. 马克思恩格斯关于人与自然和人与人的社会关系理论. 学术论坛,(2):5-10.

周拥平.2006. 江村经济七十年. 上海:上海大学出版社.

周志翔.2007. 景观生态学基础. 北京:中国农业出版社.

周忠学,任志远.2009. 土地利用变化与经济发展关系的理论探讨. 干旱区资源与环境,23(4):36-42.

朱德举.2001. 土地科学导论. 北京:中国农业科技出版社.

朱国宏.1995. 人地关系论. 人口与经济,(1):18-24,35.

朱晓华,陈秧分,刘彦随,等.2010. 空心村土地整治潜力调查与评价技术方法. 地理学报,65(6):736-744.

朱志刚.2005. 土地开发整理项目预算定额标准. 北京:中国财政经济出版社.

祝伟民.2008. 基于小波神经网络的区域景观生态评价研究. 南京:南京农业大学博士学位论文.

庄大方,刘纪元.1997. 中国土地利用程度的区域分异模型研究. 自然资源学报,12(2):105-111.

宗仁.2004. 中国土地利用规划体系结构研究. 南京:南京农业大学硕士学位论文.

宗跃光.1999.城市景观生态规划中的廊道效应研究——以北京市区为例.生态学报,19(2):3-8.

邹利林,王占崎,王建英.2005.农村土地综合整治产业化发展盈利模式的构建.经济地理,31(8):1370-1374.

Carson R(美).2008.寂静的春天.吕瑞兰译.上海:上海译文出版社.

Garrett Hardin(美).2005.生活在极限之内:生态学、经济学和人口禁忌.戴星翼,张真译.上海:上海译文出版社.

Zonneveld I S. 2003. Geoeclogy. 李秀珍译.北京:科学出版社.

Agbenyega O, Burgess P J, Cook M. 2009. Application of an ecosystem function framework to perceptions of community woodlands. Land Use Policy,26:551-557.

Antrop M. 2005. Why landscapes of the past are important for the future? Landscape and Urban Planning,(70):21-34.

Asako M, Makoto S. 2008. The influence of forest management on landscape structure in the cool temperate forest region of central Japan. Landscape and Urban Planning,86(324):248-256.

Barnett P J, Singhroy V H, Shirota J, et al. 2002. Methods for remote engineering geology terrain analysis in boreal forest regions of Ontario, Canada. Environmental and Engineering Geosciences, 10:229-241.

Binns B O. 1950. The Consolidation of Fragmented Agricultural Holdings. Washington DC:FAO Agricultural studies.

Bonfanti P, Fregonese A. 1997. Signora M. Landscape Analysis in Areas Affected by LandConsolidation. Landscape and Urban Planning,(37):91-98.

Bonfanti P, Fregonese A, Sigura M. 1997. Landscape analysis in areas affected by land consolidation. Landscape and Urban Planning,37(6):91-98.

Bronstert A, Vollmer S, Ihringer A. 1995. Review of the impact of land consolidaion on runoff production and flooding in Germany. Phys Chem Earth,20(324):321-329.

Buij R, William J, McShea, et al. 2007. Patch-occupancy models indicate human activity as major determinant of forest elephant Loxodonta cyclotis seasonal distribution in an industrial corridor in Gabon. Biological Conservation,35:189-201.

Burgi M, Turner M G. 2002. Factors and processes shaping land cover and land cover changes along the Wisconsin river. Ecosystems,(2):184-201.

Cay T, Ayten T, Iscan F. 2009. Effects of different land reallocation models on the success of land consolidation projects:Social and economic approaches. Land Use Policy,(3):1-8.

Cheng J, Masser I. 2004. Understanding spatial and temporal processes of urban growth:Cellular automata modelling. Environment and Planning B:Planning and Design,31(2):167-194.

Clarke K C. 1998. Loose-coupling a cellular automation model and GIS:Long-term urban growth prediction for San Francisco and Washington/Baltimore. Geographical Information Science,12(7):577-593.

Coelho J C, Portela J, Pinto P A. 1996. A social approach to land consolidation schemes. Land Use Policy,(13):129-147.

Costanza R. 1997. The value of the world's ecosystem services and natural capital. Nature, 387: 253-260.

Crist P J, Kohley T W, Oakleaf J. 2000. Assessing land-use impacts on biodiversity using an expert systems tool. Landscape Ecology, 15(1):47-62.

Degroot R S, Wilson M A, Boumans R M J. 2002. Atypology for the classification, description and valuation of ecosystem functions, goods and services. Ecological Economics, 41:393-408.

Ehrlich P R, Wheye D. 1986. Non-adaptive hilltopping behavior in male checkerspot butterflies (Euphydryas editha). The American Naturalist, 127(4):477-483.

Eric F, Lambin B L, Geist H J, et al. 2001. The causes of land-use and land-cover change: Moving beyond the myths. Global Environmental Change, (11):261-269.

Felix H, Angela L, Eckhard M, et al. 2001. Landscape metrics for assessment of landscape destruction and rehabilitation. Environmental Management, 27(1):91-107.

Foley J A, DeFries R, Asner G P, et al. 2005. Global consequences of land use. Science, 309(5734): 570-574.

Forman R T T, Godorn M. 1986. Landscape Ecology. New York: John Wiley &Sons.

Forman R T T. 1983. Corridor in a landscape: Their ecological structure and function. Ekologia (CSSR), (2):375-378.

Forman R T T. 1995. Land Mosaics: The Ecology of Landscape sand Regions. Cambridge: Cambridge University Press.

Fragkias M, Seto K C. 2007. Modeling urban growth in data-sparse environments: A new approach. Environment and Planning B: Planning & Design, 34(5):858-883.

Hagget P, Cliff A D, Fry A. 1997. Locational Analysis in Human Geography. New York: Wiley.

Hare T S. 2004. Using measures of cost distance in the estimation of polity boundaries in the Postclassic Yautepec valley, Mexico. Journal of A rchaeological Science, 31:799-814.

Heartsill-Scalley T, Scatena F N, Estrada C, et al. 2007. Disturbance and long-term patterns of rainfall and throughfall nutrient fluxes in a subtropical wet forest in Puerto Rico. Journal of Hydrology, 333: 472-485.

Hobbs R J, Cramer V A. 2003. Natural ecosystems: Pattern and process in relation to local and landscape diversity in southwestern Australian woodlands. Plant and Soil, 257(2):371-378.

Huslshoff R M. 1995. Landscape in dices describing a Dutch landscape. Landscape Ecol, 10(2): 101-111.

Jongman R H G, Külvik M, Kristiansen I. 2004. European ecological networks and greenways. Landscape and Urban Planning, 68:305-319.

King R L, Burton S P. 1982. Land fragmentation, notes on fundamental rural spatial problem. Progress in Human Geography, 6(4):475-494.

Kühn M. 2003. Greenbelt and Green Heart: Separating and integrating landscapes in European city regions. Landscape and Urban Planning, 64:19-27.

Lambin E F, Geist H J. 2003. Regional differences in tropical deforestation. Environment, 45(6): 22-36.

Li X, Yeh A G O. 2004. Data mining of cellular automata's transition rules. International Journal of Geographical Information Science, 18(8):723-744.

Lindenmayer D B, Mccarhty M A. 2001. The spatial distribution of non-native plant invaders in a pine-eucalypt landscape mosaic in south-eastern Australia. Biological Conservation, 102:77-87.

Liu J Y, Zhan J Y, Deng X Z. 2005. Spatio-temporal patterns and driving forces of urban land expansion in China during the economic reform era. Royal Swedish Academy of Sciences, 34(6):450-455.

Liu M, Hu Y M, Chang Y, et al. 2009. Land use and land cover change analysis and prediction in the upper reaches of the Minjiang River, China. Environmental Management, 43:899-907.

Liu S H. 2002. Spatial Patterns and Dynamic Mechanisms of Urban Land Growth in China: Case Studies of Beijing and Shanghai. Luxemburg: International Institute for Applied Systems Analysis (IIASA) Interim Report IR-02-005.

Liu S L, Cui B S, Dong S K, et al. 2008. Evaluating the influence of road networks on landscape and regional ecological risk- A case study in Lancang River Valley of Southwest China. Ecological Engineering, 34:91-99.

Long H L. 2014. Land consolidation: An indispensable way of spatial restructuring in rural China. Journal of Geographical Sciences, 24(2):211-225.

Macarthur R H, Wilson E O. 1967. The Theory of Island Biogeography. Princeton: Princeton University Press.

Macdonald D, Crabtree J R, Wiesinger G, et al. 2000. Agricultural abandonment in mountain areas of Europe: Environmental consequences and policy response. Journal of Environmental Management, 59(1):47-69.

Matson P A, Parton W J, Power A G, et al. 1997. Agricultural intensification and ecosystem properties. Science, 277(5325):504-509.

Michels E, Cottenie K, Neys L, et al. 2001. Geographical and genetic distances among zooplankton populations in a set of interconnected ponds: A plea for using GIS modeling of the effective geographical distance. Mol. Ecol, 10:1929-1938.

Mihara M. 1996. Effects of agricultural land consolidation on erosion processes in semi mountainous paddy fields of Japan. J Agric EngngRes, 64:237-248.

Mihara. 1996. Effects of agricultural land consoldation erosion processes in semi mountainous paddy field of Japan. Agric Engage Res, (64):237-238.

Musacchio L R. 2009. The scientific basis for the design of landscape sustainability: A conceptual framework for translation landscape research and practice of design landscapes and the six Es of landscape sustainability. landscape Ecol, (24):993-1013.

Musacchio L, Ozdenerol E, Bryant M, et al. 2005. Changing landscapes, changing disciplines: Seeking to understand interdisciplinarity in landscape ecological change research. Landscape and Urban Planning, 73(4):326-338.

Niroula G S, Thapa G B. 2005. Impacts and causes of land fragmentation, and lessons learned from land consolidation in South Asia. Land Use Policy, 22:358-372.

O'Neill R V, Riitters K H, Wickham J D, et al. 1999. Landscape pattern metrics and regional assessment. Ecosyst Health,5(4):225-233.

Pašakarnis G,Maliene V. 2010. Towards sustainable rural development in Central and Eastern Europe: Applying land consolidation. Land Use Policy,27(2):545-549.

Pender J L. 1999. Rural population growth, agricultural change and natural resource management in developing countries:A review of hypotheses and some evidence from honduras. Washington:EPTD discussion papers No. 48,International Food Policy Research Institute.

Pottera C,Bumeyb J. 2002. Agricultural multifunctional in the WTO- Legitimate non- trade concern or disguised protectionism? Journal of Rural Studies,18:35-47.

Rapport D J,Gaudet C,Karr J R,et al. 1998. Evaluating landscape health:integrating societal goal and biophysical process. Journal of Environmental Management,53(1):1-15.

Riitters K H, O' Neill R V, Hunsaker C T, et al. 1995. A factor analysis of landscape pattern and structure metrics. Landscape Ecol,10(1):23-39.

Rozell. S. 1994. Rural industriation and increasing inequality:Energing patterns in China reforming economy. Journal of Comarative Economies,10(19):362-391.

Saccorotti G, Lokmer I, Bean C J, et al. 2007. Analysis of sustained long- period activity at Etna Volcano,Italy. Journal of Volcanology and Geothermal Research,160:340-354.

Sarapatka B,Sterba O. 1998. Optimization of agriculture in relation to the multifunctional role of the landscape. Landscape and Urban Planning,41:145-148.

Schadt S,Knauer F,Kaczensky P,et al. 2002. Rule-based assessment of suitable habitat and patch connectivity for Eurasian Lynx in Germany. Ecol. Appl,12:1469-1483.

Schrijnen P J. 2000. Infrastructure networks and red- green patterns in city regions. Landscape and Urban Planning,48:191-204.

Shibuya M,Yajima T,Kawai Y,et al. 1997. Process and dynamics of the number of stems of major tree species in a deciduous broad leaved forest in the 40 years after a large scale disturbance by a typhoon. . Journal of the Japanese Forestry Society,79:195-201.

Simpson I A, Dugmore A L, Thomson A, et al. 2001. Crossing the thresholds:Human ecology and historical patterns of landscape degradation. Catena,42(2-4):175-192.

Soini K. 2001. Exploring human dimensions of multifunctional landscapes through mapping and mapmaking. Landscape and Urban Planning,57:225-239.

Spooner P G. 2005. Response of Acacia species to disturbance by roadworks in roadside environments in southern New South Wales,Australia. Biological Conservation,122:231-242.

Stophenne N,Lambin E E. 2001. A dynamic simulation model of land-use changes in Sudamo-sahelian countries of Africa(SALU). Agriculture Ecosystems and Environment,85:145-161.

Sturtevant B R, Zollner P A, Gustafson E J, et al. 2004. Human Influence on the abundance and connectivity of high- risk fuels in mixed forests of northern Wisconsin, USA. Landscape Ecology, 19(3):235-253.

Tabarelli M,Mantovani W,Peres C A. 1999. Effects of habitat fragmentation on plant guild structure in the montane Atlantic forest of southeastern Brazil. Biological Conservation,91:119-127.

Tarlow E M,Daniel T. 2007. Blumstein. Evaluating methods to quantify anthropogenic stressors on wild animals. Applied Animal Behavior Science,102:429-451.

Templeton S R,Scherr S J. 1997. Population pressure and the microeconomy of land management in hills and mountains of developing countries. Washington: EPTD discussion papers No. 26, International Food Policy Research Institute.

Tilman D. 1999. Global environmental impacts of agricultural expansion:The need for sustainable and efficient practices. PNAS,96(11):5999-6000.

Tilt B. 2013. The politics of industrial pollution in rural China. The Journal of Peasant Studies,40(6):1147-1164.

Tomimatsu H, Ohara M. 2004. Edge effects on recruitment of Trillium camschatcense in small forest fragments. Biological conservation,117:509-519.

Torrens P M,O´Sullivan D. 2001. Cellular automata and urban simulation:where do we go from here? Environment and Planning B:Planning & Design,28(2):163-168.

Turner II B L,Clark W C,Kates R W,et al. 1990. The Earth as Transformed by Human Action:Global and Regional Changes in the Biosphere over the Past 300 Years. Cambridge:Cambridge University Press.

Turner M G, Ruscher C L. 1988. Changes in landscape patterns in Georgia, USA. Landscape Ecol, 1(4):241-251.

Turner M G. 1987. Landscape Heterogeneity and Disturbance. New York:Springer.

Turner M G. 2005. Landscape ecology:What is the state of the seience? Ann Rev Ecol Evol Syst,36:319-344.

van Dijk T. 2007. Complications for traditional land consolidation in Central Europe. Geoforum,(38):505-511.

Verburg P,Veldkamp T,Dijst M,et al. 2003-05-06. Framing Land Use Dynamics. LUCC Newsletter, Issue No. 9.

Wheater C P. 1999. Urban Habitats. London:Riytkedge.

Xu C,Liu M,Zhang C,et al. 2007. The spatiotemporal dynamics of rapid urban growth in the Nanjing metropolitan region of China. Landscape Ecology,22(6):925-937.

Yeh C T, Huang S L. 2009. Investigating spatiotemporal patterns of landscape diversity in response to urbanization. Landscape and Urban Planning,93(3-4):151-162.

Yu X J,Ng C N. 2007. Spatial and temporal dynamics of urban sprawl along two urban-rural transects:a case study of Guangzhou,China. Landscape and Urban Planning,79(1):96-109.